国家社会科学基金重大项目

"产业转型升级下的高校毕业生就业研究"

（项目编号：14ZDA068）

高校毕业生就业研究

产业转型升级下的机遇与挑战

RESEARCH ON THE EMPLOYMENT OF COLLEGE GRADUATES

OPPORTUNITIES AND CHALLENGES
UNDER THE INDUSTRIAL TRANSFORMATION AND UPGRADING

莫　荣　丁赛尔　王伯庆　等◎著

社会科学文献出版社
SOCIAL SCIENCES ACADEMIC PRESS (CHINA)

国家社会科学基金重大项目"产业转型升级下的高校毕业生就业研究"（项目编号：14ZDA068）

首席专家： 莫　荣

项目成员： 丁赛尔　王伯庆　刘　军　马永堂　郭春丽

汪昕宇　孟续铎　李永瑞　李长安　吴　垠

王光荣　袁　娟　蔡和平　张玉杰　徐　军

周　宵　殷宝明　李付俊　周凌波　王飞鹏

陈玉萍　杨　洋　曾　诤　刘雪燕　陈　罕

吴　璇　杨舒文　何琦超

承担单位：人力资源和社会保障部国际劳动保障研究所

合作单位：人力资源和社会保障部就业促进司、国家发展和改革委员会经济研究所

参与单位：中国劳动保障科学研究院、麦可思数据（北京）有限公司、北京化工大学人力资源研究中心、上海市闸北区人力资源和社会保障局、北京师范大学政府管理学院、对外经贸大学公共管理学院、北京联合大学人力资源研究所、中国人事科学研究院、国家行政管理学院应急管理培训中心

支持单位：贵州省人力资源和社会保障厅、贵阳市人力资源和社会保障局、智联招聘、前程无忧

目 录
contents

绪　论

当前，我国正处于产业转型升级的战略机遇期。产业转型升级一方面为高校毕业生提供了多元的就业机会选择和更多的创业选择，另一方面，由于转型速度慢、结构不协调，在一定阶段增加了高校毕业生的就业压力。当前，高校毕业生就业面临的困难主要表现为就业压力大、就业稳定性差、就业满意度低。这一问题既有高校毕业生供求总量方面的原因，也有供求匹配方面的原因。因此，通过大量数据研究、实地调研、政策研究和国际经验研究深入分析原因，积极探索产业转型升级背景下解决高校毕业生就业的结构性问题，提出对策建议，具有重要的意义。

一　研究目的和研究内容

（一）研究目的

本书的研究目的是在充分吸收现有理论与研究成果的基础上，将国外产业、就业、教育的有关理论和实践与中国产业转型升级和高校毕业生就业问题结合起来，在开展大样本调查和运用大数据分析方法的基础上摸清问题。通过判断产业转型升级对高校毕业生就业产生的实际效应，特别是从全国层面上看给就业总量、就业结构、就业质量带来的影响，找准对策，最终促进政府出台产业转型升级与高校毕业生就业的"双促进"政策。

（二）研究内容

本书主要研究如何在产业转型升级过程中促进高校毕业生就业的问

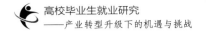
题。总体框架和内容包括以下几个部分。

绪论。从我国产业升级和高校毕业生就业问题出发，提出本书的研究目的、研究内容、研究思路和研究方法等，综合国内外学者的研究成果，对产业转型升级及就业的本质和内涵进行清晰的界定，对高校毕业生的范围进行明确界定。

第一章：理论回顾和文献综述。对产业转型升级和就业的相关理论进行回顾，并对国内外关于产业转型升级与就业之间关联问题的文献进行综述，奠定本课题研究的理论基础。

第二章：产业转型升级对就业的影响。回顾我国产业转型升级的历史发展阶段、主要特征及未来发展阶段，对产业转型升级的就业效应进行分析。

第三章：产业转型升级背景下的高校毕业生就业供需问题。分析产业转型升级对高校毕业生的需求的影响，包括总量需求影响、行业需求影响和区域需求影响等；对高校毕业生总量、学历分布和专业分布情况进行总结；分析产业转型升级背景下高校毕业生就业的供需矛盾。

第四章：我国高等教育体制与人才培养结构的矛盾和问题。基于当前我国高校毕业生就业存在的结构性矛盾以及我国产业转型升级的要求，分析我国高等教育教学和不同专业毕业生就业前景，研究高等教育体制与人才培养结构如何面向产业转型升级进行改革与调整，以满足市场和社会的需要。

第五章：国家促进高校毕业生就业创业政策。回顾国家促进高校毕业生就业政策的历史演变，梳理当前高校毕业生就业创业政策框架内容，并对政策的实施效果进行评估，分析存在的问题及原因。

第六章：高校毕业生就业政策协调发展的国际经验。从劳动力市场政策、公共就业服务、职业教育培训、社会保障等方面梳理总结国外促进高校毕业生就业政策措施，提炼国外促进高校毕业生就业的基本经验和特点，并从产业、教育和高校毕业生就业政策协调发展方面对日本、德国、新加坡和美国四国进行典型分析。

第七章：促进高校毕业生就业的对策建议。借鉴国际经验，结合我国高校毕业生就业中存在的问题，提出促进我国高校毕业生就业的对策建议。

本研究还包括四个分报告，因为其自成体系，所以以附录的形式供大家参考。在技术手段上，经与出版方协商，课题组采用二维码嵌入方式来安排这四个附录。之所以采取这种与时俱进的新技术，既是环保的要求，也是希望在满足读者阅读需求的基础上尽可能降低生产成本，减轻读者的经济负担。这四个附录如下：

附录一：我国高校毕业生就业状况数量分析；

附录二：高校毕业生创业现状及政策效应分析；

附录三：上海闸北区大学生培训政策分析；

附录四：贵州省高校毕业生就业创业政策评估。

二　研究思路和研究方法

（一）研究思路

本研究的总体思路是提出问题、分析问题、解决问题，将依据宏观经济学、产业经济学、微观经济学、社会学、教育学、心理学等理论，从政策分析视角、教育改革视角和国际经验视角对产业转型升级背景下的高校毕业生就业问题进行多视角的研究。

具体研究路径如下（见图0-1）。

第一步：提出问题。

围绕党的十八大所提出的"做好以高校毕业生为重点的青年就业工作"任务，针对近年来出现的高校毕业生"就业难"问题，结合产业转型升级的经济发展背景，在研究界定产业转型升级和就业的内涵的基础上，研究评估高校毕业生就业的供需矛盾，确定理论研究和政策研究的基本目标。

第二步：分析问题。

首先，对高校毕业生就业的供需形势进行判断和评估。从产业转型升级的趋势及其与就业的联系来判断产业转型升级对高校毕业生的需求，从

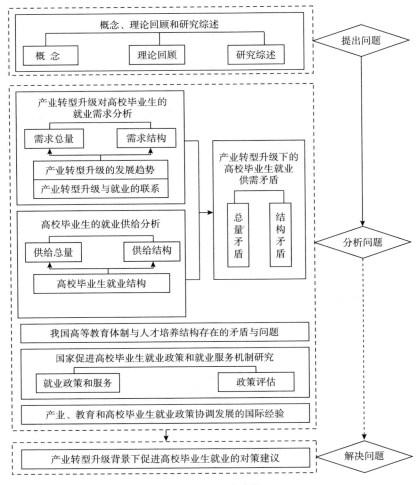

图 0 - 1　研究路径

近十年高校毕业生的就业结构、高校培养模式来分析高校毕业生的就业供
给，结合供需方面的分析来评估产业转型升级背景下高校毕业生供需的总
量矛盾和结构性矛盾。

　　其次，对我国高等教育的体制和人才培养模式以及专业设置等方面与
产业转型升级要求不相适应的矛盾和问题进行分析诊断。

　　再次，对现有的国家促进高校毕业生就业政策进行梳理，对政策效果
进行评估，对就业服务进行描述和评价，研究分析国家在促进高校毕业生
就业政策和就业服务方面的主要经验及存在的问题与不足。

最后，对美国、德国、日本、新加坡等发达国家在产业转型升级过程中政府促进高校毕业生就业的政策措施进行比较研究，总结可供我国借鉴的经验做法。

第三步：解决问题。

根据产业转型升级背景下高校毕业生的供需矛盾，针对我国促进高校毕业生就业政策和就业服务机制以及高校毕业生培养机制中存在的问题，借鉴国际经验，提出完善我国促进高校毕业生就业的对策建议。

（二）研究方法

本书采用的研究方法和研究手段主要包括以下几个方面。

1. 文献研究法

通过对国内外相关文献和研究成果的查阅和研究，对产业转型升级和就业相关理论、高校毕业生就业现状、高校毕业生的培养模式、中华人民共和国成立以来高校毕业生就业政策的历史演变、国家促进高校毕业生就业的现有政策及服务机制、国外高校毕业生就业促进政策等进行分析研究。

2. 实地调研法

通过实地调研方式，就当前高校毕业生的就业意愿和就业结构、产业发展和转型升级对高校毕业生的需求状况、国家促进高校毕业生就业政策和就业服务的现状等问题与地方人社部门、地方企业、地方高校毕业生和地方就业服务机构（包括公共机构和私营机构）进行座谈研讨，获取研究的实证资料。

3. 大数据分析法

利用麦可思数据（北京）有限公司（简称"麦可思公司"）[①] 250 万大学生的持续调查数据、前程无忧等招聘网站数据、人社部关于高校毕业生的就业需求信息数据库，使用大数据分析方法，研究评估高校毕业生供

[①] 麦可思公司成立于 2006 年，是专业的第三方教育数据咨询和评估机构，每年为 600 多所高校提供年度数据跟踪与咨询服务。麦可思公司是江苏省、湖北省、河南省、广东省、宁波市等省市教育主管部门的大学生就业跟踪系统承建单位，也是北京大学教育学院和西南财经大学经济学院的产学研合作基地。

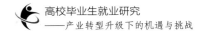

求结构、国家促进高校毕业生就业政策的效果等。

4. 问卷调查法

向企业和高校毕业生发放问卷，调查企业对高校毕业生的专业需求和职业能力要求，以及高校毕业生的就业意愿等，为课题研究提供统计信息方面的一手资料。

5. 比较研究法

通过对不同国家以及外国和我国的大学生就业促进政策进行比较，归纳总结国外产业、教育和高校毕业生就业政策协调发展的经验，查找我国政策的不足及问题，为提出政策、完善对策提供研究上的支撑。

（三）主要数据来源

在本书中，除了国家统计局、教育部、人社部等国家部委公布的统计调查数据外，研究数据主要来自以下几个方面：一是与麦可思和智联招聘等公司合作，利用其针对高校毕业生的全国调查数据库和职位招聘数据库，分析高校毕业生就业状况及社会对高校毕业生的需求情况；二是利用麦可思公司对 7000 多名高校毕业生的自主创业专项调查和北京地区 14 所高校毕业生就业能力专项调查，对高校毕业生的自主创业和就业能力情况进行分析研究；三是课题组进行的专项调查，包括高校毕业生就业创业政策评估专项调查和上海闸北区①1.5 万多名高校毕业生就业状况专项调查。

1. 利用合作单位数据库

（1）麦可思公司高校毕业生全国统计调查数据

麦可思公司自 2007 年起，每年初对毕业半年后学生的就业状态和工作能力进行全国性调查研究。自 2010 年开始，连续 7 年对之前调查过的全国2006～2012 届高校毕业生进行毕业 3 年后的职业发展跟踪调查。目前，麦可

---

① 2015 年 11 月，上海静安区与闸北区合并，设立新静安区，本调查在合并前完成，为便于理解，文中用闸北区。基于同样的原因，本书中依然酌情沿用中国劳动保障科学研究院、人力资源和社会保障部国际劳动保障研究所等机构名。2017 年 10 月，经中编办批准，中国劳动保障科学研究院（简称劳科院）及人力资源和社会保障部劳动科学研究所、劳动工资研究所、国际劳动保障研究所、社会保障研究所整合为"中国劳动和社会保障科学研究院"（简称劳动社保科研院）。

思公司已经调查了全国2006～2015届高校毕业生毕业半年后的职业发展情况。2009年发布首部《中国大学生就业报告》，至今已连续发布8年。

麦可思公司每年平均抽样毕业生规模在50万人左右，获得的调查样本量稳定在25万左右，占当年本科和专科毕业生总量的4%左右。调查涉及2000多所高校及其分部、分院，调查对象包括本科毕业生和专科毕业生两大类。调查样本每年基本覆盖了全国31个省、自治区、直辖市（未含港澳台），涉及300多个行业，覆盖全国90%以上的行业，以及600多个职业，占全国所有职业分类的97%左右。

整体上看，麦可思公司每年开展的连续不断的调查，已形成较为稳定的数据采集渠道，数据采集方式科学、有效，样本规模是目前非官方调查中最大的，样本的学历、专业、地域构成与毕业生总体结构比较一致，具有较强的代表性，调查内容涉及毕业生就业的主要方面，能够客观、真实地反映高校毕业生整体的就业状态。

本书关于全国性高校毕业生就业状况的描述和分析主要来自麦可思公司调查数据库。

（2）智联招聘平台全国高校毕业生招聘职位信息

智联招聘[①]网络招聘平台覆盖全国100多座城市，每年发布数千万条职位招聘信息。2015年共有跨国公司、中小型企业和国企等659427个雇主在智联招聘的平台上提供约2993万个工作职位。鉴于智联招聘强大的招聘大数据优势，本研究选择运用智联招聘平台上全国范围内针对高校毕业生发布的全部职位信息，开展产业转型升级背景下高校毕业生就业需求情况的研究分析。

2. 利用合作单位的专项调查数据

（1）麦可思公司针对高校毕业生自主创业所做的专项调查

麦可思公司于2012年至2014年针对高校毕业生自主创业进行了一项专项调查，覆盖2009届至2012届高校毕业生，回收总样本7844份，有效

---

① 智联招聘成立于1994年，是国内在网络招聘领域具有重要影响的人力资源服务商，于2014年在纽交所挂牌上市。智联招聘拥有全渠道广泛覆盖优势，通过与搜索引擎、联盟、社交网络等合作，全方位、多渠道为包括高校毕业生在内的各类群体求职提供服务。

样本 5939 份。专项调查内容翔实，能够从多方面反映高校毕业生自主创业的意愿、现状、对自身能力的判断以及对政策的了解、享受和满意情况，并能反映趋势问题。因此，本书在进行高校毕业生创业现状及政策分析时主要依据上述专项调查数据结果。

（2）北京市高校毕业生就业能力专项调查

为了能够多角度反映毕业生的就业能力状态，本书利用 2014 年专门针对北京地区 14 所高校毕业生的调查数据，从专业能力、通用技能和基本素养三个方面了解已毕业半年及以上学生毕业时的能力水平以及所从事岗位的能力要求。问卷调查包括三个方面：一是 2014 年针对北京地区 14 所高校 2013 届毕业生的就业相关情况开展调查，调查内容包括就业意愿、就业能力自评、对高校教学环节以及就业指导服务的满意程度等方面；二是对已毕业半年及以上学生的就业情况、毕业时的能力水平以及现在所从事岗位的能力要求等方面进行调查；三是对北京地区用人单位招聘大学毕业生情况的调查，调查内容包括用人单位的基本信息、用人单位近年招聘大学生的情况和招聘计划、用人单位对招聘大学生的要求以及对已录用大学生的评价等方面，共计发放问卷 1915 份，有效问卷 1644 份，有效率为 85.8%。

3. 本研究专项调查数据

（1）高校毕业生就业创业政策评估专项调查

为客观准确地了解近年来高校毕业生就业情况及国家就业创业政策的实施效果，课题组委托前程无忧公司①对高校毕业生进行网上问卷调查。调查共回收有效问卷 1553 份，覆盖全国 23 个省、自治区和直辖市。

同时，课题组前往贵州省和苏州市进行了实地调研，召开了政府主管部门、高校、高校毕业生、用人单位座谈会，走访了创业培训机构，并在贵州发放和回收高校毕业生有效问卷 608 份，用人单位有效问卷 226 份。

（2）上海闸北区高校毕业生就业状况专项调查

为准确剖析东部沿海发达地区高校毕业生就业状况，课题组以上海闸

---

① 前程无忧成立于 1999 年，是国内一个集多种媒介资源优势的专业人力资源服务机构，2004 年在美国纳斯达克上市。目前，前程无忧在全国 25 个城市设有服务机构，提供报纸招聘、网络招聘等专业的人力资源招聘服务，覆盖全国 104 个城市。

北区为案例，同上海市闸北区人力资源和社会保障局合作，对闸北区 9 个街镇近五年的大学生进行就业情况调查，调查样本 15000 人。考虑到样本的代表性，此次样本抽样采取配额抽样、分层抽样和随机抽样相结合的方式。

三　概念界定

（一）产业转型升级

关于"产业转型升级"的概念，不同学者对其内涵与外延有不同的界定。本书针对高校毕业生就业，从产业转型升级对高校毕业生相关维度影响的角度出发，从"产业结构调整"、"区际产业转移"和"产业升级"三个方面对"产业转型升级"进行具体的范围界定。

1. 产业结构调整

"产业结构调整"主要是指产业结构由传统经济下的第一产业为主，第二、三产业所占比重较小，逐步调整为第二、三产业（特别是第三产业）占主导地位的现代发达经济体的产业结构，即从"一二三"发展为"二三一"，最终达到"三二一"的情况。也就是说，产业结构调整偏向于结构性问题。在本书中，对"产业结构调整"的研究仅将其限定在第一、二、三产业之间的比例关系上。因此，产业结构调整对就业的影响也主要体现在就业的产业结构方面，二者之间存在一定的关联性和协调度问题。

2. 区际产业转移

关于"产业转移"的概念，学术界认同度较高，一般是指根据资源或者要素禀赋的不同，某些产业从一个国家或者地区转移到另一个国家或地区的经济行为和过程。① 但是对于"区际产业转移"的概念，学者们之间

---

① 王晓刚、郭力：《产业转移、经济增长方式转变与中国就业变动机制的区域差异分析》，《统计与决策》2013 年第 7 期；邓涛、刘红：《我国产业转移对经济增长与就业的影响分析》，《贵州商业高等专科学校学报》2010 年第 3 期；马子红：《中国区际产业转移与地方政府的政策选择》，人民出版社，2009，第 9 页；芮明杰：《产业经济学》（第二版），上海财经大学出版社，2012。

的观点差别较大。马子红将"区际"的概念定位在宏观层面，即区际产业转移指一个国家（地区）由于资源供给或产业需求条件发生变化后，该国（地区）的企业按照区域比较优势的原则，通过跨区域直接投资、区际贸易、技术转移等方式，将产业的生产、销售、研发乃至企业总部转移到另一个国家（地区），从而导致产业在区域之间变动的过程。这个概念涵盖了国际产业转移和国内产业转移，较为宽泛。[①] 而芮明杰将国际产业转移和国内产业转移分开，国内产业转移即为区际产业转移，指一个国家内某些产业由一个地区转移到另一个地区，从而使产业表现为在空间上移动的现象，它的特点是产业转移局限于一个国家不同地区之间的产业布局调整。[②] 本研究倾向于，将区际产业转移视为我国内部产业转移。需要指出的是，"区际"与"区域"的概念不同，"区域"一般是指行政划分的相关范围，例如浙江省、湖南省等，而"区际"则偏向于跨区域概念。本研究在分析我国区际产业转移时，将研究范围定义在东部地区、中部地区以及西部地区的产业转移对劳动力就业的影响，因此所研究的"区际产业转移"概念主要是指由于要素或者资源禀赋以及产业需求条件的变化，某些产业从我国东部地区转移到中西部地区的行为和变动过程，其实质是产业集聚和分散的过程，即以企业为载体，与一定产业相关的企业和要素，向具有比较优势的地区集聚，有力推动产业结构的合理分布，促进当地经济的发展，提高整体经济发展质量。

3. 产业升级

"产业升级"的概念在学术界一直被引用和研究，但究竟内涵是什么学术界并没有统一的认识。

吴丰华等认为"产业升级"包括四种含义：一是第一、二、三产业依次转移；二是国民经济各产业部门的升级，具体包括高加工度化、重化工业化、生产要素集聚化等；三是行业（产品）结构升级；四是同一产业内部企业升级。[③] 其界定中包含了产业结构调整的概念，即第一、二、三产

① 马子红：《中国区际产业转移与地方政府的政策选择》，人民出版社，2009，第9页。
② 芮明杰：《产业经济学》（第二版），上海财经大学出版社，2012，第111页。
③ 吴丰华、刘瑞明：《产业升级与自主创新能力构建》，《中国工业经济》2013年第5期。

业的依次转移，因此太过宽泛。多数学者更多的是从资源禀赋、比较优势角度来对"产业升级"进行界定。① 他们指出产业升级是产业从低技术水平、低附加值的状态向高技术、高附加值状态演变的过程与趋势。他们认为，一个国家在不同的发展阶段所拥有的资源禀赋是不同的，因此不同阶段的比较优势会带来产业的不断升级和变化。在不发达阶段，土地、原材料、水电等相对自然的资源要素价格较低，低端的生产要素供给较为丰富，农业开始向低端工业转变，产业升级效果初显；随着工业经济的不断发展，低端生产要素以及自然资源价格不断攀升，高端工业需求越来越大，高端生产要素的供给逐渐具有比较优势，因此在成本最小化和利润最大化的驱动下，各类产业企业不断调整生产要素投入比例，这将导致企业的技术、组织形式、产品结构同步发展，进而推动产业内部的技术、组织、产品升级。某些产业一旦跟不上要素禀赋变动将步入衰退并最终被淘汰，转而进入后发国家去寻找丰富的低端生产要素。同时，新兴主导产业将挤占衰退产业所仅剩的资源和市场空间，最终使产业结构出现转型性调整，各行各业同时也实现了产业升级。而朱卫平等则从相对微观的视角对"产业升级"的内涵进行了深入分析。他指出，根据要素市场供给曲线与需求曲线的阶段性变化，由于要素供给存在稀缺性，如果不对要素投入比例进行调整，则要素价格会持续升高，"资源壁垒"会制约企业的生产和发展，因此企业不得不进行技术升级，改变组织以及生产方式，将要素稀缺、生产成本较高的落后产业淘汰，进而转型为高新技术产业②，其中的中心思想即产业升级是市场竞争的结果。

本书综合整理上述国内外学者对"产业升级"的概念研究后认为："产业升级"是一个"关联性"概念，即它与"产业结构调整"、"产业转移"等概念具有相关性，同时具有特殊性。本书认为"产业升级"的概念

---

① 〔美〕迈克尔·波特：《国家竞争优势》，李明轩、邱如美译，华夏出版社，2002，第60～72页；刘志彪：《产业升级的发展效应及其动因分析》，《南京师大学报》（社会科学版）2000年第2期。
② 朱卫平、陈林：《产业升级的内涵与模式研究——以广东产业升级为例》，《经济学家》2011年第2期。

有广义和狭义之分，广义的"产业升级"不论在要素或资源禀赋上还是在宏观经济框架下都是指产业结构由低往高发展的动态过程，其中包括产业转移（对于欠发达地区，转移过来的产业会带动当地产业结构的升级）、三次产业的结构升级等；而狭义的"产业升级"指产业、部门内部的生产技术升级，又可称为产业技术升级，这里的技术升级就是指将科技成果应用于生产设备和工艺技术的更新改造，用新设备、新技术、新工艺、新流程取代过去的老设备、老技术、老工艺、老流程，实现生产手段更加现代化、生产过程更加合理化，最终推动产业生产效益的提高乃至社会生产力的发展。很明显，产业技术升级将侧重点落在科技进步上，也就是劳动生产率的提升问题上。

（二）高校毕业生

从广义上讲，高校毕业生既包括取得普通高等教育毕业证书的学生，也包括取得成人高等教育毕业（结业）证书和高等教育自学考试毕业（结业）证书的学生。本课题研究的高校毕业生指的是普通高等学校毕业生，即通过全国普通高等学校统一招生考试并按照国家计划经省级招生主管部门同意招收，经录取后在普通高等学校进行全日制学习并获得毕业证书的学生。具体来说，包括在国家全日制大学、高等专科学校、高等职业学校、独立学院和二级学院毕业的研究生、本科生和高职高专学生。

第一章　理论回顾和文献综述

第一节　理论回顾

一　产业发展相关理论

产业发展相关理论包括三大部分：一是产业发展与结构调整理论；二是产业梯度转移理论；三是产品生命周期理论。

（一）产业发展与结构调整理论

在产业发展与结构调整方面，国外比较著名的理论包括配第－克拉克定理、库兹涅茨法则、钱纳里标准产业结构模型、刘易斯二元经济理论、钱纳里－塞尔奎因就业结构转换滞后理论、罗斯托主导产业理论、佩鲁增长极理论等。

配第（William Petty）和克拉克（Colin Clack）对收入与劳动力流动之间关系进行了研究，他们通过计量和比较不同收入水平下，就业人口在三次产业中分布结构的变动趋势，提出随着人均收入的提高，劳动力会在三次产业之间顺次转移的规律。随着社会经济的发展和人均国民收入水平的提高，劳动力首先由一次产业向二次产业转移；当人均国民收入水平得到进一步提高时，劳动力又会由二次产业向三次产业转移。

库兹涅茨法则进一步阐明了产业结构变动中三次产业产值与就业的变化规律。库兹涅茨（Kuznets）认为，随着时间的推移，农业部门国民收入在整个国民收入中的比重和农业劳动力在全部劳动力中的比重处于不断下降之中；工业部门国民收入在整个国民收入中的比重大体是上升的，但是工业部门劳动力在全部劳动力中的比重则大体不变或略有上升；服务部门的劳动力在全部劳动力中的比重基本是上升的。

钱纳里标准产业结构模型揭示了低收入国家不同经济发展阶段产业结构变化的标准模式，提出从任何一个发展阶段向更高一个阶段的跃进都是通过产业结构转化来推动的。其中，工业部门是国家经济发展的主导部门，从不发达经济到成熟工业经济存在三个阶段（重化工业化、加工高度化和技术集约化）、六个时期（不发达经济、工业化初期、工业化中期、工业化后期、工业化社会和现代化社会）。

刘易斯二元经济理论认为，经济发展过程是工业化带动城市化的过程，当经济发展到一定程度时，悬殊的二元经济结构就转化为一体化，进入现代经济增长过程。托达罗城乡劳动力转移模型认为，农村劳动力向城市流动的决策，是根据"预期"收入最大化目标作出的。

钱纳里－塞尔奎因就业结构转换滞后理论指出，在发达国家工业化的过程中，农业产值和劳动力就业向工业的转换基本上是同步的，即随着工业总产值的提高，农业人口也相应地向工业转移。但在准工业化国家或相对落后国家，就业结构转化滞后于产业结构。

罗斯托主导产业理论认为，无论哪个国家，其经济增长都是按部门进行的，都必须建立主导部门来使积累率上升到国民收入的一定百分比以上。基于对工业化历史的观察与研究成果，可以把经济体发展过程分为六个阶段：传统社会阶段、起飞准备阶段、起飞阶段、走向成熟阶段、大众消费阶段和超越大众消费阶段。每个阶段都存在相应的起主导作用的产业部门，并与其他产业存在扩散和波及效应。

佩鲁增长极理论认为，在区域经济中存在均衡和非均衡两种发展模式。主导部门集中而优先增长的地区是增长极，增长极一经形成就会通过极化作用吸纳周围的生产要素，并使周围的区域成为极化区域。当增长极扩张到足够强大时，会产生扩散作用并将生产要素扩张到周围区域，从而带动区域增长。如果这种带动作用足够强大，会改变国民经济的全部结构。在该模式下，可以把区域有限的资源集中使用到主导部门的发展上来，并通过对主导部门的投入来激活产业链，扩大市场需求，带动相关产业发展。

（二）产业梯度转移理论

从世界经济发展历史来看，由于区域的资源禀赋条件、经济体制、文化等不同，不同国家（或地区）在经济发展水平上会存在梯度差。当全球或国家内部产业分工体系开始调整时，会出现相关产业的生产要素由高梯度地区向低梯度地区扩散与转移的趋势。此时，高梯度国家（或地区）会科学合理地确定自身产业的升级方向，并将拟淘汰的产业向生产要素优势集中的国家和地区进行转移；低梯度国家（或地区）则会根据自身的产业基础、资源禀赋、环境容量、配套能力等现实条件，承接相应的外移产业。这种产业梯度转移不仅可以将生产要素由较发达地区向欠发达地区转移，还可以促进产业合理布局，缩小地区差距，协调区域发展，从而推动国家经济发展。

在产业梯度转移理论方面，主要有产业转移的比较优势流派、产业集聚的新地理经济学流派和微观视角的企业迁移理论流派。

1. 产业转移的比较优势流派

对产业转移问题的最初研究以国际产业转移为对象，以产业从发达国家向发展中国家转移为背景，而其基本动因之一是不同国家之间存在产业的比较优势。日本学者赤松要提出了"雁行理论"①，即当投资区某些产业失去比较优势后，资本将自发转移到成本更少和利润更大的地区，于是出现了产业从发达国家向发展中国家的转移。产业转移一般会发生在两个层次上，即国家层次的产业梯度转移和区域层次的产业梯度转移。前者超越了国家经济和地理的边界，主要形式是经济欠发达的低梯度国家通过承接由经济发达的高梯度国家转移过来的产业来实现国家经济的"崛起"或"起飞"。也就是说，后起的国家可以利用后发优势，通过"进口→当地生产→开拓出口→出口增长"四个连续阶段来加快本国工

---

① 转引自王乐平《赤松要及其经济理论》，《日本学刊》1990 年第 3 期。

业化进程。后者则是在国家经济和地理边界内部，主要形式是不同区域的产业基于产业分工的原则，通过梯度顺序转移来实现区域经济协调发展。在赤松要的"雁行理论"的基础上，小岛清根据日本企业对外直接投资的实践，在比较优势原理基础上提出边际产业扩张论，对"雁行理论"进行了完善和补充。该理论认为产业转移是为了回避产业比较劣势，发挥潜在比较优势，从而实施空间上的转移。在本国的那些已经失去或者将要失去比较优势的"边际产业"① 将转移到具有生产该产品的比较优势的国家。

2. 产业集聚的新地理经济学流派

在地理经济学家看来，产业转移问题不仅属于产业经济学的研究范畴，也是地理经济学的研究对象。传统的以企业区位选择为中心的区位理论是产业区域转移研究的理论发端。韦伯（Alfred Weber）认为，工业区位的选择取决于生产成本费用的大小，而影响生产成本费用的主要因素包括原料与燃料、劳动力费用、运输费、集聚、地租、固定资产的维修和折旧、借贷利息等，但起决定作用的是运输费、劳动力费用和集聚三个因素。②

基于产业集聚的新地理经济学是目前比较流行的解释产业跨区域转移的理论流派。克鲁格曼（Paul R. Krugman）引入规模经济和不完全竞争因素，通过构建地理集聚的中心 – 外围（Core-Periphery，CP）③ 模型来分析产业转移问题。CP 模型认为制造业集聚在某一区位，是由"向心力"和"离心力"综合作用的结果，而运输成本、制造业部门的规模以及消费者对产品多样化的偏好程度是三个关键的影响因素。运输成本的下降导致有前向和后向联系的制造业的集聚，而产业集聚的形成又伴随大规模的产业转移，成熟的产业集聚平台因其具有强大的向心力而吸引更多的产业转移到该地。

---

① 〔日〕小岛清：《对外贸易论》，周宝廉译，南开大学出版社，1984，第 180～188 页。
② 〔德〕阿尔弗雷德·韦伯：《工业区位论》，李刚剑等译，商务印书馆，2009，第 15～32 页。
③ Krugman, P., "Increasing Returns and Economic Geography," *Journal of Political Geography*, 1991, 99 (3): 483–499.

新地理经济学对产业转移的解释，其实质是产业集聚能够形成集聚效应，达到节约成本的效果，从而吸引外部产业的迁入，或是阻碍内部产业的外迁。同时，产业集聚到一定程度以后，会出现产业集聚的边际效应递减，最终导致聚集效应的不经济，又会造成产业转移到新的集聚区。产业集聚动因更多的是解释一个国家的区域产业转移。

3. 微观视角的企业迁移理论流派

企业迁移研究中最著名的是邓宁（John H. Dunning）提出的国际生产折中理论和国际生产综合理论，该理论的核心是"三优势模式"，即产业组织决定的所有权优势、要素禀赋结构决定的区位优势、交易成本决定的内部化优势。"三优势"是企业对外投资、向哪个国家或地区投资的主要决定因素。[1] 佩伦伯格（Pellenbarg）等的研究指出，企业迁移主要受发展空间、交通问题及劳动市场等因素影响。前两个因素主要引起企业在城市核心区域周围的近距离迁移，而劳动力短缺则是导致企业向其他边缘区域迁移的主要动机。[2] 布劳威尔（Brouwer）等通过对 21 个国家企业迁移行为的研究，指出迁移动机随着企业的规模扩大而减弱，还随着企业成长寿命而减弱。规模较大的企业具有较高的沉没成本，而寿命较长的企业则更深地根植于当地的空间环境。[3]

（三）产品生命周期理论

产业生命周期理论源于市场营销学中的产品生命周期理论，是 20 世纪 80 年代后才逐步兴起的。该理论流派认为产业也如同生命体一样，具有生命周期，也要经历形成期、成长期、成熟期和衰退期。

在产业生命周期理论方面，主要有弗农产品生命周期理论、阿伯纳

---

① John H. Dunning, "The Eclectic Paradigm of International Production: A Restatement and Some Possible Extensions," *Journal of International Business Studies*, 1988（1）: 1 – 31.

② Pellenbarg, P. H., van Wissen, L. J. G. and van Dijk, J., "Firm Relocation: State of the Art and Research Prospects," *SOM Research Report* 02D31, Groningen: University of Groningen, 2002 （11）: 13 – 50.

③ Brouwer, A. E., Mariotti, I. and van Ommeren, J. N., "The Firm Relocation Decision: An Empirical Investigation," *Annals of Regional Science*, 2004, 38（2）: 335 – 347.

西－厄特拜克产品生命周期理论、高特－克莱伯产业生命周期理论和有关产业衰退期的理论。

1. 弗农产品生命周期理论

最早提出工业生产的产品生命周期理论的学者是美国哈佛大学教授雷蒙德·弗农（Raymond Vernon）。弗农认为产品生命周期共分为三个阶段，分别是创新阶段或新产品阶段、产品成熟阶段、产品标准化生产阶段。在第一阶段，由于创新国垄断新产品的生产技术，因此尽管价格高昂也有需求，生产成本的差异对生产地的选择影响不大，此时最有利的安排就是在国内生产，然后通过出口满足国外市场需要。第二阶段产品的生产技术基本稳定，市场上出现了仿制者和竞争者，降低成本成为竞争关键，此时创新国企业开始进行对外投资，在技术水平与本国相似但劳动力成本低于本国的其他国家和地区建立子公司进行生产。在第三阶段，因为产品的生产技术已经普及，创新国的优势已经丧失，此时只能将生产进行转移，创新国逐渐放弃该产品而转向研发新产品，于是开始了新一轮的产品生命周期循环。①

2. 阿伯纳西－厄特拜克产品生命周期理论（A－U 模型）

美国哈佛大学的阿伯纳西（N. Abernathy）和麻省理工学院的厄特拜克（Jame M. Utterback）提出了基于技术创新的产品生命周期理论。他们根据产出增长率将产品生命周期划分为不稳定阶段、转化阶段和稳定阶段。在不稳定阶段，新技术常常是粗糙、昂贵和不可靠的，产品变化最为频繁；在转化阶段，企业趋向于主导产品设计和大批量生产，导致生产工艺彻底变革；在稳定阶段，为了生产出高度标准化的产品，生产流程更为自动化、专业化。A－U 模型解释了以产品变化为中心的创新分布已经开始向产业生命周期理论方向发展。②

3. 高特－克莱伯产业生命周期理论（G－K 模型）

1982 年高特（Gort）和克莱伯（Klepper）按产业中的厂商数目对产

---

① Raymond Vernon, "International Investment and International Trade in the Product Cycle," *The Quarterly Journal of Economics*, 1966（5）：190 – 207.

② Utterback, J. M., *Mastering the Dynamics of Innovation*, Boston MA：Harvard Business School Press, 1994, pp. 15 – 20.

品生命周期进行划分，即引入期、大量进入期、稳定期、大量退出期、成熟期五个阶段，从而建立了产业经济学意义上的第一个产业生命周期模型。G－K模型认为大量进入源于外部的产品创新，而大量退出则是由于价格战、外部创新减少和技术普及所引起的激烈竞争，当进入最后一个阶段产业成熟期后，直到有重大技术变动或创新时，才开始新一轮生命周期。①

4. 有关产业衰退期的理论

产业衰退期是产业生命周期的最后一个阶段。产业发展在经过成熟阶段以后进入衰退阶段，此时产业的市场需求逐渐萎缩，生产能力过剩，丧失了增长潜力，并且在整个产业结构中的地位和作用不断下降。对此，国外学者提出了"能力过剩"和"过度竞争"的概念。

"能力过剩"首先出现在张伯伦（Chamberlin）的《垄断竞争理论》②一书中，他提出垄断竞争导致平均成本线高于边际成本线，从而出现持续的产能过剩。与经济周期引起的短期性过剩不同，产业衰退造成的生产能力过剩在本质上是没有增长潜力的，产业的收入弹性很低，在整个国民经济总产出中所占比重大幅下降。

"过度竞争"概念是20世纪60年代哈佛学派代表人贝恩（J. Bain）提出的，他用"绝对集中度"指标对产业竞争程度以及垄断程度进行了分类研究。之后，经日本经济学家小宫隆太郎进一步发展完善，"过度竞争"的概念逐渐被学术界所完善。所谓"过度竞争"，是指某个产业由于进入的企业过多，许多企业甚至全行业处于低利润率甚至负利润率的状态，但生产要素和企业仍不从这个行业中退出，使全行业的低利润率或负利润率的状态持续下去。究其原因，主要与"退出障碍"相关，这里面就包含劳动者安置费用等巨大退出成本。③

---

① Gort, M., Klepper, S., "Time Paths in the Diffusion of Product Innovations," *The Economic Journal*, 1982 (92): 630－653.
② 〔美〕张伯伦：《垄断竞争理论》，周文译，华夏出版社，2009，第31～36页。
③ 〔日〕小宫隆太郎等编《日本的产业政策》，黄晓勇等译，国际文化出版公司，1988，第40～45页。

二　高校毕业生就业政策相关理论

国家促进高校毕业生就业政策的理论基础，主要包括西方传统就业理论、西方近现代就业理论、马克思就业理论等。

（一）西方传统就业理论与高校毕业生就业政策

在西方传统理论方面，主要有就业自动均衡理论、均衡工资就业理论和就业周期波动理论。

1. 就业自动均衡理论与高校毕业生就业政策

（1）就业自动均衡理论

就业自动均衡理论的基石是萨伊定律，其基本内涵就是生产会自动创造需求。传统就业理论从萨伊定律出发，认为经济社会中并不存在大规模的失业，失业是劳动力生产供求不相称的结果。如果工资可以随劳动力供求变化而自由涨落，那么通过市场价格机制的自发调节作用，可使一切可供使用的劳动力资源都被用于生产，从而实现充分就业，即"通过市场均衡自动实现充分就业"。所以，解决失业问题的有效途径就是降低劳动力供给。应当说，这种理论隐含着反对政府干预经济，主张实行自由放任的市场经济的观念。早期的其他就业理论也都以此为基调或与此相近。

萨伊定律诞生后引发了不同学派的争议。其中，理性预期学派和供给学派对此理论持支持态度，针对20世纪70年代各国相继出现的通货膨胀和经济停滞并存的"滞胀"局面，对凯恩斯（John Maynard Keynes）"政府干预经济"的宏观经济学理论提出了疑问，同时对萨伊定律进行了继承和补充。其中，理性预期学派认为政府完全没有必要对经济进行干预，供给学派主张恢复萨伊的"供给会自行创造需求"定律，认为供给是实际需求得以维持的唯一源泉，要增加供给，就必须依靠市场机制发挥调节作用。以马歇尔（Alfred Marshall）等为代表的新古典经济学派则对萨伊定律持不同意见，他们根据效用约束原则，提出了就业自动均衡理论，认为自由竞争和价格体系共同作用才能自动调节生产经营活动，最终实现供求均衡和充分就业。同时，他们认为降低劳动力工资是解决失业问题的有效途径。

（2）该理论对高校毕业生就业政策的影响

该理论对高校毕业生就业政策的影响主要体现在两个方面。一是影响高校人才培养结构的长效政策制定。目前，高校毕业生就业难的根本原因在于人才供给结构的失衡，毕业生的能力素质与用人单位的用人标准不符，结构性失业和摩擦性失业是高校毕业生失业的主要形式。为此，通过实施自由放任的就业政策，借助市场供求规律，促使高校调节人才培养机制和人才供给结构。二是影响导向型政策的制定。从长期来看，萨伊关于总供给等于总需求的结论是成立的，这对于高校毕业生就业问题也是一样。短期内劳动力市场总供给与总需求不对等的情况时有发生，当前高校毕业生就业难问题的出现也归结于短期内劳动力市场总供求的失衡。因此，应引导公众认清高校毕业生就业难的问题，促进政府制定有效解决高校毕业生就业问题的导向型政策，从而实现劳动力市场的长效平衡。

2. 均衡工资就业理论与高校毕业生就业政策

（1）均衡工资就业理论

均衡工资就业理论是由英国经济学家庇古（Arthur Cecil Pigou）首先提出来的。该理论认为劳动力工资由劳动力的需求和供给共同决定，劳动力的使用量即就业量由均衡工资所决定。劳动力的总需求与真实工资呈反方向变动，劳动力的总供给与真实工资呈正方向变化，在均衡就业量时，即使实现了充分就业，也会存在一定的摩擦性失业和自愿失业。

（2）该理论对高校毕业生就业政策的影响

该理论对高校毕业生就业政策的影响主要有两个方面。一是对失业类型的全面认识。均衡工资就业理论借助工资理论，分析了失业的原因和类型，有助于我们对失业类型和充分就业进行有效的理解和把握。根据这一理论，我们可以发现解决好高校毕业生就业问题并不是说要让所有毕业生都就业，任何时候我们都要看到"合理性"失业存在具有一定的合理性和必然性。二是对充分就业的深入把握。深化对不同失业类型的认识，有助于政府在制定高校毕业生就业政策时牢牢把握住政策惠及的主要对象，有利于在解决高校毕业生就业这个问题上牢牢把握住矛盾的主要方面。

3. 就业周期波动理论与高校毕业生就业政策

（1）就业周期波动理论

传统经济学中的就业周期波动理论有三种。一是消费不足理论，即经济萧条、就业不足是消费不足引起的。国民收入分配上的不平均造成富人储蓄过度是引起消费不足的根本原因，因此，实行收入分配均等化政策是解决经济萧条和失业问题的有效措施。二是投资过度理论。重要代表人物是奥地利经济学家哈耶克（Hayek），他提出在投资过度的前提下，货币的供给满足不了现实经济生活对货币的需求而促使生产结构失调。三是技术创新理论。由美国经济学家熊彼特（Joseph Alois Schumpeter）提出，他指出创新使旧的均衡被打破，并且向新的均衡过渡，从而导致周期性繁荣与衰退的出现，这也是社会不断前进的过程。

（2）该理论对高校毕业生就业政策的影响

就业周期波动理论对于高校毕业生就业政策的影响主要体现在两个方面。一是关于就业需求拉动。从需求方面来考虑高校毕业生就业问题的有效解决，投资和消费无疑是拉动就业需求的两个重要环节。在市场经济条件下，形成有效需求是实现经济增长的必要条件，而经济增长则是实现充分就业的必要条件。合理的投资和消费是刺激经济需求的有效途径和手段，因此，关于合理投资和刺激消费的国家经济宏观调控政策的制定和执行无疑对高校毕业生就业问题的有效解决有着极其重要的作用。二是关于创新与就业的关系。"创新是一个民族进步的灵魂，是国家兴旺发达的不竭动力……"[①]创新关系到国家的兴旺发达，也关系到一个民族能否屹立于世界民族之林。国家宏观调控政策应该积极引导创新在经济发展中发挥应有作用。而作为国家宏观调控政策重要组成部分的高校毕业生就业政策则应该在努力培养创新型人才以适应经济社会发展需要方面体现出应有的导向性作用。

（二）西方近现代就业理论与高校毕业生就业政策

西方近现代就业理论主要包括近代凯恩斯就业理论，以及现代就业理

---

① 江泽民：《全面建设小康社会，开创中国特色社会主义事业新局面——在中国共产党第十六次全国代表大会上的报告》，2002 年 11 月 8 日。

论，如二元劳动力市场理论、人力资本理论、结构性失业理论、工作搜寻理论等，它们不仅是经济学研究的重要概念和内容，对高校毕业生就业政策也具有重要启示作用。

1. 近代凯恩斯就业理论

1929～1933 年的世界经济危机给西方各国带来了空前规模的失业，打破了传统经济学家所颂扬的"通过市场均衡自动实现充分就业"的神话。持续的经济萧条和大规模失业使所谓"凯恩斯革命"应运而生。凯恩斯一反传统经济学的老调，建立了"一个使严格意义上的非自愿失业成为可能的运行方式的理论体系"，并提出了"充分就业"概念，他认为，"在实际生活中，没有不自愿失业之存在，此种情形，我们称之为充分就业。摩擦的与自愿的失业，都与充分就业不悖"。[①] 一个社会消除了非自愿失业、摩擦失业，就意味着实现了充分就业，社会经济制度就会保持稳定。另外，他还指出，社会的总就业量决定于总需求量。因而当市场本身无法实现充分就业时，国家应该干预经济．即政府采取一系列的财政货币政策，如增加公共开支，降低利息率来刺激消费，增加投资以提高有效需求，实现整个社会的充分就业。

凯恩斯摆脱传统的古典经济学和新古典经济学的框架，从宏观经济学角度说明了失业问题，并给出了国家干预经济的办法。他认为，失业增加的根本原因是周期性的经济萧条所引起的有效需求不足。所谓有效需求是指商品总需求价格与总供给价格相等时的社会总需求。当市场出清，总需求实现时，社会便实现了充分就业；如果市场未出清，总需求价格小于总供给价格，则会出现生产过剩的经济危机，产生非自愿失业，个人实际货币收入降低，导致有效需求不足。人们将这一类失业称为"凯恩斯失业"或周期性失业。因此，治理失业的措施为政府通过反周期的扩张性宏观经济政策来刺激有效需求，主要就是增加消费和投资，以此促进就业。

2. 现代就业理论

第二次世界大战以后，凯恩斯主义为西方各主要资本主义国家所普遍

---

① 〔英〕凯恩斯：《就业、利息与货币通论》，商务印书馆，1999。

接受，其政府主张得以广泛推行，由此产生的后果表现出鲜明的两重性：一方面，这种政策主张在一定的时期、一定的范围内确实对西方国家的经济发展起到了一定的推动作用；另一方面，凯恩斯主义并没有从根本上消除资本主义社会所固有的矛盾，国家干预刺激了生产，同时也为更严重的危机提供了条件，到 20 世纪 70 年代，终于导致了经济停滞、失业同通货膨胀并存的滞胀局面。面对滞胀，凯恩斯主义一筹莫展。因此，为了解释并解决困扰资本主义经济的这一难题，各种新的理论、学说纷纷出现，呈现了流派林立、观点迭出的景况。

（1）二元劳动力市场理论与高校毕业生就业政策

美国著名发展经济学家刘易斯（Lewis）在 1954 年发表的论文《劳动无限供给条件下的经济发展》（Economic Development with Unlimited Supplies of Labour）中探讨了二元结构发展模式下的失业问题。刘易斯的分析有三个基本假设。一是劳动的无限供给，即劳动力与其他生产要素相比数量如此之多，使得劳动力的边际生产率等于零，或者是负数，甚至在工资降低到仅够维持生存水平的时候，劳动力的供给仍然超过需求；二是二元经济结构，即国民经济中同时存在两种性质不同的部门，一个部门是以现代化方法进行生产的资本主义工业部门，另一个部门是以传统生产方式为基础的农业部门；三是工资水平不变，现代工业部门的工资水平取决于传统农业部门的工资水平。发展经济学二元劳动力市场理论认为，劳动力市场存在主要和次要劳动力市场的分割，发展中国家劳动力市场是农村和城市相分割的二元劳动力市场，城乡间的二元结构、地区间发展差距以及贫富差距加大会导致社会利益向两极分化。

该理论对高校毕业生就业政策的影响主要体现在四个方面。一是产业政策合理化。我国的农业人口占总人口的比重还相当大，农业劳动力在总的就业人口中的比重超过 50%，这一现实决定"刘易斯转折点"的出现在我国将表现为一个长期的过程，也决定了未来相当长一段时间，我国不能放弃劳动密集型的产业发展战略，而应根据国际产业的变动情况，实行劳动力的使用创新，以合理的产业政策吸纳剩余劳动力。二是消除就业歧视观念。在市场经济条件下，不同区域、不同行业的劳动者都是市场的主体，就业选择权应该是平等的。因此，从体制上要建立公平竞争的市场经济体制，从思想观念上消除就业歧视也是极为重要的。三是消除隔离体制。要进一步从城乡隔离的户籍制向城乡一体化的户籍登记制转变，从户籍管理向身份证管理过渡，建立统一的社会保障体系，为人力资源的自由流动提供基础和条件。四是规范劳动关系。建立统一、公平和具有竞争性的劳动力市场是一项长期的任务，不可能一蹴而就。这就需要通过进一步规范劳动关系，创造公平就业的法律环境。

（2）人力资本理论与高校毕业生就业政策

20世纪60年代，美国经济学家西奥多·W. 舒尔茨（T. W. Schuhz）和加里·S. 贝克尔（Garys Becker）创立的人力资本理论，开辟了人类关于人的生产能力分析的新思路。1960年，舒尔茨在美国经济年会上，以主席的身份发表了题为《论人力资本投资》的演讲，轰动了西方经济学界。其认为，"资本"有两种存在形式：其一是物质资本形态，即通常所使用的主要体现在物质资料上的那些能够带来剩余价值的价值；其二是人力资本形态，即凝结在人体中能够使价值迅速增值的知识、体力和价值的总和。1964年，贝克尔发表了《人力资本》，提出了较为系统的人力资本理论框架，进一步发展了人力资本理论，使之成为系统而完整的理论体系。他认为，人力资本是指存在于人体之中的具有经济价值的知识、技能和体力（健康状况）等质量因素之和。这一理论有两个核心观点：一是在经济增长中，人力资本的作用大于物质资本的作用；二是人力资本的核心是提高人口质量，教育投资是人力投资的主要部分。

这一理论给我国高校毕业生就业政策所带来的启示主要表现在三个方面。一是人力资源增值问题。人力资本比物质、货币等硬资本具有更大的增值空间，因为作为"活资本"的人力资本，具有创新性、创造性，具有有效配置资源、调整企业发展战略等市场应变能力。因此，人力资本投资对于GDP增长具有更高的贡献率。二是劳动力市场建立目标问题。劳动力市场应该从保障失业者的生活目标转向以充分开发利用劳动力资源为目标，用人力资本，即人力政策解决失业与职位空缺的矛盾。三是对教育的理性认识问题。马克思在《工资、价格和利润》中指出，为了"使工人能够发展自己的劳动力和获得一定的技能"，需要"花费一定数量的价值"，那就是"劳动的教育与训练费用"，而"这种不同的劳动力具有不同价值，即它们的生产需要有不同的劳动量"。由此可见，用于劳动本身上的费用，尽管从直接意义上来看是一种单纯消费，然而从其潜在功能的性质来看，它却同时又是再生产过程中有助于生产发展的一种生产费用。人力资源理论提出了新的教育价值观，即教育除了具有文化和道德社会价值外，还具有经济价值。教育的发展一定要与经济社会的发展相协调，如果不顾经济社会发展的实际，盲目地扩张教育，就会导致"文凭膨胀"、"过度教育"等问题。

（3）结构性失业理论与高校毕业生就业政策

国外发达国家对于大学生就业的研究大多从需求、供给与供求匹配方面来进行理论构架。在完善的市场经济条件下，市场这只"无形的手"会调节三者之间的平衡。但是在常态下，三者处于不均衡状态，并由此引发总量性失业、结构性失业、摩擦性失业等不同状况。以詹姆斯·托宾（James Tobin）、杜森贝里（J. S. Duesenberry）和罗伯特·萨缪尔森（Robert A. Samuelson）为代表的新古典综合派提出了结构性失业理论。该理论认为，由于结构变化，劳动力供给和需求在职业、技能、产业、地区分布等方面不协调会引起失业，结构性失业的存在必然引起失业与岗位空缺并存。一种情况是某些具有劳动能力的工人，由于他们工作的产业进入萧条期而失去工作机会。另一种情况是地区经济发展不平衡，有的地区发展迅速，有的地区发展缓慢。落后地区的剩余劳动力因地理位置的限制，不能迅速流动到发展迅速的地区，因而也有一部分劳动者失业。简言之，结构性失业产生的一种形式是某些产业部门的产品因市场需求的日益减少而进入萧条期或衰退期，而劳动力素质不适应新的就业标准所形成的失业；另一种形式则表现为地区之间的供求结构不平衡。

结构性失业理论对我国高校毕业生就业政策的启示主要体现在三个方面。一是提高人才供给质量。当前我国高校毕业生就业问题主要是由结构性矛盾引发的，即高校培养的人才结构与现实经济社会发展需求不相吻合。因此，深化高等教育改革，提高高校人才培养与经济社会发展实际需要的匹配度，是有效缓解"两难"问题的关键。二是加强高校毕业生就业指导。高校毕业生就业政策应该对大学生进行全程化就业指导，尽量避免高校毕业生就业的盲目性和仓促性。三是发展职业培训和职业介绍机构。政府和社会要对高校毕业生进行必要的岗位技能再培训，以增强毕业生的岗位适应性。同时还要发展职业介绍机构，提供劳动力市场的信息，实现企业和求职者信息的充分沟通。

（4）工作搜寻理论与高校毕业生就业政策

工作搜寻理论是在搜寻理论的基础上发展起来的。最早的搜寻模型是由乔治·斯蒂格勒（George Joseph Stigler）于1961年提出的，其研究的是一般商品的信息搜寻。麦考克（McCall）于1965年提出序列寻访模型，用于分析初次进入劳动力市场的求职者的工作搜寻行为。后来，在这一模型的广泛应用和长足发展下，美国经济学家埃德蒙·费尔普斯（Edmunds Phelps）提出了工作搜寻理论。工作搜寻理论假设由于信息不充分，劳动力市场存在众多失业和岗位空缺并存的情况，为此劳动者有持续不断寻找工作的必要性，以获得薪酬更高的工作，经过一定时期的找寻，求职者最终可以得到自己满意的工作。当然，随着在劳动力市场寻找工作时间的延长，求职者也冒着求职边际成本递增和边际收益递减的风险，尤其是高校毕业生，在目前的就业体制下，如果在毕业时仍然没有找到工作，就很可能给人以"能力素质差"的信号，被贴上"就业困难者"的标签，加大了毕业生求职的压力。该理论认为，在劳动力市场上，每个用人单位对劳动的报酬是不同的，但由于信息不充分，劳动者不可能从一开始就知道什么单位劳动报酬最高，因而必须不断地在劳动力市场进行工作找寻。在这个找寻过程中，求职者会遇到各种就业机会，而是否接受某个工作机会取决于继续进行工作找寻的边际成本（包括因工作找寻而放弃的机会成本和交通费、信息费等直接成本）与可能的边际收益（因继续找寻而获得的更高收入）之间的关系，只要边际收益大于边际成本，这种工作找寻过程就会继续下去，直到边际收益与边际成本相等为止。另外，该理论还认为，劳动者脱离原来的工作岗位去进行工作找寻的效率比保留原来工作、同时寻找另一份工作的效率高，因此，可以认为失业是寻找高报酬工作的一种投资。在一定的范围内，工作找寻的时间越长，获得的信息越多，获得高报酬工作的可能性越大。工作找寻时间的长短，主要与以下因素有关。一是工资差别。不同工作之间的工资差别越大，工作找寻可能获得的边际收益越高，进行工作找寻的意义越大，进行工作找寻的人会越多，找寻的时间也会越长。二是求职者状况。新进入劳动力市场的人口越多，工作找寻的时间越长，因为对初次求职者而言，有关求职和工作岗位的信息更为缺乏。三是经济状况。社会经济越景气，工作找寻的时间越长，因为经济景气时期，各种岗位的报酬可能提高，人们对收入的期望值也将提高，为找到符合这种期望的工作岗位所需要花费的找寻时间就会增加。四是失业保障状况。失业者能领取的失业救济金越高，工作找寻的成本越低，寻找满意工作的时间就会越长。

这一理论对高校毕业生就业政策的启示作用主要体现在三个方面。一是劳动力市场功能的改善。就业中介结构的效率、劳动力市场信息网络的建设都会对供需双方的成本和工作搜寻的时间等造成极大影响。因此，要加强劳动力市场建设，有效避免由信息不对称、信息供给不及时导致的摩擦性失业的产生和加剧。二是就业指导和教育培训的加强。通过就业指导尽力避免毕业生过度包装和为找工作到处跑等浪费行为，尽可能减少学生找工作的不必要支出。通过教育培训增强高校毕业生就业的岗位适应性，有效提升其就业能力。三是用人单位招聘信息的规范。通过监控尽量避免用人单位发布包含模糊信息和与工作无关的限定性条件的招聘信息，从而提升工作搜寻效率和匹配度。

（三）马克思就业理论与高校毕业生就业政策

1. 马克思就业理论

马克思就业理论以资本主义制度建立和资本主义生产方式发展初期产生的失业问题为研究对象，以劳动价值论为基础，运用劳动力的二重性来剖析资本主义制度下的失业问题。该理论包括三个方面的内容。

（1）劳动力商品理论

马克思认为，劳动力是社会生产的基本要素，但在资本主义社会，劳动力作为一种商品进行买卖，其价值由维持劳动力所有者正常生活所需要的生活资料的价值决定。马克思正是在劳动力商品理论的基础上，揭示了就业与失业的内涵。就业即劳动力商品卖出去，进入生产过程，实现价值；失业即劳动力作为商品仍停留在流通领域而未进入生产过程中发挥作用，未实现其价值。

（2）资本主义相对过剩人口理论

马克思认为，相对过剩人口不但是产业的后备军，还是资本主义生产方式存在和发展的必要条件。所以，失业现象不但在资本主义社会存在，而且是一种不可避免的现象。

（3）社会主义普遍就业理论

马克思认为，时间的节约，以及在共同生产的基础上劳动时间在不同的生产部门之间有计划的分配是首要的经济规律，而这一规律在资本主义国家无政府状态的竞争下是无法发挥作用的，只有建立社会主义国家，才能实现劳动力资源的有计划配置。同时，在马克思看来，社会主义没有失业现象，存在的是一种普遍就业的现象。现在我们在社会主义制度下仍然存在失业现象，那是因为我们还仅仅处于社会主义初级阶段，我们不能因此否认社会主义的充分就业，只是我们的社会还未达到生产力的高度发达。我们只有更好更快地发展生产力，以此来最大限度地降低失业率。

2. 该理论对高校毕业生就业政策的影响

该理论对高校毕业生就业政策的影响主要有两个方面。一是客观认识社会主义制度下高校毕业生的失业问题。马克思认为，以公有制为基础的社会主义社会，劳动者天然享有就业权，这是由生产资料、劳动产品和单个个体劳动的归属所决定的。因此，以公有制为基础的社会主义社会不会存在长期失业的问题。当前高校毕业生就业政策存在引导不够的问题，导致公众和高校毕业生对当前就业问题出现的必然性和客观性认识不够充分、理解不够到位。为此，应加强对高校毕业生的就业引导。二是健全高校毕业生人才培养结构。马克思认为，社会主义社会存在一个基本的经济规律，即有计划按比例合理分配劳动力。从这一基本规律看，当前高校毕业生就业政策在一定程度上存在人才培养盲目和结构滞后现象。为此，国家和政府应更加有序、合理地做好宏观调控，包括合理引导高校进行分类发展和促进人才培养结构合理化。但就目前高校毕业生就业结构性矛盾突出的实际来看，相关政策在合理引导方面显然存在一定问题，由此导致高校发展和人才培养存在相对的盲目性和滞后性，一定程度上加剧了高校毕业生就业结构性矛盾。

第二节　文献综述

一　关于产业结构调整对就业影响的研究

（一）有关结构偏离度的研究

梁向东、殷允杰对我国 1978～2002 年的产业与就业数据进行分析。他们研究发现：第一产业结构偏离系数一直为负，表明第一产业就业严重过剩，劳动力转移存在困难；第二产业结构偏离系数大于 1，表明第二产业的就业不足，还没有充分发挥其吸纳就业的能力；而第三产业结构偏离系数一直为正，且呈下降趋势，表明第三产业就业潜力还有待挖掘。[①]

桑玲玲、陈桢应用结构偏离度对 1978～2003 年数据进行分析，得出了相似的结论：第一产业存在大量的剩余劳动力，将来会对我国的就业产生巨大压力；第二产业由于资本密集型的道路选择而无法吸纳更多的劳动力；第三产业是吸收劳动力的主要部门，但吸纳能力有所下降。[②]

徐颖君利用结构偏差系数测算了 1990～2006 年我国产业－就业结构的偏离程度，认为"民工荒"并不是中国劳动力资源枯竭的信号，而是我

---

① 梁向东、殷允杰：《对我国产业结构变化之就业效应的分析》，《生产力研究》2005 年第 9 期。
② 桑玲玲：《我国产业结构演进与就业结构变迁的实证分析》，武汉大学硕士学位论文，2005；
　陈桢：《经济增长与就业增长关系的实证研究》，《经济学家》2008 年第 2 期。

国产业结构与劳动力就业结构存在巨大偏差造成的。[①] 在传统的第二、三产业劳动力报酬长期偏低，第一产业收入通过农业改革得到明显提高的情况下，一部分转移出来的劳动力回流到第一产业，从而造成部分行业出现招工难现象。而与此并存的是就业形势依然严峻，其主要原因是劳动力技能与产业升级不相适应，我国产业结构和劳动力就业结构的偏离造成了"民工荒"，而通过产业升级可以解决我国劳动力就业难的问题。

（二）有关就业弹性的研究

胡鞍钢研究计算了 1980～1989 年、1990～1995 年全国和各产业的就业增长弹性值，结果表明"八五"期间就业增长弹性大幅度下降，其中第一产业下降幅度最大，不仅不能吸收劳动力，而且还排斥劳动力；第二产业就业增长弹性下降幅度较大，说明第二产业特别是工业的高速发展并没有带动相应的就业增长，我国走了一条资本密集的工业化路线；第三产业的就业增长弹性值增高，属于劳动密集型产业，成为这一时期吸纳劳动力的主要渠道。[②]

李晓嘉、刘鹏采用线性回归方法，用 1978～2003 年各产业就业人员的对数值同 GDP 的对数值进行回归，从而得出就业弹性值，发现：第三产业对就业的带动能力最强，第二产业次之，第一产业最弱。1990 年以后，第一产业就业已达到饱和并开始排斥劳动力；第二产业在 1978～1990 年对劳动力有较强的吸纳能力，1990 年以后随着第二产业内部资本和技术对劳动替代趋势的加强，第二产业吸纳劳动力的能力下降；第三产业一直保持较高的就业弹性，在劳动力吸纳过程中发挥着越来越重要的作用。[③]

尹志锋、李辉文利用 1990～2009 年的省（市）级面板数据分别估算了第一、二、三产业的就业弹性，并分析了各产业就业弹性的地区（东部、中部、西部）差异。分析发现：技术进步在总体上表现出节约的劳动

---

① 徐颖君：《"民工荒"与劳动力就业难——我国产业结构与就业结构的偏差分析》，《经济问题探索》2008 年第 9 期。
② 胡鞍钢：《中国就业状况分析》，《管理世界》1997 年第 3 期。
③ 李晓嘉、刘鹏：《我国产业结构调整对就业增长的影响》，《山西财经大学学报》2006 年第 1 期。

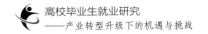
倾向；产业结构对总体就业弹性的影响明显；东西部地区的产业就业弹性差异显著。① 从整体上来看，第二产业还具有较大的就业潜力，但从长远来看第三产业将是拉动就业最重要的力量。

（三）有关灰色关联度的研究

胡秀花、田宝瑞和邓利平分别对河北省和安徽省的产业结构调整与就业进行了灰色关联分析，两省表现出的基本规律相似，即：在三次产业产值比重与劳动力就业总量的关联度比较中，第二产业最大，第三产业次之，最小的是第一产业；而在第二产业内部，工业产值比重与劳动力就业总量的关联度要大于建筑业；在第三产业内部，以批发、零售贸易和餐饮业，交通运输、仓储及邮电通信业与劳动力就业的关系最为密切，成为第三产业中对劳动力最具吸纳力的行业，而房地产业与金融保险业经过十几年的发展，对劳动力的吸纳能力相对较弱。②

（四）有关斯托克夫指数的研究

张抗私、盈帅等用斯托克夫指数测度了 1979～2009 年产业结构变动对就业结构的影响，计算了整体及三次产业的斯托克夫指数。结果表明：1979～2009 年，我国整体斯托克夫指数介于 0.01～4.69 区间。第一产业斯托克夫指数介于 0.02～6.00 区间，变动最大，说明我国第一产业劳动力流动性强，当经济景气时，第二、三产业劳动力需求旺盛，劳动力从第一产业转移到第二、三产业，反之劳动力回流到第一产业。第二产业斯托克夫指数介于 0.001～0.99 区间，离散程度最小。第三产业斯托克夫指数在 0.04～1.40 波动，离散程度介于第一、二产业之间。③

---

① 尹志锋、李辉文：《产业就业弹性及区域对比——基于 1990—2009 的省（市）级面板数据》，《湘潭大学学报》（哲学社会科学版）2012 年第 1 期。
② 胡秀花、田宝瑞：《河北省产业结构优化升级与劳动力就业的灰色关联分析》，《科技情报开发与经济》2008 年第 2 期；邓利平：《安徽省产业结构与就业结构的灰色关联分析》，《苏州市职业大学学报》2009 年第 1 期。
③ 张抗私、盈帅、戴丽霞：《产业结构变动对就业有何影响？——基于斯托克夫指数的视角》，《产业组织评论》2012 年第 4 期。

（五）运用各种计量经济模型的研究

林秀梅利用扩展的柯布－道格拉斯生产函数建立了我国产业结构、就业结构与经济规模和生产要素效率关系的计量模型。结果显示：产业结构与就业结构对生产要素效率和经济规模都有影响，产业结构的升级提高了资本的效率，降低了劳动效率，并使经济规模扩张；就业结构升级提高了劳动效率，降低了资本的效率，并使经济规模收缩。产业结构的快速升级对经济增长有正向效应，但是产业结构升级越快，劳动效率就越低；劳动效率越低，资本对劳动的替代就越多，对劳动力的需求就越小；对劳动力的需求越小，劳动力的转移就越慢，就业结构的转变也就越慢，从而产业结构与就业结构的不协调就越严重。[①]

段敏敏等汇总了东部、东北部、中部和西部四大地区 2000～2007 年的面板数据，通过建立数量模型，分析了产业结构变动方向、产业结构变动速度对就业的影响，得出了产业结构调整所产生的就业创造效应大于就业破坏效应，产业结构调整产生的最终净效应使得就业增加的结论。[②]

孙建、周兵利用结构方程模型考察了产业结构和就业结构之间的相关关系，得出：随着产业结构的发展，三次产业产值均增加，第二产业尤为明显，第三产业次之，第一产业则较缓；而随着就业结构的变化，第二、三产业就业增加，第三产业就业量增加更快，第一产业就业量则趋于减少，但就业结构变化对第一产业就业影响不明显。[③]

黄仁德、钟建屏利用向量误差修正模型探讨了台湾地区产业结构变动对失业率的影响，结果显示：台湾制造业的结构升级会造成失业率的上升，服务业结构升级则有助于失业率的下降。[④]

[①] 林秀梅：《我国转型期经济增长、经济结构与就业的关联性研究》，吉林大学博士学位论文，2006。

[②] 段敏敏、董炳南、丁建勋：《产业结构变动方向、产业结构变动速度对就业的显著性分析》，《经济研究导刊》2009 年第 7 期。

[③] 孙建、周兵：《产业结构与就业结构相关性的 SEM 研究》，《统计与决策》2008 年第 11 期。

[④] 黄仁德、钟建屏：《台湾产业结构变动与失业率关系之探讨》，《法制论丛》2008 年第 1 期。

刘强运用 2000～2007 年产业结构和就业结构的面板数据建立了演变机制模型，并进行了实证分析，结果显示：中西部地区相对于全国和东部地区，它的产业结构和就业结构之间的关系更为显著。中西部地区可以大力发展劳动密集型产业和第三产业以促进该地区的就业。①

于开红通过时间序列模型中格兰杰因果关系验证法对 1998～2009 年的经济增长、产业结构升级率、高校就业相关数据进行研究得出：产业结构不断优化，产业升级过程加速，使智力和技术投入成为经济增长的原动力，而高校作为智力资本和技术资本的主要供给者，在这一产业结构调整的背景下将获得更多的就业机会。②

二　关于产业技术升级对就业影响的研究

产业技术升级亦即技术进步对就业的影响一直备受争议。大部分学者认为技术进步对就业的影响既有正向的，也有负向的。龚玉泉、袁志刚认为技术进步对就业的冲击分为短期影响和长期影响。从短期影响来看，技术进步的迅速发展，使得各产业各企业劳动生产率提高，先进技术装备和生产工艺对劳动力的替代作用明显，使得企业减少对员工的需求。从长期的影响来看，先进技术的使用，使得生产出来的产品增加，产业结构也得到了优化升级，产品的单位成本下降，产品的销售价格也越来越低，从而使得社会对该产品的消费增加，进一步促进企业扩大生产，企业在大量赚取利润的同时，也提供了大量的就业岗位。当具有跨时代意义的技术应用于生产中时，将会导致新产业的诞生，在新产业巨大利益的驱使下，大批企业将进入该产业，从而大量提供就业机会，减轻社会就业压力，促进了社会就业事业的发展。③ 谌新民、杨永贵认为产业升级会对不同群体产生不同的影响。产业升级具有排挤和吸纳劳动力的双重效应，随着产业升级

---

① 刘强：《中国产业结构升级就业效应的实证分析》，《世界经济情况》2009 年第 3 期。
② 于开红：《经济增长、产业结构调整与社会就业的实证分析——基于 1998—2009 年的经验数据》，《求索》2012 年第 3 期。
③ 龚玉泉、袁志刚：《中国经济增长与就业增长的非一致性及其形成机理》，《经济学动态》2002 年第 10 期。

和技术创新过程的加快，资本和技术对劳动的替代效应明显加强，但产业升级过程中的技术更新和工艺进步需吸纳一部分素质较高的劳动者，同时新兴产业部门的出现也会吸纳较多劳动者。同时，产业升级将导致结构性失业与职位空缺并存的现象增加，当新兴产业和部门不能及时找到所需的高素质劳动力时就会出现职位空缺，而文化水平和技术素质较低的劳动者可能被排挤出去。[1]

有一些学者利用实证数据验证了技术进步对就业的影响，认为负向影响只是局部的，不会影响总体水平，或者总体上来看还是有利于就业的。姜作培等学者的研究表明，随着技术的进步，在某些领域将会出现技术进步对就业产生抑制的现象，出现适量的失业人员，但是对整体的社会就业水平不会有什么影响。[2] 郑雪峰运用固定效应模型从微观、中观和宏观三个方面系统分析了高新技术产业技术进步对就业的影响，指出高新技术产业影响就业的途径是通过技术进步来带动生产率和消费需求发生变化，从而在企业和产业方面会出现就业量既有增加又有减少的情况，而从整个宏观经济方面来看则会出现就业量增加的情况。[3] 王治虎通过对河北省有关数据的实证分析，发现技术进步对第二产业就业结构有负向影响，而对第三产业就业结构有正向影响，总体来看技术进步对河北省总就业量具有促进作用。[4]

另外还有一些学者，认为技术进步对就业的整体水平产生了负向影响。张军等认为，随着企业资本深化和技术的进步，我国国有制工业企业不但没有提供新的就业岗位，反而排斥由于技术进步产生的富余劳动力，从而使得国民经济增长的就业弹性系数不断下降，社会就业压力不断提升，国内就业形势日趋严峻。[5] 姚战琪等分析了技术进步对就业的影响，

---

① 谌新民、杨永贵：《民工短缺与产业结构变动关系研究：以广东省为例》，《华南师范大学学报》（社会科学版）2006 年第 4 期。
② 姜作培、管怀鎏：《科技进步与扩大就业的关系研究》，《黑龙江社会科学》1999 年第 1 期。
③ 郑雪峰：《我国高新技术产业就业效应研究》，合肥工业大学硕士学位论文，2008。
④ 王治虎：《河北省技术进步对就业影响的实证研究》，燕山大学硕士学位论文，2012。
⑤ 张军、吴桂英、张吉鹏：《中国省际物质资本存量估算：1952—2002》，《经济研究》2004 年第 10 期。

其研究结果表明技术进步对就业具有负向效应。[①] 黄安余研究了台湾的两次较大的经济转型，即农工转型和工业升级对劳动力就业的深刻影响，认为产业升级对劳动力结构性和摩擦性失业产生了巨大的影响，导致失业率上升。[②]

三　关于产业转移对就业影响的研究

进入 21 世纪以来，随着西部大开发与中部崛起等国家战略的相继实施，我国东部沿海发达地区的一些低附加值劳动密集型产业加快了向中西部地区梯度转移的进程。在此背景下，中西部地区的经济增速明显加快，工业化、城市化水平不断提高，中西部和东部的经济差距持续缩小。受产业转移与区域经济差距缩小影响，近年来劳动力的流动方向也发生重大转变：作为流动劳动力主体的农民工越来越倾向于"回流"到家乡附近就业，新迁出农村剩余劳动力将会主要集中在中西部。

从劳动力角度来看，周均旭、江奇等以湖北蕲春为例，研究了中部产业转移对劳动力就业的影响。蕲春承接的产业转移以纺织服装、医药化工、新兴建材、机械电子等成本低的劳动密集型项目为主。由于外来企业不断增加，生产规模不断扩大，其对劳动力的需求不断增长，蕲春农业劳动者向非农产业转移的趋势日益明显，就业结构也发生了显著变化。然而，在产业转移给蕲春县带来大量就业需求的同时，外来企业又面临全新的"招工难"问题。沿海经济发达地区依靠其优越的地理位置和较高的工资、福利待遇等大量吸引内地劳动力，形成了就业品牌，导致外流劳动力逐年攀升，加剧了内地企业的"招工难"问题。相当部分农民工对新进企业知之甚少，但仍然盲目选择外出务工，劳动力外流趋势不变。[③]

从劳动力流动角度来看，郭力在产业转移与劳动力回流背景下，通过建立回归模型研究了区域就业变动及其影响因素的地区差异。实证研究结

---

① 姚战琪、夏杰长：《资本深化、技术进步对中国就业效应的经验分析》，《世界经济》2005 年第 1 期。

② 黄安余：《论台湾经济转型与就业关联》，《中国经济史研究》2005 年第 3 期。

③ 周均旭、江奇：《中部产业转移的经济效应及对劳动力就业的影响——以湖北蕲春为例》，《当代经济》2012 年第 3 期。

果表明：原先较为落后的中西部地区加快承接产业内迁，工业化、城市化水平迅速提高，在吸纳就业方面和东部地区的差距持续缩小。此外，影响就业的诸因素在中西部和东部差异明显。固定资产投资对中西部的就业贡献要大于东部，而中西部的外商直接投资也对就业起到较大促进作用；但在东部地区，外商直接投资对就业的促进效果并不显著。在全国和东部范围内，第三产业比重与就业呈正相关关系，能够有效拉动就业，但这种关系在中西部表现不明显。这种就业影响因素的区域差异充分说明中西部仍处于工业化初期，就业增长表现出一定的政府驱动特征，因此其就业扩张的重心仍要放在大力承接、发展劳动密集型制造业上，而不应过度追求发展国际金融等高端服务业。①

此外，刘生龙、覃成林等的研究表明近年来中国区域经济结构从趋异转向了收敛，但是从就业角度考察区域经济结构变动的研究尚比较缺乏。在就业影响因素方面，国内众多实证研究表明：政府公共投资、出口、产业结构、工资水平等因素影响着区域就业水平。但是关于就业影响因素的区域差异方面的研究多是单因素分析，缺乏联系当前产业转移背景的综合性、多因素区域比较研究。②

四 关于高校毕业生就业问题的研究

青年失业问题一直是世界各国关注的重点之一，也是目前国际就业中亟须解决的主要问题之一。就我国来说，自 1999 年开始，我国高等教育进入了真正意义上的扩张期，普通高校毕业生规模由 1999 年的 90 万人增至 2016 年的 756 万人。③ 严峻的大学毕业生就业形势也引起了学术界的广泛关注，通过文献检索可以发现关于大学生就业研究的文献有 23 万余篇，

① 郭力：《产业转移背景下区域就业变动及其影响因素的地区差异——基于 1999 年～2007 年省级面板数据的实证分析》，《经济经纬》2012 年第 3 期。
② 刘生龙、王亚平、胡鞍钢：《西部大开发成效与中国区域经济收敛》，《经济研究》2009 年第 9 期；覃成林、张伟丽：《中国区域经济增长俱乐部趋同检验及因素分析——基于 CART 的区域分组和待检影响因素信息》，《管理世界》2009 年第 3 期。
③ 《2014 年全国高校毕业生人数 727 万人 再创历史新高》，中国教育在线，http://gaokao.eol.cn/gxph_2922/20140402/t20140402_1093462.shtml，2014 年 4 月 2 日。

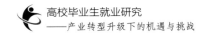

关于大学生就业难及其成因研究的文献有上万篇。笔者选取了其中较为重要的文献，分别从供给、需求、供需匹配三个角度对现有高校毕业生就业研究进行梳理。

（一）基于供给视角的研究

从供给视角来分析大学生就业难的研究主要从高校毕业生供给数量因素、高等教育培养因素以及大学生个人因素等三个维度着手。

1. 高校扩招政策的是与非

对我国高校扩招政策影响的分析是从供给角度讨论高校毕业生失业问题成因的主要方向之一，但对这一问题的是非判断不同学者的研究存在一定分歧，焦点则集中在扩招政策是不是高校毕业生失业的主要成因。赖德胜、姚裕群、吴要武等学者都认为我国高校扩招政策必然会直接导致大学生数量的骤增，影响高校毕业生就业，他们都指出世界上许多国家尤其是发展中国家都经历过高等教育快速发展的阶段，与此相伴的是高校毕业生就业难度越来越大。[①] 相反，郑功成、谭永生等学者却认为我国高校扩招政策与大学毕业生失业并无直接关系，他们虽然也承认现阶段已经出现大学生就业难的现象，但认为从发达国家高等教育毛入学率和我国经济社会快速发展对未来高素质劳动者的需求来看，并不等于说我国出现了大学生过剩的问题，相反，未来需要培养更多的大学生。[②]

2. 高等教育培养偏差直接导致高校毕业生结构性失业

在从高等教育培养质量和专业匹配角度分析高校毕业生就业问题方面，多数学者认为我国高等教育已经进入了大众化阶段，但由于其并没有作为一个"自然历史进程"而发展，因此造成了高等教育培养出来的大学

[①] 赖德胜：《劳动力市场分割与大学毕业生失业》，《北京师范大学学报》（人文社会科学版）2001 年第 4 期；姚裕群、伍晓燕：《大学生扩招与就业难的讨论》，《首都经济》2003 年第 10 期；吴要武、赵泉：《高校扩招与大学毕业生就业》，《经济研究》2010 年第 9 期。

[②] 郑功成：《大学生就业难与政府的政策取向》，《中国劳动》2006 年第 4 期；谭永生：《中国高校毕业生失业问题及其治理》，中国劳动社会保障出版社，2011。

毕业生供给与社会需求不一致的严重现象。莫荣、刘颖等认为，大学生就业既有总量矛盾也有结构矛盾，但同其他发展中国家一样，结构矛盾是主要矛盾。尤其是大学生的就业已经市场化，但大学的专业设置调整滞后、过度重复建设并缺少特色，致使毕业生专业结构与市场需求出现了错位。从源头上讲，这已成为制约大学生就业的一个重要原因。①

3. 大学生个人就业观念不合理

从大学生个人因素角度来看，麦可思研究院发布的《2012 年中国大学生就业报告》显示，我国 2011 届本科毕业生半年后就业区域主要集中在泛长江三角洲区域（26.1%）、泛渤海湾区域（23.1%）、泛珠江三角洲区域（21.1%）；2011 届高职高专毕业生半年后就业地也主要集中在这三个区域，所占比例依次是 23.1%、25.3% 和 20.8%。② 由此可以看出，大学生目前的就业期望仍然很高，东部尤其是发达沿海地区的工作环境、工资福利、职业声望等工作特征标准比较符合目前大学毕业生的就业预期，因此其就业选择区域主要集中在东部发达地区。这也在一定程度上造成了高校毕业生就业的区域性结构矛盾。

（二）基于需求视角的研究

从需求角度来看，关于我国高校毕业生就业难的研究主要包括两个方面：一是就业需求总量不足；二是就业需求结构发生变化。

1. 高校毕业生总量供大于求，企业相对需求量不足

从需求总量上看，部分学者认为大学毕业生工作岗位的增长缓慢，与高校学生的增加形成反差，在高等教育迅速发展的今天，高校毕业生供给的增量与存量的规模远超出城市劳动力市场的可吸纳能力，就业环境趋紧成为必然。③ 从中小企业吸纳就业的能力来看，我国中小企业的发展是吸

---

① 莫荣、刘军：《当前高校毕业生就业形势分析》，《发展》2003 年第 8 期；刘颖、兰亚明：《大学生就业"量"与"质"的关系问题探讨》，《中国青年研究》2013 年第 12 期。
② 麦可思研究院：《2012 年中国大学生就业报告》，社会科学文献出版社，2012。
③ 黄艳、田辉玉、王建农：《高校毕业生就业流向与趋势研究——基于城市二元劳动力市场的视角》，《教育发展研究》2013 年第 9 期。

纳高校毕业生就业的重要渠道。据统计，2010 年我国中小企业总数已达 4160 万家，提供了 80% 以上的城镇就业岗位。[①] 尽管我国中小企业总量不少，但相对比重仍然较低，目前我国每千人中中小企业仅有 8.9 个，城镇人口每千人中也不过只有 19 个中小企业。[②] 我国中小企业数量和发展规模的不足直接影响了高校毕业生的就业总量。

2. 当前高校培养的毕业生不能满足产业结构调整的需求

从需求结构上看，高校毕业生就业是全社会就业问题的一个方面，考察大学生就业问题需要将其纳入整个经济社会发展中来分析。首先，我国产业结构目前正向知识和技术密集型产业过渡，这种产业结构所对应的人才需求以低端岗位和技术高端岗位需求为主，而大学生的知识能力水平正好与这样的岗位需求错位。[③] 其次，我国目前高校毕业生的就业结构与国民经济产业结构不相协调，结构偏离度比较大。耿献辉等通过分析计算发现我国第三产业在 2007 年总共吸纳了 83.13% 的高校毕业生，而同期第三产业的总产出只占国民经济总产出的 23.49%，对国民经济总产出贡献率高达 55.19% 的制造业却只吸纳了 9.78% 的高校毕业就业人员。[④] 在实证研究方面，杨河清等的调查显示并不是所有企业每年都对高校毕业生有需求，每年都招收应届高校毕业生的企业比例仅为 44%，并且对高校毕业生有需求的企业所招聘的人数大部分在 10 人以下。[⑤]

（三）基于市场供求匹配视角的研究

劳动力市场供求匹配视角主要关注市场中的劳动力供给和需求匹配过程中的中介环节，其将直接影响劳动力供需的对接。笔者主要从劳动力市场信息、就业指导服务体系、就业匹配质量三个角度进行梳理。

① 刘泉红：《清除繁荣背后的隐忧——当前中小企业和民营经济发展态势及下一步政策建议》，《中国经贸导刊》2010 年第 24 期。
② 谭永生：《中国高校毕业生失业问题及其治理》，中国劳动社会保障出版社，2011。
③ 陈英、徐自成：《大学生教育管理社区化浅谈》，《现代企业教育》2009 年第 6 期。
④ 耿献辉、刘志民：《产业关联与高校毕业生就业效应分析》，《教育与经济》2011 年第 4 期。
⑤ 杨河清、李佳：《大学毕业生就业质量的实证分析》，《中国劳动》2007 年第 12 期。

1. 劳动力市场信息传递低效和分割性劳动力市场问题

赖德胜、杨伟国、刘铸等学者从高校毕业生劳动力市场的角度对大学生就业问题进行了分析，指出大学生就业难的主要原因包括就业信息不对称，就业信息网络建设发展单一、闭塞，信息孤岛现象严重等。同时，高校毕业生在主要劳动力市场和次要劳动力市场就业的差距过大，加之劳动者在劳动力市场之间的流动性较差，直接导致了高校毕业生在次要劳动力市场出现就业萎缩，而在主要劳动力市场就业出现相对过剩。[①]

2. 大学生就业指导服务体系不完善

莫荣、曾湘泉、严秋菊等学者从就业指导及其服务体系的角度分析了我国高校毕业生的失业问题。他们指出，目前我国大学生就业指导无论从机构设置、师资力量水平、工作场地与经费，还是从职能发展、职业化和专业化队伍建设，乃至于职业指导理论的研究等任何一个方面来看，仍处于一个较低的水平。同时我国毕业生就业信息系统和就业服务体系，仍然主要由学校、人才市场通过举办招聘会等比较原始和低效的方式将毕业生与市场需求方对接。此类招聘方式的信息渠道比较窄，成交率比较低，直接影响了高校毕业生就业的数量和质量。[②]

3. 高校毕业生就业匹配差

在就业匹配质量方面，学者们主要从过度教育视角和匹配质量实证研究视角对高校毕业生就业难问题进行了探讨。张晓蓓、亓朋研究发现，中国劳动力中教育过度的比例为39%。[③] 刘扬研究发现，我国近三成大学毕业生的专业与工作不匹配；专业与工作匹配除受专业本身的影响外，还受

① 赖德胜：《劳动力市场分割与大学毕业生失业》，《北京师范大学学报》（社会科学版）2001年第4期；杨伟国、王飞：《大学生就业：国外促进政策及对中国的借鉴》，《中国人口科学》2004年第4期；刘铸等：《高校毕业生就业市场体系建设研究》，《中国大学生就业》2011年第S1期。

② 莫荣、刘军：《当前高校毕业生就业形势分析》，《发展》2003年第8期；曾湘泉：《变革中的就业环境与中国大学生就业》，《经济研究》2004年第6期；严秋菊：《完善高校毕业生就业服务体系　促进大学生科学就业》，《信阳师范学院学报》2011年第4期。

③ 张晓蓓、亓朋：《我国过度教育现象研究——基于全国综合社会调查数据的分析》，《教育发展研究》2010年第17期。

到性别、学校特征和实习经历等因素的影响。① 代懋等通过建立教育、专业、能力匹配的理论模型，对中国高校毕业生进行就业匹配质量调查，结果发现 1/3 的大学毕业生存在专业不匹配问题，专业本身、学校就业指导课、学校招聘信息渠道均可显著地提高专业匹配程度；同时，46% 的大学毕业生存在"高能低配"问题，性别、学历、社会实践、找工作渠道均会对能力匹配产生显著影响。②

五　关于产业转型升级对高校毕业生就业的影响研究

（一）对高校毕业生就业的挑战

产业结构的变化直接导致高校毕业生的结构性失业，这是大学生就业难的原因之一。就目前来看，结构性失业是我国高校毕业生就业的核心问题，也是研究中的薄弱环节和现实中较难解决的深层次问题，如果不能有效解决将会长期影响我国高校毕业生就业。③ 产业结构的转型升级过程将直接影响市场对高校毕业生的需求。由于各个产业对大学生的需求不一致，大学生在择业上对各产业的偏好也各不相同，当行业对大学生的需求和大学生的择业取向不协调时，大学生就业的难度必然会增加。④

1. 产业结构发展不协调增加高校毕业生就业压力

从产业结构的角度来看，改革开放以来，我国持续调整产业结构，不断优化经济结构，第二产业在我国占据着绝对主导地位，第一产业比重逐步下降，第三产业比重基本保持稳定并有逐步上升的趋势。⑤ 同时，在行业发展方面，高新技术等新兴行业逐渐成为产业转型升级过程中的主导。

① 刘扬：《教育与工作匹配性研究：本专科生的差异》，《复旦教育论坛》2011 年第 2 期。
② 代懋、王子成、杨伟国：《中国大学生就业匹配质量的影响因素探析》，《中国人口科学》2013 年第 6 期。
③ 王霆、曾湘泉：《高校毕业生结构性失业原因及对策研究》，《教育与经济》2009 年第 1 期。
④ 田永坡：《产业结构、工资刚性与大学生就业研究》，2007 年中国教育经济学年会会议论文集，浙江师范大学教育经济研究中心，2007。
⑤ 王义、周红、胡晓霞、张菊霞：《浅析我国经济结构调整对大学生就业的影响》，《宁波职业技术学院学报》2010 年第 3 期。

但就目前而言，我国产业结构调整过程并不是一帆风顺的，其吸纳就业的能力也存在一定的不足。第三产业因其高就业弹性理应成为我国吸纳就业的主要渠道，然而从产业结构偏离度来看，近年来我国第三产业结构偏离度逐渐向零趋近，说明第三产业吸纳就业的空间已经相对较小，如果没有新的服务需求出现，第三产业进一步吸纳就业的能力将难以提高。[①] 第三产业发展滞后导致其吸纳高校毕业生就业人数远远滞后于毕业人数的增长，这是高校毕业生就业难的主要原因。[②] 从上述学者的论述可以看出，产业转型升级的趋势将有利于高校毕业生就业，但产业结构调整过程中出现的不协调性，即吸纳主要就业的第三产业发展滞后将直接增加高校毕业生的就业压力。

2. 产业结构调整导致用人单位的人才需求变化

从用人单位角度来看，随着我国经济结构的不断调整和产业结构的不断优化升级，部分企业逐步完成自身的新老更替成为现代新型企业。为适应社会经济冲击，在激烈的竞争中生存，这些企业需要高技术、高素质、高能力、高层次人才的加盟来提高它们的核心竞争力，导致用人单位在人才选拔上更加挑剔、更加苛刻。[③] 而高校毕业生虽然作为高素质人才的主力，但由于高等教育专业设置等方面的原因，其知识结构和技能水平还达不到一些企业对某类人才的要求。因此，在高校毕业生供给和企业人才需求的对接过程中就出现了不匹配的现象，直接造成高校毕业生的失业问题。

3. 高等教育专业设置与产业升级需求不匹配

从高校毕业生自身的专业教育角度来看，目前在我国产业转型升级的进程中，高校毕业生就业出现了一些新现象，包括：毕业生就业的专业不对口，用人单位需要有工作经验的大学生，毕业生知识陈旧等。这些现象

---

① 王霆、曾湘泉：《高校毕业生结构性失业原因及对策研究》，《教育与经济》2009 年第 1 期。
② 马廷奇：《产业结构转型、专业结构调整与大学生就业促进》，《中国高等教育》2013 年第 Z3 期。
③ 王义、周红、胡晓霞、张菊霞：《浅析我国经济结构调整对大学生就业的影响》，《宁波职业技术学院学报》2010 年第 3 期。

的出现主要是由于部分专业人才的社会需求量小于该专业的毕业生人数，而另一些新兴发展的行业所需要的专业人才又供不应求，同时也反映出高校人才培养与经济社会和科学技术快速发展不相适应。[1] 按照产业就业互动理论，产业结构调整必然会带动劳动力结构和技术结构出现一系列变化，使劳动力就业产生新组合。这些新的经济社会变革又必将促使为其提供智力、人才与科技支撑的高等教育结构作出相应调整，以适应经济社会发展战略的调整和产业结构优化的新要求。[2] 李彬通过对各产业及其就业结构进行分析发现，产业结构转换必然要通过科技、产品、知识和管理创新的形式表现出来，高校毕业生专业技能只有满足企业创新技术和管理体系的需要才能释放出就业需求。[3] 从上述学者的研究可以看出，我国高等教育的质量是直接与我国产业转型升级联系在一起的，产业结构的转型升级直接反映出高等教育专业设置的合理与否，进而反映高校毕业生就业情况。但长期以来，我国经济发展中形成了以资源密集型和劳动力密集型为主的产业结构，高等教育专业设置也以资源密集型、劳动力密集型为主，而技术密集型和高新技术产业相关专业设置相对不足。尤其是在经济发展模式快速转型和产业技术升级加速的背景下，这必将导致产业结构升级与专业人才供给的契合度不高，进而造成大量毕业生失业。[4]

（二）对高校毕业生就业的机遇

虽然产业转型升级会对高校毕业生就业产生一定的负面影响，但产业转型升级是符合国家经济发展需要的，也是世界上任何一个国家所必须经历的经济发展过程，并且从长期来看，产业结构的转型升级能够使整个劳动力市场趋于合理调整，因此对于高校毕业生来说，产业转型升级对其就业发展也具有积极意义。

---

[1] 鲁宇红：《产业结构调整对大学生就业的影响分析及对策》，《南京航空航天大学学报》（社会科学版）2010 年第 4 期。

[2] 詹虎、罗秀：《产业结构调整中的大学生就业问题探析》，《中国人才》2010 年第 19 期。

[3] 李彬：《中国产业结构转换与大学生就业关联性研究》，《中国人口科学》2009 年第 2 期。

[4] 马廷奇：《产业结构转型、专业结构调整与大学生就业促进》，《中国高等教育》2013 年第 Z3 期。

　　国内学者对此类问题的研究主要是从产业发展角度来加以分析的。工业产业的深化和先进产业的发展将为作为中高层次劳动力的高校毕业生提供大量的就业岗位。王义、王海宾等分别从理论和实证的角度明确指出，产业结构的转型升级会带动特别是以知识资本为特征的新兴产业的崛起，如邮电通信业、金融业等。这些产业对从业人员的要求很高，它们的快速发展无疑给高校毕业生就业提供了平台。同时虽然目前第三产业对就业的影响并不像想象中的那么大，但其对高素质人才的吸纳能力非常强，特别是非国有制经济单位的迅速发展对高校毕业生就业的促进作用非常明显。而从实证角度来看，相关性分析显示出第三产业给高校毕业生未来就业提供了较大的空间，尤其是新兴的第三产业将是大学生就业的主要方向。①从上述学者的研究来看，产业转型升级和解决大学生就业问题是双赢互补的，产业转型升级必须有大量的高素质劳动力作为保障，而我国每年毕业的大学生占就业人数总量的比例仍然偏低，高素质劳动力不是太多而是太少。因此可以说，随着产业升级的进行，对高层次人才的需求将大幅度增长，产业升级将为大学生拓展出新的就业空间。②

① 王义、周红、胡晓霞、张菊霞：《浅析我国经济结构调整对大学生就业的影响》，《宁波职业技术学院学报》2010 年第 3 期；王海宾、陈晓文：《产业结构升级下青岛市大学生就业趋向分析》，《北方经济》2012 年第 6 期。
② 陈艳：《从产业升级的角度透析大学生就业问题》，《黑龙江高教研究》2008 年第 4 期。

第二章 产业转型升级对就业的影响

第一节 我国产业转型升级的演变历程与发展趋势

一 我国产业结构调整的历史变迁

经过改革开放以来数十年的发展，我国产业结构已从 20 世纪 80 年代初期的"二一三"转变为当前的"三二一"格局。相当长一段时间内第二产业一直是我国经济总量中占比最大的产业，在改革开放进程中对我国经济增长作出了主要贡献。第三产业快速发展，其产值在国民经济中所占比重越来越大，逐渐超过第二产业所占比重。图 2－1 反映了我国 30 多年

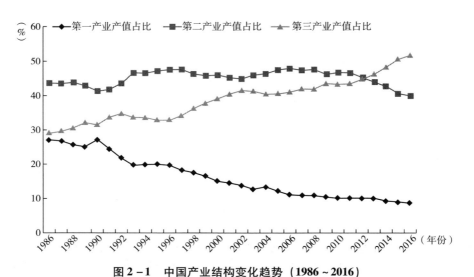

图 2－1 中国产业结构变化趋势（1986～2016）

资料来源：根据《中国统计年鉴 2016》和《2016 年国民经济和社会发展统计公报》制图。

来产业结构的变化情况。可以看到，在三次产业中，第一产业的产值占比处于持续下降的过程中，由 1986 年的 26.6% 下降到 2016 年的 8.6%。与此形成鲜明对比的是第三产业，其产值占比处于持续上升的过程中，由 1986 年的 29.8% 上升为 2016 年的 51.6%。第二产业产值占比基本没有大的变化，多年来有增加也有减少，1986 年为 43.5%，2016 年为 39.8%。由此可见，我国第一产业产值占比已经处于较低的水平，而第三产业在蓬勃发展，已经超越了第二产业产值占比，成为我国经济发展的主导产业。同时我国第三产业发展已经和第二产业并驾齐驱，两个产业共同支撑着我国经济的发展。

中国的产业发展主要经历三个具有典型特点的阶段，分别是中华人民共和国成立初至改革开放之前的工业化赶超式发展阶段、改革开放至入世前的产业全面调整阶段，以及入世之后产业深入调整阶段。本部分对中国产业发展各个阶段进行分析，以概括出每个阶段产业发展的突出特征，勾画产业发展进程中劳动力就业的历史背景。

（一）关于工业化赶超式发展阶段（1952～1979 年）

新中国成立之初，面对工业基础薄弱、周边局势紧张的国内国际环境，中国设立了赶超发达国家的工业化目标，"以工业为主导，以农业为基础"，加快发展重化工业。在这一时期，国民经济统计对产业的划分主要参照苏联模式，划分为农业、工业、建筑业、运输业和商业。在产业发展过程中，中国以计划经济体制的行政调节为手段，通过价格剪刀差等方法，人为压低了农产品价格和人民收入水平，形成以农业发展和人民消费为基础的工业发展原始积累，迅速建立起比较完备的工业体系，在短时期内大大刺激了国民经济的发展。在工业产值占国民收入生产额的比重迅速上升的同时，工业体系内部也向以机械制造为代表的重化工业倾斜。从 1952 年至 1978 年，工业产值占国民收入生产额比重从 19.5% 提高到 49.4%，平均每 10 年增加约 10 个百分点；重工业产值占工农业总产值比重从 15.3% 上升至 42.8%，平均每 10 年增加约 9 个百分点；重工业产值占工业总产值比重从 35.5% 上升至 56.9%，平均每 10 年增加约 7 个百分点（见表 2 - 1）。与此同时，我国国民收入①从 1952 年的 589 亿元增长到 1978 年的 3010 亿元，平均年增长率达到 6.7%，基本实现了从落后的农业国向体系完备的工业国的跨越。

表 2 - 1　1952 ~ 1978 年中国工业及重工业产值所占比重

单位:%

年份	工业产值占国民收入生产额比重	重工业产值占工农业总产值比重	重工业产值占工业总产值比重
1952	19.5	15.3	35.5
1957	28.3	25.5	45.0
1978	49.4	42.8	56.9

资料来源:《中国统计年鉴1991》。

赶超式发展的工业化战略使中国在短时期内实现了全面的机械化生产，强有力地带动了国民经济的复苏和增长。然而，片面地注重重化工业，造成了整个国民经济体系的扭曲。农业作为基础的既定方针被人们束之高阁，商业等其他产业也被禁锢在计划经济体制下，难以获得发展。即便在工业产业内部，也出现了求数量不求质量、重上游轻下游等扭曲现象，钢铁产量一度成为工业化的唯一目标，产业结构严重失衡，再加之特定历史时期政治运动的影响，国民经济濒临崩溃的边缘。

（二）产业全面调整阶段（1980 ~ 2000 年）

1978 年党的十一届三中全会确立了以"经济建设为中心"的发展道路，解放生产力、改革开放、经济体制转轨依次成为这一阶段中国鲜明的时代主题。80 年代初期，家庭联产承包责任制的推行极大地提高了农民的生产积极性，农产品产量大幅度提高；80 年代中期，价格管制的放开和企业产销指令性计划的取消，让企业生产经营恢复了动力，要素投入和产品销售逐步转为以市场为导向；90 年代初期，中国社会主义市场经济体制的建立，正式宣告了以行政手段为主的计划经济体制的结束，明确了市场在国家宏观调控下对资源配置起基础性作用，市场竞争不断增强，企业在降

---

① 此时尚未统计国内生产总值（GDP）指标，近似的指标是"国民收入"。

低成本、提高质量、深化产品加工的过程中逐步向现代企业演变。同时，中国的对外出口和外资利用大幅增加，对产业升级起到了极大的推动作用，经济特区更是成为中国经济发展的排头兵。2000 年，中国国内生产总值已由 1980 年的 4545.6 亿元增加到 98000.5 亿元，年均增长率达到 9.8%①，大大高于同期世界经济平均增长率，整体国民经济实力迅速增强。

在产业调整方面，针对物质产品平衡表体系（MPS）的弊端，1985 年中国开始实施国民生产总值指标的统计，1992 年国务院进一步决定建立以三次产业分类为基础的核算体系，这一核算体系与国际通用国民经济账户体系（SNA）基本相同，成为中国目前产业分类标准的基础。从 1980 ~ 2000 年三次产业增加值来看，第一产业产值增加 13573.1 亿元，年均增长率为 4.7%；第二产业产值增加 43363.9 亿元，年均增长率为 11.7%；第三产业产值增加 37732 亿元，年均增长率为 11%。第二、三产业增长速度快于第一产业。从产业结构上看，中国国民生产总值的构成中第一产业比重先增加后下降，第二产业比重先下降后上升，同时第三产业比重不断增加。2000 年，中国第一、二、三产业比重由 1980 年的 32∶46∶22 变为 15∶46∶39。同时，在第二产业的工业部门，重工业比重也呈现在浮动中逐步下降的趋势。然而，与经济总量快速增长的情况相比，这一时期产业结构的转换速度相对较为缓慢，而且同期世界三次产业比重已达到 12∶35∶53，中国产业结构与发达国家甚至部分发展中国家都存在一定的差距。这一时期中国经济高速增长，产业结构转换迟缓的主要原因有两个方面。第一，产业基础。中国是传统农业国，第一产业基数相对较大，而第三产业起步又较晚，在改革开放的前 20 年中，虽然经济体制改革给产业的发展带来了深刻的影响，但第二、三产业发展的基础薄弱，造成第三产业的发展相对较缓慢。不过值得注意的是，这一时期第一产业的产值比重和就业比重都出现了明显的下降，特别是农村劳动力向城市就业的转移已大规模出现。第

---

① 《中国统计年鉴 2012》，增长率的计算均按照 1978 年商品零售价格指数计算出来的实际 GDP 增长率。

二，人均国民生产总值。中国是个人口大国，国民生产总值在快速增长的同时，人均国民生产总值增长却相对缓慢。2000 年，中国人均国民生产总值为 945 美元，而从发达国家产业结构与人均国民生产总值的关系来看，人均国民生产总值处于 300～1000 美元时期第一产业比重下降、第二产业比重上升、第三产业比重缓慢上升，中国产业结构转换的实际情况基本符合这个规律。

（三）产业深入调整阶段（2000 年至今）

经过近十几年的探索，中国市场经济体制日趋成熟，市场经济活力日渐增强。首先，基于劳动密集型比较优势，中国逐渐形成以制造业为主体的产业发展格局，特别是以加工贸易为主要形式的"制造经济"迅速增长，2016 年中国进出口总额由 2001 年的 4.2 万亿元增长到 24.33 万亿元，同期出口总额由 1865.2 亿元增长到 13.84 万亿元，出口成为推动中国经济发展、解决就业问题的重要途径之一。其次，城镇化带来的大规模基础设施建设极大地拉动了地方经济的发展，其中以房地产业的迅速发展、城市与城市间轨道交通基础设施的建设最为显著，2006 年至 2015 年，我国全社会固定资产投资额从 109998 亿元增长至 562000 亿元，年均复合增长率为 19.87%。固定资产投资增长将带动房地产开发、公共建筑投资、基础设施建设等建筑需求，从而推动建筑设计行业的快速发展。最后，物质产品的丰富刺激了居民长久以来被抑制的消费需求，居民消费水平显著提高，2016 年全年，社会消费品零售总额为 332316 亿元，比上年增长 10.4%。其中，限额以上单位消费品零售额为 154286 亿元，增长 8.1%。消费成为推动中国经济发展、提高人民生活水平的重要途径之一。在出口、投资和消费"三驾马车"的拉动下，中国国民经济快速增长。

在产业调整方面，近十几年间对中国产业调整产生深刻影响的因素来自两方面。一是 2001 年加入世贸组织，中国在提高对外市场开放程度的同时也受益于其他国家对中国的市场开放，海外订单的增加刺激了中国制造业的发展，使得第二产业产值比重长时间维持在一个高于世界平均水平的位置上；二是 2008 年国际金融危机波及中国，出口遭受严重影响，随即中国推出 4 万亿经济刺激计划和战略新兴产业发展规划,通过刺激内需和加大基础设施投资在短时间内保持了经济的稳定高速增长,并引导了中国未来新技术、新产业的发展。2011 年以后,特别是"十二五"向"十三五"过渡的过程中,我国产业结构调整深入推进,由工业主导向服务业主导的转型更加显著;产业规模较快扩张,开始从高速增长阶段迈入中高速增长阶段。

按当年价格计算,2010 年全国 GDP 达到 408902.9 亿元,其中第一产业、第二产业、第三产业(即服务业,下同)增加值分别为 39354.6 亿元、188804.9 亿元和 180743.4 亿元,工业增加值 162376.4 亿元;2015 年全国 GDP 增加到 676708 亿元,其中第一产业、第二产业、第三产业增加值分别达到 60863 亿元、274278 亿元和 341567 亿元,工业增加值 228974 亿元;5 年间全国 GDP 规模扩大了 65.5%,第一产业、第二产业、第三产业增加值和工业增加值规模分别扩大了 54.7%、45.3%、89.0% 和 41.0%。2010 年,中国已成为世界第一制造业大国。按照世界银行统计口径,2011 年中国已成为世界第一工业大国,在 500 种主要工业产品中,中国已有 220 多种产品产量位居世界第一。在 50 个主要商品品类中,中国企业有 6 个品类位居全球世界市场份额第一。

"十二五"期间,中国经济发展的一个显著变化是进入新常态,从高速增长转入中高速增长。在"十五"和"十一五"时期,GDP、第二产业特别是工业和服务业增加值的增长速度多为两位数。"十二五"期间,GDP、第二产业特别是工业和服务业增加值都告别了两位数的增长,进入"个位时代"。按不变价格计算,"十二五"时期,全国 GDP 和第一产业、第二产业、第三产业、工业增加值分别年均递增 7.8%、4.1%、8.0%、8.4% 和 7.8%。与"十一五"甚至"十五"时期相比,"十二五"时期全国 GDP 和第二产业、第三产业、工业增加值的增速均有明显降低,第二产业和工业增加值的增速降低尤为显著。

按当年价格计算,2010 年在中国 GDP 中,第一产业、第二产业、第三产业增加值分别占 9.6%、46.2% 和 44.2%,工业增加值占比为 39.7%。2015 年在中国 GDP 中,第一产业、第二产业、第三产业增加值分别占

9.0%、40.5% 和 50.5%，工业增加值占比下降到 33.8%。"十二五"期间，全国服务业增加值占比大幅提升，5 年共上升 6.3 个百分点；第二产业、工业增加值占比明显下降，5 年分别下降 5.7 个百分点和 5.9 个百分点。"十二五"期间，工业增加值增速和占比双双呈现下降局面，对于经济增长速度下行局面的形成发挥了重要作用。2005 年中国服务业增加值占 GDP 比重达到 41.4%，此后中国服务业增加值占 GDP 比重一直高于工业增加值占 GDP 比重。2006 年中国工业增加值占 GDP 比重达到峰值（41.8%），此后转入下降趋势。因此，如果说中国产业结构从工业主导向服务业主导的转型在"十一五"期间初露端倪，那么在"十二五"期间这种转型更加显著。

（四）我国产业转型升级的阶段性特征

首先，1952～1979 年这一阶段中国产业转型升级的主要特征有以下三个方面。第一，实行以牺牲其他产业为代价的工业优先发展产业政策，短时期内建立起比较完备的工业体系，有力地刺激了国民经济的复苏和发展。第二，以行政命令为主的计划经济调节手段导致工业化目标逐渐偏离理性轨道，工业产业内部以及国民经济结构趋于扭曲，工业产业链条缩短，农业发展滞后甚至衰退，人民消费水平长期被人为压低。第三，产业政策调整事与愿违，工业化发展违背了市场规律，资本积累和技术创新趋于枯竭，国民经济由快速增长变为扭曲失衡，并趋于停滞。

其次，1980～2000 年这一阶段中国产业转型升级的特征主要有三个方面。第一，市场经济体制的确立极大地刺激了生产力的发展，从农村到城市、从乡镇企业和民营企业到国有企业都发生了巨大的变化，人们从事生产经营活动的积极性迅速提高，产品种类开始丰富，产业链条拉伸变长，产业外向化程度增强。第二，三次产业分类标准的建立，为行业规范管理、相关科学研究提供了基础，同时第三产业的重要性逐渐被人们所熟知，围绕产业结构调整的相关政策确保了产业的升级与发展。第三，经济总量的增长带来国民经济实力的增强，但产业结构转换的速度相对较缓慢，特别是第三产业发展仍处在萌发期。然而，不容置疑的是，1980～2000 年，随着改革开放的深入和市场经济体制的建立，中国在产业部门、产品种类等产业升级方面取得了辉煌的成就。各种工业产品产量不断提高，初步扭转了中国工业品长期短缺的被动局面，不仅日用消费品供应充足，就连长期制约中国经济发展的基础产业产品，如煤、电等的供应问题也得到了明显缓解，钢、原煤、水泥、棉布、电视机等产品产量均居世界首位，"只用了一代人的时间，取得了其他国家用了几个世纪才能取得的成就"①。

最后，2000年至今这一阶段中国产业转型升级的主要特征有四个方面。第一，产业结构转移基本符合了产业演进规律，第一产业比重持续下降，但在国际分工的背景下，基于劳动力比较优势，中国第二产业仍占相对较高的比重，第三产业比重虽有所提升，但与发达国家相比仍有一定差距。第二，从价值链角度看，中国的产业升级具有一定的特殊性，并没有遵循"劳动—资本—技术—知识"先后作为推动力的一般规律，基数较大的劳动力数量和信息产业优先发展的产业战略，使得中国的产业发展呈现"哑铃型"架构。第三，投资和出口拉动的经济增长方式造成中国第三产业发展动力不足，进而影响居民收入的提高，使得居民消费对国内生产总值贡献率相比发达国家偏低。第四，开始注重产业价值创造能力的提升，以高新技术为驱动力的战略新兴产业将引领未来中国产业发展，基于价值链角度的产业升级具有十分重要的意义。

二　我国产业区域分布变化的主要模式

本书的主要研究对象是我国产业转型升级，而产业区域分布变化（即产业转移）是产业转型升级的主要表现之一。因此，厘清产业转移带来的产业区域分布变化是研究产业转型升级的重要内容。根据产业转型升级以及产业转移的影响因素，本书将产业转移的主要模式分为三大类，即要素导向型、市场开拓型以及政策导向型产业转移。

（一）要素导向型产业转移

要素导向型产业转移是指根据要素禀赋与比较优势理论，以寻求廉价

---

① 朱剑红：《辉煌的20年》，《人民日报》1998年9月23日，第1版。

的生产要素，降低生产成本为目的的产业转移，因此要素导向型产业转移又叫"成本导向型"产业转移。企业转移的主体形式（企业）在进行转移决策时，往往需要考虑其生产要素成本的变化情况，主要包括劳动力成本，即工资、技术以及资本等具有不同流动性的成本要素。要素导向型产业转移往往缘于竞争环境的改变，当产业相关企业在一个地区集聚到一定程度后，生产要素的成本压力逐渐加大，迫使企业寻求生产成本更低的区位。一般而言，劳动力、资本、资源、技术密集型产业的转移都属于要素导向型产业转移，比如，在成本因素的推动下，劳动密集型企业由于劳动力成本的压力，一般从发达地区迁出，选择劳动力价格更加低廉的欠发达地区。因此，要素价格成本是要素导向型产业转移的决定性因素。

由于我国具体国情所导致的区域经济发展不平衡，发达地区与欠发达地区在要素成本价格上区别明显，表现为近年来我国区域产业经济的发展变化。根据《中国省域经济综合竞争力发展报告（2013～2014）》，2013年全国各省、区、市产业经济竞争力[1]处于上游区（1～10位）的依次是江苏省、山东省、广东省、浙江省、上海市、天津市、河南省、北京市、辽宁省、湖北省；处于中游区（11～20位）的依次为福建省、陕西省、内蒙古自治区、湖南省、河北省、四川省、安徽省、黑龙江省、新疆维吾尔自治区、吉林省；处于下游区（21～31位）的依次为重庆市、海南省、江西省、云南省、广西壮族自治区、贵州省、山西省、宁夏回族自治区、西藏自治区。[2]从上述权威资料可以看出，我国东部地区的产业竞争力仍然比中西部大，同时从侧面可以看出中西部地区的要素价格仍然比东部地区要低，此时会吸引要素型产业逐步从东部地区开始向中西部地区转移，通过近两年我国区域省份的产业竞争力排序的变化可以对此加以验证。根据《中国省域经济综合竞争力发展报告（2013～2014）》，2013年与2012

---

① 产业竞争力，指某国或某一地区的某个特定产业相对于他国或地区同一产业在生产效率、满足市场需求、持续获利等方面所体现的竞争能力。其实质是一个比较性的概念，具有较为系统的指标评价体系，包括产业产品的市场占有率、平均资产利润率、劳动生产率、企业规模、质量体系等多项指标。

② 李建平、李闽榕、高燕京：《中国省域经济综合竞争力发展报告（2013～2014）》，社会科学文献出版社，2015，第16～17页。

年相比较，省域产业竞争力处于上升阶段的有 10 个省份，上升幅度最大的是湖北省（6 位），其他依次是福建省（4 位）、重庆市（4 位）、河北省（3 位）、安徽省（3 位）、河南省（3 位）、广西壮族自治区（2 位）、云南省（2 位）、甘肃省（1 位）、宁夏回族自治区（1 位）。此外，在评价期内，一些省份产业经济竞争力排位出现了跨区段变化，即在上游区、中游区以及下游区之间的变化。2012～2013 年，在跨区段上升方面，湖北省由中游区升入上游区。① 从数据显示可以看出产业竞争力排序上升的省份主要集中在中西部，因此中西部经济要素的比较优势在近年逐渐显现出来，产业竞争力的上升与欠发达地区要素资源成本优势联系紧密。

（二）市场开拓型产业转移

市场开拓型产业转移是指企业为了克服某些地区市场准入壁垒，扩大产品在市场上的销售规模而进行的产业转移②，目的是提高产品市场占有率以增加企业销售利润。与要素导向型产业转移不同的是，以市场开拓为目的的产业转移更多的是追求市场占有率，即将产品生产制造过程中的某些环节转移到目标区域，就地进行生产、组装，并且就地销售。企业根据市场需求量的大小合理选择区位，市场需求量大的区域可以大大减少企业的运输和交易成本，缩短交易时间和建立市场需求网络的时间，并且能够及时掌握市场信息，更好地满足消费者的需求以扩大企业知名度。从国际产业转移的角度来看，20 世纪初大量的跨国公司转移到我国东部省份，其中劳动力成本和其他生产要素成本的比较优势是其进行产业转移的重要因素之一，更重要的是占领中国市场，实现其国际市场战略扩张的目标。不断开发新的市场，现在已是多数企业的共同行为。在开放经济条件下，企业的竞争能力更多表现在流通环节上。企业发展到一定程度之后，就要不断地采用新技术开发新产品，扩大市场占有率。企业不必进行整体迁移，只需在购买力强的地区建立分公司或分工厂，作为企业的生产基地，大力

① 李建平、李闽榕、高燕京：《中国省域经济综合竞争力发展报告（2013～2014）》，社会科学文献出版社，2015，第 17 页。
② 芮明杰：《产业经济学》（第二版），上海财经大学出版社，2012，第 117 页。

开拓新市场，开发新的产品，同时也能促进一个地区产业结构的优化升级。

从我国各省域的宏观经济发展来看，2013 年全国各省、区、市宏观经济竞争力处于上游区（1 ~ 10 位）的依次是广东省、江苏省、山东省、浙江省、北京市、天津市、辽宁省、上海市、福建省、湖北省，而处于下游区（21 ~ 31 位）的依次是黑龙江省、陕西省、西藏自治区、宁夏回族自治区、贵州省、新疆维吾尔自治区、山西省、广西壮族自治区、云南省、青海省、甘肃省。[①] 从上述数据资料可知，我国东部地区的市场经济能力仍然比中西部地区高很多，特别是西部地区省份的市场经济能力、消费需求等都较小。但从经济可持续发展来看，2013 年全国各省、区、市可持续发展竞争力处于上游区（1 ~ 10 位）的依次是内蒙古自治区、海南省、福建省、黑龙江省、北京市、山东省、广西壮族自治区、浙江省、山西省、新疆维吾尔自治区，并且从可持续发展竞争力排序变化的角度来看，2013 年与 2012 年相比较，排位上升的省份中，上升幅度最大的是辽宁省（9 位），其次是河北省（8 位）、山西省（8 位）、北京市（4 位）、贵州省（4 位）、宁夏回族自治区（3 位）、湖北省（2 位）、云南省（2 位）、内蒙古自治区（1 位）、安徽省（1 位）、河南省（1 位）[②]，从上述数据可以看出市场潜力较大的省份主要集中在中西部。因此，虽然中西部省份目前的市场经济能力不高，但其一方面隐含着消费需求和发展空间的巨大潜力，另一方面也意味着东部发达地区的传统产业发展已经达到饱和，产业结构调整迫在眉睫。同时，由于劳动力成本、资源成本等生产要素的比较优势的发挥，中西部欠发达地区的可持续发展能力逐渐增强，市场购买力逐步释放，发达地区的企业为了开拓市场，提高产品的市场占有率，其在欠发达地区投资将有利于降低运输和交易成本，并且迅速抢占周边地区市场。例如，江苏是我国的制造业大省，近年来，越来越多的上海、江苏和浙江

[①] 李建平、李闽榕、高燕京：《中国省域经济综合竞争力发展报告（2013 ~ 2014）》，社会科学文献出版社，2015，第 13 页。
[②] 李建平、李闽榕、高燕京：《中国省域经济综合竞争力发展报告（2013 ~ 2014）》，社会科学文献出版社，2015，第 21 页。

的企业选择到欠发达地区投资，提高和欠发达地区企业的协作水平，共同抢占市场。根据《重庆统计年鉴2011》，2010年重庆利用上海、江苏和浙江的项目资金分别为260.4亿元、165.3亿元和304亿元。发达地区企业的市场开拓能力和产品设计能力明显高于重庆的企业，成为重庆经济发展的助推器。

（三）政策导向型产业转移

政策导向型产业转移是指基于政府出台的关于产业转移的政策、制度，企业根据政策指向以及自身发展战略目标、发展优势而进行区位选择的产业转移过程。政策导向型产业转移的模式与其他产业转移模式的主要区别是其更多是一种政府行政行为，而不是市场经济行为，因此政策导向型产业转移在行政指导下会根据政策性目的的不同而进行相应的具有明确目的性指向的产业转移，具有时间上的持续性和有效性。其带来的社会效应是具有混合性质的，即既有政府行政规划带来的社会效应，也有市场经济变化所带来的社会效应。

我国地域辽阔，区域经济发展长期以来都保持着梯度经济发展模式，因此各级政府在制定产业政策以及企业在选择区位的过程中都采取不同的模式，比较典型的产业政策模式包括招商引资模式、山海合作模式、行政分布模式及示范区模式等。招商引资模式是我国政府主导产业转移的主要模式，也是最常见、最直接的模式。这种政策性产业转移方式主要是通过政府行政力量主导，通过制定土地、税收、生产要素等相关优惠政策，促进资本和企业的区际流动，提高欠发达地区产业结构调整效率。我国中西部地区在承接产业转移的过程中，地方政府通过招商引资的方式，建立产业园区或者减免财政税收以吸引东部资源以及劳动密集型企业转移进来，比如河南省淅川县通过开展"项目经济年"活动，在短短的9个月时间就签订了24个合作项目，合同资金达14.09亿元；内蒙古自治区制定了"走出去"对口招商和"请进来"促项目落地的承接区际产业转移措施，组成承接产业转移招商团，分赴不同地区有针对性地招商引资等。山海合作模式是指经济发达地区对经济落后地区进行经济帮扶，实现产业顺利对接的政策模式，其中"山"指经济欠发达地区，即我国中西部省份，"海"指经济发达地区，即我国东部省份；山海合作模式主要是通过地方政府之间的合作，在区域经济发展存在梯度差距的条件下促进发达地区产业高效率转移到欠发达地区，实现产业的顺利对接，包括省内和区际合作，例如浙江省实施的"山海协作工程"，就是浙江沿海经济发达地区（如宁波、绍兴、温州等市）与浙西南的衢州、丽水等山区为主的欠发达地区相互协作；又如广东与云南的滇粤"山海合作"，两省双边合作既有利于云南省借助承接产业转移加强同发达地区的合作和联系，也有利于广东充分利用云南省的能源、原材料优势。行政分布模式指某些特殊产业受环境污染、产能效率低下等负面影响，政府对这些产业进行强制性行政空间分布的产业转移模式。近年来我国钢铁、电解铝、船舶、平板玻璃、煤炭等行业承受沉重的环境压力以及产能过剩的经济压力，政府对这些行业采取了产能化解、区位搬迁等行政手段，强制要求其进行行业调整以提高经济效率。示范区模式是指政府在地方建立经济示范区，通过发挥示范区的自然资源、基础设施等优势，并且运用相关行政手段，积极推动体制机制创新以吸引更多的相关产业转移进来，或者通过发挥示范区的带头作用集聚更多的相关产业，产生产业集聚效应以促进地方经济发展。例如2010年1月国务院正式批复《皖江城市带承接产业转移示范区规划》，诞生了我国首个国家级承接产业转移示范区，以期通过示范区的试验探索产业从东部向中西部地区转移的新途径和新模式。继皖江城市带之后，国家又批复了广西桂东、重庆沿江、湖南湘南地区、湖北省荆州市等国家级产业转移示范区规划。

政策性产业转移的经济数据表现可以通过省域财政金融竞争力指标反映出来。2013年我国各省、区、市财政金融竞争力处于上游区（1~10位）的依次是北京市、上海市、广东省、江苏省、天津市、浙江省、四川省、辽宁省、新疆维吾尔自治区、山东省。目前我国省域财政金融竞争力较强的区域还是集中在东部地区，但从近两年省域财政金融竞争力排序的变化来看，2013年与2012年相比较，排位上升的有13个省份，上升幅度最大的是福建省（10位），其次依次为湖北省（7位）、青海省（7位）、新疆维吾尔自治区（6 位）、江西省（5 位）、河南省（5 位）、甘肃省（4 位）、辽宁省（2 位）、浙江省（2 位）、湖南省（2 位）、海南省（1 位）、云南省（1 位）、吉林省（1 位）。此外，在评价期内，一些省份财政金融竞争力排位出现了跨区段变化，其中福建省、江西省、青海省、河南省由下游区升入中游区，新疆维吾尔自治区由中游区升入上游区。因此，从排序变化可以看出尽管目前竞争力较强的省份还是集中在东部地区，但中西部地区财政金融竞争力增强趋势明显，政策性产业转移的财政支出明显增加。

三 当前国际产业转型升级的最新趋势

（一）产业结构持续优化

从发达国家所经历的历程看，一般都经历了工业比重上升的工业化阶段和工业比重下降、第三产业比重显著上升的工业化后期和后工业化阶段。自 20 世纪 90 年代以来，在以信息技术为先导的新技术革命推动下，全球范围内的产业结构迅速调整。在整个产业的各种行业中，传统行业逐渐被新兴行业所取代，新兴行业不断从传统行业中脱颖而出，逐渐成为主导性行业；在制造业内部，产业结构逐步呈现技术密集型趋势，技术和高科技密集型产业不断涌现；整个产业非农业、非工业倾向日益明显化，第三产业的地位越来越突出。

早在 20 世纪 60 年代，世界三次产业构成按增加值比重由高到低排列顺序就已经从"一二三"转变为"三二一"。自 20 世纪 90 年代以来，这一现象日渐强化，服务业比重持续上升，工业比重不断下降。但是 2008 年金融危机爆发后，三次产业增加值占全球经济总量的比重趋于稳定，第一、二、三产业增加值分别占全球经济总量的 3%、27%、70%（见图 2－2）。金融危机不仅使世界各国经济发展速度大为减缓，而且给各国产业结构调整战略带来不利影响。金融危机以来，美欧等发达经济体纷纷推进"再工业化"，从过度依赖虚拟经济的服务业向制造业和现代服务业发展，重塑制造业新优势以增加就业机会，积极发展以新能源产业和

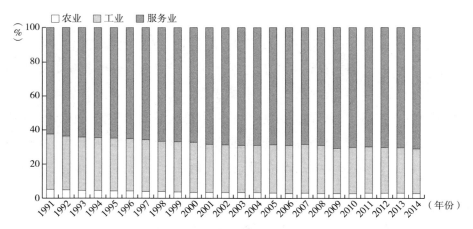

图 2-2 1991～2014 年世界产业结构演变

资料来源：http：//data. worldbank. org/indicator。

战略性新兴产业为主的实体产业。

当前世界产业结构调整的总趋势是，高新技术产业化步伐进一步加快，改造后的传统产业将赢得新的发展空间，知识型服务业成为拉动经济增长的主导产业。从发达国家看，美国新一轮结构调整的目标是适应网络时代知识经济和服务经济的结构变化，以信息技术、航空航天技术、国防和生化技术工业为支柱产业，提高金融和资讯等产业领域的竞争力，在全球化进程中占领更大的国际市场。欧盟的调整重点则是通过市场和货币一体化的进程来推动体制、就业、技术和产业结构的市场化调整。日本也是将增强竞争力作为结构调整的主要目标，重点是加强对大型跨国公司治理结构的调整以及开放和重组长期受保护的银行业、房地产业和零售业等，提高其国际化程度。

回顾近代历次产业革命，其总是与科学技术的突破进展相伴相生。科技的发明和广泛应用是工业革命爆发的前提和重要条件。历史经验表明，经济危机往往催生新的技术和新的产业，从而引发新一轮全球产业结构调整和转型升级，2008 年金融危机不仅引发全球需求结构调整，推动全球经济走向再平衡，也为全球产业结构调整和转型升级带来新的契机。当前，西方发达国家重回制造业，从"去工业化"到"再工业化"，重视以"绿色经济"、信息产业、生物医药产业、纳米产业为代表的战略性新兴产业，都是为了抢占未来技术进步和产业发展的战略制高点。

（二）产业转移不断强化

第二次世界大战后至 20 世纪 90 年代前，全球范围内共发生了三次国际产业转移，目前正处于第四次产业转移的浪潮中。依据时间顺序，四次国际产业转移依次为：①20 世纪 50～60 年代的第一次国际产业转移，主要表现为美国大力发展半导体、通信、电子计算机等新兴技术产业，将纺织、服装等劳动密集型产业向日本等国转移；②20 世纪 60～70 年代的第二次国际产业转移，主要表现为美国向日本等国转移钢铁、石油化工、通信设备制造等资本密集型产业，后者将部分劳动密集型产业向"亚洲四小龙"（韩国、新加坡、中国台湾、中国香港）转移；③20 世纪 70～80 年代的第三次国际产业转移，主要表现为美国向日本等国转移集成电路、精密机械、精细化工、家用电器、汽车等技术密集型产业，后者将资本密集型产业向"亚洲四小龙"转移，"亚洲四小龙"则将劳动密集型产业继续向东盟国家转移；④20 世纪 90 年代至今的第四次国际产业转移，主要表现为美国和日本等国向"亚洲四小龙"转移技术密集型产业，而劳动密集型产业和部分资本与技术密集型产业继续向东盟国家和中国转移（见表 2－2）。

表 2－2　四次国际产业转移

时　　间	转移路径	转移产业类型
20 世纪 50～60 年代	美国→日本	劳动密集型产业
20 世纪 60～70 年代	美国→日本	资本密集型产业
	日本→"亚洲四小龙"	劳动密集型产业
20 世纪 70～80 年代	美国→日本	技术密集型产业
	日本→"亚洲四小龙"	资本密集型产业
	"亚洲四小龙"→东盟国家	劳动密集型产业
20 世纪 90 年代至今	美国、日本→"亚洲四小龙"	技术密集型产业
	美国、日本、"亚洲四小龙"→东盟国家、中国	劳动密集型产业、部分资本和技术密集型产业

在第四次国际产业转移的浪潮中，美国抓住经济全球化与信息网络化的历史机遇，全面改造传统产业，大力发展高新技术产业和现代服务业，实现了产业结构的高级化，成为全球产业结构调整的领头羊；日本和欧盟也开始奋起直追，日本明确提出了"信息技术立国"战略，力图以信息技术实现第二次振兴，欧盟则积极发展电信业与推进"电子欧洲"战略，力争在移动通信领域赶超美国，重振欧洲产业优势；新兴经济体也紧随其后，大力发展与信息技术相关的产业，加快产业结构调整步伐，促使产业由资本密集型向技术密集型转变。

当前，国际产业转移不断强化并向纵深发展，表现出以下几个方面的特征。一是新兴工业化国家和发展中国家逐渐成为国际产业转移的重要力量。随着各国技术进步和产业结构水平的提高，越来越多的新兴工业化国家在产业升级的同时也将原有的劳动密集型产业转移到产业梯度更低的国家。同时，随着全球整体产业结构水平的升级，国际产业转移已不再局限于发达国家之间和发达国家与发展中国家之间，发展中国家之间的产业转移也开始增多。二是国际产业转移日益向产业结构高级化发展。发达国家在继续向发展中国家转移在本国已失去竞争优势的劳动密集型产业的同时，开始向发展中国家转移资本密集型和资本技术双密集型产业。国际产业转移的重心开始由初级工业向高附加值工业、由制造业向服务业转移，其中服务业中的金融、保险、旅游和咨询业与制造业中的技术密集型产业是当前国际产业转移的重点领域。21世纪，知识经济进入快速发展阶段，国际产业转移结构高级化、知识化有进一步加强的态势。三是产品内分工的国际产业转移不断增多。随着全球分工的变化，国际分工已经从产业之间的分工向产业内、产品分工和不同价值链环节之间的分工演进。同时，国际产业发展日益呈现制造业服务化的趋势。制造企业借助服务提高竞争力，以提升客户价值和自身价值，形成了制造业与服务业相互融合、相互促进的累积性相互推进关系。四是国际产业转移出现产业链整体转移趋势。随着竞争的加剧，跨国公司不再遵循传统的产业转移阶段进行投资，而是主动地带动和引导相关投资，鼓励其海外供货商到产业移入国投资，加大零部件供给当地化战略的实施力度，发展配套产业并建立产业集群，将整条产业链搬迁、转移到发展中国家。

（三）新型业态加速涌现

18世纪中叶以来，人类历史上先后发生了三次工业革命。始于18世纪60年代以蒸汽机的改良为标志的第一次工业革命开创了"蒸汽时代"，标志着农耕文明向工业文明的过渡；以电力的广泛应用为标志的第二次工业革命开创了"电气时代"，使得电力、钢铁、铁路、化工、汽车等重工业兴起，石油成为新能源，并促使交通迅速发展，世界各国的交流更为频繁，并逐渐形成一个全球化的国际政治、经济体系；第二次世界大战之后开始的以电子计算机的发明和使用为标志的第三次工业革命更是开创了"信息时代"，全球信息和资源交流变得更为迅速，大多数国家和地区都被卷入全球化进程之中，人类文明的发达程度也达到空前的高度。

第三次工业革命是人类文明史上继蒸汽技术革命和电力技术革命之后科技领域里的又一次重大飞跃。它是以电子计算机的发明和使用为主要标志，涉及信息技术、新能源技术、新材料技术、生物技术、空间技术和海洋技术等诸多领域的一场信息控制技术革命。这次科技革命不仅极大地推动了人类社会经济、政治、文化领域的变革，而且影响了人类生活方式和思维方式，使人类社会生活和人的现代化向更高境界发展（见图2-3）。

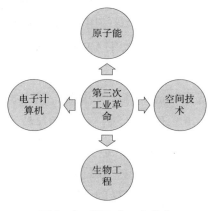

图2-3 第三次工业革命

进入 21 世纪，人类面临空前的全球能源与资源危机、全球生态与环境危机、全球气候变化危机的多重挑战，由此引发了第四次工业革命——绿色工业革命，一系列生产函数发生从以自然要素投入为特征到以绿色要素投入为特征的跃迁，并普及整个社会。第四次工业革命以数字化、网络化、机器自组织为标志，以技术融合为特点，模糊了实体、数字和生物世界的界限（见图 2 - 4）。

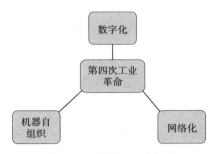

图 2 - 4　第四次工业革命

从国际环境看，新一轮科技革命和产业变革孕育兴起，世界各国都开始加快新技术的研究开发、加快新产业的战略布局，一系列新技术、新业态、新商业模式正在涌现，产业结构调整的力度前所未有，步伐明显加快。集成电路行业从"硅时代"开始迈向"石墨烯"时代，软件进入"云时代"，以移动互联网技术为依托的共享经济蓬勃发展。移动通信 5G 时代渐行渐近，万物互联将成为可能，所有家用电器、健康监测终端、智能终端将实现互联，人们通过无线享用超高清视频，无人驾驶、远程医疗、智慧城市、智能交通控制、基于 VR 的远程旅游也将实现。在 5G 时代，人们将享受真正的智能生活。在工业领域，依托于 5G 技术的高可靠、低时延的信息传输与智能制造也将成为可能，并引发医疗、汽车、交通等行业的变革。物联网、下一代互联网、云计算等技术深入制造业，网络制造和智能制造等日益成为生产方式变革的重要方向。服务业与制造业边界更加模糊，呈现制造业服务化和服务业产业化的融合架构。

正是看到了这一点，世界主要国家都在加强战略部署，加快新兴产业布局和传统产业改造，优化产业结构。美国自国际金融危机爆发

以来，已连续三次发布创新战略；2013 年德国实施"工业 4.0"战略，
2014 年又出台了其升级版——"智能服务世界"。总的来看，新能源、
新材料、信息与互联网、生物医药、节能环保、低碳发展、空间开发、
智能制造等成为各国重点支持的产业领域。新技术的多点突破和融合互
动必然会推动新兴产业的兴起，给产业转型升级带来新的重大机遇（见
表 2 - 3、表 2 - 4）。

表 2 - 3　新兴产业与新型业态

新兴产业	新型业态
新能源	电力业、IT 业、建筑业、汽车业、新材料行业、通信行业
信息和互联网产业	新一代宽带网络、智慧地球、云计算、系统级芯片
生物工程和新医药产业	生物技术、新药研发、胚胎干细胞、基因疗法
纳米产业	纳米印刷技术、微纳结构光刻技术、纳米材料、纳米生物与医药、纳米电子与光电子、纳米机械、纳米工业
空间产业	航天技术产业、载人航天、火星生命探测、全球定位系统
光电子产业	光电子材料与元件、光电显示、光输入/出、光存储、光通信、激光及其他光电应用

表 2 - 4　技术革新领域

提出者	技术革新
麦肯锡	移动互联网、人工智能、物联网、云计算、先进机器人、下一代基因组技术、自动化交通工具、能源存储技术、3D 打印、先进材料、非常规油气勘探开采、可再生能源
兰德公司	低成本太阳能电池、无线通信技术、转基因植物、水净化技术、低成本住宅、工业环保生产、混合型汽车、精确治疗药物、人造器官
中国科学院	能源与资源领域、网络信息领域、先进材料与制造领域、农业领域、人口健康领域

四　国际产业升级趋势对我国产业发展的影响

（一）产业结构调整与国际趋势保持同步

自改革开放以来，在经济全球化的推动下，随着深度参与国际分工和
全球产业格局调整，中国的产业结构也出现了顺应趋势性的变化，农业部
门在 GDP 中的占比不断下降，工业部门产出趋于稳定，服务业逐渐在国民

经济中占据主导地位。1985 年，第三产业在 GDP 中的占比超过第一产业。2012 年，第三产业在 GDP 中的占比超过第二产业，成为国民经济中占比最大的产业。从 1984 年到 2016 年的 32 年间，中国第一产业占 GDP 的份额从 31.8% 下降到 8.6%，下降了 23.2 个百分点；2015 年第三产业占 GDP 的份额首次超过 50%，32 年间第三产业占 GDP 的份额从 25.5% 上升到 51.6%，增长了约 26 个百分点（见图 2-5）。中国第一、二、三产业的结构调整与全球产业结构格局的调整趋势基本上保持同步，第三产业在 GDP 中的份额占比排位保持一致，农业部门的占比在 2008 年金融危机爆发后趋于稳定。

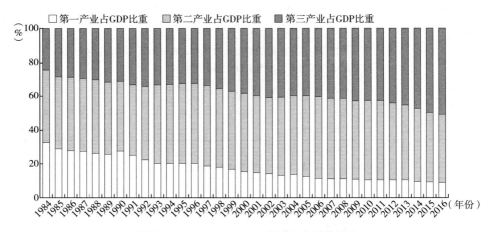

图 2-5　1984～2016 年中国产业结构演变
资料来源：《中国统计年鉴 2016》。

中国的产业结构调整也呈现自己的特色。一是调整速度快，世界产业结构中农业部门在 GDP 中占比从 20 世纪 90 年代开始就维持在 5% 以下，到 2014 年只降低了 2 个百分点，而在相同的时期内中国农业部门在 GDP 中的份额从近 30% 下降到 10%，下降了近 20 个百分点。二是与全球产业结构依然存在很大不同，自 2008 年金融危机爆发后，三次产业占全球经济总量的比重趋于稳定，第一、二、三产业分别占全世界经济总量的 3%、27%、70%，而中国第一、二、三产业在 GDP 中的占比依然保持在 9%、43%、48%。三是服务业与国民经济保持同步发展态势（见图 2 - 6）。与世界产业结构中服务业发展与经济增长之间的协同性不强不同，中国的服务业发展与 GDP 增长之间保持很强的相关性。尤其是 2000 年以来，服务业的增长基本上保持与 GDP 增长同步，服务业或第三产业对国民经济的拉动作用越发明显。2015 年，第三产业对 GDP 增长的拉动作用首次超过第二产业，占据第一位，成为拉动经济增长的最重要的力量。

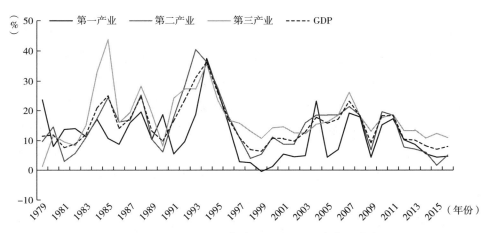

图 2 - 6 1979 ~ 2016 年中国 GDP 和三次产业增速
资料来源：《中国统计年鉴 2017》。

同时，与世界产业结构日益向高级化方向发展趋势相同，中国产业结构也呈现由低层次向高层次的转换过程。按照现价计算，中国制造业产值在国内生产总值中的比重一直保持在 35% 以上，这一比重大大高于同等收入水平的发展中国家。同时，在国际贸易环境的影响下，中国出口结构的高级化趋势也日益明显。工业制成品出口额在出口总额中所占比重由 1980 年的 49.7% 上升到 2000 年的 89.9% 和 2010 年的 94.8%。工业制成品中，以纺织服装等为代表的劳动密集型产品所占比重逐年下降，以机械、电子和运输设备等为代表的高加工度产品所占比重持续上升，机电产品和高新技术产品成为主要出口产品。机电产品和高新技术产品出口额在商品出口贸易总额中所占比重上升，从 2000 年的 42.3% 和 14.9%，分别上升到 2015 年的 58% 和 29%。

（二）产业转移向纵深发展

在经济全球化和区域经济一体化不断深入发展的大背景下，国际产业分工的变化和产业转移不可避免地对中国产业发展产生重要影响。中国地域辽阔，地区之间发展差异很大。资源禀赋的不同和生产力水平的差异，使得中国产业结构调整和转型的过程，同时也是国内区域之间产业转移的过程。改革开放以来，东部沿海地区抓住世界产业结构调整和产业转移的机遇，在充分利用政策优势、区位优势等有利条件的情况下，经济取得了飞速发展，部分地区快速完成工业化，进入服务化阶段。近年来，东部沿海地区土地、劳动力、能源等要素成本持续上升，用地十分紧张，资源环境压力加大。发达地区比较优势的变化促使其着力进行产业结构调整升级，并实施部分产业向外转移。随着西部大开发战略和中部崛起战略的实施，中西部地区基础设施逐步完善，产业配套能力大幅度提升，再加上要素成本优势明显，发展空间大，具有承接东部沿海地区产业转移的有利条件。

纵观中国产业转移特征，既具有明显的阶段性，也具有多样性。从纵向来看，产业转移是渐进的，并且具有明显的阶段性特征。而从某一时点来看，产业转移是多种类型并存的。中国产业转移经历了以沿海发达地区承接国外劳动密集型产业转移为主的第一阶段，正向沿海产业结构升级、沿海发达地区相关产业向外转移的第二阶段转变。新一轮产业转移的方向主要是从东部沿海地区、南部地区、京津地区向中西部地区和东部欠发达地区转移。

21 世纪以来，沿海产业结构升级，承接新一轮国际产业转移，与此同时，东部发达地区的一些比较优势下降的行业开始向外转移。从 20 世纪 90 年代开始，随着东部工业化水平的提高，承接国际产业转移的重点逐步从劳动密集型加工业转向了资本与技术密集型加工业。20 世纪 90 年代后期以来，国际服务业向新兴市场国家转移的趋势日趋明显，国际服务业向中国的转移也明显加速。服务业正成为中国东部发达地区促进产业结构优化升级和招商引资的新热点。东部发达地区向外转移的方向有两个：一是沿海周边欠发达地区；二是中西部地区中区位条件较好的地区和产业配套能力比较强的地区，承接产业转移呈现加速的态势。在承接全球第三次产业转移过程中，得到高速发展的东南沿海城市成为新一轮产业区域转移的主要动力源。长三角、珠三角、环渤海等外向型经济活跃圈层正在将部分产业转移到中西部地区和东部欠发达地区，腾笼换鸟，以寻求本地新型经济发展模式。

从产业转移的主要领域看，中国东部沿海发达地区现在不仅向外转移劳动密集型产业（如服装、鞋帽、玩具、食品、金属、塑胶、家具等），还进一步转移电子信息、光机电技术、汽车及零部件等技术和资本密集型产业，更包括制造配套产业（如模具、包装）及服务业（如旅游业）。近年来，中西部地区积极承接沿海和国外产业转移，外贸发展能力明显增强。2014 年，中部地区进出口额达 3127 亿美元，西部地区进出口额达 3344 亿美元，分别增长 10% 和 20.2%，合计占全国进出口额的比重为 15%，较 2013 年上升了 1.5 个百分点，对整体进出口增量贡献率为 60.3%，首次超过东部。东部地区进出口额为 3.66 万亿美元，增长 1.6%，占全国进出口总额的 85%，较 2013 年下降 1.5 个百分点。2007 ~ 2011 年我国加工贸易增长情况见图 2 - 7。

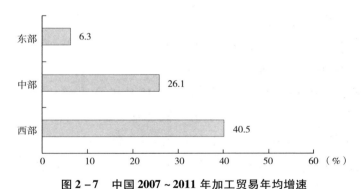

图 2 - 7　中国 2007 ~ 2011 年加工贸易年均增速
资料来源：莫荣等：《中国产业转型升级对就业的影响》，国际劳工组织课题报告。

中国产业转移向纵深发展的另外一个现象是中国企业不断走出去，对外直接投资（ODI）呈现爆发性的增长（见图 2 - 8）。在连续 23 年占据发展中国家吸引外资榜首之后，中国的对外直接投资在 2014 年第一次超过吸引外资数量，成为资本净输出国。从 2006 年中国对外直接投资规模首

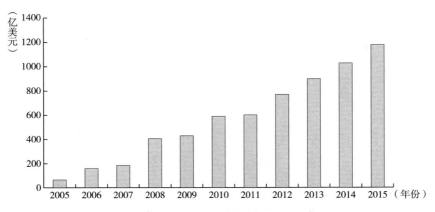

图 2 - 8   2005 ～ 2015 年中国对外直接投资
资料来源：2005 ～ 2015 年国民经济和社会发展统计公报。

次突破 100 亿美元，到 2015 年超过 1180 亿美元，10 年时间中国对外直接投资增长了近 10 倍。截至 2015 年底，中国累计非金融类对外直接投资达 7643 亿美元。经济学人智库发布的《中国海外投资报告 2017》数据显示，2016 年中国海外投资规模飙升了 44.1%，达到 1700 亿美元。

（三）产业发展与技术升级协同并进

20 世纪 90 年代以来，随着经济全球化、国际贸易和资本流动的变化，世界经济格局发生了重大变化。在国际产业结构调整和产业转移的大背景下，作为全球第四次产业转移主要目的地的中国逐渐发展成为"世界工厂"。中国制造品在国际市场的份额从 1991 年的 2.20% 上升到 2008 年的 12.71%，并超越德国成为世界上第一制造业大国（见表 2 - 5）。在不到 20 年的时间里，中国制造品出口的国际市场份额增长了近 5 倍。尽管发达国家制造品出口仍在世界市场中占主导地位，但是整体的国际市场份额呈现不断下降的趋势。尽管中国、俄罗斯、巴西和印度等"金砖国家"制造品出口的国际市场份额总体呈现不断上升的态势，但主要还是归功于中国制造业的飞速发展。另外一个反映制造工业水平的标志性的变化是，2009 年中国机械装备工业销售额达到 1.5 万亿美元，超过日本的 1.2 万亿美元和美国的 1 万亿美元，跃居世界第一，成为全球装备制造第一大国。

表 2-5　世界主要国家制造品出口的国际市场份额

单位:%

年份	美国	日本	德国	英国	法国	俄罗斯	巴西	印度	中国
1991	12.91	12.23	14.36	6.01	6.71	—	0.70	0.52	2.20
1992	12.76	12.22	14.25	5.73	6.77	—	0.76	0.57	2.50
1993	13.35	12.96	11.19	5.07	6.36	0.73	0.85	0.61	2.77
1994	12.88	12.20	10.97	5.12	6.28	0.72	0.77	0.65	3.21
1995	12.11	11.34	12.18	5.22	6.50	0.78	0.66	0.62	3.36
1996	12.58	10.12	11.71	5.49	6.39	0.64	0.65	0.63	3.30
1997	13.73	9.87	11.03	5.76	6.11	0.56	0.69	0.64	3.87
1998	13.54	8.87	11.63	5.64	6.45	0.62	0.67	0.61	3.89
1999	13.50	9.23	11.12	5.38	6.28	0.58	0.60	0.68	4.04
2000	13.81	9.57	10.29	4.96	5.81	0.53	0.67	0.70	4.68
2001	13.31	8.27	11.08	4.97	6.01	0.59	0.69	0.71	5.21
2002	11.98	8.13	11.37	4.85	5.77	0.55	0.66	0.77	6.14
2003	10.68	7.95	11.88	4.53	5.86	0.59	0.68	0.79	7.19
2004	10.05	7.88	11.94	4.22	5.57	0.67	0.76	0.83	8.16
2005	10.03	7.48	11.55	4.08	5.14	0.72	0.85	0.96	9.59
2006	9.91	7.10	11.53	4.21	4.80	0.72	0.83	0.97	10.84
2007	9.42	6.73	11.98	3.42	4.59	0.75	0.79	0.99	11.92
2008	9.21	6.63	12.04	3.11	4.50	0.90	0.83	1.07	12.71

资料来源:根据国研网统计数据库世界贸易组织数据计算。

在产业快速发展的同时,我国产业技术水平呈现明显提高的态势。20世纪80年代电子信息百强企业的主导产品是电视机、显像管、收录音机等产品,从90年代中期开始,逐步升级为以通信设备、计算机、家电和新型元器件为主导产品。进入21世纪,继续向新一代互联网、4G手机、高清晰数字平板电视、超级计算机等附加值较高的产品领域延伸。2008年金融危机爆发以来,中国积极顺应世界产业发展趋势,高度重视制造业内部的结构优化,积极发展高新技术产业,确定了新能源、节能环保、电动汽车、新材料、新医药、生物育种和信息产业七大战略性新兴产业。同时,我国采用先进技术改造传统产业,在2009年提出了"十大产业振兴规划",包括9个制造业(汽车、钢铁、纺织、装备制造、船舶工业、电子信息、轻工、石化、有色金属产业)和1个服务业(物流业),产业规划的重点就是用先进技术改造传统产业，提高技术含量。最能体现产业结构升级的是装备制造业，不仅发展速度快，而且技术水平有了较大程度的提高。

近年来，我国在推动技术创新并以此促进产业转型升级方面取得了很大的进步，新技术、新产业对经济增长的贡献率不断提高。如在新一代移动通信领域，中国建立起了具有自主知识产权和国际竞争力的移动通信产业链条和通信网络。在能源领域，水力发电、超超临界发电等一批技术达到世界先进水平，特高压交流电压成为国际标准，核电、风电、太阳能发电等新能源技术和装机容量也已走到世界前列。在轨道交通领域，高速铁路总体技术水平进入了世界先进列。在互联网领域，中国企业技术创新、商业模式创新的能力提高较快，全球十大互联网公司中有 4 家为中国企业。在生物医药领域，中国企业的基因测序水平处于世界领先地位，形成了技术创新与产业发展相互促进的模式（见表 2 – 6）。

表 2 – 6　中国制造业世界先进的技术

领　　域	成　　果
输变电行业	中国是世界首个也是唯一成功掌握并实际应用特高压尖端技术的国家，特高压交流电压已经成为国际标准；1000kV 特高压交流输变电设备和 ±800kV 直流输电成套设备综合自主化率分别达到 90% 以上和 60% 以上；世界上第一个将特高压输变电设备投入工业化运行
发电行业	超超临界火电、大功率水电、核电、风电已能基本满足国内需求，技术水平和产品产量进入世界前列；超超临界火电机组转子实现批量生产；百万千瓦级三代核电关键锻件技术
锻造行业	自主研制成功的 3.6 万吨黑色金属垂直挤压机，打破了少数跨国公司在这个领域的垄断局面；18500 吨自由锻造油压机
电力装备	电力装备形成了较完整的制造体系，60 万千瓦超临界火电机组已经投入运营，百万千瓦超超临界机组正在实施自主化
石化工业	年产千万吨级的大型炼油厂设备自主化率达 90%；30 万吨合成氨和 52 万吨尿素成套装置等关键设备已实现自主化
数控机床	数控机床的品种数量、质量和市场占有率不断提高
冶金行业	淘汰了平炉炼钢，连铸比接近发达国家先进水平，并能成套提供年产 800 万吨级钢铁的联合企业常规流程设备
航空航天	载人航天、"探月工程"顺利开展并传回月球图像；自主研制的新支线飞机、大飞机大型客机总装下线，实现了国产中程干线客机技术突破
通信行业	研究开发了 TD – SCDMA、WAPI、闪联，4G 和 5G 成为世界标准

资料来源：根据公开资料整理得到。

金融危机之后，发达国家与发展中国家、新兴国家与其他发展中国家同时作为国际产业竞争的参与主体，同步进入调结构、保增长阶段。当前，随着我国经济发展进入新常态，欧美发达国家实施"再工业化"战略，新兴经济体和东盟等周边国家则利用我国制造业劳动力成本持续上升的机会，加大吸引劳动密集型产业转移力度，客观上已形成了对我国制造业"两头挤压"的局面。一方面，我国产业结构升级与发达国家"再工业化"战略遭遇。欧美等国借"再工业化"和绿色经济等重新搭建起贸易壁垒，以专利、知识产权、技术标准等手段，加强对高新技术的控制，我国面临行业竞争加剧、保护主义抬头、贸易摩擦增多的不利局面。另一方面，越南、印尼、孟加拉国等后起新兴国家凭借劳动力成本优势，逐渐侵蚀劳动密集型产品的世界市场。总体来说，我国在气候变化、粮食安全、能源资源等问题上面临的外部环境更加复杂、压力增大。

五　我国产业转型升级的未来趋势

（一）服务业仍然有很大发展空间

按照产业结构发展的一般规律，经济发展重点或产业结构重心表现为由第一产业向第二产业和第三产业逐次转移的过程，标志着经济发展水平的高低和发展阶段。产业结构会从最初的"一二三"逐渐演变为最终的"三二一"，即表现出由农业化社会向后工业化社会的演进。产业高级化或产业服务化是产业结构升级和经济发展的必然趋势，产业从原来主要发展农业，到主要发展制造业，再到主要发展服务业，非农产业或服务业比重不断提高的过程就是产业高级化或产业服务化的表现。2012 年，我国第三产业或服务业在 GDP 中的占比超过第二产业，正式成为国民经济中份额最大的产业。从世界范围看，早在 20 世纪 60 年代，服务业占全球经济总量的份额已经上升到第一位。20 世纪 90 年代以来，我国服务业占 GDP 份额与全球的差距不断缩小，从相差近 30 个百分点缩小到 2014 年的近 22 个百分点（图 2 - 9）。但是与全球平均水平相比，我国的服务业在 GDP 中的份额依然偏低。

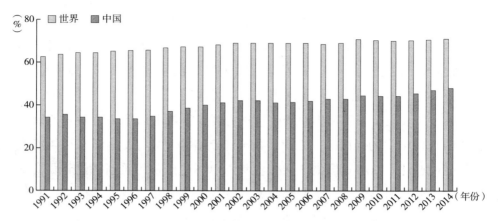

图 2-9　1991~2014 年中国与世界产业结构中服务业份额占比比较

资料来源：http：//data. worldbank. org/indicator，《中国统计年鉴 2015》。

　　进一步比较不同收入国家的产业结构（见表 2-7），可以发现人均 GDP 水平越高的国家，农业产出份额越低，服务业产出份额越高；人均 GDP 水平越低的国家，农业产出份额越高，服务业产出份额越低。但是，尽管我国的人均 GDP 已经接近中高收入国家水平，服务业产出份额只相当于低收入国家水平，与中高收入国家服务业产出份额相比相差了 10 个百分点，更是远远低于高收入国家服务业产出份额 74% 的水平。

表 2-7　2014 年不同收入国家产业结构

单位：美元，%

国　　　家	人均 GDP	农业占比	工业占比	服务业占比
低收入国家	640. 8	32	22	47
中低收入国家	2002. 6	17	31	52
低收入和中等收入国家	4275. 6	10	34	55
中等收入国家	4706. 6	10	35	56
中国	7590. 0	9	43	48
中高收入国家	8000. 3	7	36	57
高收入国家	37755. 8	2	25	74

资料来源：http：//data. worldbank. org/indicator。

　　另外一个反映我国服务业发展落后的现象是服务进出口存在巨额的贸易逆差。中国自 2009 年成为世界第一出口大国后，2013 年又成为世界第一贸易大国，取代了美国保持一个世纪之久的世界头号贸易大国地位，同时出口国际市场份额不断上升，2015年升至约13.4%。在进出口贸易中，货物贸易占据绝对主导地位。2015年，货物贸易额超过4万亿美元，而服务贸易额只有7130亿美元，占对外贸易总额的比重为15.4%，大约只有货物贸易额的1/6。与此同时，货物贸易保持较大规模顺差的同时（见图2－10），服务贸易一直保持不小的逆差规模（见图2－11），2015年全年

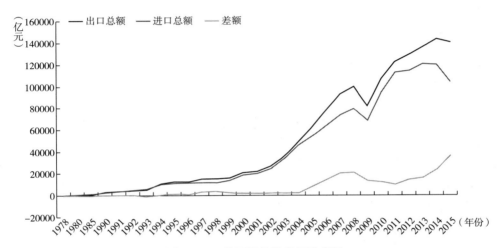

图2－10　我国货物进出口及差额

资料来源:《中国统计年鉴2016》。

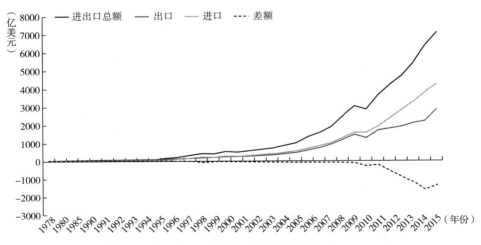

图2－11　我国服务进出口及差额

资料来源:《中国统计年鉴2016》。

的货物贸易顺差达到 5930 亿美元，服务贸易逆差则达到 1366.2 亿美元。与发达国家相比，我国的服务贸易存在明显的差距，2015 年服务贸易居于全球第一位的美国，服务贸易额大概是 10600 亿美元，占其外贸总额的比例为 31%，中国的这一比例只有 15.4%，只有其一半不到。此外，从服务贸易本身来看，长期以来，我国服务贸易中占比较大的还是传统服务业，仅旅游和运输两项占比就高达 50% 以上，而知识含量高、资本和技术密集的通信、保险、金融、专利使用和特许、电影和音像等服务贸易占比很低，而且是进口远远大于出口，反映出我国服务业整体竞争力不强。因此，无论是从总量上还是质量上，我国服务业都有很大的发展空间，大力发展服务业是我国未来产业转型升级的必然趋势。

（二）利用产业转移促进转型升级

产业转移的基本原理源于产品生命周期和比较优势的变化。根据"雁行理论"，发达国家、新兴工业国家、发展中国家的产业结构呈现不同层次，形成产业梯度转移的动力，基于国际分工和比较优势的变化，产业转移呈现从发达国家向新兴工业国家再向发展中国家过渡的规律（见图 2 - 12）。

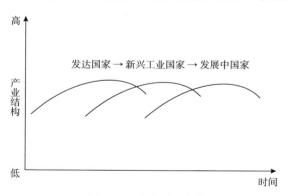

图 2 - 12　产业转移规律

由于知识经济的发展和国际分工的深化，发达国家的产业结构高度知识化，使世界产业转移呈现新趋势。一是国际分工日益由产业之间的分工转向部门内的分工，产业转移的重心由传统工业向新兴工业转变。现代电子信息产业等高技术产业中的部分生产环节成为发达国家产业转移的主导。二是产业转移的重点领域由加工制造业向现代服务业转变。物流、金融、保险、信息、法律、会展等服务外包被放在产业发展的优先位置，比重不断提高。而产业转移和承接的难度伴随国际产业转移的高级化而加大。国际产业转移的速度和内容，对承接国而言，很大程度上取决于其技术消化能力、比较优势、政策环境和经济发展水平。在产业转移的低层次阶段，接纳国占支配地位的是"自然"的比较优势；而在产业转移的高级阶段，接纳国占支配地位的是"创造"的比较优势。随着我国在世界经济中地位的提升，新一轮国际产业向我国转移的速度在不断加快，结构层次明显提高，呈现资本、技术、知识密集型产业转入不断增多的态势，服务业转移的速度也在加快。

国际产业转移升级的变化不仅推动了我国产业结构的变化，也推动了对外贸易结构的变化。从主要产品看，机电产品出口保持增长，产品结构进一步优化。2015 年，机电产品出口 13119.3 亿美元，同比增长 0.1%，占外贸出口总额的 57.6%，比 2014 年同期提高 1.8 个百分点。处于产业结构低端的劳动密集型出口出现下降，七大类劳动密集型产品出口 4720 亿美元，同比下降 2.7%，占外贸出口总额的 20.7%。从经营主体看，民营企业出口保持增长，成为出口的主力军。2015 年，民营企业出口 10295 亿美元，同比增长 1.8%，占外贸出口总额的 45.2%，比 2014 年同期提高 2.1 个百分点。从贸易方式看，一般贸易出口保持增长，2015 年，一般贸易出口 12173 亿美元，增长 1.2%，占外贸出口总额的 53.5%，比 2014 年同期提高 2.1 个百分点。虽然，我国一般贸易成为拉动出口的主要力量，出口产品结构进一步优化，对外资的依赖减轻，但是加工贸易出口额仍然占外贸出口总额的 35%，外资企业出口额仍然占外贸出口总额的 44.2%，体现我国制造业实力和技术水平的国有企业出口额只占外贸出口总额的 10.6%。这一现状反映出我国本土企业规模小、经营能力不强、技术创新不够，出口产品中拥有的自主知识产权和自有品牌少、低端产品多，仍未能完全摆脱在低利润劳动密集型产业上恶性竞争的循环，在技术含量较高的商品领域，我国依然处于净进口国地位。从服务贸易看，2015 年，尽管我国进出口总额出现了同比 7% 的下降，但是服务进出口总额实现了

14.6%的增长。全年服务出口和进口均保持平稳较快增长，增速连续12个月保持在10%以上。服务进出口总额占对外贸易总额的比重为15.4%，较上年提升2.7个百分点。高附加值服务出口规模进一步扩大，电信、计算机和信息服务出口270亿美元，同比增长25%，占服务出口总额比重提升1.5个百分点；专业管理和咨询服务出口291亿美元，同比增长13.6%，占服务出口总额比重提升0.7个百分点；广告服务、文化和娱乐服务、知识产权使用费出口增幅分别达37.1%、43.9%、64.9%，占服务出口总额比重均比上年有所提高。尽管我国服务进出口规模不断增大，占对外贸易总额的比重持续提高，服务出口结构继续优化，但是我国服务进口增长快于出口且占据主导地位，2015年服务出口2881.9亿美元，同比增长9.2%，进口4248.1亿美元，增长18.6%，进口额大大高于出口额且增速是后者的两倍多。同时，服务出口额在对外贸易总额中占比为11.2%，同比提升0.8个百分点，服务进口额占20.5%，提升5.1个百分点，进口份额是出口份额的近两倍且增速是后者的6倍多。

外部先进产业的移入，为我国传统产业比较优势的升级创造了机会，使产业结构中拥有先进技术的部门在数量上和比例上增加，从东部地区开始区域产业结构体现出高级化的趋势，但是整体上我国产业发展水平不高。产业结构表面上存在三次产业之间关系的不协调，实质上是产业链和价值链过度集中于生产和加工制造环节的中低端，研发、设计、供应链管理、营销、品牌等关键环节滞后或缺失。从对我国几种主要的工业制成品的进出口价格的比较看（见表2-8），进口价格要远远高于出口价格，尤其是金属加工机床，进口价格是出口价格的近249倍，反映出我国工业产品技术附加值仍然不高，大量的出口产品仍然集中在低端领域。

表2-8 中国进出口产品价格比较

产　品	单　位	出口价格	进口价格	进口/出口
金属加工机床	美元/台	410	101930	248.61
汽车	美元/辆	13916	42616	3.06
电话机	美元/台	83	155	1.87
钢材	美元/吨	755	1241	1.64

资料来源：根据《中国统计年鉴2015》数据计算。

　　根据微笑曲线的商业理论，产业链可以分为若干个区间，包括产品研发、零部件生产、模块零部件生产、组装、销售、售后服务等，其中组装，也就是生产和制造总是处于产业链的低利润环节（见图2－13）。从全球产业链来看，尽管"中国制造"铺天盖地，但是"中国制造"大多处于微笑曲线中间区域的生产和制造环节。想要摆脱传统制造业的低附加值困境，就必须向微笑曲线的研发和服务两端延伸，通过高新技术实现产业升级和发展生产性服务业是必经之路。在当前国际分工体系中，发达国家往往占据着研发、售后服务等产业链的高端位置，发展中国家则被挤压在低利润区的生产与制造环节。因此，我国应该充分利用国际产业转移不断促进本国产业转型升级。

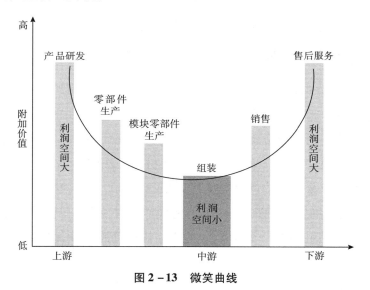

图 2－13　微笑曲线

　　国际产业转移有助于我国新的主导产业或支柱产业的形成，从而推动产业比较优势转移升级为资本和技术资源丰富的比较优势，并使我国向其他欠发达地区产业转移，进而促进本国产业结构升级，提升我国在基于产业价值链的国际分工中的地位。同时，随着先进产业的移入，我国通过跨国公司技术转移、技术扩散和技术创造三种方式提升技术创新，使原有产业发生"升级转型"运动，促使整个产业集约化程度提高。新一轮产业转型升级最主要的特点就是产业转移和产业转型升级同时进行。在利用国际产业转移的过程中，一方面顺应国际产业转移新趋势，营造良好的产业转移环境，在相对落后地区加强基础设施建设，逐步改善政策环境、社会经济环境和人文环境以利于承接国际产业转移；另一方面继续坚持走新型工业化道路，对引进产业的层次有所选择，高度关注发展方式的转变，提高技术密集型产业的比重，承接适宜我国发展的产业，使其发挥最大正面效应，利用高新技术改造提升传统产业，发展现代产业体系，大力推进信息化与工业化融合，加快向新型工业化道路转型。随着国际产业转移日益高级化，产业转移和承接难度也在加大。产业转移是生产要素的重新组合，其实质是产业创新，因此应不断提高我国的技术消化能力和产业创新能力，不断创造比较优势，更好地利用国际产业转移，顺利完成产业的移入和升级。

（三）加快发展现代产业体系

当前，发达国家在制造业领域大力发展"绿色经济"，加快发展信息产业、生物技术和生物医药产业，积极拓展纳米技术和产业的发展空间；在服务业领域大力发展金融保险和商务服务等现代服务业，积极发展信息服务业和新能源、信息、生物医药、纳米材料等战略性新兴产业的生产服务环节。现代产业发展的世界竞争格局日益凸显。2016年3月我国发布的"十三五"规划纲要明确提出"优化现代产业体系"，"实施制造强国战略"，"支持战略性新兴产业发展"和"加快推动服务业优质高效发展"。

1. 制造业

制造业是国民经济的主体，是立国之本、兴国之器、强国之基。18世纪中叶开启工业文明以来，世界强国的兴衰史和中华民族的奋斗史一再证明，没有强大的制造业，就没有国家和民族的强盛。打造具有国际竞争力的制造业，是我国提升综合国力、保障国家安全、建设世界强国的必由之路。从2010年起，我国制造业产出占世界比重为19.8%，超越美国的19.6%，成为全球制造业第一大国。党的十六大提出了"信息化带动工业化"，党的十七大提出了"工业化和信息化两化融合"，党的十八大提出了"工业化与信息化深度融合"、"创新驱动"的发展战略。2015年，李克强总理在政府工作报告中部署实现中国制造业又大又强的第一个十年行动纲领《中国制造 2025》，并提出制订"互联网＋"行动计划。随后，工信部发布了《中国制造 2025》规划，其中提出我国制造业"三步走"的强国发展战略及 2025 年的奋斗目标、指导方针和战略路线，确定了九大战略任务、十大重点发展领域和五项重大工程（见表 2-9）。

表 2-9 《中国制造 2025》十大重点领域及主要突破

十大领域	主要突破
新一代信息技术产业	高密度封装及三维（3D）微组装技术；第五代移动通信（5G）技术、核心路由交换技术、超高速大容量智能光传输技术、"未来网络"核心技术和体系架构、量子计算、神经网络等；智能设计与仿真及其工具、制造物联与服务、工业大数据处理等高端工业软件核心技术
高档数控机床和机器人	精密、高速、高效、柔性数控机床与基础制造装备及集成制造系统；高档数控系统、伺服电机、轴承、光栅等主要功能部件及关键应用软件；机器人本体、减速器、伺服电机、控制器、传感器与驱动器等关键零部件及系统集成设计制造等技术
航空航天装备	大型飞机、宽体客机、重型直升机研制；高推重比、先进涡桨（轴）发动机及大涵道比涡扇发动机技术；新型卫星等空间平台与有效载荷、空天地宽带互联网系统
海洋工程装备及高技术船舶	深海探测、资源开发利用、海上作业保障装备及其关键系统和专用设备；深海空间站、大型浮式结构物的开发和工程化；重点配套设备集成化、智能化、模块化设计制造核心技术
先进轨道交通装备	体系化安全保障、节能环保、数字化智能化网络化技术；新一代绿色智能、高速重载轨道交通装备系统
节能与新能源汽车	汽车低碳化、信息化、智能化核心技术；动力电池、驱动电机、高效内燃机、先进变速器、轻量化材料、智能控制等核心技术的工程化和产业化能力
电力装备	新能源和可再生能源装备、先进储能装置、智能电网用输变电及用户端设备；大功率电力电子器件、高温超导材料等关键元器件和材料的制造及应用技术
农机装备	大型拖拉机及其复式作业机具、大型高效联合收割机等高端农业装备及关键核心零部件
新材料	先进熔炼、凝固成型、气相沉积、型材加工、高效合成等新材料制备关键技术和装备；超导材料、纳米材料、石墨烯、生物基材料等战略前沿材料提前布局和研制
生物医药及高性能医疗器械	新机制和新靶点化学药、抗体药物、抗体偶联药物、全新结构蛋白及多肽药物、新型疫苗、临床优势突出的创新中药及个性化治疗药物；影像设备、医用机器人等高性能诊疗设备，全降解血管支架等高值医用耗材，可穿戴、远程诊疗等移动医疗产品；生物 3D 打印、诱导多能干细胞等新技术

资料来源：《中国制造 2025》。

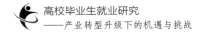
2. 战略性新兴产业

"十三五"规划纲要明确了"十三五"期间将拓展新兴产业增长空间，使战略性新兴产业增加值占国内生产总值比重达到15%，既提出大力推进先进半导体、机器人、增材制造、智能系统、新一代航空装备、空间技术综合服务系统、智能交通、精准医疗、高效储能与分布式能源系统、智能材料、高效节能环保、虚拟现实与互动影视等新兴前沿领域创新和产业化，形成一批新增长点，又提出大力发展新型飞行器及航行器、新一代作业平台和空天一体化观测系统，着力构建量子通信和泛在安全物联网，加快发展合成生物和再生医学技术，加速开发新一代核电装备和小型核动力系统、民用核分析与成像技术，打造未来发展新优势。与"十二五"相比，"十三五"规划纲要将战略性新兴产业的范围由节能环保、新一代信息技术、生物、高端装备制造、新能源、新材料、新能源汽车等七类调整为新一代信息技术产业创新、生物产业倍增、空间信息智能感知、储能与分布式能源、高端材料、新能源汽车六大领域，实施战略性新兴产业发展行动（见表2－10）。

表2－10 战略性新兴产业及其主要内容

六大领域	主要内容
新一代信息技术产业创新	培育集成电路产业体系；培育人工智能、智能硬件、新型显示、移动智能终端、第五代移动通信（5G）、先进传感器和可穿戴设备等成为新增长点
生物产业倍增	加速推动基因组学等生物技术大规模应用；推进个性化医疗、新型药物、生物育种等新一代生物技术产品和服务规模化发展；推进基因库、细胞库等基础平台建设
空间信息智能感知	加快构建以多模遥感、宽带移动通信、全球北斗导航卫星为核心的国家民用空间基础设施；加速北斗、遥感卫星商业化应用
储能与分布式能源	实现新一代光伏、大功率高效风电、生物职能、氢能与燃料电池、职能电网、新型储能装置等核心关键技术突破和产业化；发展分布式新能源技术综合应用体，促进相关技术装备规模化发展
高端材料	大力发展形状记忆合金、自修复材料等智能材料，石墨烯、超导材料等纳米功能材料，以及碳化铟、磺化硅等下一代半导体材料等
新能源汽车	重点突破动力电池能量密度、高低温适应性等关键技术；建设标准统一、兼容互通的充电基础设施服务网络，使全国新能源汽车累计产销量达到500万辆

资料来源："十三五"规划纲要。

3. 现代服务业

2015 年中国实现社会消费品零售总额 30.1 万亿元，同比增长 10.7%，消费对社会经济增长的贡献率达到 66.4%，比 2014 年提高了 15.4 个百分点，也就是说中国成功地实现了经济增长由投资和外贸拉动为主向由内需特别是消费拉动为主的重大转型。推动我国增长方式的转变必须进一步发展现代服务业。2015 年，我国服务业增加值占 GDP 的比重首次超过 50%，达到 50.5%，比上年增加 2.3 个百分点；服务业增速为 8.3%，快于工业（规模以上）2.2 个百分点。同时，服务贸易主要领域与国内相关产业发展联动性不断增强。这些产业包括电信、计算机、信息服务、视听和相关服务进出口与国内互联网服务业、软件和信息技术服务业、知识产权服务、广播电影电视和影视录音制作等相关产业。"十三五"规划纲要提出"开展加快发展现代服务业行动，扩大服务业对外开放，优化服务业发展环境，推动生产性服务业向专业化和价值链高端延伸、生活性服务业向精细和高品质转变"。在此之前，《国务院关于加快发展生产性服务业促进产业结构调整升级的指导意见》（国发〔2014〕26 号）指出加快发展生产性服务业，是向结构调整要动力、促进经济稳定增长的重大措施，既可以有效激发内需潜力、带动扩大社会就业、持续改善人民生活，也有利于引领产业向价值链高端提升。同时，生产性服务业涉及农业、工业等产业的多个环节，具有专业性强、创新活跃、产业融合度高、带动作用显著等特点，是全球产业竞争的战略制高点（见表 2-11）。

表 2-11　生产性服务业发展重点与主要任务

发展重点	主要任务
研发设计	积极开展研发设计服务，加强新材料、新产品、新工艺的研发和推广应用；鼓励建立专业化、开放型的工业设计企业和工业设计服务中心，促进工业企业与工业设计企业合作；开展面向生产性服务业企业的知识产权培训、专利运营、分析评议、专利代理和专利预警等服务
第三方物流	优化物流企业供应链管理服务，提高物流企业配送的信息化、智能化、精准化水平，推广企业零库存管理等现代企业管理模式；加强核心技术开发，发展连锁配送等现代经营方式，重点推进云计算、物联网、北斗导航及地理信息等技术在物流智能化管理方面的应用；提高物流行业标准化设施、设备和器具应用水平以及托盘标准化水平

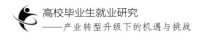
续表

发展重点	主要任务
融资租赁	建立完善融资租赁业运营服务和管理信息系统，丰富租赁方式，提升专业水平，形成融资渠道多样、集约发展、监管有效、法律体系健全的融资租赁服务体系；建设程序标准化、管理规范化、运转高效的租赁物与二手设备流通市场，建立和完善租赁物公示、查询系统和融资租赁资产退出机制
信息技术服务	发展涉及网络新应用的信息技术服务，积极运用云计算、物联网等信息技术，推动制造业的智能化、柔性化和服务化，促进定制生产等模式创新发展；加强相关软件研发，提高信息技术咨询设计、集成实施、运行维护、测试评估和信息安全服务水平，面向工业行业应用提供系统解决方案
节能环保服务	大力发展节能减排投融资、能源审计、清洁生产审核、工程咨询、节能环保产品认证、节能评估等第三方节能环保服务体系；发展系统设计、成套设备、工程施工、调试运行和维护管理等环保服务总承包；积极发展再制造专业技术服务，建立再制造旧件回收、产品营销、溯源等信息化管理系统
检验检测认证	加快发展第三方检验检测认证服务；发展面向设计开发、生产制造、售后服务全过程的分析、测试、计量、检验等服务；构建国家产业计量测试服务体系；发展在线检测，完善检验检测认证服务体系；深化国家级服务业标准化试点
电子商务	加快并规范集交易、电子认证、在线支付、物流、信用评估等服务于一体的第三方电子商务综合服务平台发展；加快推进适应电子合同、电子发票和电子签名发展的制度建设；建设开放式电子商务快递配送信息平台和社会化仓储设施网络，加快布局、规范建设快件处理中心和航空、陆运集散中心；加强网络基础设施建设和电子商务信用体系、统计监测体系建设
商务咨询	大力发展战略规划、营销策划、市场调查、管理咨询等提升产业发展素质的咨询服务，积极发展资产评估、会计、审计、税务、勘察设计、工程咨询等专业咨询服务；发展信息技术咨询服务；加强知识产权咨询服务；健全商务咨询服务的职业评价制度和信用管理体系
服务外包	积极承接国际离岸服务外包业务，大力培育在岸服务外包市场；引导社会资本积极发展信息技术外包、业务流程外包和知识流程外包服务业务；构建数字化服务平台，实现包括产品设计、工艺流程、生产规划、生产制造和售后服务在内的全过程管理
售后服务	完善产品"三包"制度，推动发展产品配送、安装调试、以旧换新等售后服务，积极运用互联网、物联网、大数据等信息技术，发展远程检测诊断、运营维护、技术支持等售后服务新业态；积极发展专业化、社会化的第三方维护维修服务；完善售后服务标准
人力资源服务和品牌建设	大力开发能满足不同层次、不同群体需求的各类人力资源服务产品；强化生产性服务业所需的创新型、应用型、复合型、技术技能型人才开发培训；鼓励具有自主知识产权的知识创新、技术创新和模式创新

资料来源：《国务院关于加快发展生产性服务业促进产业结构调整升级的指导意见》（国发〔2014〕26号）。

第二节　我国产业转型升级的就业效应分析

一　我国就业的产业构成变化趋势

　　根据配第－克拉克定理，产业结构与劳动力结构之间有密切的关系，并且劳动力是经济发展赖以维系的要素。所以，劳动力结构变迁在一定程度上体现了产业结构变迁。根据表2－12所列的数据，我国第一产业就业人数占总劳动人数的比例不断下降，由1986年的60.9%下降到2015年的28.3%；第二产业就业人数占总劳动人数的比例稍有上升，由1986年的21.9%上升到了2015年的29.3%；第三产业就业人数占总劳动人数的比例在上升，且上升幅度大于第二产业，由1986年的17.2%上升到2015年的42.4%。改革开放后随着经济发展及技术水平的提高，我国大量的农业劳动人口被释放出来，进入第二、三产业，所以，第一产业就业人数占比处于不断下降的过程中。第二产业和第三产业的就业水平相当，第三产业就业增长的幅度大于第二产业。这说明，大量的第一产业劳动力转移到了第三产业，而有少部分转移到了第二产业。我国劳动力结构的变化基本符合配第－克拉克定理，但是仍需要继续变迁，第一产业劳动力还需要向第二、三产业转移。

表2－12　中国就业的产业构成情况（1986～2015年）

单位:%

年　　份	第一产业就业比重	第二产业就业比重	第三产业就业比重
1986	60.9	21.9	17.2
1987	60.0	22.2	17.8
1988	59.3	22.4	18.3
1989	60.1	21.6	18.3
1990	60.1	21.4	18.5
1991	59.7	21.4	18.9
1992	58.5	21.7	19.8

续表

年　份	第一产业就业比重	第二产业就业比重	第三产业就业比重
1993	56.4	22.4	21.2
1994	54.3	22.7	23.0
1995	52.2	23.0	24.8
1996	50.5	23.5	26.0
1997	49.9	23.7	26.4
1998	49.8	23.5	26.7
1999	50.1	23.0	26.9
2000	50.0	22.5	27.5
2001	50.0	22.3	27.7
2002	50.0	21.4	28.6
2003	49.1	21.6	29.3
2004	46.9	22.5	30.6
2005	44.8	23.8	31.4
2006	42.6	25.2	32.2
2007	40.8	26.8	32.4
2008	39.6	27.2	33.2
2009	38.1	27.8	34.1
2010	36.7	28.7	34.6
2011	34.8	29.5	35.7
2012	33.6	30.3	36.1
2013	31.4	30.1	38.5
2014	29.5	29.9	40.6
2015	28.3	29.3	42.4

资料来源:《中国统计年鉴 2016》。

　　经过改革开放以来的快速发展,我国就业结构已从 20 世纪 80 年代初期的"一二三"转变为当前的"三二一"格局,第三产业成为吸纳就业的最主要产业。

　　我国就业的产业构成变化趋势也符合世界主要发达国家的演变历程。表 2-13 列出了 100 年来主要发达国家的就业人员产业构成情况,从中可以发现一个趋势,即:各国第一产业就业比重均呈现不断下降的趋势,且最终非常小；第二产业就业比重存在一种"先升后降"的变化，最终维持在百分之二三十左右；第三产业就业比重持续上升，最终达到70%左右，成为三次产业中比重最大的产业。就业的产业构成呈现"三二一"的格局。

表2-13　主要发达国家就业的产业构成变化

国别	产业名称	20 世纪初	20 年代	40 年代	60 年代	80 年代	90 年代	21 世纪初	
			（1920）	（1936）	（1963）	（1980）	（1998）	（2005）	（2009）
日本	第一产业	—	55	45	29	10.3	5.3	4.4	3.9
	第二产业	—	22	24	31	34.8	32	27.9	25.9
	第三产业	—	23	31	40	54.9	62.7	66.4	69
		（1900）	（1920）	（1940）	（1960）	（1979）	（1998）	（2005）	（2009）
美国	第一产业	37	27	17	7	3.6	2.7	1.6	1.5
	第二产业	30	34	31	34	30.2	23.9	20.6	17.1
	第三产业	33	39	52	59	66.2	73.5	77.8	80.9
		（1901）	（1921）	（1938）	（1966）	（1980）	（1998）	（2005）	（2009）
英国	第一产业	9	7	6	3	1.6	1.7	1.3	1.1
	第二产业	47	50	46	45	37.4	26.6	22.2	19.5
	第三产业	44	43	48	52	61	71.7	76.3	78.7
		（1907）	（1925）	（1939）	（1963）	（1980）	（1998）	（2005）	（2009）
德国	第一产业	34	30	27	12	5.8	2.9	2.3	1.7
	第二产业	40	42	41	48	45	33.8	29.7	28.7
	第三产业	26	28	32	40	49.2	63.2	67.9	69.6
		（1901）	（1921）	（1946）	（1962）	（1979）	（1994）	（2005）	（2009）
法国	第一产业	33	29	21	20	8.8	4.7	3.6	2.9
	第二产业	42	36	35	37	35.4	26.6	23.7	22.6
	第三产业	25	35	44	43	55.8	68.7	72.4	74.1

資料来源：前五列数据来自杨治《产业经济学导论》，中国人民大学出版社，1985，第41页；第六列数据来源于《中国统计年鉴2000》；第七、八列数据来源于《中国统计年鉴2012》。

二　我国三次产业的就业带动效应

（一）三次产业的就业弹性

就业弹性是指就业增长对经济增长的反映程度，即经济每增长1%所带来的就业增长的百分比。就业弹性系数[①]计算公式如下：

$$就业弹性系数 = \frac{就业增长率}{经济增长率}$$

一般来讲，就业弹性系数越大，该产业吸纳劳动力的能力越强；反之，该产业吸纳劳动力的能力越弱。

通过公式计算得出 1981～2011 年我国三次产业的就业弹性，如表 2-14 所示。其中，第一产业就业弹性在 20 世纪 80 年代基本保持正向，即经济增长吸纳劳动力。而从 20 世纪 90 年代至今，除个别年份外，第一产业就业弹性转为负向，这说明第一产业的经济增长对该产业的就业在较长时期内都具有较强的"挤出"效应，存在大量劳动力需要从第一产业转出的压力。

表 2-14   我国三次产业的就业弹性

年 份	第一产业	第二产业	第三产业	年 份	第一产业	第二产业	第三产业
1981	0.164	1.326	0.775	1997	0.019	0.194	0.179
1982	0.260	0.758	0.304	1998	0.372	0.082	0.174
1983	0.084	0.361	0.563	1999	-5.230	-0.207	0.170
1984	-0.053	0.604	0.512	2000	0.649	-0.112	0.225
1985	0.079	0.338	0.179	2001	0.176	0.010	0.118
1986	0.046	0.495	0.342	2002	0.139	-0.384	0.315
1987	0.082	0.269	0.342	2003	-0.233	0.099	0.252
1988	0.095	0.143	0.201	2004	-0.164	0.267	0.339
1989	0.292	-0.138	0.106	2005	-0.847	0.341	0.196
1990	0.918	2.600	2.261	2006	-0.621	0.345	0.165
1991	0.085	0.064	0.135	2007	-0.198	0.321	0.042
1992	-0.104	0.085	0.211	2008	-0.148	0.099	0.156
1993	-0.141	0.105	0.297	2009	-0.763	0.442	0.241
1994	-0.075	0.064	0.267	2010	-0.221	0.192	0.106
1995	-0.112	0.081	0.375	2011	-0.279	0.182	0.199
1996	-0.129	0.195	0.370				

计算公式为：就业弹性系数 = 某产业就业人数增长率/某产业产值增长率。

第二产业的就业弹性基本为正向，第三产业更是恒为正且整体趋势平

[①]   就业弹性系数用于表示就业弹性的大小，为表述方便起见，二者在某些场合可混同使用。

稳，表明我国第二、三产业一直是拉动就业增长的主要力量。

（二）分区域的三次产业就业弹性

分地区来看，第一产业对八大经济区的就业产生挤出效应，除西北地区外，第一产业就业弹性均为负。第二产业和第三产业是拉动就业增长的主要力量，第二产业对南部沿海、东部沿海、长江中游、西南地区、西北地区就业的拉动作用强于第三产业（见表2-15）。

表2-15　八大经济区三次产业的就业弹性

年份	南部沿海			东部沿海			北部沿海			东北地区		
	第一产业	第二产业	第三产业	第一产业	第二产业	第三产业	第一产业	第二产业	第三产业	第一产业	第二产业	第三产业
2001	-0.469	0.590	0.244	-0.481	0.353	0.291	-0.092	0.019	-0.034	-0.046	-0.545	0.187
2002	-0.164	0.009	0.262	-3.050	0.341	0.366	-0.539	0.390	0.673	0.012	-0.176	0.356
2003	-0.184	0.414	0.575	-6.423	0.553	0.438	-0.291	0.355	0.229	0.122	-0.184	-0.195
2004	-0.089	0.439	0.548	-0.431	0.380	0.409	-0.161	0.130	0.487	-0.035	0.371	0.549
2005	-0.070	0.576	0.225	-0.647	0.498	0.266	-0.484	0.442	0.181	-0.013	0.253	-0.019
2006	0.122	1.739	-0.108	1.997	0.371	0.553	0.799	0.747	0.837	0.316	0.847	1.108
2007	-0.367	-0.372	0.784	-1.541	0.818	0.051	-0.708	-0.188	-0.236	-0.250	-0.433	-0.434
2008	0.013	0.221	0.425	-0.252	0.327	0.308	0.071	0.059	0.389	-0.016	0.029	0.282
2009	-0.338	0.745	0.307	-0.299	0.692	0.336	-0.044	0.471	0.550	0.049	0.900	0.277
2010	-0.169	0.251	0.168	-0.233	0.295	0.248	-0.014	0.298	0.021	0.032	0.153	0.391
2011	-0.101	1.309	-0.197	0.143	-0.110	-0.117	0.397	0.758	0.473	-0.195	0.686	0.608
均值	-0.165	0.538	0.294	-1.020	0.411	0.286	-0.097	0.316	0.325	-0.002	0.173	0.283

年份	长江中游			黄河中游			西南地区			西北地区		
	第一产业	第二产业	第三产业	第一产业	第二产业	第三产业	第一产业	第二产业	第三产业	第一产业	第二产业	第三产业
2001	-0.294	-0.068	0.073	-0.468	0.031	0.044	-0.262	0.046	0.189	-0.079	-0.105	0.347
2002	-0.500	0.587	0.242	-0.168	0.195	0.462	-0.295	0.476	0.280	0.521	0.605	0.546
2003	-0.526	0.769	0.321	-1.325	0.141	0.351	-0.271	0.447	0.582	0.053	0.416	0.637
2004	-0.066	0.357	0.394	-0.077	0.151	0.198	-0.065	0.242	0.440	0.026	0.128	0.452
2005	-0.200	1.546	0.149	-0.155	0.289	0.059	-0.161	0.628	0.255	-0.025	0.205	0.174
2006	0.853	1.337	1.084	-0.198	0.420	0.654	0.553	0.108	-0.391	1.480	0.492	-0.236
2007	-0.506	-0.269	-0.465	-0.251	0.169	-0.144	-0.380	1.130	0.634	-0.518	-0.138	0.752
2008	-0.097	0.274	0.203	-0.101	0.152	0.288	-0.016	0.206	0.246	-0.060	0.107	0.200
2009	-1.078	0.473	0.249	-0.328	0.884	0.164	1.000	0.282	0.227	0.062	5.516	0.294
2010	-0.148	0.283	0.359	-0.065	0.254	0.253	-0.061	0.204	0.271	0.003	0.143	0.256
2011	0.672	-0.082	0.561	-0.094	0.372	0.367	-0.067	-0.323	0.729	1.785	0.197	-0.258
均值	-0.172	0.474	0.288	-0.294	0.278	0.245	-0.002	0.313	0.182	0.295	0.688	0.288

资料来源：国家统计局。

（三）就业弹性方程分析

为进一步明晰各产业增长与就业的内在关系，利用线性回归的方法，对数化 1980 ~ 2011 年国内生产总值（GDP）、三次产业产值（GDP_i，$i=1$，2，3）、总就业人数（P）、三次产业就业人数（P_i，$i=1$，2，3）和 2000 ~ 2011 年八大经济区的数据，构建就业弹性方程：

$$\ln P_i = \alpha_i + \beta_i \ln GDP_i$$

其中 β_i 表示第 i 产业的就业弹性系数，即第 i 产业产值变化 1% 所引致的就业率变化值。

分析得出全国不同时段三次产业的就业弹性方程，如表 2 - 16 所示。1980 ~ 2011 年时间段内的总就业人数与 GDP 的弹性系数为 0.125，总体来讲经济增长促进就业。其中，改革开放初期（1980 ~ 1989 年）经济发展对就业的促进作用最显著，弹性系数达 0.192。但随着产业升级和技术进步的推进，经济增长推动就业的效应逐渐减弱，但二者仍表现为正相关。

表 2 - 16　不同时段全国三次产业的就业弹性方程

年　　份	弹性方程	Sig 值	调整 R^2
1980 ~ 2011	$\ln P = 9.712059 + 0.124974 \times \ln GDP$	0.000	0.884
1980 ~ 1989	$\ln P = 9.059812 + 0.192423 \times \ln GDP$	0.000	0.977
1990 ~ 1999	$\ln P = 10.54532 + 0.05403 \times \ln GDP$	0.000	0.932
2000 ~ 2011	$\ln P = 10.80269 + 0.03406 \times \ln GDP$	0.000	0.948
1980 ~ 2011	$\ln P_1 = (1.041e+0.1) - (3.438e-0.4) \times \ln GDP_1$	0.985	-0.033
1980 ~ 1989	$\ln P_1 = 9.63161 + 0.09164 \times \ln GDP_1$	0.000	0.870
1990 ~ 1999	$\ln P_1 = 11.445002 - 0.102148 \times \ln GDP_1$	0.000	0.956
2000 ~ 2011	$\ln P_1 = 13.28039 - 0.28657 \times \ln GDP_1$	0.000	0.973
1980 ~ 2011	$\ln P_2 = 7.619235 + 0.195482 \times \ln GDP_2$	0.000	0.925
1980 ~ 1989	$\ln P_2 = 6.0474 + 0.3836 \times \ln GDP_2$	0.000	0.944
1990 ~ 1999	$\ln P_2 = 8.59993 + 0.10416 \times \ln GDP_2$	0.000	0.968
2000 ~ 2011	$\ln P_2 = 7.0446 + 0.2423 \times \ln GDP_2$	0.000	0.954
1980 ~ 2011	$\ln P_3 = 6.69460 + 0.29866 \times \ln GDP_3$	0.000	0.980
1980 ~ 1989	$\ln P_3 = 6.23410 + 0.35363 \times \ln GDP_3$	0.000	0.969
1990 ~ 1999	$\ln P_3 = 6.827019 + 0.292483 \times \ln GDP_3$	0.000	0.990
2000 ~ 2011	$\ln P_3 = 7.933184 + 0.187141 \times \ln GDP_3$	0.000	0.970

1980～2011 年时间段内的第一产业就业人数与第一产业产值之间的关系不显著。通过对不同阶段的进一步分析可以看出，1980～1989 年的第一产业就业弹性系数为 0.092，即在这一阶段第一产业尚具有一定的吸纳劳动力的能力，产值增加可以促进就业增长。但在 1990～1999 年、2000～2011 年两个时间段内，第一产业就业弹性系数分别为 −0.102 和 −0.287，由正转负。此时产值的增加不仅没有带来就业的增长，反而降低了就业率，即第一产业就业达到饱和，开始排斥劳动力。由于前后不同阶段第一产业对就业的相反效应，因此总体来讲 1980～2011 年二者的弹性关系不明显。

1980～2011 年时间段内的第二产业就业弹性系数为 0.195，第二产业对就业的带动能力较强。分阶段看，1980～1989 年、1990～1999 年、2000～2011 年第二产业的就业弹性系数均为正，说明第二产业一直都是拉动就业增长的主要力量。

1980～2011 年时间段内的第三产业就业弹性系数为 0.299，是三次产业就业弹性系数中的最大值，说明在经济增长过程中，第三产业对就业增长的拉动作用最突出。但 1980～1989 年、1990～1999 年、2000～2011 年三个阶段的就业弹性系数分别为 0.354、0.292、0.187，依次降低，这表明第三产业带动就业的能力有所下降。综合来看，第三产业仍是国民经济中就业增长最快、吸纳劳动力能力最强的产业部门。

表 2–17 列出了 2000～2011 年八大经济区的就业弹性方程结果。可知，第一产业的就业弹性系数均为负值（西北地区除外），即随着第一产业产值增加，相应的就业人数会减少。其中，东部沿海地区就业弹性系数为 −0.544，说明第一产业发展对就业的排挤作用十分显著。

表 2–17　八大经济区三次产业的就业弹性方程（2000～2011 年）

经济区域	弹性方程	Sig 值	调整 R^2
南部沿海	$\ln P = 5.371745 + 0.259541 \times \ln GDP$	0.000	0.990
	$\ln P_1 = 7.397314 - 0.100987 \times \ln GDP_1$	0.000	0.941
	$\ln P_2 = 2.28821 + 0.50261 \times \ln GDP_2$	0.000	0.952
	$\ln P_3 = 3.92380 + 0.33137 \times \ln GDP_3$	0.000	0.967

续表

经济区域	弹性方程	Sig 值	调整 R^2
东部沿海	$\ln P = 5.81341 + 0.218881 \times \ln GDP$	0.000	0.977
	$\ln P_1 = 10.16694 - 0.54354 \times \ln GDP_1$	0.000	0.859
	$\ln P_2 = 2.78509 + 0.46949 \times \ln GDP_2$	0.000	0.986
	$\ln P_3 = 4.13488 + 0.31387 \times \ln GDP_3$	0.000	0.971
北部沿海	$\ln P = 6.39005 + 0.15792 \times \ln GDP$	0.000	0.908
	$\ln P_1 = 7.92316 - 0.1516 \times \ln GDP_1$	0.000	0.748
	$\ln P_2 = 4.05992 + 0.30054 \times \ln GDP_2$	0.000	0.960
	$\ln P_3 = 3.92380 + 0.33137 \times \ln GDP_3$	0.000	0.974
东北地区	$\ln P = 6.32442 + 0.12118 \times \ln GDP$	0.000	0.833
	$\ln P_1 = 6.73325 - 0.03369 \times \ln GDP_1$	0.012	0.434
	$\ln P_2 = 4.51687 + 0.17014 \times \ln GDP_2$	0.000	0.725
	$\ln P_3 = 4.37120 + 0.25577 \times \ln GDP_3$	0.000	0.921
长江中游	$\ln P = 6.84340 + 0.13482 \times \ln GDP$	0.000	0.807
	$\ln P_1 = 8.19041 - 0.12957 \times \ln GDP_1$	0.002	0.616
	$\ln P_2 = 2.99357 + 0.43230 \times \ln GDP_2$	0.000	0.904
	$\ln P_3 = 4.81885 + 0.26151 \times \ln GDP_3$	0.000	0.914
黄河中游	$\ln P = 7.273787 + 0.066210 \times \ln GDP$	0.000	0.915
	$\ln P_1 = 8.297058 - 0.166534 \times \ln GDP_1$	0.000	0.983
	$\ln P_2 = 4.20813 + 0.981 \times \ln GDP_2$	0.000	0.981
	$\ln P_3 = 4.89128 + 0.21358 \times \ln GDP_3$	0.000	0.970
西南地区	$\ln P = 7.23571 + 0.08153 \times \ln GDP$	0.000	0.769
	$\ln P_1 = 8.14723 - 0.12143 \times \ln GDP_1$	0.000	0.900
	$\ln P_2 = 3.16921 + 0.38072 \times \ln GDP_2$	0.000	0.925
	$\ln P_3 = 5.03856 + 0.21885 \times \ln GDP_3$	0.000	0.776
西北地区	$\ln P = 5.29528 + 0.14582 \times \ln GDP$	0.000	0.944
	$\ln P_1 = 5.45602 + 0.05203 \times \ln GDP_1$	0.140	0.125
	$\ln P_2 = 2.88436 + 0.24415 \times \ln GDP_2$	0.000	0.965
	$\ln P_3 = 3.44778 + 0.27376 \times \ln GDP_3$	0.000	0.913

八大经济区第二产业的就业弹性系数均为正。其中，黄河中游地区的第二产业就业弹性系数最大，达到0.981，表明第二产业对黄河中游经济区的就业拉动力量十分强劲。这也符合其经济区的特点和功能定

位——最大的煤炭开采和煤炭深加工基地、天然气和水能开发基地、钢铁工业基地、有色金属工业基地、奶业基地。东北地区第二产业就业弹性系数最小，为 0.170，说明老工业基地的改造升级使得第二产业的就业增长放缓。

八大经济区第三产业的就业弹性系数恒为正，且数值相对较大，表明进入 21 世纪以来，第三产业发展对就业的拉动力量持续强劲。其中，南部沿海、东部沿海、北部沿海三个经济区就业弹性系数均在 0.300 以上，意味着这些地区第三产业增长对就业的拉动作用相对于其他经济区更明显。

三 我国产业区域转移的就业效应

（一）产业区域转移的总体概况

2000 年 1 月，国务院成立了西部地区开发领导小组，正式开始组织实施西部大开发国家战略。按照规划，从 2001 年到 2010 年是为西部大开发奠定基础的阶段，重点是调整结构，搞好基础建设，培育特色产业增长点。这也可以被认为是新一轮产业转移的起点。此后，中部崛起等国家战略相继实施，我国东部沿海发达地区的一些低附加值劳动密集型产业加快了向中西部地区梯度转移的进程。在此背景下，中西部地区的经济增速明显加快，工业化、城市化水平不断提高，中西部和东部的经济差距持续缩小。

在产业转移的特征方面，主要表现为工业制造业的转移。本研究利用地区工业产值指标来衡量产业转移的发展态势，发现自 2005 年以来，中国东部、中部、西部和东北地区四大板块工业产值占全国比重出现了历史性变化：中部、西部和东北地区所占比重总体呈现稳中上升的趋势，而东部地区比重却持续下降，"十一五" 期间下降了 6.8 个百分点。从工业产值增速看，"十一五" 期间中部地区是工业产值增速最快的板块，年均增长 29%；西部和东北地区也表现出强劲态势，工业产值增速分别为 27% 和 25%，均明显高于东部地区（见表 2 - 18）。

表 2 - 18　四大板块工业增长速度

单位:%

地　区	2006 年	2007 年	2008 年	2009 年	2010 年	"十一五" 平均增速
东　部	25	25	21	6	25	20
中　部	29	39	34	10	35	29
西　部	30	33	32	14	30	27
东　北	26	27	32	11	29	25

资料来源:历年《中国统计年鉴》。

　　从八大经济区域看,2005～2010 年北部沿海、东部沿海和南部沿海三大经济区的工业产值占全国比重都出现不同程度的下降,其中东部沿海经济区(长三角地区)下降最为明显。黄河中游、长江中游等其他经济区工业产值占全国比重都出现了上升势头,其中长江中游地区工业产值占全国比重提高了 3.2 个百分点,是"十一五"时期工业增长最为迅猛的地区(见表 2 - 19)。

表 2 - 19　八大经济区域工业产值占全国比重变化

单位:%

经济区域	2005 年	2006 年	2007 年	2008 年	2009 年	2010 年
南部沿海	17.7	17.5	17.0	16.1	15.7	15.6
东部沿海	28.4	28.1	27.6	26.4	25.2	24.8
北部沿海	22.0	21.8	21.4	21.5	21.8	20.8
东北地区	7.7	7.7	7.6	8.0	8.3	8.4
长江中游	7.3	7.5	7.9	8.8	9.5	10.5
黄河中游	6.1	6.3	7.0	7.1	6.7	6.8
西南地区	6.2	6.3	6.6	6.9	7.4	7.5
西北地区	4.6	4.8	4.9	5.3	5.4	5.5

资料来源:历年《中国统计年鉴》。

(二)全国层面的产业转移对就业的影响

1. 变量选取

　　将就业规模作为模型的被解释变量,将产业转移作为解释变量,同时将人均 GDP、平均工资、固定资产投资、财政支出作为控制变量纳入模型。产业转移用地区生产总值中规模以上工业产值比重表示,用城镇就业人数占常住人口比例代表就业规模，如表 2 - 20 所示。

表 2 - 20　模型的变量名称和含义

变　量	名　称	含　义	单　位
s	就业规模	城镇就业人员数/年末常住人口×100%	%
ic	产业转移	规模以上工业产值/地区生产总值×100%	%
$agdp$	人均 GDP	人均 GDP	元
aw	平均工资	城镇单位就业人员平均工资	元
fa	固定资产投资	全社会固定资产投资	万元
g	财政支出	地方财政支出	万元

此外，本研究还对有关数据进行了价格指数处理，排除了物价变化的影响。

2. 面板模型构建

为了更好地分析产业转移与就业规模之间的关系，本研究使用 2000 ~ 2011 年分省数据构建面板模型来处理数据分析。在对所有变量进行对数化处理后，模型如下所示：

$$\ln s_{it} = a_1 \ln ic_{it} + a_2 \ln agdp + a_3 \ln aw + a_4 \ln fa + a_5 \ln g + u_i + v_{it}$$

其中，下角标 t 代表时间，i 代表不同省份，u_i 代表不可观测的省份特征，为随机误差项，u_i 和 v_{it} 共同作为模型的误差项。模型采用对数线性形式，以便得到产业转移对就业规模的影响系数，并减弱可能存在的异方差问题的影响。

3. 数据描述

本研究选取了全国 31 个省份 2000 ~ 2011 年的数据，数据基本统计量如表 2 - 21 所示。

表 2 - 21　模型的各变量描述性统计量

变　量	名　称	观测值	均　值	标准差	最小值	最大值
s	就业规模	372	16. 01	7. 84	6. 24	50. 83
ic	产业转移	372	39. 74	12. 66	7. 03	90. 2
$agdp$	人均 GDP	372	17348. 18	13217. 64	2759	67987
aw	平均工资	372	1606. 74	787. 44	576. 5	5327. 08
fa	固定资产投资	372	3509. 78	3630. 64	64. 05	20685. 46
g	财政支出	372	1056. 74	900. 28	60. 84	5479. 82

4. 模型分析结果

（1）估计结果

为了判定是使用混合估计法、固定效应估计法还是随机效应估计法，经过 F 检验与 Hausman 检验之后，p 值为 0.0002，表示选用固定效应模型合适。模型的估计结果如表 2-22 所示。

表 2-22　模型的估计结果

模　型	模型 1	模型 2	模型 3	模型 4	模型 5
ln*ic*	0.610 ***	−0.159 ***	−0.263 ***	−0.255 ***	−0.221 ***
	(0.076)	(0.060)	(0.058)	(0.058)	(0.055)
ln*agdp*		0.343 ***	0.806 ***	0.948 ***	0.714 ***
		(0.016)	(0.067)	(0.082)	(0.085)
ln*aw*			−0.514 ***	−0.456 ***	−0.697 ***
			(0.072)	(0.074)	(0.079)
ln*fa*				−0.123 ***	−0.112 ***
				(0.041)	(0.039)
ln*g*					0.298 ***
					(0.046)
_ cons	0.483	−0.006	−0.304	−1.175	0.670
	(0.274)	(0.179)	(0.172)	(0.338)	(0.427)
观测值	372	372	372	372	372

注：*、**、*** 分别表示在 10%、5% 和 1% 的水平上显著，括号中数值为稳健标准误。

模型 1 至模型 5 的估计结果说明，产业转移与就业规模之间存在显著关系。从模型 5 的估计结果来看，产业转移对就业规模的影响为 −0.221。为了确定这种关系是否存在，需要做进一步的检验。为保证检验和估计结果的可靠性，本研究对内生性问题进行了处理，引入了被解释变量的滞后项作为解释变量。

（2）模型稳健性检验

为了验证估计模型的稳健性，本研究采用混合最小二乘（Pooled OLS）估计法、固定效应（FE）模型、Bootstrap 抽样检验方法来对估计结果进行进一步的支持。稳健性检验结果如表 2-23 所示。

表 2 – 23　模型的稳健性检验结果

模　　型	模型 5	模型 6	模型 7	模型 8
被解释变量滞后项		0.795 ***	0.916 ***	0.916 ***
		(0.034)	(0.021)	(0.021)
$\ln ic$	– 0.221 ***	– 0.02	– 0.012	– 0.012
	(0.055)	(0.035)	(0.012)	(0.012)
$\ln agdp$	0.714 ***	0.187 ***	0.04 *	0.04 *
	(0.085)	(0.057)	(0.023)	(0.022)
$\ln aw$	– 0.697 ***	– 0.202 ***	0.054 ***	0.054 ***
	(0.079)	(0.056)	(0.021)	(0.021)
$\ln fa$	– 0.112 ***	0.020	0.01	0.01
	(0.039)	(0.025)	(0.015)	(0.016)
$\ln g$	0.298 ***	0.053 *	– 0.011	– 0.011
	(0.046)	(0.030)	(0.016)	(0.017)
_ cons	0.670	– 0.164	– 0.473	– 0.473
	(0.427)	(0.262)	(0.08)	(0.099)
观测值	372	341	341	341
R^2	0.60	0.937	0.9816	0.977
F 值	186.97	498.97	2972.19	2384.06
F 检验 p 值	0.000	0.000	0.000	0.000

注：* 、＊＊ 、＊＊＊分别表示在 10% 、5% 和 1% 的水平上显著，括号中数值为稳健标准误。

　　其中，模型 6 为固定效应模型，模型 7 采用的是混合最小二乘估计法，模型 8 使用的是 FE-Bootstrap（1000）。结果显示，模型 6、模型 7、模型 8 均未能通过检验，说明产业转移对就业规模的影响并不能确定，模型 5 的结果意味着两个变量之间仅仅存在数理统计上的关系，并没有实际的经济意义。此外，产业转移在不同区域可能对就业的影响存在正、负抵消的情况。为了进一步确定二者之间的关系，需要做更深入的分析，需要对方法和样本选择进行重新修正。

（三）分东、中、西部的产业转移对就业的影响

　　为了进一步验证产业转移是否对就业规模产生影响，本研究将全国分

为东部、中部、西部三个区域来分别进行计量分析，探索不同地区的产业转移与就业规模之间的关系。

1. 估计结果

为了验证东部、中部、西部三个地区产业转移是否对就业规模产生影响，本研究分别对三个地区的产业转移和就业规模进行面板回归分析。

东部地区模型经过 F 检验与 Hausman 检验之后，p 值大于 0.05，因此选择使用随机效应模型。中部地区模型经过 F 检验与 Hausman 检验，p 值大于 0.05，也选用随机效应模型。西部地区模型经过 F 检验与 Hausman 检验，p 值小于 0.05，选用固定效应模型。东、中、西部的估计结果如表 2-24 所示。

表 2-24　东、中、西部模型的估计结果

模　　型	东部地区	中部地区	西部地区
ln*ic*	-0.075	0.333 ***	-0.352 ***
	(0.080)	(0.103)	(0.108)
ln*agdp*	1.307 ***	0.871 ***	0.292 **
	(0.142)	(0.117)	(0.133)
ln*aw*	-0.948 ***	-0.717 ***	-0.584 ***
	(0.137)	(0.121)	(0.129)
ln*fa*	-0.281 ***	-0.208 ***	0.046
	(0.062)	(0.056)	(0.070)
ln*g*	0.280 ***	0.227 ***	0.343 ***
	(0.089)	(0.085)	(0.057)
_ cons	-2.488	-1.621	2.817
	(0.790)	(0.482)	(0.614)
观测值	132	96	144

注：＊、＊＊、＊＊＊分别表示在 10%、5% 和 1% 的水平上显著，括号中数值为稳健标准误。

估计结果显示，东部地区产业转移（主要是产业转出）对就业规模的影响不显著，说明在东部地区产业转移对就业规模并不存在影响。中部地区和西部地区作为产业承接地，产业转移（主要是产业转入）对就业规模的影响比较显著，且表现为中部地区为正效应，西部地区

为负效应。

2. 稳健性检验

为了验证上述关系，本研究将对上述估计结果进行稳健性检验。检验方法依然是采用混合最小二乘估计法、固定效应模型、Bootstrap 抽样检验方法。表 2-25、表 2-26、表 2-27 中的模型 1 分别代表东、中、西部三个地区的模型估计结果；模型 2 为固定效应模型，模型 3 采用混合最小二乘估计法，模型 4 使用的是 FE-Bootstrap（1000）。稳健性检验结果如表 2-25、表 2-26、表 2-27 所示。

表 2-25 东部地区的稳健性检验结果

模 型	模型 1	模型 2	模型 3	模型 4
被解释变量滞后项		0.723 ***	0.954 ***	0.954 ***
		(0.067)	(0.036)	(0.028)
lnic	-0.075	0.048	-0.024	-0.024
	(0.080)	(0.058)	(0.023)	(0.024)
ln$agdp$	1.307 ***	0.291 **	0.021	0.021
	(0.142)	(0.133)	(0.063)	(0.067)
lnaw	-0.948 ***	-0.301 ***	0.037	0.037
	(0.137)	(0.115)	(0.070)	(0.087)
lnfa	-0.281 ***	-0.006	0.037	0.037
	(0.062)	(0.049)	(0.025)	(0.026)
ln$g$	0.280 ***	0.094	-0.034	-0.034
	(0.089)	(0.064)	(0.030)	(0.030)
_cons	-2.488	-0.610	-0.287	-0.287
	(0.790)	(0.582)	(0.167)	(0.193)
观测值	132	121	121	121
R^2	0.827	0.921	0.979	0.983
F 值	105.31	196	880.91	1135.16
F 检验 p 值	0.000	0.000	0.000	0.000

注：*、**、***分别表示在 10%、5% 和 1% 的水平上显著，括号中数值为稳健标准误。

东部地区的稳健性结果显示，产业转移对东部地区的就业规模确实不产生影响，模型 2、模型 3、模型 4 的稳健性检验均未能通过。

表 2 - 26   中部地区的稳健性检验结果

模　型	模型 1	模型 2	模型 3	模型 4
被解释变量滞后项		0.545 ***	0.759 ***	0.759 ***
		(0.105)	(0.071)	(0.077)
ln*ic*	0.333 ***	0.191 *	-0.023	-0.023
	(0.103)	(0.107)	(0.047)	(0.041)
ln*agdp*	0.871 ***	0.389 ***	0.258 ***	0.258 ***
	(0.117)	(0.138)	(0.085)	(0.098)
ln*aw*	-0.717 ***	-0.319 **	-0.077	-0.077
	(0.121)	(0.139)	(0.068)	(0.070)
ln*fa*	-0.208 ***	-0.107 *	-0.058	-0.058
	(0.056)	(0.058)	(0.041)	(0.039)
ln*g*	0.227 ***	0.152 *	0.035	0.035
	(0.085)	(0.089)	(0.043)	(0.039)
_cons	-1.621	-1.089	-0.925	-0.925
	(0.482)	(0.529)	(0.227)	(0.213)
观测值	96	88	88	88
R^2	0.689	0.937	0.964	0.968
F 值	82.92	99.78	358.67	401.74
F 检验 p 值	0.000	0.000	0.000	0.000

注：*、**、***分别表示在10%、5%和1%的水平上显著，括号中数值为稳健标准误。

中部地区的稳健性检验结果显示，模型2通过了检验，但模型3和模型4未能通过。在通过检验的模型2中，中部地区的产业转移与就业规模被证实存在正相关关系，即产业转入对就业产生了拉动效应。但由于模型3和模型4的检验结果并不显著，说明产业转移对中部地区就业规模的影响存在一些不稳定性，其效果没有那么显著，但仍然不能否认二者之间存在关系。

表 2 - 27   西部地区的稳健性检验结果

模　型	模型 1	模型 2	模型 3	模型 4
被解释变量滞后项		0.843 ***	0.908 ***	0.908 ***
		(0.054)	(0.037)	(0.038)
ln*ic*	-0.352 ***	-0.171 **	-0.008	-0.009
	(0.108)	(0.066)	(0.017)	(0.016)

模　型	模型 1	模型 2	模型 3	模型 4
$\ln agdp$	0. 292 **	0. 179 **	0. 059	0. 059
	(0. 133)	(0. 083)	(0. 040)	(0. 038)
$\ln aw$	− 0. 584 ***	− 0. 181 **	0. 039	0. 039
	(0. 129)	(0. 088)	(0. 035)	(0. 032)
$\ln fa$	0. 046	− 0. 028	− 0. 006	− 0. 006
	(0. 070)	(0. 041)	(0. 026)	(0. 025)
$\text{L}ng$	0. 343 ***	0. 045	0. 006	0. 006
	(0. 057)	(0. 038)	(0. 026)	(0. 028)
_ cons	2. 817	0. 212	− 0. 524	− 0. 524
	(0. 614)	(0. 381)	(0. 121)	(0. 162)
观测值	144	132	132	132
R^2	0. 689	0. 921	0. 969	0. 978
F 值	82. 92	218. 41	646. 89	896. 09
F 检验 p 值	0. 000	0. 000	0. 000	0. 000

注: * 、 ** 、 *** 分别表示在 10% 、5% 和 1% 的水平上显著, 括号中数值为稳健标准误。

　　西部地区的稳健性检验结果与中部地区相似, 即模型 2 通过了检验, 但模型 3 和模型 4 未能通过。在通过检验的模型 2 中, 西部地区的产业转移与就业规模被证实存在负相关关系, 即产业转入对就业产生了挤出效应。但由于模型 3 和模型 4 的检验结果并不显著, 说明产业转移对中部地区就业规模的影响存在一些不稳定性, 其效果没有那么显著, 但仍然不能否认二者之间存在关系。

第三章　产业转型升级背景下的
高校毕业生就业供需问题

第一节　产业转型升级对高校毕业生就业需求的影响

为更好地分析、探究我国产业转型升级对高校毕业生就业需求的影响，本部分研究在利用麦可思数据、中国人力资源市场网信息进行分析的同时，在宏观层面同时选取全国著名的大型网络招聘公司"智联招聘"平台上针对高校毕业生的招聘职位需求进行分析，在微观层面在上海市闸北区开展了万余份的线下高校毕业生调查。

一　数据基本情况

（一）智联招聘数据基本情况

本部分研究数据来自智联招聘平台上全国范围内针对高校毕业生发布的全部职位信息。共计发布职位信息 51858 条，发布时间为 2015 年 1 月至 2017 年 2 月，覆盖全国 422 个城市。大学生招聘职位信息可以反映出高校毕业生就业情况的变化。

从职位信息发布的时间走势来看，不同月份发布职位信息的数量变化很大，职位信息发布数量的波峰和波谷呈现一定的规律，与高校毕业生求职就业以及毕业时间较为吻合。职位信息发布数量的波峰主要集中在 8 ~ 11 月，主要是因为毕业大学生离校以及下一届毕业生 9 月份开学找工作对工作岗位的需求较大；波谷集中在 12 月到次年 2 月，这段时间毕业生忙于考研、参加公务员和事业单位考试以及准备毕业论文，找工作的需求较小；另外，每年 3 ~ 4 月有个小波峰，主要是因为前一年未找到合适工作的毕业生在离校前集中求职。可以看出，针对高校毕业生招聘的职位信息发布走势与大学生毕业就业的心态、选择、特点较为吻合，企业招聘行为与大学生求职行为较为匹配（见图 3 - 1）。

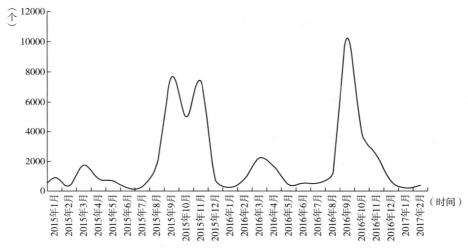

图 3 - 1　智联招聘平台上大学生招聘职位趋势

资料来源：智联招聘平台。

（二）上海市闸北区调查数据基本情况

　　闸北区作为上海市 8 个中心城区之一，实有人口约 84 万人。历史上的闸北区曾经是中国民族工商业的发源地，兼具老工业基地和大都市中心城区的典型特征，具有悠久的工商业发展历史和浓厚的工商业文明底蕴。20 世纪 80 年代后，区域传统大工业优势开始逐步转移和弱化，闸北区发展越来越多地受到土地、能源等资源的约束和环境容量的限制，开始不断创新、大胆突破，走出了一条独具特色的老工业基地转型之路，形成了具有闸北区域特色的经济转型发展模式。从产业发展来看，闸北区目前重点发展金融服务业、软件和信息服务业、专业服务业、商贸服务业和现代物流业等五大产业，梯度发展文化创意产业、电子商务、健康服务、节能环保和生物医药等 X 个产业，形成"5 + X"产业体系。

本次调查是由人力资源和社会保障部国际劳动保障研究所同上海市闸北区人力资源和社会保障局合作，对闸北区 9 个街镇近 5 年的大学生进行的就业情况调查，调查样本为 15000 人。

考虑到样本的代表性，此次样本抽样采取配额抽样、分层抽样和随机抽样相结合的方式，主要使用 RAND 随机抽样函数。

首先，样本量的确定。通过对应届大学生的统计数据进行分析，可以看出 2010 ~ 2014 年大学生毕业人数依次是 6012 人、5826 人、4997 人、3916 人和 3172 人。考虑到此次问卷调查结果各年份之间的可比性，因此本次调查采取就低的配额抽样办法，每年抽取 3000 人，总共抽取 15000 人进行调查。

其次，分辖区配额抽样。通过对辖区内 9 个街镇的数据分析，为了确保抽取样本的代表性，我们在每年的总体样本数中按比例抽取街镇的样本数。比如，2010 年总共 6012 名大学毕业生，要抽取 3000 人，占 50% 左右，那么我们分层抽样，将在 9 个街镇均按 50% 的比例抽取样本。

最后，按时间顺序抽样。根据分年份、分街镇、定比例的原则抽取样本，划出 45 个样本组进行随机抽样。具体样本抽样配额见表 3 - 1。

表 3 - 1　大学生调查样本分布情况

单位：人

街　镇	各街镇总的抽样配额					总　计
	2010 年	2011 年	2012 年	2013 年	2014 年	
A	182	171	166	168	144	831
B	446	464	393	413	410	2126
C	369	385	486	442	428	2110
D	358	333	350	335	320	1696
E	299	308	303	309	293	1512
F	202	176	174	215	243	1010

街　镇	各街镇总的抽样配额					总　计
	2010 年	2011 年	2012 年	2013 年	2014 年	
G	557	582	557	534	544	2774
H	238	242	235	216	230	1161
I	349	339	336	368	388	1780
总　计	3000	3000	3000	3000	3000	15000

本次问卷调查共回收有效问卷 8219 份，样本的性别结构和学历结构见表 3 - 2。

表 3 - 2　受访学生性别及学历情况

单位：人

性　别	大　专	本　科	硕　士	博　士	总　计
男	1506	2139	233	5	3883
女	1575	2508	248	5	4336
总　计	3081	4647	481	10	8219

受访学生中毕业于"211"及"985"类重点大学的达 1679 人，本科以上学生中，重点大学毕业率高达 32.68%，高于整个上海重点大学录取率 21.92%[①]，说明闸北区毕业大学生的质量高于上海平均水平。此外，还有 225 名大学毕业生毕业于其他院校，具体分析这些院校基本是海外高等院校。从毕业院校可以看出，闸北区大学生的受教育质量高于全国平均水平。

二　产业转型升级对高校毕业生需求的总体影响

（一）产业转型升级总体上有利于高校毕业生就业岗位的创造

从长远来看，产业转型升级给高校毕业生就业带来的利好一面更加凸显。产业结构的调整升级，会催生许多具有高附加值、适合高校毕业生就

---

① 2014 年上海一本录取率为 21.92%。

业创业的岗位出来，再加上国家相关政策不断完善，会给高校毕业生就业创业提供良好的政策环境和发展空间。特别是国家创新驱动发展战略的实施，新经济、"互联网＋"以及"大众创业、万众创新"等创新、转型、升级战略的实施，给高校毕业生就业带来了更加广阔和适宜的舞台，每年高等学校有700多万名具有创新精神、创业意识和相当创新创业能力的毕业生进入各个行业领域，也进一步促使国家的产业结构不断地调整升级，反过来又会提供更多就业空间。这些都是对今后高校毕业生就业的利好因素。

1. 全国人才服务机构市场数据显示用人单位对高校毕业生的需求比例上升

全国人才服务机构市场数据显示，用人单位招聘职位中明确要求求职者具有大专及以上文化程度的比例在波动起伏中总体呈稳步上升趋势。2012年第三季度，用人单位招聘职位中57.92%要求求职者具有大专及以上学历水平，其中要求本科及以上学历的占21.67%，要求大专学历的占36.25%。到2016年第二季度，要求求职者具有大专及以上学历水平的达到65.32%，其中要求本科及以上学历的占24.53%，要求大专学历的占40.79%（见图3-2）。招聘职位要求本科及以上学历水平的比例受季节因素影响比较大。一般三、四季度要求本科及以上学历的比例上升，一、二季度会下降。这说明一般高校本科及以上学历的毕业生毕业半年后都能找到工作岗位，招聘单位针对这部分学历毕业生的职位招聘多放在这两个季度。

2. 智联招聘平台发布的职位信息数表明对高校毕业生的需求总体向好

从智联招聘平台在全国范围内针对高校毕业生发布的职位信息同比变化率看，从2016年10月起，受经济增速减缓的影响，职位信息发布数与上年同期相比有所减少。在这之前，智联招聘针对全国高校毕业生发布的职位信息数比上年同期增加，说明产业转型升级从总体上对高校毕业生需求变化的影响还是向好的（见图3-3）。

3. 麦可思数据表明高校毕业生就业率稳步上升

麦可思研究院发布的就业蓝皮书数据显示，高校毕业生毕业半年后的

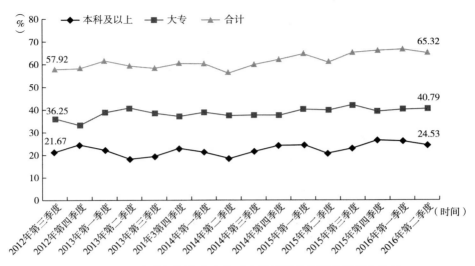

图 3 - 2　用人单位提出大专及以上学历要求的岗位数所占比例
资料来源：中国人才资源市场网。

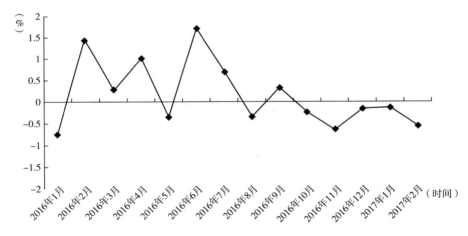

图 3 - 3　智联招聘职位信息发布数同比变化率
资料来源：根据智联招聘职位信息数计算而得。

就业率从 2009 届的 86.6% 逐年上升到 2014 届的 92.1%（见图 3 - 4）。受经济发展放缓并传导到劳动力市场的影响，2015 届大学生毕业半年后的就业率比 2014 届略有下降，为 91.7%。而同期全国就业率[①]持续下降

---

① 全国就业率以就业人口占经济活动人口的比例计算。

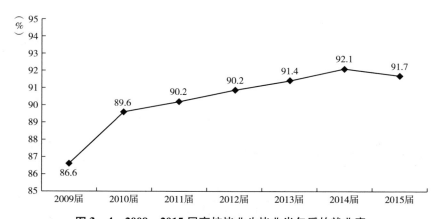

图 3 - 4　2009~2015 届高校毕业生毕业半年后的就业率

资料来源：麦可思 - 中国 2009~2015 届大学毕业生社会需求与培养质量调查。

（见图 3 - 5）。由此可推知，产业转型升级从总体上有利于高校毕业生就业岗位的创造。

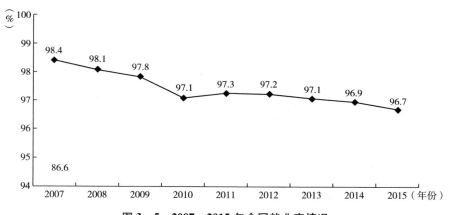

图 3 - 5　2007~2015 年全国就业率情况

资料来源：《中国统计年鉴 2016》。

（二）产业转型升级在局部地区也带来一定负向影响

在课题组对上海市闸北区高校毕业生的调查数据中，闸北区近五届高校毕业生的平均就业率为 93.5%，其中男性毕业生平均就业率为 92.9%，女性为 94.0%，高于男性 1.1 个百分点。2014 年闸北区应届高校毕业生就业率为 91.1%，比麦可思研究院发布的全国高校毕业生毕业半年后的就业率（92.1%）低1个百分点。我们认为，上海的高校毕业生找工作更为挑剔，工作不满意不如不就业的思想是导致应届毕业生就业率低于全国水平的主要原因。当对未就业毕业生进行更细的划分时，发现有不少毕业生毕业时已经找到工作，工作一段时间对工作不满意而辞职，导致调查时点其处于失业状态，这也是闸北区2014年应届毕业生就业率低于全国水平的一个原因。完全没有就业经历的人很少，5年总计占比不到1.6%。

从就业趋势看，闸北区近5年毕业生的就业率呈明显下降趋势，而且男性毕业生就业率的下降趋势显著高于女性（见图3-6）。一方面，此次由于统计口径的问题，2010年毕业的高校毕业生有近4年时间可以寻找工作，就业机会多于刚毕业不久的2014届学生。另一方面，也可能是近年闸北区产业转型不断加速，与原本高校教育结构产生一定矛盾，调整滞后的高校专业培育不出市场需要的人才，造成毕业生的失业问题。关于这一点，课题组在针对各类型企业进行座谈时发现，当前企业对大学生的聘用要求普遍有所提高，对于他们解决实际问题的能力非常看重。市场变化迅速，企业生产经营技术不断升级，对毕业生的知识和工作能力要求也"水涨船高"，的确存在招人难和求职难并存的情况，一定程度上给就业带来了冲击。

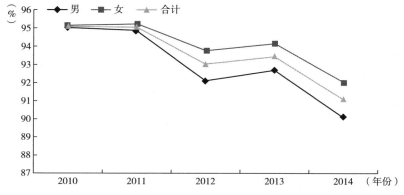

图3-6 2010～2014届上海闸北区高校毕业生就业率趋势
资料来源：根据闸北区专项问卷调查数据统计计算所得。

三 产业转型升级对高校毕业生需求的产业分布影响

（一）产业转型升级带动高校毕业生就业的产业结构更加快速转变

产业转型升级的一个重要表现是三次产业的结构变化，即第三产业在国民经济构成中的比重不断提高。2015 年，我国三次产业构成比重达到8.9∶40.9∶50.2。第三产业的就业弹性系数持续增高，在吸纳就业的过程中发挥着越来越重要的作用，成为吸纳劳动力就业的主要渠道。从全国就业情况看，第三产业的就业比重从 1980 年的 13.1% 逐年提高至 2015 年的42.4%，第一产业的就业比重从 1980 年的 68.7% 逐年下降至 2015 年的28.3%，第二产业的就业比重持续上升，至 2012 年达到高点后开始下降，2015 年为 29.3%（见图 3-7）。

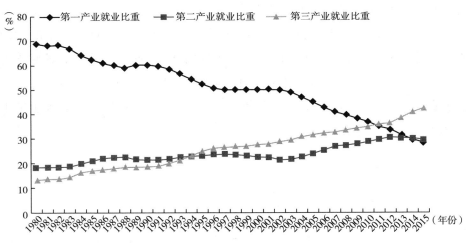

图 3-7 我国就业的产业构成趋势

资料来源：《中国统计年鉴 2016》。

从城镇单位就业人员的产业分布结构看，2015 年城镇单位就业人员在三大产业的就业比重为 1.5∶48.8∶49.7。其中，第一产业的就业比重从2003 年的 4.4% 逐年下降至 2015 年的 1.5%。第二产业就业比重在 2013 年前一直处于上升阶段，2013 年达到峰值 50.8%，之后开始回落。第三产业的就业比重在 2009 年前相对稳定，之后逐年下降，2014 年起止跌回升。

具体看，建筑业的就业比重增长最快，12年间增长7.9个百分点，翻了一番还多。其次是房地产业，虽然比重增长仅1.2个百分点，但增长速度超过一倍。租赁和商务服务业，信息传输、计算机服务和软件业的就业比重也增长较快。相反，教育业，文化、体育和娱乐业，公共管理和社会组织的就业比重有较大幅度的下降（见表3-3）。

表3-3　2003~2015年城镇单位就业结构的变化

单位:%

产业分类 ＼ 年份	2003	2004	2005	2006	2007	2008	2009	2010	2011	2012	2013	2014	2015
第一产业	4.4	4.2	3.9	3.7	3.5	3.4	3.0	2.9	2.5	2.2	1.6	1.6	1.5
第二产业	42.0	42.3	43.4	44.1	44.4	43.9	44.0	44.3	46.9	47.6	50.8	50.2	48.8
其中：采矿业	4.5	4.5	4.5	4.5	4.4	4.4	4.4	4.3	4.2	4.1	3.5	3.3	3.0
制造业	27.2	27.5	28.2	28.6	28.8	28.2	27.8	27.9	28.4	28.0	29.0	28.7	28.1
电力、燃气及水的生产和供应业	2.7	2.7	2.6	2.6	2.5	2.5	2.4	2.4	2.3	2.3	2.2	2.2	2.2
建筑业	7.6	7.6	8.1	8.4	8.7	8.8	9.4	9.7	12.0	13.2	16.1	16.0	15.5
第三产业	53.6	53.5	52.7	52.2	52.1	52.7	53.0	52.8	50.6	50.3	47.6	48.2	49.7
其中：交通运输、仓储和邮政业	5.8	5.7	5.4	5.2	5.2	5.1	5.0	4.8	4.6	4.4	4.7	4.7	4.7
信息传输、计算机服务和软件业	1.1	1.1	1.1	1.2	1.2	1.3	1.4	1.4	1.5	1.5	1.8	1.8	1.9
批发和零售业	5.7	5.3	4.8	4.4	4.2	4.2	4.1	4.1	4.5	4.7	4.9	4.9	4.9
住宿和餐饮业	1.6	1.6	1.6	1.6	1.7	1.6	1.7	1.6	1.7	1.7	1.7	1.6	1.5
金融业	3.2	3.2	3.2	3.3	3.2	3.4	3.6	3.6	3.5	3.5	3.0	3.1	3.4
房地产业	1.1	1.2	1.3	1.3	1.3	1.5	1.7	1.7	1.7	2.1	2.1	2.2	2.3
租赁和商务服务业	1.7	1.7	1.9	2.0	2.1	2.3	2.3	2.4	2.0	1.9	2.2	2.4	2.6
科学研究、技术服务和地质勘查业	2.0	2.0	2.0	2.0	2.0	2.2	2.2	2.2	2.1	2.2	2.2	2.2	2.3
水利、环境和公共设施管理业	1.5	1.6	1.6	1.6	1.6	1.6	1.6	1.7	1.6	1.6	1.4	1.5	1.5
居民服务和其他服务业	0.5	0.5	0.5	0.5	0.5	0.5	0.5	0.5	0.4	0.4	0.5	0.4	0.4

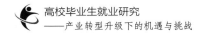

续表

年份 产业分类	2003	2004	2005	2006	2007	2008	2009	2010	2011	2012	2013	2014	2015
教育业	13.2	13.2	13.0	12.8	12.6	12.6	12.3	12.2	11.2	10.9	9.3	9.4	9.6
卫生、社会保障和社会福利业	4.3	4.5	4.3	4.5	4.6	4.6	4.7	4.8	4.7	4.7	4.3	4.4	4.7
文化、体育和娱乐业	1.2	1.1	1.1	1.0	1.0	1.0	1.0	1.0	0.9	0.9	0.8	0.8	0.8
公共管理和社会组织	10.7	10.8	10.9	10.8	10.7	10.9	11.1	10.9	10.2	10.1	8.7	8.8	9.1

资料来源：根据相关年份《中国统计年鉴》数据计算得到。

高校毕业生就业的产业结构变化与全国趋势基本一致。但是与城镇单位就业的产业结构相比，高校毕业生在第三产业就业比重显著高于全国城镇水平，且第三产业就业比重高速增长，说明产业转型升级有利于高校毕业生的就业。

麦可思调查数据显示，2011～2015 届高校毕业生在第一产业就业的比例变化不大，在第二产业就业的比例在 2012 届达到峰值后有所下降，而在第三产业就业的比例呈现快速上升趋势。2015 届毕业生在第三产业的就业比例达到了 62.98%，比 2014 届增加了 4.96 个百分点，涨幅为 8.55%；在第二产业的就业比例下降到 35.71%；在第一产业就业比例则保持在 1.30%（见图 3-8）。

2011～2015 届本、专科毕业生就业的产业分布及其变动趋势基本一致，所不同的是专科毕业生在第一、二产业的就业比例略高于本科毕业生，在第三产业就业的比例略低于本科毕业生。2015 届本科毕业生在三大产业的就业比例为 1.0∶31.5∶67.5，高职高专毕业生在三大产业就业比例为 1.6∶37.4∶61.0（见表 3-4）。这与本、专科学生在培养目标与特点以及专业设置上的差别有较大关系。

总体上，第三产业是吸收毕业生就业的主体，这符合第三产业具有较强岗位再生能力和劳动力承载能力、劳动力需求量较大的特点，也是我国大力发展第三产业，优化产业结构的结果，是产业结构调整的重要体现。

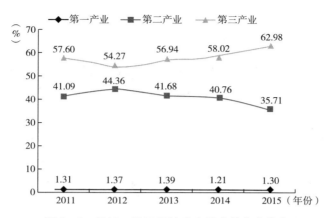

图 3 - 8　2011～2015 届毕业生就业的产业分布

资料来源：麦可思 - 中国 2011～2015 届大学毕业生社会需求与培养质量调查。

表 3 - 4　2011～2015 届本专科毕业生在三大产业的就业分布

单位：%

	所在产业	2011 届	2012 届	2013 届	2014 届	2015 届
本　　科	第一产业	1.2	1.2	1.1	0.9	1.0
	第二产业	38.9	40.5	39.9	39.3	31.5
	第三产业	59.9	58.3	59.0	59.8	67.5
高职高专	第一产业	1.5	1.5	1.6	1.5	1.6
	第二产业	44.8	47.4	43.0	42.1	37.4
	第三产业	53.7	51.1	55.4	56.4	61.0

资料来源：麦可思 - 中国 2011～2015 届大学毕业生社会需求与培养质量跟踪评价。

（二）经济发达地区第三产业对高校毕业生的吸纳力更强

从上海市高校毕业生就业的产业分布情况来看，2015 届上海高校毕业生在第三产业就业的比重为 85.8%，在第一、二产业就业的比重仅为 0.1% 和 14.1%。不论是与上海市全市就业人员的三次产业分布结构（3.38∶33.77∶62.85）相比，还是与全国高校毕业生的就业产业分布结构相比，上海市高校毕业生从事第三产业的比重都明显偏高（见图 3 - 9），与上海市产业转型升级的发展方向趋于一致。近年来上海市服务业持续蓬勃发展，第三产业增加值占地区生产总值的比重达 67.8%，吸纳就业占全社会就业总量的比重也逐年上升，成为吸纳就业特别是高校毕业生就业的主要渠道。从未来发展趋势判断，金融、科研、教育、设计制作、电子商务、动漫设计、现代物流等知识技术密集型的现代服务业，可以为受过良好教育的大学生提供更多的就业机会。

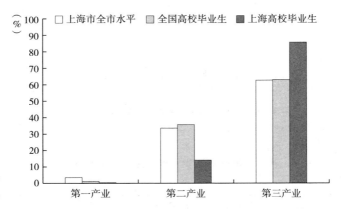

图 3 - 9 按产业分类的 2015 届上海高校毕业生就业情况

资料来源：上海市高校毕业生就业的产业分布数据来自《上海市 2015 届高校毕业生就业状况报告》，上海市从业人员产业分布数据来自《上海统计年鉴 2016》。

课题组的调查问卷结果显示，上海市闸北区高校毕业生在三次产业的就业分布情况与上海市总体情况基本一致，在第一、二、三产业就业的比例分别为 0.15%、16.51% 和 83.34%（见表 3 - 5）。

表 3 - 5 上海市闸北区高校毕业生就业的产业构成情况

单位：人,%

产业分类	人　数	比　例
第一产业	12	0.15
农、林、牧、渔业	12	0.15
第二产业	1324	16.51
采矿业	5	0.06
制造业	1050	13.09
电力、热力、燃气及水生产和供应业	73	0.91
建筑业	196	2.44

续表

产业分类	人　　数	比　　例
第三产业	6683	83.34
交通运输、仓储和邮政业	537	6.70
信息传输、软件和信息技术服务业	824	10.28
批发和零售业	584	7.28
住宿和餐饮业	242	3.02
金融业	933	11.63
房地产业	114	1.42
租赁和商务服务业	1047	13.06
科学研究和技术服务业	256	3.19
水利、环境和公共设施管理业	68	0.85
居民服务、修理和其他服务业	695	8.67
教育业	311	3.88
卫生和社会工作	362	4.51
文化、体育和娱乐业	504	6.29
公共管理、社会保障和社会组织	206	2.57

资料来源：根据上海闸北区专项问卷调查数据统计计算所得。

四　产业转型升级对高校毕业生需求的行业分布影响

（一）高校毕业生需求行业分布与产业转型升级保持同方向变化

随着产业转型升级的不断深入，各行业的发展情况不断变化，高技术、高附加值的先进产业不断替代落后产业，给劳动力市场的招聘需求结构带来影响。从智联招聘平台发布的全国大学生职位需求信息来看，发布数量排名前十位的行业中，"互联网/电子商务"招聘需求量最大，占比近20%；其次是"银行"，占比为16.84%；再次是"通信/电信/网络设备"，占比为14.95%；这三个行业招聘需求超过了全网招聘需求总量的一半（见图3-10）。这充分说明近两年"互联网+"战略的推动，使得以互联网经济为代表的新经济、新产业发展迅猛，不仅使得互联网、电商行业招聘需求量增大，还带动了通信、网络设备行业的用人需求；而以银行业为核心的金融行业也代表着经济发展和产业升级的取向，对高校毕业生

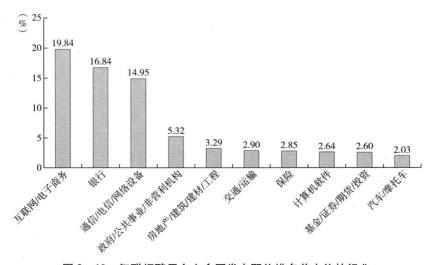

图 3 – 10　智联招聘平台上全国发布职位排名前十位的行业
资料来源：根据智联招聘职位信息数据统计计算而得。

的招聘需求强劲。

　　而针对高校毕业生的职位发布数量排名后十位的行业中，主要集中在一些生产和生活服务类部门，如咨询/财会/法律等专业服务，家居/室内设计/装饰装潢、医疗/护理/美容/保健/卫生等生活服务，还有一些中介服务、信托/担保/拍卖/典当等综合服务（见图 3 – 11）。对排后十位的行业进行分析可以发现，有些行业作为辅助性业务部门，本身需求规模相对不大，如咨询、法律等；还有些行业属于制造类，一线生产工人是人力资源的主要构成，适合高校毕业生就业的管理岗位相对较少，因此职位发布数量也不多，如计算机硬件、仪器仪表及工业自动化。

　　由以上分析可以推断出，从全国范围来讲产业转型升级的结果直接反映在市场主体的职位需求上，与"互联网＋"相关的行业发展迅猛，人才需求快速增长，对高校毕业生的需求量较大。这些行业在高校毕业生就业中的作用日益凸显，在解决就业问题方面的贡献较大。

（二）产业转型升级带动高校毕业生就业行业分布变化

1. 来自全国采样的数据分析

　　根据麦可思数据，2011～2015 届本科毕业生在教育、医疗和社会护理

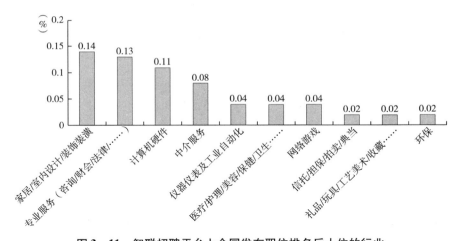

图 3 – 11   智联招聘平台上全国发布职位排名后十位的行业
资料来源：根据智联招聘职位信息数统计计算而得。

领域就业的比例明显增加，而在制造相关领域就业的比例明显下降，另外
在媒体、信息及通信以及金融领域就业的比例有所回升（见表 3 – 6）；专
科毕业生在金融、医疗和社会护理领域就业的比例有所增加，而在制造相
关领域就业的比例有所下降，另外在媒体、信息及通信领域就业的比例有
所回升（见表 3 – 7）。其中，以加工为主的劳动密集型制造业（如机械五
金、电子电气仪器设备等）在过去几年内已持续面临下行的压力，对高校
毕业生的吸纳规模逐渐缩水，制造业的转型升级对高校毕业生就业所产生
的影响值得关注。另外，随着"互联网＋"战略的深入推进，互联网与各
领域的交叉融合程度将不断提升，对于信息技术相关人才的需求也值得持
续关注。

表 3 – 6   2010 ~ 2015 届本科毕业生就业的主要行业分类

单位:%

行　　业	2010 届	2011 届	2012 届	2013 届	2014 届	2015 届
教育业	5.2	7.7	7.2	10.0	10.6	13.6
媒体、信息及通信产业	8.5	10.5	10.0	8.7	8.5	10.5
金融（银行/保险/证券）业	12.9	11.0	10.7	8.5	8.0	9.6
建筑业	6.7	6.5	7.4	10.6	10.2	8.2
电子电气仪器设备及电脑制造业	10.7	8.9	7.9	7.2	7.1	6.2
医疗和社会护理服务业	1.7	1.9	1.8	2.9	4.8	5.7

续表

行　　业	2010 届	2011 届	2012 届	2013 届	2014 届	2015 届
各类专业设计与咨询服务业	5.2	5.7	5.3	5.4	5.0	5.5
政府及公共管理	5.8	5.9	6.4	6.6	5.3	5.3
零售商业	4.2	4.6	4.5	3.5	3.8	3.8
机械五金制造业	6.2	4.6	4.8	4.7	4.3	3.0
化学品、化工、塑胶业	4.6	4.3	4.1	3.7	3.4	2.7
交通工具制造业	4.3	3.1	3.7	3.4	3.4	2.6
行政、商业和环境保护辅助业	2.1	2.0	1.7	2.5	2.5	2.5
房地产开发、销售、租赁及其他租赁业	2.0	2.6	2.6	3.0	2.7	2.4
水电煤气公用事业	2.9	1.9	2.5	2.6	2.3	2.3
家具、医疗设备及其他制成品业	1.9	2.3	2.3	2.0	2.2	2.0
其他服务业（除行政服务）	0.7	1.5	1.3	1.5	1.7	1.8
运输业	1.6	1.6	1.9	2.4	2.3	1.5
艺术、娱乐和休闲业	0.6	1.0	1.0	0.9	1.1	1.5
食品、烟草、加工业	2.5	2.4	2.6	1.6	1.7	1.4
住宿和餐饮业	0.8	1.2	1.1	0.9	1.2	1.4
纺织皮革及成品加工业	1.3	1.4	1.4	1.4	1.6	1.2
邮递、物流及仓储业	1.3	1.2	1.3	1.0	1.1	1.1
批发商业	1.5	1.5	1.5	1.0	1.2	1.0
农业、林业、渔业和畜牧业	—	1.2	1.2	1.1	0.9	1.0

注：表中不包括 2015 届本科毕业生就业人数比例在 1% 以下的行业。

资料来源：麦可思 – 中国 2010 ~ 2015 届大学毕业生社会需求与培养质量跟踪评价。

表 3 – 7　2010 ~ 2015 届专科毕业生就业的主要行业分类

单位：%

行　　业	2010 届	2011 届	2012 届	2013 届	2014 届	2015 届
建筑业	9.0	10.5	12.9	12.0	12.8	12.1
金融（银行/保险/证券）业	5.1	5.0	4.5	5.4	5.8	7.6
医疗和社会护理服务业	2.8	2.2	3.2	5.2	7.6	7.2
零售商业	6.8	7.7	7.7	6.2	6.5	6.5
媒体、信息及通信产业	6.2	8.6	6.6	5.3	5.1	6.3
教育业	4.5	7.3	4.3	3.7	3.9	5.6
电子电气仪器设备及电脑制造业	8.7	7.3	6.7	6.2	5.8	5.2

行　　业	2010 届	2011 届	2012 届	2013 届	2014 届	2015 届
其他服务业（除行政服务）	2.7	3.0	3.4	4.5	4.7	4.5
各类专业设计与咨询服务业	4.2	4.8	4.8	4.1	3.7	4.4
机械五金制造业	7.5	5.4	5.3	5.0	4.5	3.4
化学品、化工、塑胶业	4.1	4.5	3.5	4.0	3.1	3.4
住宿和餐饮业	2.0	2.2	2.2	2.1	2.7	3.2
交通工具制造业	3.2	2.3	3.7	3.6	4.4	3.1
房地产开发、销售、租赁及其他租赁业	2.5	2.6	2.7	4.1	3.3	3.1
家具、医疗设备及其他制成品业	2.4	3.3	2.7	2.8	2.3	2.7
行政、商业和环境保护辅助业	2.9	2.0	2.5	2.4	2.3	2.5
政府及公共管理	2.5	2.4	2.7	2.6	2.3	2.4
运输业	2.0	2.1	2.8	4.4	3.4	2.3
批发商业	2.9	0.3	0.7	2.3	2.1	2.1
食品、烟草、加工业	2.5	3.0	2.6	2.4	2.2	2.0
纺织皮革及成品加工业	2.8	2.5	1.9	1.9	1.6	1.8
邮递、物流及仓储业	2.0	1.8	1.9	1.9	1.8	1.7
水电煤气公用事业	4.1	1.8	3.3	1.8	2.0	1.6
农业、林业、渔业和畜牧业	1.2	1.5	1.5	1.6	1.5	1.6
艺术、娱乐和休闲业	0.8	1.7	1.1	1.0	1.1	1.4

注：表中不包括 2015 届专科毕业生就业人数比例在 1% 以下的行业。

资料来源：麦可思 – 中国 2011～2015 届大学毕业生社会需求与培养质量跟踪评价。

　　由此可见，在产业转型升级的大背景下，高校毕业生的就业领域变化呈现以下特点：一方面，就业的选择更加呈现多样化的特征，特别是随着第二产业向第三产业转移，大量毕业生进入教育、医疗和社会护理、现代服务业等领域；另一方面，工作岗位的内涵也将产生较大变化，将越来越多地从劳动密集型向技术与知识密集型转变。

2. 来自上海闸北区采样的数据分析

　　上海闸北区的数据也说明了地区的产业结构转型升级方向对高校毕业生就业行业分布产生重大影响。闸北区产业升级一直坚持以服务经济为主导的发展方向，不断拓展服务业发展内涵，形成了当前 "5 + X" 的产业发展导向，即大力发展金融服务业、专业服务业、软件信息服务业、高端商贸业、现代物流业以及文化创意产业、四新经济①等，服务业已经成为闸北区域经济的主要支撑力量。闸北区高校毕业生就业的行业排在前四位的分别是制造业、租赁和商务服务业、金融业以及信息传输、软件和信息技术服务业（见表3-8）。闸北区2014届高校毕业生在租赁和商务服务业就业比例超过制造业，跃居第一位。从发展趋势看，闸北区高校毕业生在制造业、批发和零售业初次就业的比例呈下降趋势，在信息传输、软件和信息技术服务业，文化、体育和娱乐业的就业比例呈上升趋势，高校毕业生在租赁和商务服务业，居民服务、修理和其他服务业的就业比例在波动发展中近期又呈增加趋势（见表3-9）。由上可见，闸北区高校毕业生就业的行业分布情况与产业发展主体结构保持吻合。

表3-8 上海市闸北区高校毕业生就业行业分布情况

单位：人，%

序号	行　业	人数	比例	序号	行　业	人数	比例
1	制造业	1050	13.09	11	科学研究和技术服务业	256	3.19
2	租赁和商务服务业	1047	13.06	12	住宿和餐饮业	242	3.02
3	金融业	933	11.63	13	公共管理、社会保障和社会组织	206	2.57
4	信息传输、软件和信息技术服务业	824	10.28	14	建筑业	196	2.44
5	居民服务、修理和其他服务业	695	8.67	15	房地产业	114	1.42
6	批发和零售业	584	7.28	16	电力、热力、燃气及水生产和供应业	73	0.91
7	交通运输、仓储和邮政业	537	6.70	17	水利、环境和公共设施管理业	68	0.85
8	文化、体育和娱乐业	504	6.29	18	农、林、牧、渔业	12	0.15
9	卫生和社会工作	362	4.51	19	采矿业	5	0.06
10	教育业	311	3.88	20	合　计	8019	100

资料来源：根据上海闸北区专项问卷调查数据统计计算所得。

————————

① 指新技术、新产业、新业态、新模式。

表 3 - 9   闸北区高校毕业生初次就业的行业分布变化情况

单位:%

行　　业	2010 届	2011 届	2012 届	2013 届	2014 届
租赁和商务服务业	14.16	12.34	12.88	11.70	13.78
制造业	13.56	14.33	13.65	12.58	11.16
金融业	9.95	10.09	12.88	12.76	11.85
信息传输、软件和信息技术服务业	9.89	11.25	9.18	9.70	10.93
居民服务、修理和其他服务业	8.82	9.58	8.61	7.82	8.31
批发和零售业	7.68	7.20	7.65	6.82	6.89
交通运输、仓储和邮政业	6.55	7.46	6.31	7.17	5.81
文化、体育和娱乐业	5.68	5.33	6.44	6.41	7.18

资料来源：根据上海闸北区专项问卷调查数据统计计算所得。

五　产业转型升级对高校毕业生需求的区域分布影响

（一）对高校毕业生的需求规模与区域经济产业发展情况高度相关

从智联招聘平台发布的职位需求信息看，8 个经济区域[①]对高校毕业生的招聘需求在区域间呈现规模上的差距。泛珠江三角洲区域经济体两年间发布的大学生招聘信息最多，有 14889 个职位，占比达到 28.05%；其次为泛长江三角洲区域经济体，发布职位总量为 11776 个，占比为 22.18%；再次为中原区域经济体，发布职位总量为 6752 个，占比为 12.72%；最少的是西部生态经济区，发布职位总量为 833 个，占比仅为 1.57%（见表 3 - 10）。可以认为，对高校毕业生招聘数量规模上的差异与各区域经济产业发展情况高度相关，泛珠江三角洲区域经济体和泛长江三角洲区域经济体经济发展较好，产业规模较大，对大学生的需求量也最大。

[①] 智联招聘将中国内地 31 个省、自治区、直辖市分为 8 个经济区域：a）东北区域经济体，包括黑龙江、吉林、辽宁；b）泛渤海湾区域经济体，包括北京、天津、山东、河北、内蒙古、山西；c）陕甘宁青区域经济体，包括陕西、甘肃、宁夏、青海；d）中原区域经济体，包括河南、湖北、湖南；e）泛长江三角洲区域经济体，包括上海、江苏、浙江、江西、安徽；f）泛珠江三角洲区域经济体，包括广东、广西、福建、海南；g）西南区域经济体，包括重庆、四川、贵州、云南；h）西部生态经济区，包括西藏、新疆。为便于比较，本研究将智联招聘平台发布的职位信息也按照这 8 个经济区域加以划分。

表 3 – 10   智联招聘平台上全国不同季度不同区域职位发布数量

单位：个

时间＼区域	泛珠江三角洲区域经济体	泛长江三角洲区域经济体	泛渤海湾区域经济体	中原区域经济体	东北区域经济体	西南区域经济体	陕甘宁青区域经济体	西部生态经济区	合计
2015 年一季度	961	612	585	467	104	185	69	24	3007
2015 年二季度	414	238	268	96	348	290	37	2	1693
2015 年三季度	2495	2287	1342	1078	1210	945	370	49	9776
2015 年四季度	3197	2672	1727	1684	1226	1588	603	419	13116
2016 年一季度	1331	515	371	371	349	336	37	27	3337
2016 年二季度	1494	207	69	387	235	184	37	4	2617
2016 年三季度	2693	3222	1447	1903	598	1279	613	203	11958
2016 年四季度	2211	1851	782	715	382	750	209	89	6989
2017 年 1～2 月	93	172	109	51	44	79	30	16	594
总　　计	14889	11776	6700	6752	4496	5636	2005	833	53087

资料来源：根据智联招聘职位信息数统计计算而得。

麦可思调查数据也显示，产业的区域转移对毕业生就业地分布产生了一定影响。毕业生在经济发达地区就业的比例在下降，中西部欠发达地区的就业比例明显上升。

从毕业生就业地分布的整体情况来看，毕业生的就业地以泛长江三角洲区域经济体、泛渤海湾区域经济体、泛珠江三角洲区域经济体为主，2015 届毕业生在这三个区域就业的比例分别为 23.6%、21.9% 和 20.3%，合计达到 65.8%；其次是西南区域经济体和中原区域经济体，2015 届毕业生在这两个区域就业的比例分别为 12.0% 和 10.6%；再次是陕甘宁青区域经济体和东北区域经济体，2015 届毕业生的就业比例分别为 4.6% 和 5.1%；2015 届毕业生在西部生态经济区的就业比例为 1.9%（见图 3 – 12）。

从 2011～2015 届本科毕业生就业地的变动来看，呈现三种态势。第一，毕业生在泛长江三角洲区域经济体、泛渤海湾区域经济体、泛珠江三

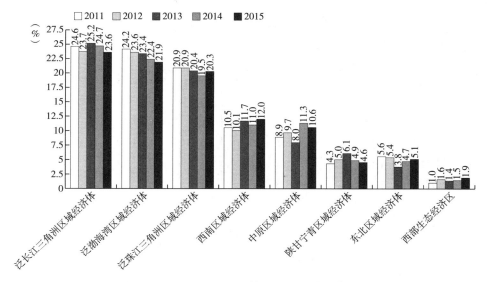

图 3 – 12　2011 ~ 2015 届毕业生就业的区域分布
资料来源:麦可思 – 中国 2011 ~ 2015 届大学毕业生社会需求与培养质量跟踪评价。

角洲区域经济体和东北区域经济体的就业比例呈现一定的下降趋势,2015 届毕业生较 2011 届毕业生,四区域就业比例分别下降了 1.0、2.3、0.6 和 0.5 个百分点;第二,毕业生在西南区域经济体、中原区域经济体和陕甘宁青区域经济体的就业比例呈现一定的上升趋势,2015 届毕业生较 2011 届毕业生,三区域就业比例分别上升了 1.5、1.7 和 0.3 个百分点,中原区域经济体毕业生就业比例的上升幅度最大;第三,西部生态经济区因地域发展和人口特点原因,其所能承接的就业人数较少,但由于基数较低,2015 届毕业生较 2011 届毕业生也呈现较明显的增加,区域就业比例上升了 0.9 个百分点。

本专科毕业生就业区域的分布与变化特点相近。不论是本科毕业生,还是高职高专毕业生,在泛长江三角洲区域经济体、泛珠江三角洲区域经济体和泛渤海湾区域经济体等经济发达地区的就业比例明显高于其他区域;在西部生态经济区和陕甘宁青区域经济体等经济欠发达地区的就业比例较低;东北区域经济体近几年受经济下滑显著趋势影响,高校毕业生的就业比例也在 5% 左右徘徊(见表 3 – 11)。

表 3 – 11　2009 ~ 2015 届高校毕业生就业的区域分布情况

单位:%

分类	各经济区域	2009 届	2010 届	2011 届	2012 届	2013 届	2014 届	2015 届
全国本科	泛渤海湾区域经济体	33.8	24.5	23.1	24.1	23.6	27.9	21.2
	泛长江三角洲区域经济体	28.0	26.0	26.1	24.9	27.2	22.1	26.2
	泛珠江三角洲区域经济体	13.5	23.1	21.1	20.8	20.2	18.9	19.4
	中原区域经济体	6.5	7.7	7.7	8.1	9.9	10.3	8.9
	东北区域经济体	5.1	5.7	6.3	6.3	1.9	5.0	5.2
	西南区域经济体	8.8	8.6	9.9	9.9	10.3	10.7	12.3
	陕甘宁青区域经济体	4.1	3.8	4.3	4.5	6.1	4.2	5.1
	西部生态经济区	0.2	0.6	1.5	1.4	0.8	0.9	1.7
全国高职高专	泛渤海湾区域经济体	28.0	26.0	25.3	23.1	23.3	22.8	22.7
	泛长江三角洲区域经济体	26.7	26.8	23.1	22.5	23.2	21.6	21.1
	泛珠江三角洲区域经济体	21.9	23.1	20.8	21.0	20.6	20.2	21.2
	中原区域经济体	6.1	9.2	10.0	11.4	6.1	11.2	12.2
	东北区域经济体	2.2	1.7	4.9	4.5	5.6	4.7	4.9
	西南区域经济体	12.3	7.7	11.2	10.4	13.1	12.3	11.7
	陕甘宁青区域经济体	2.6	4.9	4.3	5.4	6.1	5.2	4.1
	西部生态经济区	0.2	0.5	0.4	1.7	2.0	2.0	2.1

资料来源:麦可思 – 中国 2009 ~ 2015 届大学毕业生社会需求与培养质量跟踪评价。

　　毕业生就业区域分布的变化体现了我国产业转移、产业结构调整给毕业生就业带来的影响。近年来,我国东部经济发达地区的部分加工业、制造业正逐步向中西部地区转移,特别是河南、陕西、四川、重庆、甘肃、宁夏、青海等地承接了大量来自东部沿海地区的产业。中西部地区经济的发展带动了对人才的需求,加之中西部地区吸引人才的政策力度加大,在一定程度上增加了高校毕业生到中西部地区就业的数量。东部等经济发达地区在产业转移的同时也在积极进行产业的转型升级,由低端制造业和服务业逐步向高端智能制造业和服务业转型,用人单位正在改变用工方式和用工结构,对劳动力的需求数量和需求结构也相应发生了较大变化,对低端操作型劳动力的需求在减少,对高端技术型人才的需求量大幅上升。这种变化使得高校毕业生总体上在经济发达地区就业的数量有所下降。与此同时，当前我国中西部地区正在积极主动承接沿海发达地区产业梯度转移，大力推进自身城镇化、工业化进程，其产业规模和结构发生积极变化，带动了对高校毕业生的需求。

（二）产业升级转型使中西部地区对高校毕业生的需求增加

为探求产业区域梯度转型对高校毕业生需求的影响，课题组将泛长江三角洲区域经济体、泛珠江三角洲区域经济体和泛渤海湾区域经济体合并为东部区域经济体，将西南区域经济体、陕甘宁青区域经济体和西部生态经济区合并为西部区域经济体，计算各区域经济体高校毕业生职位需求占各季度高校毕业生职位总需求的比例。从计算结果可以比较清晰地看出，西部区域经济体的职位需求占比呈明显上升趋势，中原区域经济体的职位需求占比在 2016 年总体上也处于增加态势，略有起伏。可见，产业的区域转移拉动了中西部对高校毕业生的需求（见图 3－13）。

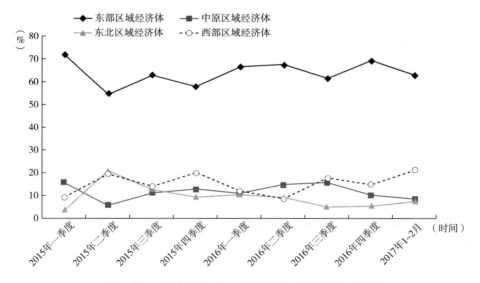

图 3－13　各季度高校毕业生职位需求的区域分布情况

资料来源：根据智联招聘职位信息数统计计算而得。

通过麦可思连续 7 年各区域经济体高校毕业生的就业占比数据，更能清晰地看到这一趋势。本科毕业生在东部区域经济体就业的比例从 2009

届的 75.3% 下降到 2015 届的 66.8%，高职高专毕业生在东部区域经济体就业的比例从 76.6% 下降至 65.0%。同期，本科毕业生在西部区域经济体就业的比例从 13.1% 上升至 19.1%，在中原区域经济体就业的比例从 6.5% 上升至 8.9%；高职高专毕业生在西部区域经济体就业的比例从 15.1% 上升至 17.9%，在中原区域经济体就业的比例从 6.1% 上升至 12.2%（见表 3-12）。从高校毕业生就业的区域变化情况可以推知，产业向中西部转移升级带动了高校毕业生向中西部就业。

表 3-12　高校毕业生在各区域就业的比例变化情况

单位：%

分类	各经济区域	2009 届	2010 届	2011 届	2012 届	2013 届	2014 届	2015 届
本科	东部区域经济体	75.3	73.6	70.3	69.8	71.0	68.9	66.8
	中原区域经济体	6.5	7.7	7.7	8.1	9.9	10.3	8.9
	东北区域经济体	5.1	5.7	6.3	6.3	1.9	5.0	5.2
	西部区域经济体	13.1	13.0	15.7	15.8	17.2	15.8	19.1
高职高专	东部区域经济体	76.6	75.9	69.2	66.6	67.1	64.6	65.0
	中原区域经济体	6.1	9.2	10.0	11.4	6.1	11.2	12.2
	东北区域经济体	2.2	1.7	4.9	4.5	5.6	4.7	4.9
	西部区域经济体	15.1	13.1	15.9	17.5	21.2	19.5	17.9

资料来源：麦可思-中国 2009~2015 届大学毕业生社会需求与培养质量跟踪评价。

同时，数据还显示，高职高专毕业生在中西部就业的比例增长速度明显高于本科毕业生，说明中西部产业转移对高职高专毕业生的就业拉动力度强于本科毕业生。

（三）区域产业升级发展结构差别显示对高校毕业生的行业需求不同

课题组将智联招聘全国大学生职位需求数据按照 8 个经济区域进行行业细分统计，以观察不同区域之间行业招聘的异同点（见表 3-13）。通过数据分析可知，8 个经济区域职位发布数量前十名的行业中，"互联网/电子商务"、"银行"和"通信/电信/网络设备"这三个行业无论在哪个区

表 3 - 13　智联招聘平台上 8 个经济区域职位发布量排名前十位和后十位的行业

类别		东北区域经济体		泛渤海湾区域经济体		陕甘宁青区域经济体		西南区域经济体	
		行业	职位数量占比(%)	行业	职位数量占比(%)	行业	职位数量占比(%)	行业	职位数量占比(%)
职位发布数量排名前十位		通信/电信/网络设备	21.55	互联网/电子商务	21.34	银行	24.69	通信/电信/网络设备	25.09
		银行	18.99	银行	18.09	通信/电信/网络设备	18.45	银行	21.59
		互联网/电子商务	18.31	通信/电信/网络设备	13.82	互联网/电子商务	15.51	互联网/电子商务	15.74
		汽车/摩托车	10.97	计算机软件	9.31	房地产/建筑/建材/工程	4.74	政府/公共事业/非营利机构	3.57
		基金/证券/期货/投资	6.09	保险	6.51	计算机软件	4.39	零售/批发	3.09
		通信电信运营、增值服务	3.49	基金/证券/期货/投资	3.57	学术/科研	3.94	汽车/摩托车	2.93
		大型设备/机电设备重工业	2.71	房地产/建筑/建材/工程	3.27	媒体/出版/影视/文化传播	3.34	通信电信运营、增值服务	2.77
		保险	1.91	交通/运输	2.69	电气/电力/水利	2.79	计算机软件	2.63
		零售/批发	1.82	IT服务(系统/数据/维护)	2.64	保险	2.64	快速消费品	1.88
		政府/公共事业/非营利机构	1.60	零售/批发	2.49	交通/运输	1.90	房地产/建筑/建材/工程	1.77
职位发布数量排名后十位		农/林/牧/渔	0.24	农/林/牧/渔	0.19	中介服务	0.20	家居/室内设计/装饰装潢	0.11
		物业管理/商业中心	0.20	贸易/进出口	0.19	物流/仓储	0.20	医疗设备/器械	0.09
		专业服务/咨询	0.16	医药/生物工程	0.13	教育/培训/院校	0.20	媒体/出版/影视/文化传播	0.09
		计算机硬件	0.16	物业管理/商业中心	0.13	计算机硬件	0.20	教育/培训/院校	0.09
		中介服务	0.11	计算机硬件	0.07	IT服务(系统/数据/维护)	0.20	专业服务/咨询	0.07
		医药/生物工程	0.11	医疗设备/器械	0.06	医药/生物工程	0.05	中介服务	0.07
		电气/电力/水利	0.09	媒体/出版/影视/文化传播	0.06	医疗设备/器械	0.05	信托/担保/拍卖/典当	0.05
		媒体/出版/影视/文化传播	0.04	礼品/玩具/工艺美术	0.03	农/林/牧/渔	0.05	旅游/度假	0.04
		农/林/牧/渔	0.02	中介服务	0.02	耐用消费品	0.05	耐用消费品	0.02
		电子技术/半导体/集成电路	0.02	家居/室内设计/装饰装潢	0.01	跨领域经营	0.05	加工制造	0.02

续表

类别	东北区域经济体		泛渤海湾区域经济体		陕甘宁青区域经济体		西南区域经济体	
	行业	职位数量占比(%)	行业	职位数量占比(%)	行业	职位数量占比(%)	行业	职位数量占比(%)
职位发布数量排名前十位	通信/电信/网络设备	41.54	银行	30.15	互联网/电子商务	22.06	互联网/电子商务	21.65
	银行	18.97	通信/电信/网络设备	21.31	政府/公共事业/非营利机构	10.49	银行	18.18
	互联网/电子商务	13.57	互联网/电子商务	16.77	通信/电信/网络设备	8.79	通信/电信/网络设备	9.88
	零售/批发	2.64	政府/公共事业/非营利机构	4.64	交通/运输	6.27	政府/公共事业/非营利机构	5.02
	保险	2.16	保险	3.60	银行	5.55	大型设备/机电设备/重工业	3.97
	基金/证券/期货/投资	1.68	基金/证券/期货/投资	2.83	房地产/建筑/建材/工程	5.32	跨领域经营	3.35
	能源/矿产/采掘/冶炼	1.44	房地产/建筑/建材/工程	2.21	农/林/牧/渔	3.03	电子技术/半导体/集成电路	3.27
	房地产/建筑/建材	1.44	通信电信运营,增值服务	2.16	快速消费品	2.55	计算机软件	3.02
	交通/运输	1.32	能源/矿产/采掘/冶炼	1.75	保险	2.53	物流/仓储	2.96
	物业管理/商业中心	0.72	媒体/出版/影视/文化传播	1.56	能源/矿产/采掘/冶炼	2.32	通信/电信运营,增值服务	2.67
职位发布数量排名后十	农/林/牧/渔	0.36	贸易/进出口	0.21	中介服务	0.11	农/林/牧/渔	0.26
	快速消费品	0.36	环保	0.15	耐用消费品	0.08	医疗/护理/美容/保健	0.18
	计算机软件	0.36	医疗设备/器械	0.13	计算机硬件	0.07	专业服务/咨询	0.10
	电气/电力/水利	0.36	IT服务(系统/数据/维护)	0.13	专业服务/咨询	0.06	计算机硬件	0.09
	IT服务(系统/数据/维护)	0.36	中介服务	0.12	石油/石化/化工	0.06	网络游戏	0.08
	航空/航天研究与制造	0.24	计算机硬件	0.12	信托/担保/拍卖/典当	0.05	医疗设备/器械	0.07
	政府/公共事业	0.12	学术/科研	0.06	学术/科研	0.04	租赁服务	0.06
	电信运营,增值服务	0.12	农/林/牧/渔	0.06	礼品/玩具/工艺美术	0.01	中介服务	0.03
	教育/培训/院校	0.12	耐用消费品	0.01	会计/审计	0.01	礼品/玩具/工艺美术	0.03
	家居/室内设计	0.12	会计/审计	0.01	网络游戏	0.01	仪器仪表及工业自动化	0.01

域都排在前列。由此可见，在全国不同区域这些行业都是高校毕业生需求量较大的行业，产业发展在某种程度上趋同，互联网经济引领高校毕业生就业。

但同时比较也可得出，除了泛渤海湾区域经济体、泛珠江三角洲区域经济体、泛长江三角洲区域经济体"互联网/电子商务"排第一位以外，其他经济区域均排在第三位，进一步说明了东部沿海地区是互联网产业发展的先行区。此外，泛渤海湾区域经济体排在前十名的"IT服务（系统/数据/维护）"行业，在陕甘宁青区域经济体、西部生态经济区和中原区域经济体排名却下降到了后十名；泛长江三角洲区域经济体排在前十名的"物流/仓储"行业，在东北区域经济体和陕甘宁青区域经济体的排名却下降到了后十名。这表现出高校毕业生需求和区域经济发展状况、产业发展结构具有很大的关系。

从排位后十名的职位需求分布来看，8个经济区域之间的共性并不十分突出，需求量小的行业在不同区域有不同表现，这说明区域产业发展存在一定差异性，这与区域资源禀赋、比较优势和发展方向关系较为密切。这提示我们不同区域在落实国家促进大学生就业的具体政策时应充分考虑自身特点，协同推进本地区产业发展和大学生就业，并关注地区高校教育结构和产业结构方向的一致性。

第二节　高校毕业生就业的供给问题

一　高校毕业生总量变化

（一）高校毕业生规模持续快速增长

自1999年我国高等教育实行扩招以来，高校毕业生人数逐年快速增长，从2000年的107万人快速上升到2016年的765万人（见图3-14）。16年间高校毕业生人数增加了6倍多。21世纪的前10年，我国高校毕业生人数总体上保持持续增长态势，高校毕业生人数屡创新高。2017年普通高校毕业生人数达到 795 万人，比 2016 年增加了 30 万名毕业生，高校毕业生占到我国城镇新增劳动力总数的一半多。

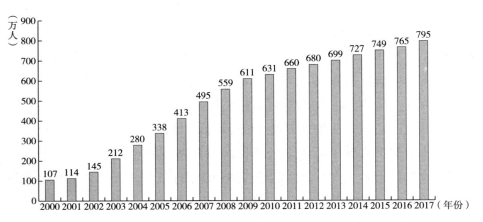

图 3 – 14　2001～2017 年高校毕业生人数

资料来源：教育部统计数据库。

（二）高校毕业生占城镇新增就业人数比例不断提高

高校毕业生不仅规模逐年急剧增长，其占全国城镇新增就业人数的比重也快速攀升。2001 年，我国高校毕业生占城镇新增就业人数的比重仅为 11.73%，2016 年飙升至 58.22%。自 2008 年以来，高校毕业生人数占全国城镇新增就业人数的比重一直维持在 50% 以上并呈现明显上升趋势（见表 3 – 14）。鉴于高校毕业生所需的就业岗位多为城镇新增就业岗位，所以，解决高校毕业生就业问题是当前就业工作的重中之重。

表 3 – 14　我国高校毕业生人数与城镇新增就业人数对比

年份	毕业人数（万人）	城镇新增就业人数（万人）	毕业/新增（%）	比例增加值（个百分点）
2001	114	972	11.73	
2002	145	1036	14.00	2.27
2003	212	1071	19.79	5.79
2004	280	1063	26.34	6.55
2005	338	1096	30.84	4.50
2006	413	1184	34.88	4.04

年份	毕业人数（万人）	城镇新增就业人数（万人）	毕业/新增（%）	比例增加值（个百分点）
2007	495	1204	41.11	6.23
2008	559	1113	50.22	9.11
2009	611	1102	55.44	5.22
2010	631	1168	54.02	−1.42
2011	660	1221	54.05	0.03
2012	680	1266	53.71	−0.34
2013	699	1310	53.36	−0.35
2014	727	1322	54.99	1.63
2015	749	1312	57.09	2.10
2016	765	1314	58.22	1.13

资料来源：根据《人力资源和社会保障事业发展统计公报》历年数据计算整理。

二　高校毕业生学历结构变化

2008～2015 年，我国高等学历毕业生中，各学历层次毕业生人数均在增加，但占比却有不同变化（见表 3－15、图 3－15）。博士毕业生作为拥有最高学历的毕业生，其占比变化不大，2015 年略有下降；硕士毕业生占比呈现明显增长态势，由 2008 年的 5.51% 增加到 2015 年的 6.77%，增加了 1.26 个百分点；普通本科毕业生占比也在持续增加，由 2008 年的41.31% 增加到 2015 年的 48.72%，成为各类毕业生中人数最多的群体，是毕业生的主体；普通专科毕业生占比在 2008～2012 年波动徘徊后呈快速下降趋势，由 2008 年的 52.38% 下降到 2015 年的 43.78%，人数仅次于普通本科毕业生。

表 3－15　2008～2015 年各学历水平高校毕业生人数

单位：万人

年　份	博　士	硕　士	普通本科	普通专科	合　计
2008	4.4	30.1	225.7	286.2	546.4
2009	4.8	32.3	245.5	285.6	568.2
2010	4.9	33.5	259.1	316.3	613.8
2011	5.0	37.9	279.6	328.6	651.1

续表

年　份	博　士	硕　士	普通本科	普通专科	合　计
2012	5.1	43.5	303.8	320.9	673.3
2013	5.3	46.1	320.0	318.7	690.1
2014	5.4	48.2	341.4	318.0	713.0
2015	5.4	49.8	358.6	322.3	736.1

资料来源：教育部统计数据。

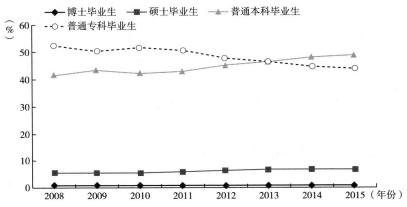

图 3-15　2008～2015 年我国高等学历毕业生占比变化情况
资料来源：教育部统计数据。

　　从上述统计数据和分析可知，我国高等学历毕业生学历结构出现了一些变化，主要表现为本科及以上学历毕业生占比增加，而普通专科毕业生的人数和比重近几年都有一定的下降趋势。普通专科毕业生是我国职业技术人才的主要来源。随着我国产业结构的转型升级，制造业正在由低端向高端智能转型，对拥有高技能人才的需求也正在快速增加。各高职高专院校在过去的若干年中一直致力于转型升级，努力转变为普通高等本科院校，这是普通专科毕业生人数下降的重要原因之一。这一变化与劳动力需求正好相反，加剧了高校毕业生的供求矛盾。

　　值得重点提出的是，2015 年 7 月教育部颁布了《关于深化职业教育教学改革全面提高人才培养质量的若干意见》，旨在推进中等和高等职业教育紧密衔接，拓宽技术技能人才成长通道。同时，教育部鼓励高等职业院校的建立，将高等职业教育置于国家战略的高度，为高等职业教育的发展拓宽了道路。相信，随着我国高等职业教育的发展，拥有高技能的人才数量将越来越多，以满足产业发展对人才的需求。目前我国高等职业教育的规模虽然已达到世界第一的水平①，但教育质量不高，职业教育在院校办学定位、专业结构设置、教育质量、办学条件等方面存在诸多问题，未来高等职业教育的改革与完善还有很长的路要走。

三　高校毕业生专业结构变化

（一）普通本科各学科门类毕业生结构（2008～2015 年）

普通本科各学科门类毕业生人数近年来也发生了一定变化。2008～2015 年，法学、历史学、理学三大学科门类本科毕业生比例都在下降；文学本科毕业生比例 2013 年、2014 年两年下降明显；农学本科毕业生比例波动较大，2015 年为 1.70%，相比 2008 年下降了 0.2 个百分点；哲学、教育学的毕业生规模变化不大；经济学、工学、医学、管理学和艺术学五大学科门类本科毕业生的比例都有不同程度的上升（见表 3-16）。

表 3-16　2008～2015 年本科各学科毕业生结构

单位:%

学科门类	2008 年	2009 年	2010 年	2011 年	2012 年	2013 年	2014 年	2015 年
哲　学	0.07	0.06	0.07	0.07	0.06	0.06	0.06	0.06
经济学	5.90	5.73	5.70	5.73	5.74	6.05	6.04	6.12
法　学	4.84	4.46	4.13	3.91	3.71	3.83	3.80	3.66
教育学	3.37	3.30	3.25	3.16	3.17	3.27	3.29	3.46
文　学	16.97	17.46	17.55	17.86	17.94	11.12	10.63	10.25
历史学	0.53	0.52	0.49	0.47	0.48	0.49	0.49	0.49
理　学	10.49	10.06	9.69	9.26	8.97	7.78	7.48	7.13
工　学	29.38	29.06	29.28	29.36	29.41	33.09	33.17	32.94
农　学	1.90	1.78	1.74	1.70	1.64	1.84	1.75	1.70

---

① 《我国已建成世界规模最大职业教育体系》，张德江在第十二届全国人民代表大会常务委员会第十五次会议第三次全体会议作全国人大常委会执法检查组关于检查《中华人民共和国职业教育法》实施情况的报告，http：//cpc. people. com. cn/n/2015/0630/c64094-27227572. html。

续表

学科门类	2008 年	2009 年	2010 年	2011 年	2012 年	2013 年	2014 年	2015 年
医　学	5.80	5.80	5.85	5.60	5.43	6.01	6.14	6.25
管理学	14.84	15.2	15.52	15.69	16.11	17.98	18.57	19.12
艺术学	5.91	6.57	6.73	7.18	7.35	8.49	8.57	8.87

资料来源：教育部统计数据。

（二）高职（专科）各主要专业类别毕业生结构（2011～2015 年）

2011～2015 年，高职（专科）毕业生整体数量在减少，大部分专业毕业生规模在萎缩，只有少部分专业的毕业生数量有所增加。具体地说，农、林、牧、渔，生化与药品，材料与能源，制造，电子信息，轻纺、食品，文化教育，艺术设计、传媒，公安，法律等专业的毕业生人数和占比均在下降；环保、气象与安全，财经，旅游，公共事业等专业的毕业生人数和占比变化不大；交通运输、资源开发与测绘、土建、水利、医药卫生等专业毕业生人数和占比有不同程度的增加（见表3－17）。

表 3 – 17　2011～2014 年高职（专科）各主要专业类别毕业生结构

专业类别	2011 年		2012 年		2013 年		2014 年		2015 年	
	人数（万人）	占比（%）	人数（万人）	占比（%）	人数（万人）	占比（%）	人数（万人）	占比（%）	人数（万人）	占比（%）
农、林、牧、渔	5.96	1.81	5.83	1.82	5.63	1.77	5.55	1.75	5.63	1.75
交通运输	11.64	3.54	12.72	3.96	13.71	4.30	14.46	4.55	15.68	4.87
生化与药品	8.53	2.60	8.14	2.54	7.88	2.47	7.5	2.36	7.02	2.18
资源开发与测绘	4.08	1.24	4.35	1.36	4.83	1.52	4.91	1.54	4.98	1.55
材料与能源	4.65	1.42	4.51	1.41	4.50	1.41	4.32	1.36	3.98	1.23
土建	25.28	7.69	27.14	8.46	31.30	9.82	35.85	11.27	36.58	11.35
水利	1.10	0.33	1.10	0.34	1.24	0.39	1.37	0.43	1.41	0.44
制造	45.75	13.93	43.07	13.42	42.21	13.24	40.71	12.80	40.65	12.61
电子信息	39.47	12.01	37.02	11.54	32.58	10.22	29.49	9.27	29.26	9.08
环保、气象与安全	1.60	0.49	1.46	0.45	1.51	0.47	1.53	0.48	1.44	0.45
轻纺、食品	6.42	1.95	6.24	1.94	5.76	1.81	5.43	1.71	5.04	1.56

续表

专业类别	2011 年		2012 年		2013 年		2014 年		2015 年	
	人数（万人）	占比（%）	人数（万人）	占比（%）	人数（万人）	占比（%）	人数（万人）	占比（%）	人数（万人）	占比（%）
财经	66.85	20.35	67.18	20.94	66.85	20.97	67.46	21.21	69.38	21.53
医药卫生	27.62	8.41	27.93	8.70	30.81	9.67	31.78	9.99	34.26	10.63
旅游	10.67	3.25	10.84	3.38	10.43	3.27	10.21	3.21	10.51	3.26
公共事业	3.29	1.00	3.12	0.97	3.22	1.01	3.08	0.97	3.13	0.97
文化教育	43.09	13.12	38.88	12.12	35.82	11.24	34.40	10.82	33.91	10.52
艺术设计、传媒	15.24	4.64	15.00	4.67	15.42	4.84	14.73	4.63	14.36	4.46
公安	2.41	0.73	1.67	0.52	0.95	0.30	1.27	0.40	1.20	0.37
法律	4.88	1.49	4.68	1.46	4.09	1.28	3.94	1.24	3.88	1.20
合　计	328.53	100	320.88	100	318.74	100	317.99	100	322.3	100

资料来源：教育部统计数据。

高校各学科或者专业大类毕业生比例的变化是高校学科与专业规模变化的具体表现，体现了高等教育在学科与专业结构上主动适应产业转型升级所引发的劳动力市场需求的改变，是有积极意义的。但从毕业生结构变化所反映的高校学科与专业调整来看，高校的学科与专业调整和产业内部行业结构的变化、投资结构以及就业结构的变化存在不相适应的地方。例如，我国在制造业的固定资产投入比例是在增加的，其就业比例也是增加的，但部分相关学科或专业的毕业生占比却是在减少的。又如，近两年我国在电力、燃气及水的生产和供应业，公共管理，社会保障和社会组织行业的投资是在减少的，就业比例也在降低，但相关专业的毕业生占比却在增加或变化不大。高等教育的学科或专业结构还需要进一步调整以满足劳动力市场的需求。

四　未来高等教育生源规模预测

在高校毕业生规模屡创新高的背景下，近年来高等教育生源危机的影响也是同样不容忽视的一点。根据中国教育在线发布的《2016 年高招调查报告》，自 2009 年起全国高考报名人数连续 5 年下降，虽然从 2014 年开始又有所回升，已呈现止跌趋稳的态势（见图 3 - 16），但生源下降带来的高校生存危机并未因此得到缓解，高校招生难已成常态。

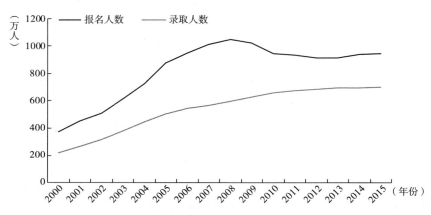

图 3 - 16　2000 ~ 2015 年全国高考报名人数与录取人数

资料来源：中国教育在线《2016 年高招调查报告》。

学龄学生人口下降是造成高考人数下降以及高校生源危机的重要原因。据统计，自 20 世纪 80 年代以来，全国人口出生率不断下降，新生人口逐年减少，从而导致这些年来应届高中毕业生数量减少。全国新出生人口在 1990 年达到峰值，此后开始下降，下降趋势一直持续到 2000 年左右（见图 3 - 17）。换言之，到 2018 年左右，报名参加高考的 18 岁适龄人群数量将进入最低谷。

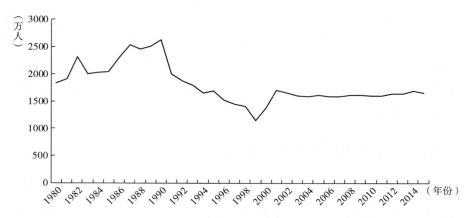

图 3 - 17　1980 ~ 2015 年全国新生婴儿数量

资料来源：《中国统计年鉴 2016》。

与此同时，留学大众化对我国高校生源的影响越来越大。据统计，近年来我国出国留学人员的数量不断刷新历史纪录（见图 3 - 18），且留学低龄化的现象日益普遍，越来越多的人选择出国接受本科甚至中学教育，对我国高校形成了较强的生源竞争。此外，更为关键的一点是，越来越多的国外高校开始承认我国的高考成绩，意味着学生即使选择参加国内高考，仍有可能流向海外，从而进一步加剧我国高校的生源危机。

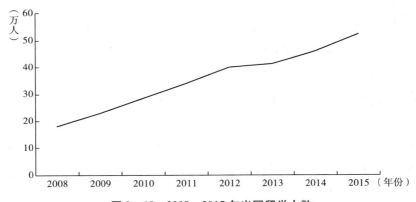

图 3 - 18　2008 ~ 2015 年出国留学人数

资料来源：中国教育在线《2016 年高招调查报告》。

另外，值得关注的是，留学人员的回流情况依然不容乐观。根据教育部留学服务中心统计，我国留学人员回流率总体呈上升趋势，但高层次人才回流率仍然偏低，例如 2012 年归国留学人员中获得博士学位的仅占 5.8%。

综上所述，受适龄人口数量下降以及国外高校强力竞争等因素的影响，我国高校的生源危机已日渐常态化，高等教育的规模扩张终将受到局限。在宏观经济发展进入新常态的背景下，为适应产业转型升级的需要，我国高等教育势必要由之前的规模发展全面转向内涵建设，不断提高自身办学质量与竞争力，从而真正为产业转型升级提供急需的人才与智力支持。

第三节 高校毕业生就业的供需匹配

一 宏观需求与高等教育的匹配关系

（一）宏观经济发展现状

我国国民经济发展已经进入新常态。一方面，经济的持续高速增长态势已逐渐放缓，根据国家统计局发布的《2015 年国民经济和社会发展统计公报》，2011～2015 年我国 GDP 增长率分别为 9.5%、7.7%、7.7%、7.3%、6.9%，经济增长速度放缓的趋势较为明显；另一方面，GDP 上升的态势依然持续，经济规模仍在不断扩大（见图 3-19）。在经济规模不断扩大的同时，我国的产业结构也在持续调整。其中，第二产业占 GDP 的比重在近几年内不断下降，由 2011 年的 46.1% 下降至 2015 年的 40.5%；第三产业占 GDP 的比重不断上升，由 2011 年的 44.3% 上升至 2015 年的 50.5%。

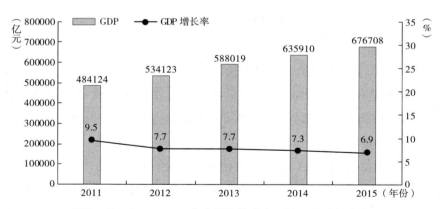

图 3-19 2011～2015 年我国国内生产总值及其增长速度

资料来源：《中国统计年鉴 2016》。

（二）高等教育发展现状

我国的高等教育自 20 世纪末实行全面扩招以来，规模持续扩大，高等教育逐渐从精英化走向大众化，普及程度越来越高。从近几年的数据来看（见表 3 - 18），我国高等教育的毛入学率逐年攀升，2015 年已达到 40%，提前实现了《国家中长期教育改革和发展规划纲要（2010—2020 年）》提出的"到 2020 年高等教育毛入学率达到 40%"的目标，超过中高收入国家平均水平。

表 3 - 18　2011～2015 年我国高等教育规模统计

主要指标	2011 年	2012 年	2013 年	2014 年	2015 年
高等教育毛入学率（%）	26.9	30.0	34.5	37.5	40.0
普通本科招生数（万人）	356.6	374.1	381.4	383.4	389.4
普通专科招生数（万人）	324.9	314.8	318.4	338.0	348.4
合　　计	681.5	688.8	699.8	721.4	737.8
普通本科在校学生数（万人）	1349.7	1427.1	1494.4	1541.1	1576.7
普通专科在校学生数（万人）	958.9	964.2	973.6	1006.6	1048.6
合　　计	2308.5	2391.3	2468.1	2547.7	2625.3
普通本科毕业生数（万人）	279.6	303.8	320.0	341.4	358.6
普通专科毕业生数（万人）	328.5	320.9	318.7	318.0	322.3
合　　计	608.2	624.7	638.7	659.4	680.9
普通本科院校数（所）	1129	1145	1170	1202	1219
普通专科院校数（所）	1280	1297	1321	1327	1341
合　　计	2409	2442	2491	2529	2560

注：个别数据有微小出入，系四舍五入原因所致。
资料来源：教育部统计数据。

与此同时，普通本专科院校的招生规模（从 2011 年的 681.5 万到 2015 年的 737.8 万）、在校生规模（从 2011 年的 2308.5 万到 2015 年的 2625.3 万）以及毕业生规模（从 2011 年的 608.2 万到 2015 年的 680.9 万）均逐年扩大，且普通本专科院校数量也逐年增加（从 2011 年的 2409 所到 2015 年的 2560 所）。可见在过去的一段时间内，我国的高等教育规模不断扩大。

（三）经济发展与高等教育之间的匹配关系

当前，我国高等教育的发展与社会经济发展、产业转型升级之间依然存在矛盾。一方面，就业人口整体学历层次仍相对较低，高等教育对于经济发展的支撑力度仍有不足。根据全国第六次人口普查的数据，2010 年全国劳动年龄人口中受过大专及以上教育的仅占 12.73%，与《国家中长期教育改革和发展规划纲要（2010—2020 年)》提出的 20% 的目标要求存在较大差距。另一方面，高等教育规模相对于经济总体发展水平却存在过剩的现象，与欧美国家相比具有较大差异。以美国为例，相关研究表明，美国高等教育发展十分稳定，相关部门能够通过迅速调整使之保持与经济发展水平的一致性。反观国内，高等教育的发展尚不能与经济发展水平有效协调一致。结合我国近几年的经济规模（以 GDP 衡量）和高等教育规模（以在校生人数衡量）与美国相同经济水平时期的对比情况来看（见表 3-19)，2011~2015 年我国 GDP（74747 亿~98688 亿美元）大致相当于美国 20 世纪 90 年代的水平，而在校生规模却超过了 2000 万人，远大于美国同经济水平时期的在校生规模（1500 万人左右）。

表 3-19 2011~2015 年中美经济规模与高等教育规模的比较

单位：亿元（亿美元），万人

指　　标	2011 年	2012 年	2013 年	2014 年	2015 年
GDP	484124 （74747）	534123 （82467）	588019 （90788）	635910 （92738）	676708 （98688）
在校生规模	2308.5078	2391.3155	2468.0726	2547.6999	2625.2968
美国同经济水平时期（1992~2000 年）在校生规模	1448.7359~1531.2289				

资料来源：中华人民共和国教育部、中华人民共和国国家统计局、美国国家教育统计中心。

上述情况反映，我国高等教育在自身规模急剧扩大的过程中，对于社会经济发展以及产业转型升级的支撑力度仍有不足，相互之间的匹配程度不高。

二　区域发展与高等教育的匹配关系

（一）区域经济与高等教育规模的匹配关系

高等教育是为经济建设与发展培养和输送人才的重要途径，在理想状态下，高等教育和区域经济将相互匹配、协调发展。然而，当前不同区域高等教育和经济发展的匹配程度存在明显差异，其中经济欠发达地区人才流失较为普遍。

区域经济规模与高等教育之间匹配程度可以用地区生产总值以及高等教育在校生规模在全国的比重来衡量。首先从各经济区域层面来看，泛长三角、泛渤海湾、泛珠三角地区经济总量与高等教育规模均处于前列，而西部地区则相对落后（见表3-20）。

表3-20　2015年各经济区域经济发展情况与高等教育规模比较

经济区域	地区生产总值占全国GDP比重（%）	在校生规模占全国在校生规模比重（%）	地区生产总值比重排名	在校生规模比重排名	排名差距（地区生产总值比重排名-在校生规模比重排名）
泛长江三角洲区域经济体	24.46	20.32	1	2	-1
泛渤海湾区域经济体	22.55	20.40	2	1	1
泛珠江三角洲区域经济体	16.51	13.52	3	4	-1
中原区域经济体	13.21	16.60	4	3	1
西南区域经济体	9.67	12.27	5	5	0
东北区域经济体	8.00	9.04	6	6	0
陕甘宁青区域经济体	4.17	6.56	7	7	0
西部生态经济区	1.43	1.29	8	8	0

资料来源：中华人民共和国国家统计局、中华人民共和国教育部。

进一步深入各省、自治区、直辖市层面，可发现部分省份经济发展与高等教育规模之间的不匹配、不协调现象较为明显（见表3-21），不同省份的经济发展与高等教育匹配关系各有特点。

表3-21　2015年各省、区、市经济发展情况与高等教育规模比较

省、区、市	地区生产总值占全国GDP比重（%）	在校生规模占全国在校生规模比重（%）	地区生产总值比重排名	在校生规模比重排名	排名差距（地区生产总值比重排名-在校生规模比重排名）
广　　东	10.10	7.07	1	2	-1
江　　苏	9.70	6.54	2	4	-2
山　　东	8.72	7.22	3	1	2

省、区、市	地区生产总值占全国 GDP 比重（％）	在校生规模占全国在校生规模比重（％）	地区生产总值比重排名	在校生规模比重排名	排名差距（地区生产总值比重排名－在校生规模比重排名）
浙　江	5.93	3.78	4	12	−8
河　南	5.12	6.73	5	3	2
四　川	4.16	5.29	6	6	0
河　北	4.12	4.49	7	8	−1
湖　北	4.09	5.37	8	5	3
湖　南	4.00	4.50	9	7	2
辽　宁	3.97	3.83	10	11	−1
福　建	3.59	2.89	11	14	−3
上　海	3.48	1.95	12	23	−11
北　京	3.18	2.30	13	21	−8
安　徽	3.04	4.31	14	9	5
陕　西	2.49	4.19	15	10	5
内 蒙 古	2.47	1.60	16	26	−10
广　西	2.32	2.86	17	15	2
江　西	2.31	3.75	17	13	4
天　津	2.29	1.95	19	22	−3
重　庆	2.17	2.73	20	18	2
黑 龙 江	2.09	2.80	21	17	4
吉　林	1.95	2.41	22	19	3
云　南	1.88	2.34	23	20	3
山　西	1.77	2.82	24	16	8
贵　州	1.45	1.91	25	24	1
新　疆	1.29	1.16	25	27	−2
甘　肃	0.94	1.72	27	25	2
海　南	0.51	0.70	28	28	0
宁　夏	0.40	0.44	29	29	0
青　海	0.33	0.22	30	30	0
西　藏	0.14	0.13	31	31	0

资料来源：中华人民共和国国家统计局、中华人民共和国教育部。

从表 3 - 21 可见，广东、江苏、山东三省无论是经济规模还是高等教育规模均在全国位于前列，至少在规模上已初步形成了相互协调发展的良好局面。

浙江的经济规模虽在全国位于前列，但高等教育的规模仍相对偏小，与经济发展水平相比存在一定程度的滞后。另外，浙江长期以来的产业结构以面向出口的低端制造业（如服装纺织业、食品制造业、鞋革业）为主，产业升级滞后，在挫败毕业生就业自信心的同时，也使得越来越多的高中毕业生选择除高考以外的其他出路，从而在一定程度上制约了自身高等教育的发展。

北京、上海两地的高等教育规模虽看似滞后于经济发展，但作为一线都市，两地对于各类高素质人才有着较强的吸引力，可不断吸纳和聚集各地区的人才。

山西、陕西、黑龙江等地高等教育资源虽较为充足，但经济发展规模在全国相对靠后，在一定程度上也制约了自身高等教育的持续发展。此外，诸如黑龙江等东北地区超低生育率、老龄化、人口净流出的现象较为突出，日益加剧的人口危机同样不利于地区经济及高等教育的协调发展。

由此可见，各地区的经济与高等教育发展现状不一，受经济发展水平、产业结构、地理位置、高等教育基础等因素的影响，各地经济规模与高等教育规模之间的匹配关系也各有特点。只有正确认识和把握各地区经济建设与高等教育协调发展中存在的问题和症结所在，才能更好地营造出两者良性循环的氛围。

（二）高校毕业生在不同区域就业的数量分布

促进地区间高等教育和经济的协调发展对于经济社会的持续发展有着巨大的积极作用。造成地区间经济水平差距的重要原因之一是彼此的人力资本差距，而导致地区间人力资本差距的重要因素是高校毕业生异地就业造成的人才流失。

从区域角度来看，部分地区高校毕业生流入/流出的现象较为明显。以 2015 年度为例，泛长三角洲、泛渤海湾经济区域本身高校毕业生规模已较大，但全国范围内高校毕业生选择在这些地区就业的比例更高，即仍有相当一部分毕业生从其他区域流入；泛珠三角地区的毕业生流入现象更为明显，从外部区域流入的毕业生较大程度地补充了该地区自身高校毕业生规模的相对不足；而中原、东北等地区的高校毕业生流出较多，本地区对人才的保留和吸引能力有限（见表3-22）。由此可见，高等教育人才流动依然具有较为明显的"马太效应"。

表 3-22　2015 年各经济区域应届本专科毕业生的流入/流出情况

经济区域	该区域高校毕业生人数占比（％）	毕业生在该区域就业的比例（％）	毕业生流入-流出（个百分点）	2014 年毕业生流入-流出（个百分点）
泛长江三角洲区域经济体	20.6	23.5	2.9	3.3
泛渤海湾区域经济体	20.4	22.0	1.6	1.8
中原区域经济体	17.0	10.6	-6.4	-5.9
泛珠江三角洲区域经济体	13.3	20.3	7.0	6.7
西南区域经济体	11.8	12.0	0.2	-0.3
东北区域经济体	8.9	5.1	-3.8	-4.2
陕甘宁青区域经济体	6.8	4.6	-2.2	-1.7
西部生态经济区	1.2	1.9	0.7	0.3

资料来源：中华人民共和国教育部、麦可思-中国2014~2015届大学毕业生社会需求与培养质量跟踪评价。

　　与2014年相比，泛长三角洲、泛渤海湾经济区域的毕业生流入规模开始下降，泛珠江三角洲经济区域由于区域内高校毕业生规模与其经济发展极不相称，毕业生流入规模继续扩大。西南区域经济体和西部生态经济区在2015年高校毕业生流入增加明显，东北区域经济体随着经济发展走稳，高校毕业生的流出问题有所缓解。

三　行业发展与高等教育的匹配问题

（一）分行业不同学历毕业生从业结构

　　从2013年分行业不同学历毕业生从业结构看，多数行业的从业人员以专科以下学历者为主，只有金融业，科学研究、技术服务和地质勘查业，教育业，卫生、社会保障和社会福利业，公共管理和社会组织 5 个行业从业人员以专科及以上学历者为主。

比较 2006 年与 2013 年主要行业不同学历毕业生的从业结构发现，大部分行业的专科以下毕业生占比在下降，大学专科及以上学历毕业生占比在增加，表明整体劳动力素质在提高。例外的是，信息传输、计算机服务和软件业大学专科及以上学历毕业生占比在下降，专科以下学历毕业生占比在增加；金融业专科以下、大学本科及以上学历毕业生占比在增加，而专科毕业生占比却在下降；房地产业，科学研究、技术服务和地质勘查业，教育业，公共管理和社会组织等行业的专科毕业生占比在下降，本科及以上学历毕业生占比在增加（见表 3 - 23）。

表 3 - 23　2006 年与 2013 年分行业不同学历毕业生从业结构

	2006 年				2013 年			
	专科以下	大学专科	大学本科	研究生及以上	专科以下	大学专科	大学本科	研究生及以上
第一产业								
其中：农、林、牧、渔业	99.7	0.2	—	—	99.2	0.6	0.14	0.01
第二产业								
采矿业	92.5	5.5	1.9	0.1	80.7	12.6	6.2	0.3
制造业	92.4	5.2	2.2	0.2	86.7	8.9	4.2	0.3
电力、燃气及水的生产和供应业	70.4	18.8	8.8	2.0	60.2	24.2	15.0	0.6
建筑业	94.0	4.4	1.5	0.1	92.5	4.9	2.5	0.1
第三产业								
交通运输、仓储和邮政业	91.8	6.2	2.0	0.1	85.5	9.7	4.7	0.2
信息传输、计算机服务和软件业	52.7	26.8	17.9	2.5	67.9	17.5	13.0	1.7
批发和零售业	91.7	6.1	2.1	0.1	84.4	11.1	4.3	0.2
住宿和餐饮业	95.0	3.9	1.0	0.1	91.5	6.2	2.2	0.0
金融业	41.9	37.0	19.7	1.4	42.6	27.5	27.3	2.6
房地产业	67.2	22.3	10.0	0.5	64.5	22.2	12.6	0.6
租赁和商务服务业	64.5	20.0	13.7	1.7	58.8	22.9	16.3	2.1
科学研究、技术服务和地质勘查业	40.7	25.5	28.1	5.6	38.9	23.9	29.3	7.9

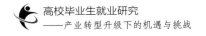

续表

	2006 年				2013 年			
	专科以下	大学专科	大学本科	研究生及以上	专科以下	大学专科	大学本科	研究生及以上
水利、环境和公共设施管理业	76.7	15.5	7.2	0.6	73.1	15.6	10.5	0.8
居民服务和其他服务业	95.8	3.1	1.0	—	90.4	6.8	2.7	0.1
教育业	33.1	37.7	25.0	4.3	31.5	28.8	35.0	4.8
卫生、社会保障和社会福利业	52.4	31.8	13.8	2.1	41.2	33.7	22.4	2.7
文化、体育和娱乐业	65.2	19.6	13.6	1.5	57.6	23.6	17.0	1.7
公共管理和社会组织	43.6	35.1	20.2	1.0	37.7	31.7	28.6	2.0

资料来源：相关年份的《中国人口和就业统计年鉴》。

（二）我国高等教育劳动力行业分布的国际比较

与国外的情况相比，如图 3 - 20 所示，美国、欧洲 12 国和俄罗斯的大学本科及以上学历劳动者的行业分布比较类似，相对均匀地分布在制造业，批发和零售业，教育业，租赁和商务服务业，公共管理、社会保障和社会组织等行业。相比而言，我国的分布曲线有着较大差异，与本研究在前文分析的结果一致，大学本科及以上学历从业者比例最高的几个行业依次为科学研究和技术服务业，教育业，公共管理、社会保障和社会组织，卫生和社会工作，金融业，文化、体育和娱乐业，在我国这些都是典型的市场化程度较低的政府管制行业部门，即便是金融业也是国有资本高度主导、政府干预较多的部门。同时，与其他国家形成鲜明对比的是，我国大学生较少被配置到制造业、批发和零售业，而在其他国家，制造业、批发和零售业吸引大学本科及以上学历劳动者就业的能力较强（见图 3 - 20）。

（三）各行业人力资本强度的国际比较

人力资本强度，是指各行业大学本科以上学历劳动力比例除以该行业增加值占 GDP 的比例。人力资本强度越大，表明该行业的人力资本使用越密集。从表 3 - 24 可以看出，2012 年中国制造业的人力资本强度仅为 0.040，只有法、意、英、美四国的 2.7%、3.3%、3.3% 和 6.1%，差距

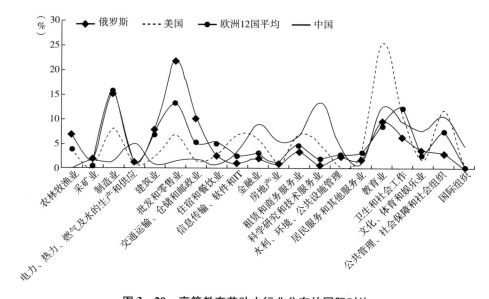

图 3 - 20 高等教育劳动力行业分布的国际对比

注：欧洲 12 国为英国、法国、德国、比利时、西班牙、葡萄牙、意大利、荷兰、丹麦、瑞士、挪威以及瑞典。

资料来源：引自中国经济增长前沿课题组《中国经济增长的低效率冲击与减速治理》，《经济研究》2014 年第 12 期。

十分明显。实际上，制造业中劳动力队伍的素质太低，严重阻碍了我国由制造业大国向制造业强国转变的步伐。建筑业的情况同样如此，我国建筑业的人力资本强度只有 0.125，仅及法、意、英、美四国的 8.9%、11.4%、9.6% 和 22.2%，差距也十分明显。这再次证明了作为我国吸纳劳动力重要产业的制造业和建筑业，虽然解决了大量农民工的就业问题，却无法成为吸纳更多高校毕业生的就业场所。

表 3 - 24 2012 年人力资本强度的国际比较

行 业	中国	法国	意大利	英国	美国
农林牧渔业	0.004	2.777	3.696	2.070	0.176
制造业	0.040	1.465	1.206	1.222	0.661
电力、热力、燃气及水的生产和供应业	2.235	0.595	0.651	0.435	0.502
建筑业	0.125	1.401	1.098	1.307	0.563
批发和零售业	0.304	1.140	1.282	1.452	0.580
交通运输、仓储和邮政业	0.817	1.264	0.633	1.269	0.553

续表

行　业	中国	法国	意大利	英国	美国
住宿和餐饮业	0.080	1.561	2.071	2.473	0.900
信息传输、软件和信息技术服务业	1.651	0.322	0.362	0.439	1.031
金融业	1.700	0.690	0.388	0.426	0.945
房地产业	0.944	0.073	0.006	0.093	0.084
租赁和商务服务业	3.449	0.363	1.120	0.314	2.808
科学研究和技术服务业	9.197	1.351	0.113	1.697	0.556
居民服务、修理和其他服务业	0.594	3.026	0.785	1.091	1.102
教育	4.129	1.364	1.675	1.648	23.647
卫生和社会工作	5.794	0.976	1.503	1.757	1.469
文化、体育和娱乐业	12.230	1.304	2.737	1.535	1.654
公共管理、社会保障和社会组织	2.772	1.048	1.114	1.395	0.878

资料来源：引自中国经济增长前沿课题组《中国经济增长的低效率冲击与减速治理》，《经济研究》2014 年第 12 期。

麦可思的调查数据也显示，本科和专科毕业生在高技术产业（制造业）[①] 就业的比例分别从 2010 届的 8.1%、6.2% 下降到了 2015 届的 5.4%、4.6%。另外，毕业生在《中国制造 2025》所指定的重点突破领域[②]就业的比例有所波动，但也整体呈现下降趋势（本科 2010 ~ 2015 届分别为 14.2%、15.3%、15.2%、14.0%、13.8%、13.9%，专科 2010 ~ 2015 届分别为 11.4%、12.2%、11.3%、10.6%、12.1%、11.1%）。

综合以上分析不难发现，高等教育的学历与学科或专业结构随着产业转型升级正在进行适度调整，但仍存在较大偏差，高校毕业生仍过度集中于市场化程度相对较低的水利、环境和公共设施管理，教育，卫生和社会工作，文化、体育和娱乐等行业，我国公共管理、社会保障和社会组织等

[①] 根据国家统计局印发的《高技术产业（制造业）分类（2013）》，高技术产业（制造业）包括 6 个大类：医药制造，航空、航天器及设备制造，电子及通信设备制造，计算机及办公设备制造，医疗仪器设备及仪器仪表制造，信息化学品制造。

[②] 《中国制造 2025》重点突破领域包括 10 个大类：新一代信息技术产业、高档数控机床和机器人、航空航天装备、海洋工程装备及高技术船舶、先进轨道交通装备、节能与新能源汽车、电力装备、农机装备、新材料、生物医药及高性能医疗器械。

行业的劳动者受教育年限甚至略高于其他国家；而市场化程度高的行业和部门，人力资本水平一般都低于其他国家，高校毕业生较少被配置到农林牧渔业、制造业、批发和零售业、住宿和餐饮业，毕业生聚集程度明显偏低，表现为高校毕业生资源存在严重的错配。高等教育结构调整相比产业结构转型升级所引发的人才需求变化相对滞后，高等教育结构与人才需求之间存在错位是毕业生资源错配的根本原因之一。

第四章　我国高等教育体制与人才培养结构的矛盾和问题

高校毕业生能力与实际工作要求存在不匹配的现象，从根本上来说是人才培养环节与产业发展存在不匹配的地方。换言之，高等教育人才培养需要相应调整和完善，以使毕业生更好地满足产业转型升级对人才在知识、技能、素养方面的要求。在产业转型升级背景下，实现高校毕业生供需匹配最为根本的核心在于提高人才培养的质量，提升高等教育自身内涵建设的成效。

第一节　我国高等教育教学效果分析

一　来自全国采样的数据分析

本研究依据麦可思对高校毕业生的全国抽样调查数据，通过毕业生对母校的评价来反映高校教育教学的效果。本研究利用满意度指标来体现毕业生对母校的评价，即对母校满意的毕业生人数占被调查毕业生人数的比重。

（一）毕业生对母校教学满意度的评价

1. 总体评价

根据麦可思对2013～2015届毕业生的调查，毕业生对母校教学满意度均在80%以上，即被调查的毕业生中，有80%以上的毕业生表示对母校的教学满意，且2015届较2013届毕业生还略有提高，2015届有85%的毕业生对母校的教学表示满意。总体来看，毕业生对母校教学的满意度还是较高的，且"211"与非"211"院校毕业生对母校教学的满意度已没有明显差别（见表4-1）。

表4-1　高校毕业生对母校的教学满意度评价

单位：%

届　次	总　体	"211"院校	非"211"院校
2015届	85	85	85
2014届	83	83	83
2013届	81	83	81

资料来源：麦可思-中国2013~2015年大学毕业生社会需求与培养质量跟踪评价。

2. 分专业评价

本专科分专业毕业生对母校教学满意度均在80%以上。以2015届毕业生为例，本科分学科大类毕业生对母校教学满意度中，历史学最高，工学最低；专科分专业大类毕业生对母校教学满意度中，医药卫生最高，资源开发与测绘最低。总体看，除医学学科或专业大类外，人文社科类的学科或专业大类毕业生对教学的满意度相对较高，而理工类等专业性较强的学科或专业大类毕业生对教学的满意度相对低一些。这反映出了我国高等教育在专业教学方面还有很多不足，与岗位的实际需求存在差距，需要加强高校专业能力培养环节的完善与提升（见表4-2）。

表4-2　分专业大类本专科毕业生对母校教学满意度

单位：%

学历层次	学科/专业大类名称	2015届	2014届	2013届
本　科	历史学	89	—	—
	医学	87	85	80
	经济学	86	84	82
	法学	86	84	84
	农学	86	85	87
	管理学	86	83	82
	教育学	85	82	78
	文学	85	84	82
	理学	85	83	80
	工学	83	80	81

学历层次	学科/专业大类名称	2015 届	2014 届	2013 届
专 科	医药卫生	92	93	90
	财经	89	88	89
	文化教育	89	89	89
	农林牧渔	89	87	—
	旅游	88	87	87
	生化与药品	88	88	89
	轻纺、食品	88	83	82
	环保、气象与安全	88	85	—
	公共事业	87	84	—
	制造	86	83	82
	材料与能源	86	83	80
	土建	85	83	81
	电子信息	85	83	81
	艺术设计传媒	85	83	84
	交通运输	82	83	82
	资源开发与测绘	80	79	—

资料来源：麦可思 – 中国 2013 ~ 2015 届大学毕业生社会需求与培养质量跟踪评价。

（二）毕业生对专业核心课程的评价

1. 总体评价

专业核心课程教学是高校人才培养环节的重要组成部分，在关系到教学培养目标落实的同时，也关系到人才长远发展的质量。专业核心课程有效性评价是反映课程教学效果的重要指标。根据麦可思调查数据，高校毕业生对专业核心课程的整体重要度①评价在 80% 左右，满足度②评价在 67% 左右（见表 4 – 3）。可见，专业核心课程的设置虽能在大体上对应实际工作或学习所要求的知识技能体系，但培养质量尚未充分满足毕业生就业以及职业发展的需要。

---

① 课程的重要度：由就业和深造的毕业生判定课程在自己的工作或学习中是否重要，重要度指标是回答某课程重要与否的百分比。
② 课程的满足度：认为课程重要的毕业生会被要求回答课程训练是否满足工作或学习要求，满足度指标是回答某课程能满足工作需要的百分比。

表 4 - 3　2013～2015 届本专科毕业生对核心课程总体重要度及满足度评价

单位:%

学历层次	2013 届		2014 届		2015 届	
	重要度	满足度	重要度	满足度	重要度	满足度
本　　科	78	64	77	65	78	69
专　　科	80	65	79	68	81	70

资料来源:麦可思－中国 2013～2015 届大学毕业生社会需求与培养质量跟踪评价。

　　无论是核心课程的重要度还是满足度,专科毕业生的评价都高于本科毕业生,说明与本科相比,专科教学核心课程的设置与劳动力市场结合更加紧密一些。从趋势看,毕业生对核心课程的重要度评价基本没有变化,而满足度评价在这三届中逐年提高,也反映出近几年教育课程在内容教学方面已经开始关注劳动力市场的需求,但是结合程度还不能充分满足市场需要。

2. 分专业评价

　　课程的有效性在不同专业之间存在较大差异。根据麦可思调查数据,在从事专业相关工作人群中,本科工学门类中超过半数专业类毕业生对核心课程的满足度评价均不超过 65%,而其他主要学科门类下属的多数专业类毕业生其满足度评价高于 65%;专科工程相关专业类当中也有超过半数专业类的毕业生对核心课程满足度评价不足 65%,而对非工程相关专业类课程的满足度评价普遍高于 65%（见表 4 - 4、表 4 - 5）。结合上文的能力匹配情况可以发现,当前技术型、应用型专业（特别是工程类专业）课程教学对于毕业生的满足程度仍有不足,对于其相关技能提升的促进作用仍不明显。

表 4 - 4　2013～2015 届本科主要专业类毕业生对核心课程有效性评价

单位:%

学科门类	专业类	重要度	满足度
工学	土建	87	68
	地矿	84	65
	测绘	84	75
	机械	82	64
	能源动力	82	68
	环境与安全	80	62
	材料	79	68

续表

学科门类	专业类	重要度	满足度
工学	交通运输	79	65
	轻工、纺织、食品	79	61
	农业工程	78	67
	电气信息	76	61
	化工与制药	76	67
	仪器仪表	75	60
	工程力学	72	71
	生物工程	71	65
经济学和管理学	图书档案学	86	73
	管理科学与工程	85	59
	工商管理	85	67
	公共管理	80	65
	经济学	78	66
理学	心理学	84	63
	地理科学	83	71
	化学	80	70
	环境科学	80	62
	生物科学	79	73
	物理学	73	77
	材料科学	72	67
	统计学	69	70
	数学	68	78
	电子信息科学	68	59
文学	外国语言文学	90	69
	艺术	87	64
	中国语言文学	86	77
	新闻传播学	85	61
医学	口腔医学	98	64
	临床医学与医学技术	96	69
	护理学	96	73
	预防医学	88	72
	药学	82	72

资料来源：麦可思 – 中国 2013 ~ 2015 届大学毕业生社会需求与培养质量跟踪评价。

表 4 – 5　2013 ~ 2015 届专科主要专业类毕业生对核心课程有效性评价

单位:%

专业大类	专业类	重要度	满足度
财经	财务会计	93	74
	市场营销	88	65
	经济贸易	87	71
	财政金融	86	72
	工商管理	83	66
电子信息	通信	82	66
	计算机	79	57
	电子信息	79	60
交通运输	公路运输	89	66
	铁道运输	86	69
	水上运输	85	68
	港口运输	84	72
	民航运输	83	72
	城市轨道运输	81	64
土建	建筑设计	92	59
	土建施工	92	66
	工程管理	92	61
	建筑设备	89	62
	市政工程	89	63
	房地产	88	72
文化教育	教育	92	78
	语言文化	90	69
	体育	85	68
医药卫生	临床医学	97	71
	护理	97	80
	医学技术	95	75
	药学	89	76
	卫生管理	83	72
艺术设计、传媒	表演艺术	90	70
	艺术设计	88	61
	广播影视	82	57

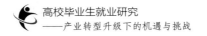

专业大类	专业类	重要度	满足度
制造	汽车	87	65
	机械设计制造	84	60
	机电设备	84	61
	自动化	83	60

资料来源：麦可思 – 中国 2013～2015 届大学毕业生社会需求与培养质量跟踪评价。

　　上述情况也反映了我国高等教育长期存在的一个较为突出的问题，即学生的理论知识与实践能力发展不协调。毕业生通常具有较为扎实的理论基础，但实践操作能力普遍较为缺乏。这也反映了高校在教学过程中"重理论，轻实践"的现象依然较为常见。根据麦可思调查数据，历届高校毕业生在教学改进期待中，认为实习实践环节不够的比例均排第一位（超过 60%）。

　　实践教学环节是高等教育人才培养过程中的一大"顽疾"，其形成一方面固然与我国长期以来"重理论，轻实践"的精英教育理念有关，但另一方面也与当前众多高校实践教学软硬件条件以及制度的不完善有关。某高校对于自身实践教学环节不足原因的总结，在其他高校当中应该具有一定的普遍性：一是实践教学场地分散，难以形成规模；二是实验技术人员能力差异较大，尚不能充分适应和满足人才培养的要求；三是专任教师对于实践教学的参与较少，不利于理论教学与实践教学的有效衔接；四是实践教学管理体制不完善；五是经费投入未列入专项预算，对实践教学设备维护的支出安排不够清晰；六是设备更新不足。实践教学环节的不足较大程度地影响了高校人才培养的质量（见图 4 – 1）。

　　综上，当前高校人才培养环节与产业转型升级以及最新岗位发展要求之间依然存在不相适应的地方，未能充分满足产业升级与技术变革对高校毕业生提出的新要求，毕业生的专业知识技能水平与行业领域、用人单位的期望仍有一定差距。因此，改进、完善教学环节，提升人才培养质量是各高校实施内涵建设的重要内容，尤其是要加强完善实践教学环节，加强对学生专业能力的培养。

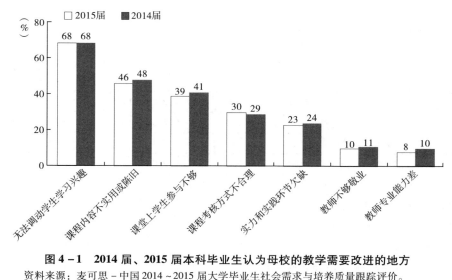

图 4 - 1　2014 届、2015 届本科毕业生认为母校的教学需要改进的地方
资料来源：麦可思 - 中国 2014 ~ 2015 届大学毕业生社会需求与培养质量跟踪评价。

二　来自北京地区采样的数据分析

　　课题组依然利用 2014 年专门针对北京地区 14 所高校毕业生的调查，对高校教育教学各主要环节进行评价，以较全面地反映高等教育的状况。评价涉及学校的培养目标、专业设置、师资、课堂教学、实践教学、课外活动、职业生涯教育等方面，具体评价结果如表 4 - 6 所示。

表 4 - 6　毕业生对高校教育教学各主要环节评价

单位:%

项　　目	均值	评　价				
		不符合	不太符合	基本符合	比较符合	符合
学校有明确的培养目标	3.46	2.9	11.0	37.0	35.8	13.3
专业设置合理，符合人才市场实际需求	3.42	2.3	12.5	37.4	36.6	11.2
设立辅修专业	3.59	3.1	11.0	30.3	34.4	21.2
设立创业创新教育课程模块	3.43	4.7	11.7	35.4	31.7	16.4
设立跨专业的选修课程模块	3.58	3.1	8.8	34.1	35.4	18.6
加强职业资格认证的相关培养	3.31	3.9	16.4	36.8	30.3	12.5
课程设置合理，没有无用课程	3.38	4.5	13.3	36.0	31.7	14.5

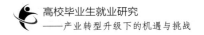
续表

项　　目	均值	评　　价				
		不符合	不太符合	基本符合	比较符合	符合
将就业能力培养融入课程体系的设计	3.39	2.9	13.3	38.7	31.5	13.5
教师整体具有较高的教学与科研能力	3.74	2.0	6.1	32.9	34.6	24.5
教师具有相关职业的经历或实践经验	3.74	1.4	4.7	34.1	38.7	21.1
学校积极发展和维护实习、实践基地等	3.58	2.0	11.4	34.2	31.7	20.7
实习制度规范，实习效果理想	3.49	1.8	12.7	36.2	33.9	15.5
鼓励学生参加社会实践活动	3.74	2.2	6.7	29.5	38.0	23.7
鼓励学生参加学校社团活动	3.75	1.6	7.4	28.6	38.9	23.5
学校建立和维持与产业界的双向互动关系	3.61	2.0	9.4	34.6	33.7	20.4
开展来自产业界的专业人员的讲座或参与教学	3.69	2.0	8.0	31.7	36.0	22.3
能够提供有效的就业指导和就业信息、咨询服务	3.73	1.6	6.7	30.5	39.7	21.5
注重学生心理素质、道德水平、职业态度方面的培养	3.63	2.3	9.0	32.5	36.0	20.2
在学生培养过程中开展有针对性的职业生涯设计	3.52	2.7	11.5	31.9	38.4	15.5
建立学生个人的就业能力发展档案	3.44	6.5	10.4	33.3	32.3	17.6

资料来源：北京市高校毕业生就业能力专项调查数据。

　　评价结果显示，毕业生对高校的教育教学状况评价整体不高，各项指标评分在 3.3～3.8。具体表现为：

　　1. 学校培养定位不清晰、专业设置不合理、师资队伍水平不高等都不利于学生就业，有些专业设置与市场需求相脱节，毕业后无对应的就业机会

　　（1）关于高校的培养目标。过去一段时间，我国很多高校舍弃自身原有的办学定位和办学特色，盲目追求办学层次，甚至将办学层次的高低作为一所学校办学实力和地位的表征。其结果是高校办学层次趋同，人才培养缺乏明确目标，影响了学生就业能力的培养。

　　（2）关于高校的专业设置。高等教育扩招后，学科专业未能很好地考虑到未来经济和社会产业结构发展及人才市场的预期，专业结构无法适应社会需要。另外，不少学校专业设置同质化严重，培养出的毕业生重合度较高，加上专业划分比较细，学生知识面狭窄，适应社会需求和岗位要求的能力较差。

但是，同时我们也要辩证地看待高校专业设置与市场人才需求相适应的问题。高校的专业并不是想设置就设置得了的，而是经过长期的研究才成熟起来的，尤其是优势学科，更是经过若干年的科研累积才能形成。高校在专业设置方面也不能盲目地跟随市场需求的变化。

（3）关于高校的教师队伍。高校教师的教学学术水平整体偏低。首先，由于目前对高校教师的评价在一定程度上存在重学科学术水平、轻教学学术水平，甚至教学学术水平得不到应有承认的现象。这就导致很多教师尤其是青年教师把教学当成副业，把科研当成主业，以不出教学事故、顺利完成教学任务为准，忽视了教学学术水平的提高。其次，目前大多数高校教师存在理论研究能力较强而实践能力较弱的问题。理论脱离实际的教学自然不能教会学生如何将理论应用于实践，学生的学习如空中楼阁，也就无法培养学生的实践动手能力，最终导致学生的实践能力低下，不能满足未来工作岗位的要求。

2. 学校缺乏对学生实习、实践环节的有效管理，实践形式单一，实践基地建设欠缺，不能很好发挥实习、实践对学生就业的促进作用

（1）虽然目前各个高校都积极开展多种形式的实践教学和校内外合作培养，但因实践、实习制度不规范，缺乏科学合理的考核与激励机制，尤其是对校外实习环节，学校未形成有效的监督和指导机制，导致很多学生对校内外的实践、实习不重视，影响了实习、实践的效果。

（2）社会实践形式单一，且在时间安排上有弊端。在本课题组对用人单位的调查中，不少用人单位表示，4周的专业实习刚刚能让学生了解和适应实习所在岗位的工作，实习的效果尚未体现学生就要离开了，这不但不利于实习效果的巩固，而且让实习单位承担了较高的培训成本，无论对学生还是对实习单位都是不利的。

（3）学校对本科生毕业设计或毕业论文的重视不够，导致学生认为毕业设计或毕业论文是对培养自身能力作用最小的教学环节，因而也不重视，此一教学环节也就不能很好地发挥其应有的培养学生专业知识技术能力的作用。

（4）很多高校没有实践基地，且学生实践经费不足，无法保障社会实践顺利开展和实施。现在学生进行社会实践大都是自己联系单位，需要花费很多的精力和时间，而且实践盲目性很大，专业性不强，也不利于老师对参与社会实践的学生进行指导，所以学生参与社会实践的收获不多。

3. 高校在课程设计以及就业服务方面存在诸多问题，学生对高校课程设计与就业服务的评价是最低的，这两个环节未能发挥其应有的作用

（1）就课程设计来说，课程定位不明确、设计不合理、课程内容更新慢，与现实脱节。首先，目前各高校的课程设置趋同，导致大学生的知识结构相近，体现不出不同层次学生的特点与优势，从而导致学生的就业选择与去向也趋同，加大了结构性失业的程度。其次，课程建设理念落伍。不少高校只关注课程本身的问题，既没有将课程与学校的人才培养目标紧密结合起来，更意识不到课程是教育思想的反映和人才培养观念的具体体现。最后，长期以来，高等院校本科基础课程是以学科或科目形式设置的，科目少，内容也很少，而且一门课程一旦确定，其内容和教材十几年甚至几十年不变。而且，开设课程总量不足，学生可选余地小。

（2）就就业服务来说，目前多数学校就业服务的主要任务是为学生提供就业信息和一些基础的就业指导，缺乏对学生的个性化服务和从入学开始的职业规划指导，就业服务多为短期化活动，无论是服务内容还是形式都较单一，使得就业服务这个与学生就业直接对接的窗口作用未能充分发挥。学校就业指导机构以及就业指导教师队伍建设也不到位。

（3）就创业创新教育课程模块来说，学校重视程度不够，课程不合理，师资力量薄弱。目前只有少数高校把大学生创业教育纳入系统的学习和课程体系中，并且还存在诸多问题。调查结果显示，有44.5%的被调查者对学校的创业创新教育表示不满意或不太满意。具体表现为：其一，高校创业教育的课程设置不合理，师资队伍和学科建设等各方面还很不健全。目前我国高校创业教育课程主要以选修课的形式开展教学，授课的老师大多缺乏创业经历，创业教育师资力量有待加强，整体质量也有待于提高。其二，创业实践相对不足。创业非常强调实际操作和实践经历，创业实践不足主要是因为资金、硬件的欠缺和政策法规有待进一步完善。

综合以上有关毕业生就业能力及高校教育教学的全国及地区层面的调查与分析，高校教育教学存在诸多问题，导致高校人才培养与市场需求脱节，毕业生所具备的能力素质不能完全适应产业转型升级对人才的需求，并最终反映到毕业生的就业结果上，形成目前高校毕业生就业难、就业结构性失衡的局面。其中，培养目标定位不清晰、专业设置不合理是根本问题。

第二节　我国高校毕业生就业能力分析

目前针对高校毕业生就业能力的研究有很多，学者们基于不同视角和研究目标，对就业能力的概念和结构进行了界定，尚无相对统一的就业能力内涵与结构标准。一般地，在分析高校毕业生就业能力时，通常要根据研究目标对就业能力及其结构进行相应的规定。本研究从全局和动态的终身学习和职业生涯促进角度，将大学生就业能力定义为：大学生在校学习的职业准备阶段和进入职场后的职业发展阶段中，个体满足现实需求的自我管理、促进未来发展的自主学习、凸显个体优势的自我发现等三要素及彼此间多重互动的协同能力。

这一定义关注了个体特征与其所处的就业环境之间的交互关系，强调求职者在科学技术变革背景下通过适应工作方式、工作内容、工作时间等方面变化而满足劳动力市场绩效要求的就业能力观，重视终身学习的主动就业观，凸显个体就业能力和相对竞争优势、重视其与就业机会相互作用的交互式就业观的有机融合。基于职业生涯管理和人才培养中的 IPO（input-process-output，输入—过程—产出）经典解释框架，本研究认为广义大学生就业视角下学生个体发展应遵循如下逻辑（见图 4 - 2）。

一　来自全国采样的数据分析

产业转型升级将对毕业生的专业知识技能提出更高的要求。然而，当前的高校毕业生中，有三到四成的人认为所从事工作与自身专业不相关，

发现优势A	强化优势A	凸显优势A/发现优势B	强化优势B	凸显优势B
明确专业兴趣	夯实专业基础	整合资源，拓展求职路径	坚持专业学习	规划晋升路径
形成生涯规划	提升综合素质	准确定位，树立求职目标	重视多维提升	保持发展活力

职业准备阶段　　　　　　　　　　职业发展阶段

图4-2　广义就业视角下学生成长发展逻辑示意

这反映了高等教育培养目标的实际达成效果与当前产业发展之间存在不匹配的现象，毕业生所学专业知识技能在实际工作当中的运用依然有限。这也在一定程度上说明了毕业生的就业能力与市场需求之间依然存在矛盾，知识结构和能力水平与工作实际要求相比仍有较大差距。

根据麦可思相关数据，近年来我国高校毕业生的基本工作能力与核心知识满足度整体趋势较为平稳（见表4-7）。然而在具体的技能层面上，毕业生掌握程度的差异较为明显。

表4-7　2012～2015届高校毕业生基本工作能力与核心知识总体满足度

单位:%

	满足度	2012届	2013届	2014届	2015届
本　科	基本工作能力满足度	81	81	82	82
	核心知识满足度	81	80	81	81
专　科	基本工作能力满足度	81	81	82	82
	核心知识满足度	81	81	81	81

资料来源：麦可思-中国2012～2015届大学毕业生社会需求与培养质量跟踪评价。

以基本工作能力为例，在五大类能力[①]中，本专科毕业生对理解与交流能力、科学思维能力的满足程度均在80%以上，管理能力中不同分项略有差异，而对应用分析能力、动手能力中多数分项的满足程度不足80%（如表4-8）。可见毕业生在运用专业知识分析、解决实际问题方面仍有较大欠缺。

[①] 麦可思通过建立基于SCANS标准的中国用人单位对大学毕业生基本工作能力需求模型，最终将35项基本工作能力划分为五个大类，即理解与交流能力、科学思维能力、管理能力、应用分析能力、动手能力。

表 4 – 8 **2011~2015 届本专科毕业生 35 项基本工作能力的满足度（五届合并数据）**

单位:%

能力分类	能力名称	满足度（本科）	满足度（专科）
理解与交流能力	理解性阅读	92	90
	理解他人	88	87
	积极聆听	86	87
	服务他人	84	85
	积极学习	82	82
	学习方法	82	84
	有效的口头沟通	82	82
科学思维能力	数学解法	94	92
	批判性思维	85	85
	科学分析	81	83
	针对性写作	81	86
管理能力	指导他人	87	88
	绩效监督	86	87
	时间管理	85	88
	协调安排	85	85
	财务管理	83	85
	判断和决策	82	81
	解决复杂的问题	81	83
	物资管理	81	78
	谈判技能	75	79
	人力资源管理	72	74
	说服他人	71	73
应用分析能力	系统评估	86	84
	设备选择	84	85
	质量控制分析	79	82
	新产品构思	78	74
	疑难排解	77	79
	技术设计	76	75
	操作和控制	75	80
	设备维护	73	77
	系统分析	72	75
	操作监控	69	75

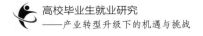
续表

能力分类	能力名称	满足度（本科）	满足度（专科）
动手能力	安装能力	73	80
	维修机器和系统	73	76
	电脑编程	71	69

资料来源：麦可思－中国2011～2015届大学毕业生社会需求与培养质量跟踪评价。

毕业生对各项能力知识的满足度是其对相关工作岗位胜任程度的重要体现，而当前毕业生的知识技能对于不同类型岗位（这里按技术类和非技术类划分）的满足程度存在较大差异。仍以基本工作能力为例，根据麦可思相关数据，本专科毕业生中，从事技术类岗位（主要为工业制造、建筑、IT等相关的职业）人群对通用能力（如有效口头沟通等）的满足程度普遍较高，对专业能力（如疑难排解、编程等）的满足程度多数仍相对较低；从事非技术类岗位（主要为财务、行政、销售等）人群在工作中最为重要的能力大多是通用能力，其满足程度在不同职业之间互有差异（见表4－9、表4－10）。

表4－9　2011～2015届本科主要职业类最重要的前三项能力的满足度（五届合并数据）

单位：%

岗位类型	职业类名称	最重要的三项能力	满足度
技术类	电气/电子（不包括计算机）	积极学习	81
		疑难排解	76
		有效的口头沟通	84
	互联网开发及应用	积极学习	80
		电脑编程	69
		疑难排解	78
	机械/仪器仪表	积极学习	81
		疑难排解	75
		有效的口头沟通	85
	计算机与数据处理	积极学习	79
		疑难排解	76
		电脑编程	71

续表

岗位类型	职业类名称	最重要的三项能力	满足度
技术类	建筑工程	有效的口头沟通	82
		积极学习	83
		疑难排解	81
	冶金材料	积极学习	82
		有效的口头沟通	86
		科学分析	82
非技术类	财务/审计/税务/统计	积极学习	87
		积极聆听	87
		服务他人	87
	公安/检察/法院/经济执法	有效的口头沟通	80
		积极聆听	84
		解决复杂的问题	76
	经营管理	判断和决策	76
		有效的口头沟通	80
		积极学习	81
	生产/运营	解决复杂的问题	82
		有效的口头沟通	82
		积极学习	82
	销售	有效的口头沟通	77
		谈判技能	71
		积极聆听	82

资料来源：麦可思－中国 2011~2015 届大学毕业生社会需求与培养质量跟踪评价。

表4－10　2011~2015 届专科主要职业类最重要的前三项能力的满足度（五届合并数据）

单位：%

岗位类型	职业类名称	最重要的三项能力	满足度
技术类	电力/能源	积极学习	82
		操作监控	74
		系统分析	75
	电气/电子（不包括计算机）	积极学习	82
		有效的口头沟通	85
		疑难排解	78

岗位类型	职业类名称	最重要的三项能力	满足度
技术类	机械/仪器仪表	积极学习	81
		疑难排解	76
		有效的口头沟通	86
	计算机与数据处理	电脑编程	65
		疑难排解	78
		积极学习	81
	建筑工程	有效的口头沟通	83
		说服他人	74
		积极学习	83
非技术类	财务/审计/税务/统计	有效的口头沟通	85
		积极聆听	87
		积极学习	86
	房地产经营	有效的口头沟通	76
		谈判技能	83
		说服他人	72
	交通运输/邮电	有效的口头沟通	86
		服务他人	87
		积极学习	86
	生产/运营	疑难排解	79
		有效的口头沟通	85
		积极学习	84
	销售	有效的口头沟通	77
		判断和决策	75
		说服他人	73

资料来源：麦可思－中国 2011～2015 届大学毕业生社会需求与培养质量跟踪评价。

综上所述，高校毕业生的知识技能水平仍然不能完全适应实际工作岗位的要求，其中对于技术类岗位而言，知识技能不足的现象更是较为普遍。可见，毕业生能力水平与产业转型升级所需的技术创新之间依然存在不匹配的地方，毕业生与产业转型升级所要求的高水平专业技术技能人才仍有一定差距。

二　来自北京地区采样的数据分析

为了能够多角度反映毕业生的就业能力状态，本研究利用 2014 年专门针对北京地区 14 所高校毕业生的调查，从专业能力、通用技能和基本素养三个方面了解已毕业半年及以上学生毕业时的能力水平以及所从事岗位的能力要求等。此次调查共发放问卷近 2000 份，回收有效问卷 1644 份，通过计算毕业生在专业能力、通用技能和基本素养方面的能力缺口，来体现毕业生具备的就业能力与实际需求之间的差距，进而反映高等教育的质量。对北京地区 2014 年 14 所高校毕业生三个维度的就业能力的调查符合本研究界定的就业能力的范畴，能够反映毕业生在职业发展阶段中的个体满足现实需求的自我管理、促进未来发展的自主学习、凸显个体优势的自我发现等要素。

利用已毕业半年及以上高校毕业生问卷的调查数据，即已工作半年及以上毕业生对"工作岗位对就业能力的需求水平"[1] 和"毕业时所掌握的就业能力水平"[2] 的评价，计算高校毕业生的就业能力水平与岗位需求水平之间的差距，即就业能力缺口，分析结果如表 4 – 11 所示。

表 4 – 11　高校毕业生就业能力缺口分析结果

能力维度	能力项	工作岗位对就业能力的需求水平	毕业时所掌握的就业能力水平	就业能力缺口	t 值
专业能力	基础知识	3.68	3.38	0.30	6.107***
	专业知识	4.08	3.48	0.60	13.017***
	专业技能	4.18	3.45	0.73	14.053***
通用技能	基本工作技能	4.05	3.38	0.67	17.368***
	科学管理技能	4.04	3.50	0.54	12.504***
	学习发展技能	4.37	3.71	0.66	17.300***
	自我控制技能	4.36	3.80	0.56	11.510***

---

① 对各项就业能力的需求水平的评定采用李克特五级量表，赋予分值 1~5 分，分值越大表明用人单位对该项能力的需求越大。

② 对各就业能力水平的评定采用李克特五级量表，赋予分值 1~5 分，分值越大表明学生对自己该项能力的评价越高。

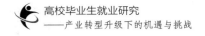
能力维度	能力项	工作岗位对就业 能力的需求水平	毕业时所掌握的 就业能力水平	就业能力缺口	t 值
基本素养	职业素养	4.44	4.01	0.43	11.807***
	品质特征	4.38	3.90	0.48	13.064***
就业能力总体情况		4.18	3.62	0.56	17.727***

注：*** 表示 $p < 0.01$。

资料来源：北京市高校毕业生就业能力专项调查数据。

从表 4 – 11 可知，就业岗位对高校毕业生就业能力的整体需求水平是较高的。其中，需求水平最高的是职业素养，其次是品质特征、学习发展技能、自我控制技能，对基础知识、科学管理技能、基本工作技能以及专业知识的需求水平相对较低。这与用人单位的访谈结果一致，即目前用人单位在招聘毕业生时最看重的是基本素养（包括职业素养和品质特征）和学习发展的潜能，以及自我控制能力（包括工作执行能力和自我管理能力）。

高校毕业生在各项就业能力方面都存在显著的缺口。总体上，专业能力的缺口最大，通用技能次之，缺口相对较小的是基本素养。其中，专业技能的缺口是最大的，其次是基本工作技能、学习发展技能和专业知识，再次是自我控制技能、科学管理技能、品质特征和职业素养，基础知识的能力缺口最小。

专业技能的缺口最大，毕业生在专业技能方面远低于岗位要求，这与当前劳动力市场上缺乏高技能人才的现实情况相符。专业技能缺乏导致很多高技能岗位空缺，高技能人才供不应求，这就对高等教育改革提出了明确的要求。教育部副部长鲁昕在 2014 年 3 月底表示，中国解决就业结构性矛盾的核心是教育改革。教育改革的突破口是建立现代职业教育体系，培养的是技术技能型人才。今后，中国将以建立现代职业教育体系为突破口，对教育结构实施战略性调整，而这一调整集中在高中和高等教育阶段。[①] 国家

---

① 《高教改革确定：600 多所本科高校转向职业教育》，光明网教育频道，http://edu.gmw.cn/ 2014 – 05/10/content_ 11276543. htm。

1200 所普通高等院校中，将有 600 多所转向职业教育，转型的大学本科院校约占高校总数的 50%。转型后的高校将加大对学生专业技能的培养，以满足劳动市场对高技能人才的需求。通用技能与基本素养是任何职业和岗位都要求的毕业生应具备的能力和素质，也是当前用人单位在招聘毕业生时最看重的。虽然学生通用技能与基本素养的能力缺口较专业技能的缺口小一些，但仍然与用人单位的需求存在明显差距，并影响用人单位对学生职业素养与个人品质的信任。对于普通高等教育来说，素质教育比职业技能的培养更为重要，大学生素质的高低既关系到学生个人的未来成长与发展，又关系着整个国民素质的提升。因此，各高校应该根据培养目标，合理地制订培养方案，突出培养特色，改革专业与课程体系，协调好职业技能培养与素质教育的关系，有侧重地培养大学生的能力与素质，以满足劳动力市场多样化的人才需求。

第三节　不同专业毕业生就业前景变化

一　来自全国采样的数据分析

麦可思公司根据调查的各专业毕业生的就业率、月收入和就业满意度等情况，对各专业的就业前景进行了综合判断，将就业前景分为红牌、黄牌和绿牌专业，其中红牌专业表示就业前景恶化专业，黄牌专业表示就业前景处于警戒边界专业，绿牌专业表示就业前景乐观向好专业。

通过分析 2012~2015 届各专业毕业生就业前景及其变化，发现不同专业毕业生就业前景近年来发生较大变化，有的专业就业前景持续向好，有的由坏变好，有的由好转坏，有的则持续恶化，并且本专科差异较大，且均以 2014 届毕业生为起点发生较大变化。这体现了产业结构转型升级、结构调整对毕业生专业需求所产生的影响，同时也反映出高等教育人才培养与市场需求之间存在一定的错位，高等院校在专业设置上缺乏灵活性和

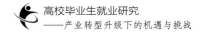

存在滞后性导致一些专业就业前景持续恶化。

（一）本科专业就业前景

总体上看，2012～2015 届毕业生的预警专业有较大变化，2012～2013 届的相似度较高，从 2014 届起发生较大变化，2015 届毕业生就业前景较差的红牌专业有生物工程、美术学、生物科学、应用物理学、应用心理学、法学和音乐表演专业，就业前景向好的绿牌专业有建筑学、软件工程、网络工程、通信工程、建筑环境与设备工程和矿物加工工程专业（见表 4－12）。

表 4－12　2012～2015 届本科就业红牌、黄牌与绿牌专业分布

届　　别	红牌专业	黄牌专业	绿牌专业
2012	动画 法学 生物技术 生物科学与工程 数学与应用数学 体育教育 生物工程 英语 国际经济与贸易	计算机科学与技术 艺术设计 美术学 电子信息科学与技术 公共事业管理 信息管理与信息系统 工商管理 汉语言文学	地质工程 港口航道与海岸工程 船舶与海洋工程 石油工程 采矿工程 油气储运工程 矿物加工工程 过程装备与控制工程 水文与水资源工程 审计学
2013	动画 法学 生物技术 生物科学与工程 数学与应用数学 体育教育 生物工程 英语 美术学	计算机科学与技术 艺术设计 电子信息科学与技术 公共事业管理 信息管理与信息系统 工商管理 汉语言文学 国际经济与贸易	地质工程 港口航道与海岸工程 船舶与海洋工程 石油工程 采矿工程 油气储运工程 矿物加工工程 过程装备与控制工程 水文与水资源工程 审计学

续表

届　　别	红牌专业	黄牌专业	绿牌专业
2014	生物科学与工程 法学 生物技术 生物工程 动画 美术学 艺术设计 体育教育	数学与应用数学 电子信息科学与技术 公共事业管理 汉语言文学 英语 工商管理 国际经济与贸易	建筑学 地质工程 矿物加工工程 采矿工程 油气储运工程 车辆工程 城市规划 船舶与海洋工程 审计学
2015	生物工程 美术学 生物科学 应用物理学 应用心理学 法学 音乐表演	体育教育 动画 英语 工商管理 汉语言文学	建筑学 软件工程 网络工程 通信工程 建筑环境与设备工程 车辆工程 矿物加工工程

资料来源：麦可思－中国 2012～2015 届大学毕业生社会需求与培养质量跟踪评价。

（二）专科专业就业前景

与本科毕业生专业类似，2012～2015 届专科毕业生的预警专业有较大变化，2012～2013 届的相似度较高，从 2014 届起发生较大变化，2015 届毕业生就业前景较差的红牌专业有法律事务、语文教育、初等教育、投资与理财、应用日语、国际金融专业，就业前景向好的绿牌专业有铁道工程技术、电气化铁道技术、石油化工生产技术、电力系统自动化技术、供用电技术、楼宇智能化工程技术专业（见表 4－13）。

二　来自上海市闸北区采样的数据分析

（一）本科及以上学历毕业生

根据有效样本数，近 5 年闸北区大学本科及以上学历毕业生有 5138 人，

表4-13   2012~2015届专科就业红牌、黄牌与绿牌专业分布

届　别	红牌专业	黄牌专业	绿牌专业
2012	临床医学 法律文秘 计算机科学与技术 国际金融 工商管理 法律事务 汉语言文学教育 计算机应用技术 电子商务	计算机网络技术 计算机信息管理 物流管理 商务英语 会计电算化	道路桥梁工程技术 生产过程自动化技术 应用化工技术 焊接技术及自动化 楼宇智能化工程技术
2013	法律文秘 计算机科学与技术 国际金融 工商管理 法律事务 汉语言文学教育 计算机应用技术 电子商务 会计电算化	计算机网络技术 计算机信息管理 物流管理 商务英语 临床医学	道路桥梁工程技术 生产过程自动化技术 应用化工技术 焊接技术及自动化 供热通风与空调工程技术
2014	法律事务 语文教育 电子商务 会计电算化 生物技术及应用 工商企业管理 计算机信息管理 计算机应用技术	人力资源管理 国际金融 商务英语 计算机网络技术 物流管理	电气化铁道技术 供热通风与空调工程技术 铁道工程技术 楼宇智能化工程技术 石油化工生产技术 道路桥梁工程技术
2015	法律事务 语文教育 初等教育 投资与理财 应用日语 国际金融	会计电算化 工商企业管理 计算机多媒体技术 计算机应用技术	铁道工程技术 电气化铁道技术 石油化工生产技术 电力系统自动化技术 供用电技术 楼宇智能化工程技术

资料来源：麦可思-中国2012~2015届大学毕业生社会需求与培养质量跟踪评价。

其中目前处于就业状态的有 4859 人，综合就业率为 94.6%。按照教育部的官方分类，目前有 12 个专业大类。从近 5 年数据看，毕业人数居前三名的专业依次为工学（1464 人）、管理学（1024 人）、经济学（857 人）；其次是文学、理学、法学和医学，共计 1387 人（见表 4 – 14）。

表 4 – 14　近 5 年上海闸北区本科及以上学历毕业生专业分布情况

单位：人

专业大类	2010 届		2011 届		2012 届		2013 届		2014 届		总　计	
	毕业人数	就业人数	毕业人数	就业人数	毕业人数	就业人数	毕业人数	就业人数	毕业人数	就业人数	毕业人数	就业人数
法　学	54	52	44	42	55	50	56	56	43	43	252	243
工　学	241	237	264	255	253	244	345	332	361	343	1464	1411
管理学	189	176	196	180	211	196	212	200	216	197	1024	949
教育学	10	9	13	13	16	16	18	18	20	18	77	74
经济学	133	129	164	155	167	159	193	180	200	185	857	808
理　学	67	64	94	91	82	76	73	68	74	70	390	369
历史学	5	5			3	3	4	4	4	4	16	16
农　学	3	3	2	2	2	2	3	3	4	4	14	14
文　学	84	82	91	88	128	119	144	131	160	143	607	563
医　学	20	19	24	23	26	26	28	27	40	39	138	134
艺术学	50	50	48	46	54	47	59	54	57	52	268	249
哲　学			3	3	2	2	2	2	3	3	10	10
未填写	9	7	10	10	2	2					21	19
总　计	865	833	953	908	1001	942	1137	1075	1182	1101	5138	4859

资料来源：上海闸北区专项问卷调查数据。

从就业率看，医学专业最高，为 97.10%，法学、工学、教育学居其次，略超 96%，文学和艺术学最低，不到 93%。从各专业毕业生的就业率变化情况看，艺术学、文学专业毕业生就业率下降迅速，经济学、工学毕业生就业率下降明显，管理学、教育学毕业生就业率波动起伏，法学、理学毕业生近两届就业率有所上升（见表 4 – 15）。

表 4 - 15　上海闸北区各专业本科及以上学历毕业生的就业率变化情况

单位:%

专业大类	2010 届	2011 届	2012 届	2013 届	2014 届	合　计
法　学	96.30	95.45	90.91	100.00	100.00	96.43
工　学	98.34	96.59	96.44	96.23	95.01	96.38
管理学	93.12	91.84	92.89	94.34	91.20	92.68
教育学	90.00	100.00	100.00	100.00	90.00	96.10
经济学	96.99	94.51	95.21	93.26	92.50	94.28
理　学	95.52	96.81	92.68	93.15	94.59	94.62
文　学	97.62	96.70	92.97	90.97	89.38	92.75
医　学	95.00	95.83	100.00	96.43	97.50	97.10
艺术学	100.00	95.83	87.04	91.53	91.23	92.91

注：历史学、农学、哲学专业因样本比较少，未考虑在内。

资料来源：根据闸北区专项问卷调查数据统计计算所得。

（二）高职高专毕业生

高职高专毕业生有效样本为 3081 人，目前处于就业状态的有 2823 人。从专业看，近 5 年闸北区高职高专财经类专业的毕业生最多，有 792 人，占总毕业人数的 25.7%；其次是制造大类毕业生，占总毕业人数的 11.7%；再次是艺术设计、传媒大类毕业生，占总毕业人数的 11.6%；此外，电子信息类、交通运输类、文化教育类、医药卫生类毕业生数量靠前。就业人数属财经类专业最多（见表 4 - 16）。

表 4 - 16　近 5 年上海闸北区高职高专毕业生专业情况分析

单位：人

专业大类	2010 届		2011 届		2012 届		2013 届		2014 届		总　计	
	毕业人数	就业人数	毕业人数	就业人数	毕业人数	就业人数	毕业人数	就业人数	毕业人数	就业人数	毕业人数	就业人数
材料与能源	14	14	13	13	10	9	11	11	11	11	59	58
财经	178	163	176	163	149	136	124	109	165	143	792	714
电子信息	48	43	47	46	46	37	42	40	35	31	218	197

专业大类	2010 届		2011 届		2012 届		2013 届		2014 届		总　计	
	毕业人数	就业人数	毕业人数	就业人数	毕业人数	就业人数	毕业人数	就业人数	毕业人数	就业人数	毕业人数	就业人数
法律	8	7	5	5	6	4	3	3	2	2	24	21
公共事业	30	28	29	25	29	28	27	25	29	26	144	132
环保	10	10	11	11	9	9	8	8	10	9	48	47
交通运输	45	42	37	36	40	36	62	52	37	36	221	202
旅游	42	40	29	29	31	29	32	30	30	27	164	155
农林牧渔	1	1			1	1			1	1	3	3
气象与安全	4	4	2	1	6	5	2	2	4	3	18	15
轻纺、食品	3	3	6	6	9	9	8	8	15	12	41	38
生化与药品	2	2	1	1	3	3	2	2	2	2	10	10
土建	21	20	30	29	20	17	28	25	45	41	144	132
文化教育	37	35	45	42	56	49	49	45	50	41	237	212
医药卫生	18	18	35	35	48	46	55	53	40	39	196	191
艺术设计、传媒	76	70	64	60	55	52	70	62	91	71	356	315
制造	90	85	71	69	64	60	68	65	68	60	361	339
资源开发与测绘	2	2	6	5	4	4	3	3	5	4	20	18
未填写	12	12	5	4	7	7			1	1	25	24
总　　计	641	599	612	580	593	541	594	543	641	560	3081	2823

资料来源：上海闸北区专项问卷调查数据。

但是从就业率看，材料与能源大类专业的毕业生就业率最高，达到98.31%，其次是医药卫生大类，为97.45%，旅游大类和制造大类分别位列第三和第四。其他的专业就业率均在90%上下。艺术设计、传媒大类的就业率最低，为88.48%。从发展趋势看，财经大类，旅游大类，文化教育大类，艺术设计、传媒大类专业毕业生的就业率基本呈逐步下探趋势。制造类专业就业率在前几届基本保持稳定，2014届毕业生就业率出现较大幅度下滑。电子信息大类、公共事业大类、交通运输大类、医药卫生大类专业就业率在不同年份波动起伏（见表4-17）。

表 4 - 17　上海市闸北区各专业高职高专毕业生的就业率变化

单位:%

专业大类	2010 届	2011 届	2012 届	2013 届	2014 届	合计
材料与能源	100.00	100.00	90.00	100.00	100.00	98.31
财经	91.57	92.61	91.28	87.90	86.67	90.15
电子信息	89.58	97.87	80.43	95.24	88.57	90.37
公共事业	93.33	86.21	96.55	92.59	89.66	91.67
交通运输	93.33	97.30	90.00	83.87	97.30	91.40
旅游	95.24	100.00	93.55	93.75	90.00	94.51
土建	95.24	96.67	85.00	89.29	91.11	91.67
文化教育	94.59	93.33	87.50	91.84	82.00	89.45
医药卫生	100.00	100.00	95.83	96.36	97.50	97.45
艺术设计、传媒	92.11	93.75	94.55	88.57	78.02	88.48
制造	94.44	97.18	93.75	95.59	88.24	93.91

　　注:农林牧渔大类,气象与安全大类,生化与药品大类,资源开发与测绘大类,环保大类,轻纺、食品大类,法律大类等因样本数据太少而未包括在内。

　　资料来源:根据闸北区专项问卷调查数据统计计算所得。

第五章　国家促进高校毕业生就业创业政策

第一节　我国高校毕业生就业政策的历史演变

高校毕业生就业政策是指导在校毕业生正确就业的政策依据，是毕业生就业的指引航标。中华人民共和国成立至今，我国高校毕业生就业制度经历了从"统包统分"到"双向选择"再到"自主择业"的转变，就业政策经历了计划经济、计划经济向市场经济过渡、市场经济三个阶段（见表5–1）。

表5–1　高校毕业生就业制度变迁简表

年份（阶段）		就业制度	就业政策特点
1949~1984 年	1949~1965 年	统包统分 （计划经济阶段）	统包统分、包当干部
	1966~1984 年		统包统分、恢复调整
1985~1992 年	1985~1988 年	双向选择 （过渡阶段）	切块计划、供需见面
	1989~1992 年		双向选择、适当定向
1993 年至今	1993~2001 年	自主择业 （市场经济阶段）	并轨改革
	2002 年至今		就业促进

一　计划经济体制下的"统包统分"就业政策

（一）政策演变

所谓"统包统分"，是指国家承担高校毕业生的全部培养费，学生毕业后，全部由国家的指令性计划以国家干部的身份分配到全民所有制单位。新中国成立后，这种以"统"和"包"为特征的就业政策在我国实施了35年之久（从新中国成立初期一直延续到20世纪80年代中期），大致经历了三个阶段。

1. 建立和发展阶段——高校毕业生国家分配工作的就业政策

其主要特点是毕业生全部由国家分配到全民所有制单位当干部。国家下达计划，层层分解到具体的学校和用人单位，学校按照"一个萝卜一个坑"原则将学生一一对号入座进行分配。用人单位和学生事先不见面，有人戏称这种就业制度为"包办婚姻"。

2. "文革"阶段——统包统分、恢复调整阶段

1967～1970年的毕业生不再统一分配，全国的高校陷入了瘫痪状况，高校的招生工作全面停止。1972～1979年被称为"工农兵学员"的这批毕业生"一般按照返回原单位、原地区工作的原则，特殊需要由国家统一分配"，即"三来三去"政策："社来社去"、"厂来厂去"和"哪来哪去"。直到1981年2月，《关于改进1981年普通高等学校毕业生分配工作的报告》指出"在国家统一计划下，实行'抽成调剂，分级安排'的办法"分配毕业生，基本分配状态才得以恢复。

3. 健全和完善阶段——高校毕业生"统包统分"的就业政策

从1977年起，国家恢复了高校统一招生考试制度和国家统一分配制度。1949年到1985年，高校毕业生就业政策经过几次变革，但计划经济体制下国家"统包统分"的分配制度没有变。这一时期的毕业生就业政策的特点是高度集中，毕业生个人必须服从国家的分配。

（二）主要内容

内容包括：国家从毕业生人数较多的华东、中南、西南三个大区抽调部分毕业生支援重点建设地区，即东北区，另从华北区抽调部分毕业生充实中央党政机关。1950年6月，国家发布《为有计划地合理地分配全国公私立高等学校今年暑期毕业生工作的通令》，要求"对毕业生一般应说服争取他们服从政府的分配，为人民服务。其表示愿自找职业者，可听由自行处理"。从1951年10月到20世纪80年代中期，高等学校毕业生的就业工作由国家负责，实行"统包统分"、"包当干部"的政策。

（三）基本特征

这一阶段的毕业生分配制度是我国计划经济体制的产物。主要特征是政府编制计划与高校实施计划相结合，其具体表现如下。

1. 计划性

这一时期高校毕业生就业被当作一项严肃的政治任务，由政府统一按计划分配，学生由国家统包学习费用，由国家统包分配就业。政府的行政计划处于主导地位，学校处于从属地位；政府成为学校与社会联系的中介，学校与社会缺乏直接沟通的渠道。

2. 精英性

这一时期的高等学校和高校毕业生数量十分有限，高校毕业生被看作社会"精英"和稀缺宝贵资源，其就业由国家根据经济建设需要进行统一安排，大多数的毕业生被分配到全民所有制单位当"国家干部"。

3. 国家性

这一时期，社会主义建设急需高层次人才，因此，高等学校毕业生就业政策以国家利益为最大价值导向，即以服从国家需要和安排为中心。毕业生的就业以个人利益服从国家利益为最大前提，分配都是以国家和社会发展需要为最大需要，即完全服从国家经济建设的大局。

二 过渡时期的"供需见面，双向选择"就业政策

从20世纪80年代中期到90年代初，我国高校毕业生就业政策经历了由"供需见面"到"双向选择"的过渡阶段。

（一）政策演变

这一阶段的高校毕业生就业政策经历了由"供需见面"落实"切块计划"逐步向毕业生与用人单位"双向选择"过渡的演变过程。其中，1985年5月27日中共中央颁布的《中共中央关于教育体制改革的决定》是我国对高等学校毕业生就业政策改革的重要标志。其重大举措之一就是提出

对国家招生计划内的学生实行"在国家计划指导下，由本人选报志愿、学校推荐、用人单位择优录用"的分配制度。这是对以往毕业生分配制度的突破，为日后进一步深化改革并逐步过渡到"自主择业"的毕业生就业制度奠定了基础。此后，国家改变了过去由少数人编制分配计划的办法，采取主管部门和高校上下结合的编制分配计划办法，并在落实计划的办法上，实行"供需见面"，使分配计划尽可能科学合理、符合实际。同时，还在少数学校中进行了一定范围内的"双向选择"试点工作。1989 年 3月，国务院批转了国家教委《关于改革高等学校毕业生分配制度的报告》和《高等学校毕业生分配制度改革方案》（即"中期改革方案"，这是根据当时改革的条件和环境制订的过渡性方案），其中明确提出了在过渡阶段实行以学校为主导向社会推荐就业，毕业生和用人单位在一定范围内双向选择的办法。1993 年 2 月，中共中央、国务院颁布的《中国教育改革和发展纲要》再次明确了毕业生就业制度改革的目标是：改革高等学校毕业生"统包统分"和"包当干部"的就业制度，实行少数毕业生（师范学科、艰苦行业和边远地区毕业生）由国家安排就业，大部分在国家方针政策指导下，通过人才市场"自主择业"的就业方法。1994 年，《国务院关于〈中国教育改革和发展纲要〉的实施意见》又进一步明确规定了招生和毕业生就业制度的改革措施，即高等学校逐步实行"并轨"招生，学生"缴费上学，毕业后自主择业"。1995 年，国家教委出台《关于 1995年深入进行普通高等学校招生和毕业生就业制度改革的意见》，要求中央部门所属普通高校"并轨"后所招学生毕业时，原则上在本系统、本行业范围内自主择业，在条件成熟后逐步过渡到大多数毕业生自主择业，并在 2000 年基本实现大学生就业制度改革。过渡阶段的高校毕业生就业政策在一定程度上缓解了"统包统分"就业制度与社会发展的矛盾，使毕业生和用人单位拥有了一定的自主权，为社会主义市场经济体制的不断完善注入了新的活力。但是，这毕竟只是我国高校毕业生就业政策改革的过渡阶段，随着社会主义市场经济的深入发展，这一政策改革必将全面铺开。

（二）主要内容

这一阶段高校毕业生就业政策的核心内容主要体现在"供需见面"与"双向选择"两个方面。

一是试行"供需见面"。1985年5月27日中共中央颁布的《中共中央关于教育体制改革的决定》指出："要改革大学招生的计划制度和毕业生分配制度，改革高等学校全部按国家计划统一招生，毕业生全部由国家包下来的分配办法。对国家招生计划内的学生，其毕业分配实行在国家计划指导下，由本人选报志愿、学校推荐，用人单位择优录用的制度。"

二是推行"双向选择"。双向选择，是指在国家就业方针政策指导下，在一定的范围内，毕业生和用人单位互相选择的过程。在总结了上海交大和清华大学试点经验的基础上，国务院于1989年3月2日批转国家教委《关于改革高等学校毕业生分配制度的报告》并指出推行在国家就业方针政策指导下，学校推荐、毕业生和用人单位"供需见面"、"双向选择"的就业制度，将竞争机制引入高校，使毕业生的就业逐渐走向市场化。

（三）主要特征

这一阶段是以通过"供需见面"落实"切块计划"，逐步向毕业生与用人单位"双向选择"过渡为主要特征的。具体来讲，可概括为"过渡性"、"双向性"特征。

1. 过渡性

改革开放后，经济体制改革逐渐拉开序幕，高等学校毕业生就业政策也进行了转轨，在此过程中国家主体地位有所削弱，高校上升到主导地位，用人单位和毕业生个人获得了有限主体地位。其中，政府宏观指导的职能开始逐渐明确，高校的主导和"桥梁"作用开始明显加强，毕业生和用人单位分别获得了有限的就业自主权和部分用人自主权。总体来看，这种就业政策是在一定范围内有限度的双向选择，是我国高校毕业生就业政策由传统的"统包统分"到"自主择业"的一个中期改革方案，具有一定的过渡性。

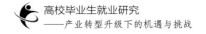
2. 双向性

这一阶段的高校毕业生就业，国家计划性分配色彩在不断淡化，而学校与毕业生、用人单位三方的自主性得到了一定程度的体现，尤其是毕业生与用人单位之间的互利和双向性得到了一定程度的体现，也标志着我国"双向"自主择业和自主用人的就业政策在逐步形成，从而为进一步推进就业制度改革发挥了应有的作用。

三　市场经济改革下的"双向选择，自主择业"的就业政策

20 世纪 90 年代初至今是我国高校毕业生就业政策以市场为导向的自主择业阶段，其总体特点是高校毕业生就业政策与市场经济发展密切相关。

（一）政策演变

本阶段的就业政策主要以 2002 年为界，可分为前后两个时期。

1. 以毕业生自主就业为主要特征的自主择业时期

1992 年党的十四大提出建设社会主义市场经济以后，高校毕业生就业逐步走向市场化、自主化。1993 年 2 月 13 日由中共中央、国务院颁布的《中国教育改革和发展纲要》中确定的毕业生就业政策改革目标是改革高校毕业生"统包统分"和"包当干部"的就业制度，实行少数毕业生由国家安排就业、多数由学生"自主择业"的就业制度。这是"自主择业"就业模式的政策依据。此后，1999 年，经国务院批准，教育部颁布了《面向 21 世纪教育振兴行动计划》。按照这一文件规定，从 2000 年起，我国要建立比较完善的毕业生就业制度，并同时取消了向毕业生发放"派遣证"的做法，将此做法改为向毕业生发放"就业报到证"。同年 6 月召开的全国教育工作会议也指出，我们建立的毕业生就业制度应当是一个不包分配、竞争上岗、择优录用的用人制度。这标志着我国高校毕业生就业制度结束了"计划、分配、派遣"的历史，转向了以市场为导向。

2. 以毕业生创业为主要特征的自主择业时期

鼓励高校毕业生自主创业是我国高校毕业生就业政策以市场为导向的自主择业阶段的又一个时期。在高等教育走向大众化和知识经济时代来临的背景下，引导毕业生自主创业、科技创业和艰苦创业是世界高等教育发展的一个大趋势。

（二）主要内容

社会主义市场经济背景下的就业政策以"双向选择、自主择业"为核心内容，其中"双向选择"只是过渡性的就业政策，"自主择业"是市场经济体制下毕业生就业制度的必然选择。在这种就业体制下大部分毕业生将按照个人的能力、条件到市场参与竞争而不再依靠行政手段由国家保证就业，用人单位也只能用工作条件及优惠待遇吸引毕业生，不能等待国家用行政命令的办法给予保证，而高等学校作为就业工作的中介主要为毕业生"自主择业"提供服务。

（三）主要特征

与传统的"统包统分"和过渡时期的"供需见面，双向选择"的就业政策相比，市场经济阶段的就业政策更多体现出"市场性"、"改革性"的特征。

1. 市场性

随着市场经济体制的逐渐确立，高校毕业生就业政策"也从计划状态切换到了市场状态"：一是政府不再对高校毕业生就业进行行政性的计划和分配，转而对就业进行宏观调控、政策引导和法治保障；二是高校主体地位得到加强，不仅成为为毕业生提供政策引导、就业指导和信息的服务者，还成为市场所需人才的供应者；三是高校毕业生就业自主权得到彻底解放，自主推荐、自主择业、自主发展成为主要特征；四是用人单位用人自主权得到保障，对毕业生不再简单局限于学历和专业知识的要求，同时还更加重视实践能力、沟通能力和诚信品质等方面的考核。这种市场性就业对高校的人才培养模式提出了挑战。

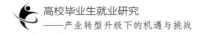
2. 改革性

随着经济体制的改革深化，我国高等学校毕业生就业政策已发生了根本性变革。一是就业制度的改革。以市场为导向的毕业生、高校、用人单位、政府四位一体的高校毕业生就业格局开始逐步形成。二是高等教育的改革。高校从计划经济体制的桎梏中解放出来，将人才培养与市场需要结合在了一起，对学科、专业设置和高等教育体制等方面开始了一系列改革。三是高校学生角色的转变。高校毕业生开始走下过去的"精英台"，择业观念不断转变。四是政府职能的转变。政府开始从人才供应者的角色中走出来，转而成为"裁判员"，积极发挥宏观调控的职能。

综上所述，我国高校毕业生就业政策在改革开放以前的计划经济时代，实行的是统包统分的就业政策；改革开放以后，经过逐步改革，高校毕业生就业政策从计划状态切换到了市场状态，高校毕业生不再分配工作，实行自主择业。从我国高等学校毕业生就业政策的历史演变进程可以看出：就业政策是促进和保障我国高校毕业生就业的政策依据；高校毕业生就业政策需要与其适用的一定历史时期相匹配才能发挥出积极作用；任何时期的任何高校毕业生就业政策的目标都是要实现人力资源的合理利用和分配以保障和改善民生，从而保证社会主义现代化建设事业顺利推进。

第二节　促进高校毕业生就业创业政策框架

近年来，我国高校毕业生数量保持较快增长，2017 年达到 795 万人。高等教育的发展和高校毕业生数量的增加，有利于为我国产业转型升级进行人力资源储备。但就目前情况看，高校毕业生数量增加的速度快于经济发展速度和新产业提供岗位数量的增长速度，适合高校毕业生的优质岗位相对不足，促进高校毕业生就业任务非常艰巨。

基于缓解就业压力的现实考虑和对社会经济发展的战略思考，2000 年以来，国家出台了一系列促进高校毕业生就业创业的政策措施。各级地方政府也结合实际不断创新完善政策，为鼓励毕业生就业创业提供了有力支持。近年来，随着劳动力供求状况和就业形势的变化，高校毕业生就业创业出现了一些新情况、新形势，毕业生的就业特点和需求、政策实施的环境和条件都在发生变化。做好新形势下的高校毕业生就业创业工作，对高校毕业生就业创业政策实施情况进行梳理，评估政策实施成效，分析政策落实中存在的困难和问题，对于进一步研究完善促进毕业生就业创业的政策体系，确保高校毕业生就业形势总体稳定，具有十分重要的意义。

一　国家促进高校毕业生就业创业政策

（一）依托经济发展促进高校毕业生就业

经济增长是经济社会发展的基本条件，是解决就业问题的根本出路。但经济增长能否拉动就业同步扩大，却与经济增长方式、产业结构、经济发展与人力资源开发利用等紧密相关。近年来，我国经济发展进入新常态，创新正在成为引领我国经济发展的第一动力。为在新时期促进经济发展与扩大就业形成良性互动的格局，我国实施了就业优先的重大战略和一系列配套政策措施，为拓宽高校毕业生就业空间提供了战略保障和政策支持。

1. 就业优先战略

在正确分析我国基本国情基础上，2010 年，中央关于制定"十二五"规划的建议强调把促进就业放在经济社会发展的优先位置，首次提出了就业优先战略。2011 年，实施就业优先战略被写入国家"十二五"规划纲要。党的十八大以来，就业优先战略的内涵、外延、举措都得到了丰富和拓展，在经济社会发展中取得了新定位。2016 年实施的"十三五"规划纲要延续了就业优先战略。《国务院关于做好当前和今后一段时期就业创业工作的意见》（国发〔2017〕28 号）中也明确提出要"坚持实施就业优先战略和更加积极的就业政策，坚决打好稳定和扩大就业的硬仗"。

2. 在经济转型中实现就业转型

实施就业优先战略是将扩大就业摆在更加突出的位置，要把扩大就业作为社会经济发展的优先目标予以考虑。为此，国发〔2017〕28 号文中

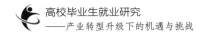
提出了经济发展和产业结构调整与扩大就业联动协同发展的要求。

第一，促进经济增长与扩大就业联动。加强经济政策与就业政策衔接，在制定财税、金融、产业、贸易、投资等重大政策时，要综合评价对就业岗位、就业环境、失业风险等带来的影响，促进经济增长与扩大就业联动、结构优化与就业转型协同。

第二，促进产业结构、区域发展与就业协同。大力发展研究设计、电子商务、文化创意、全域旅游、养老服务、健康服务、人力资源服务、服务外包等现代服务业。完善多元化产业体系，既注重发展资本、技术和知识密集的先进制造业、战略性新兴产业，又要支持劳动密集型产业发展，降低实体经济成本，推进传统产业绿色改造，创造更多就业机会。

3. 在创新驱动发展浪潮中拓宽就业空间

在创新驱动发展战略的推动下，我国出台了关于推动科技创新和体制机制创新、鼓励发展战略性新兴产业、推进创新创业的一系列政策措施，包括《中共中央　国务院关于深化体制机制改革加快实施创新驱动发展战略的若干意见》、《国家创新驱动发展战略纲要》、《国务院关于大力推进大众创业万众创新若干政策措施的意见》（国发〔2015〕32 号）、《国务院关于做好当前和今后一段时期就业创业工作的意见》（国发〔2017〕28 号）等。如《中长期青年发展规划（2016—2025 年）》中提出"扶持发展现代服务业、战略性新兴产业、劳动密集型企业和小微企业，吸纳高校毕业生就业。加强对灵活就业、新就业形态的支持，促进高校毕业生自主就业，鼓励多渠道多形式就业"。创新驱动发展战略和一系列政策文件催生了一批新产业、新业态和新商业模式，这种结构变化扩大了就业机会，产生了众多新型就业形态，为高校毕业生就业提供了更为广阔的空间和更多的机会。

（二）鼓励高校毕业生自主创业政策

为贯彻落实"促进以创业带动就业"的战略部署，我国在近些年出台了一系列鼓励扶持高校毕业生创业的优惠政策，如在 2010 年和 2014 年启动实施了两轮"大学生创业引领计划"。2016 年开始实施"高校毕业生就业创业促进计划"。经过十多年来的共同努力，目前我国已基本形成了较为完善的支持高校毕业生创业的政策制度和服务体系，主要包括简政放权，降低创业门槛，创业政策支持，创业教育和创业培训，以及各项创业服务等。

1. 简政放权，降低创业门槛

为激发高校毕业生创业活力，促进创业带动就业，我国近年来出台了一系列致力于简政放权、降低创业门槛的政策措施，包括深化商事制度改革，为高校毕业生创业提供工商登记和银行开户便利等。

如国发〔2015〕32 号文规定要"加快实施工商营业执照、组织机构代码证、税务登记证'三证合一'、'一照一码'，落实'先照后证'改革，推进全程电子化登记和电子营业执照应用。支持各地结合实际放宽新注册企业场所登记条件限制，推动'一址多照'、集群注册等住所登记改革，为创业创新提供便利的工商登记服务"。《关于实施大学生创业引领计划的通知》（人社部发〔2014〕38 号）提出要"进一步完善工商登记'绿色通道'，简化登记手续，优化业务流程，为创业大学生办理营业执照提供便利"。《关于实施高校毕业生就业创业促进计划的通知》（人社部发〔2016〕100 号）中提出要"落实好支持创业的便利化措施，会同有关部门简化工商登记手续，提供企业开户便利，按规定给予税费减免优惠，为高校毕业生创业开辟'绿色通道'"。

2. 创业政策支持

（1）税收和行政性收费减免政策

为支持高校毕业生创业，我国自 2005 年来出台了一系列关于减税和普遍性降费的政策措施。

《关于支持和促进就业有关税收政策的通知》（财税〔2010〕84 号）、《国务院关于进一步做好普通高等学校毕业生就业工作的通知》（国发〔2011〕16 号）和《国务院办公厅关于做好 2014 年全国普通高等学校毕业生就业创业工作的通知》（国办发〔2014〕22 号）对满足条件的创业高校毕业生可享受的税收减免优惠政策作出了规定。如国办发〔2014〕22 号文中规定："对高校毕业生创办的小型微型企业，按规定落实好减半征收企业所得税、月销售额不超过 2 万元的暂免征收增值税和营业税等税收优惠政策。"

《关于引导和鼓励高校毕业生面向基层就业的意见》（中办发〔2005〕
18 号）中规定："对高校毕业生从事个体经营的，除国家限制的行业外，
自工商行政管理部门登记注册之日起 3 年内免交登记类、管理类和证照类
的各项行政事业性收费。"随后，国家又出台的相关政策中对准予免交的
行政事业性收费项目作出了具体规定，并将此项优惠政策的覆盖群体进一
步扩展到毕业 2 年以内的高校毕业生。如财政部和国家发展改革委联合发
布的《关于对从事个体经营的有关人员实行收费优惠政策的通知》（财综
〔2008〕47 号）中规定"毕业 2 年以内的普通高校毕业生，凡从事个体
经营（除建筑业、娱乐业以及销售不动产、转让土地使用权、广告业、
房屋中介、桑拿、按摩、网吧、氧吧等，下同）的，自其在工商部门首
次注册登记之日起 3 年内免收管理类、登记类和证照类等有关行政事业性
收费"。该文件还对准予免交的七大类收费项目作出了具体规定。类似规
定在随后国家出台的政策文件中也多有提及，如《关于促进以创业带动就
业工作的指导意见》（国办发〔2008〕111 号）和《关于实施 2010 高校毕
业生就业推进行动大力促进高校毕业生就业的通知》（人社部发〔2010〕
25 号）等。

（2）资金支持政策

为鼓励高校毕业生通过创业带动就业，国家通过提供小额贷款、贴息
政策以及发放创业补贴等方式提供资金支持，从近些年出台的相关政策来
看，资金扶持的对象范围和力度呈现逐渐扩大的趋势。

例如，《关于加强普通高等学校毕业生就业工作的通知》（国办发
〔2009〕3 号）提出对于"在当地公共就业服务机构登记失业的自主创业
高校毕业生，自筹资金不足的，可申请不超过 5 万元的小额担保贷款；对
合伙经营和组织起来就业的，可按规定适当扩大贷款规模；从事当地政府
规定微利项目的，可按规定享受贴息扶持"。《关于实施 2010 高校毕业生
就业推进行动大力促进高校毕业生就业的通知》提出对于"登记求职的高
校毕业生从事个体经营，自筹资金不足的，可按规定申请小额担保贷款，
从事微利项目的，可按规定享受贴息扶持"。《关于加强小额担保贷款财政
贴息资金管理的通知》（财金〔2013〕84 号）规定"高校毕业生最高贷款

额度为 10 万元"。国发〔2011〕16 号文规定："对符合条件的高校毕业生自主创业的，可在创业地按规定申请小额担保贷款；从事微利项目的，可享受不超过 10 万元贷款额度的财政贴息扶持。"

国发〔2017〕28 号文中提出"对首次创办小微企业或从事个体经营并正常经营 1 年以上的高校毕业生、就业困难人员，鼓励地方开展一次性创业补贴试点工作"。

此外，国家鼓励各地积极探索拓展高校毕业生创业的融资渠道，包括充分发挥国家新兴产业创业投资引导基金和中小企业发展基金等政府引导基金的作用；鼓励天使投资、风险投资和创业投资基金等社会资本，以多种方式支持高校毕业生创业；整合发展国家和省级高校毕业生就业创业基金等。如《中长期青年发展规划（2016—2025 年）》、国发〔2017〕28 号文、人社部发〔2014〕38 号文和人社部发〔2016〕100 号文等。

（3）创业经营场所支持政策

人社部发〔2010〕25 号文、《关于实施大学生创业引领计划的通知》（人社部发〔2010〕31 号）、人社部发〔2014〕38 号文和人社部发〔2016〕100 号文对创业高校毕业生在注册资金、人员、经营场所等方面可享受的优惠政策作出了具体规定，要求充分利用大学科技园、科技企业孵化器、高新技术开发区、经济技术开发区、工业园、农业产业园、城市配套商业设施、闲置厂房等现有资源，建设大学生创业园、留学人员创业园和创业孵化基地，支持发展一批众创空间等新型平台，为创业大学生提供低成本场所支持和孵化服务，并对符合条件的创业大学生给予场租补贴。

3. 创业教育和创业培训政策

国家在通过各种金融扶持政策帮助高校毕业生创业的同时始终重视通过加强创业教育和创业培训的方式，增强其创业意识和创业能力，并就此出台了多项政策。

（1）普及创业教育

人社部发〔2010〕25 号文、人社部发〔2014〕38 号文、人社部发〔2016〕100 号文和《中长期青年发展规划（2016—2025 年）》作出了较为详细的规定：各级教育部门要加强对高校创业教育工作的指导和管理，推动高校普及创业教育，把创新创业教育作为教育改革的突破口，指导高校将创新创业教育融入人才培养全过程，开发开好创新创业教育课程，制定学分转换、弹性学制、保留学籍休学创业等措施，开展灵活多样的创业实践活动，建立健全教学与实践相融合的高校创新创业教育体系，增强大学生创新精神、创业意识和创新创业能力。

（2）高校毕业生创业培训政策

国家力求使有创业意愿和培训需求的毕业生都能有机会获得创业培训，并为此出台了一系列政策，如国办发〔2009〕3号文、人社部发〔2010〕31号文、《关于进一步实施特别职业培训计划的通知》（人社部发〔2010〕13号）、国发〔2011〕16号文、《关于继续实施离校未就业高校毕业生技能就业专项活动的通知》（人社厅函〔2014〕189号）、人社部发〔2014〕38号文、《关于进一步推进创业培训工作的指导意见》（人社厅发〔2015〕197号）和《中长期青年发展规划（2016—2025年)》等，具体政策内容如下。

首先，研发适合高校毕业生特点的创业培训课程。创业培训机构要制订符合高校毕业生特点的培训方案，重点采用"创办和改善你的企业"（SIYB）培训模式，规范使用大学生版创业培训教材，提升其创业意识和创业能力。

其次，多部门联合发力开展创业培训（实训）或演练。鼓励有条件的普通高校、教育培训机构、创业服务企业、行业协会、群团组织、公共就业和人才服务机构等开发适合大学生的创业培训项目，经评审认定后，纳入专项活动安排和培训补贴范围。

再次，鼓励开展多元化的创业培训活动。鼓励高等院校、职业院校、技工院校学生在校期间开展"试创业"实践活动和电子商务培训活动，并将其纳入创业培训政策支持范围。建设高校毕业生创业导师团队，开展普及性培训和"一对一"辅导相结合的创业培训活动，帮助高校毕业生增强创业意识和创业本领。

最后，对参加创业培训且达到条件要求的高校毕业生发放培训补贴，并通过组织开展形式多样的大学生创业竞赛活动鼓励在校大学生参加创业培训（实训）。

4. 创业服务

为更好地解决高校毕业生创业过程中遇到的问题，国家在政策制定中尤为重视为高校毕业生创业提供指导和服务，如人社部发〔2014〕38 号文、国发〔2015〕32 号文、《国务院办公厅关于支持农民工等人员返乡创业的意见》（国办发〔2015〕47 号）、《国务院关于进一步做好新形势下就业创业工作的意见》（国发〔2015〕23 号）、《中长期青年发展规划（2016—2025年)》、人社部发〔2016〕100 号文和《关于做好 2017 年全国高校毕业生就业创业工作的通知》（人社部函〔2017〕20 号）等，具体政策内容如下。

第一，构建创业公共服务体系。依托基层就业和社会保障服务设施等公共平台为高校毕业生创业提供指导和服务，协调有关方面构建覆盖院校、园区、社会的创业公共服务体系。探索建立公共服务机构与市场主体合作机制，用好政府购买服务、政府与社会资本合作机制，动员创业服务行业领军企业参与到高校毕业生创业服务中来，改善创业服务供给，提升创业服务的水平及效率。推动高校毕业生创业第三方综合服务体系建设，搭建各类高校毕业生创业孵化平台，完善政策咨询、融资服务、跟踪扶持、公益场地等孵化功能。

第二，开展政策宣传和咨询服务。要对各相关优惠政策进行归集梳理，以年轻人喜闻乐见的形式加强宣传解读并提供咨询，帮助符合条件的创业大学生获得相应政策扶持。加强服务创新，积极探索将促进就业创业政策措施向网络创业就业领域延伸拓展的有效方式，为在电子商务网络平台上注册"网店"的创业大学生提供政策支持和服务。

第三，建立健全高校毕业生创业辅导制度。引导和鼓励成功创业者、知名企业家、天使和创业投资人、专家学者等担任兼职创业导师，提供创业方案、创业渠道等创业辅导。

第四，为大学生创业搭建平台。组织举办大学生创业大赛、创业项目展示交流、创业主题宣传等创业品牌活动，联合有关方面构建创业资源对接交易平台、高校毕业生创客社区等创业生态系统，搭建高校毕业生创业信息公共服务网络，营造鼓励毕业生创业创新的社会氛围。

第五，拓宽人事和劳动保障事务代理服务范围，将创业大学生作为重

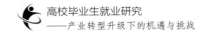

要服务对象，提供档案保管、人事代理、职称评定、社保代理等服务。

第六，充分发挥留学人员回国服务工作体系的作用，对留学回国创业高校毕业生开展针对性服务，帮助他们了解国内信息、熟悉创业环境、交流创业经验、获得政策扶持。

第七，完善农村高校毕业生返乡创业公共服务。针对农村高校毕业生创业实际，依托现有服务机构，通过政府购买服务、项目招投标等方式健全服务功能，整合社会资源，提供综合性服务。组织专家深入基层企业和合作社，了解农村高校毕业生创业过程中的技术需求和产业难题，组织涉农院校、农业科研院所的专家或各级农技人员，加强技术指导和跟踪服务。搭建资源对接平台，通过开展各层级创业创富大赛、农村高校毕业生考察交流活动，集聚更多创业资源，促进项目、资金、技术、人才、信息等有效对接，激发高校毕业生创业潜能。结合全国性、地方性的农业行业展会和各地农产品博览会，开展农村高校毕业生创业产品展示展销推介和创业大赛活动，提升产品的品牌影响力。搭建农村高校毕业生创业见习平台，依托农业企业、涉农高校和科研院所，指导创建农村高校毕业生创业园区，为农村高校毕业生提供实习见习、创业实训或孵化等服务。

（三）促进高校毕业生多渠道就业政策

1. 鼓励高校毕业生到基层就业政策

为推进科教兴国战略和人才强国战略的实施，促进高校毕业生就业，国家从 2005 年开始出台了一系列引导和鼓励高校毕业生到城乡基层和西部就业的政策文件，如中办发〔2005〕18 号文、国办发〔2009〕3 号文、国发〔2011〕16 号文、国办发〔2014〕22 号文、国发〔2015〕23 号文、《关于进一步引导和鼓励高校毕业生到基层工作的意见》（中办发〔2016〕79 号）、《高校毕业生基层培养计划实施方案》（中组发〔2011〕13 号）和国发〔2017〕28 号文等，具体政策内容如下。

（1）多渠道开发基层岗位

通过发放工作生活补贴、政府购买工作岗位、实施学费补偿和助学贷款代偿、提供创业扶持等方式，每年组织引导一批高校毕业生到基层特别是农村基层任职、服务和自主创业，包括：投身扶贫开发和农业现代化建设；到中西部地区、东北地区和艰苦边远地区工作；到基层机关事业单位工作、参军入伍以及到基层创新创业。

（2）为高校毕业生在基层成长成才创造良好条件

相关政策为到基层工作的高校毕业生提供了多方面的优惠条件。第一，加强教育培训，建立健全面向基层高校毕业生的多层次、多元化培训和实训体系。第二，营造有利于高校毕业生发展的制度环境，包括完善职务等级晋升制度，优化基层事业单位岗位设置等。第三，完善基层职称评审制度。制定体现基层一线特别是脱贫攻坚一线专业技术人才工作实际特点的职称评价标准，合理设置评审条件。第四，逐步提高基层工作人员工资待遇。对到中西部地区、东北地区或艰苦边远地区、国家扶贫开发工作重点县工作的高校毕业生工资进行不同档次的高定。落实工作补贴政策和建立津贴增长机制。第五，加强其他待遇保障，包括社会保险政策、学费补偿和助学贷款代偿政策、专项安家费、落户政策等。

此外，技师学院高级工班、预备技师班和特殊教育院校职业教育类毕业生可参照高校毕业生享受相关就业补贴政策。

（3）实施高校毕业生基层项目

为鼓励高校毕业生到基层就业，中央各部委实施了一系列高校毕业生面向基层就业的专门项目，包括大学生"村官"工作、农村学校教师特设岗位计划、"三支一扶"（支教、支农、支医和扶贫）计划、大学生志愿服务西部计划和农村义务教育阶段学校教师特设岗位计划等。国家每年选派一批高校毕业生到基层服务，并不断完善基层服务项目的政策措施，包括生活补贴、社会保险、人员培训、职称评定、考录升学等方面。

2. 鼓励中小微企业吸纳高校毕业生就业政策

为发挥中小微企业吸纳高校毕业生就业的主渠道作用，国家出台了多项相关优惠政策，如《关于鼓励中小企业聘用高校毕业生搞好就业工作的通知》（发改企业〔2003〕1209号）、国发〔2011〕16号文、《国务院关于进一步支持小型微型企业健康发展的意见》（国发〔2012〕14号）、国办发〔2014〕22号文、《关于做好技师学院、特殊教育院校部分毕业生同

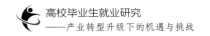
等享受高校毕业生就业政策工作的通知》（人社部发〔2015〕73 号）和国发〔2015〕23 号文等。

（1）中小微企业

对于中小微企业，政策主要是通过提供扶持发展资金、贷款贴息、小额担保贷款、社保补贴和培训补贴等方式鼓励其吸纳高校毕业生就业，并提出重点支持高校毕业生创业企业吸纳应届毕业生的政策。包括：

第一，提供贷款贴息。对招收高校毕业生达到一定数量的中小企业，地方财政应优先考虑安排扶持中小企业发展资金，并优先提供技术改造贷款贴息。对劳动密集型小企业和科技型小型微型企业新招收登记失业高校毕业生达到一定比例的，可申请最高不超过 200 万元的小额担保贷款，并享受财政贴息。

第二，享受社会保险补贴和培训补贴。对小型微型企业新招用毕业年度高校毕业生，签订 1 年以上劳动合同并按时足额缴纳社会保险费的，给予 1 年的社会保险补贴。对小型微型企业新招用高校毕业生按规定开展岗前培训的，各地要根据当地物价水平，适当提高培训费补贴标准。

（2）到中小微企业就业的高校毕业生

对于到中小微企业就业的高校毕业生，主要从户籍、专业技术职称评定、科研项目经费申请、科研成果或荣誉称号申报以及社保缴费等方面提供多方面的优惠措施。如中办发〔2005〕18 号文规定"对非公有制单位聘用非本地生源的高校毕业生，省会及省会以下城市要取消落户限制"。国发〔2011〕16 号文规定"到中小企业就业的高校毕业生在专业技术职称评定、科研项目经费申请、科研成果或荣誉称号申报等方面，享受与国有企事业单位同类人员同等待遇"。

此外，我国政策还鼓励高校毕业生到社会组织就业，并提出对于吸纳高校毕业生就业的社会组织，符合条件的可同等享受企业吸纳就业扶持政策，如国发〔2017〕28 号文。

3. 其他渠道就业

（1）鼓励科研机构吸纳

为鼓励高校和科研机构聘用优秀高校毕业生从事相关研究工作，国家对其参与研究工作期间的劳务性费用和社会保险费作出了安排，且将参与研究期间的工作时间视为工龄，并计入社保缴费中去。

如国办发〔2009〕3号文、国发〔2011〕16号文和国发〔2017〕28号文规定承担国家和地方重大科研项目的单位要积极聘用优秀高校毕业生参与研究，其劳务性费用和有关社会保险费补助按规定从项目经费中列支，劳务费不设比例限制。聘用期满，根据工作需要可以续聘或到其他岗位就业，就业后工龄与参与项目研究期间的工作时间合并计算，社会保险缴费年限连续计算。

（2）支持高校毕业生到国际组织实习任职

国家政策鼓励有条件的高校结合国际组织人才需求，开展培养推送高校毕业生到国际组织实习任职工作。将国际组织基本情况、招聘要求、职业发展路径等内容，纳入大学生就业指导教材和课程。为毕业生到国际组织实习任职和参加志愿活动等，提供信息、咨询、培训等服务。如《教育部关于做好2017届全国普通高等学校毕业生就业创业工作的通知》（教学〔2016〕11号）和国发〔2017〕28号文。

（3）鼓励高校毕业生灵活就业

国家不断加强对高校毕业生灵活就业的支持，在多个政策文件中提出，对高校毕业生申报从事灵活就业的，按规定纳入各项社会保险，各级公共就业人才服务机构要提供人事、劳动保障代理服务，且技师学院高级工班、预备技师班和特殊教育院校职业教育类毕业生可参照高校毕业生享受相关就业补贴政策。具体政策文件如国发〔2011〕16号文、国办发〔2014〕22号文、人社部发〔2010〕25号文、国发〔2015〕23号文、人社部发〔2015〕73号文和《中长期青年发展规划（2016—2025年）》。

（四）高校毕业生职业培训政策

1. 职业技能培训政策

为充分发挥职业培训对促进就业的积极作用，帮助高校毕业生提高就业能力，国家出台了多项政策，如鼓励高校毕业生参加职业技能培训，以助其掌握满足市场和企业实际需求的实用技能。主要包括五个方面。一是实施毕业证书和职业资格证书"双证书"制度，如国办发〔2009〕3号文。二是实施特别职业培训计划，如《关于实施特别职业培训计划的通知》（人社部发〔2009〕8号）、人社部发〔2010〕13号文。三是开展高校毕业生技能就业专项活动。针对离校未就业高校毕业生重点开展以定向培训为主的就业技能培训。对企业拟录用的高校毕业生，重点开展以定岗培训为主的上岗前培训，如《关于实施离校未就业高校毕业生技能就业专项活动的通知》（人社厅函〔2013〕246号）、人社厅函〔2014〕189号文和人社部发〔2016〕100号文。四是打造适应高校毕业生特点的职业技能公共实训基地，如国办发〔2014〕22号文。五是制定培训补贴和职业技能鉴定补贴政策，提高高校毕业生参与技能培训的积极性。

2. 就业见习政策

为帮助高校毕业生提升职业技能，实现就业，除职业培训外，国家还制定了就业见习制度，并就此出台了多项政策文件，如《关于建立高校毕业生就业见习制度的通知》（国人部发〔2006〕17号）、《关于印发三年百万高校毕业生就业见习计划的通知》（人社部发〔2009〕38号）、《关于印发〈关于建立共青团"高校毕业生就业创业见习基地"的指导意见（试行）〉的通知》（中青办发〔2009〕3号）、国发〔2011〕16号文、《关于进一步加强就业专项资金管理有关问题的通知》（财社〔2011〕64号）、国办发〔2014〕22号文、国发〔2015〕23号文和国发〔2017〕28号文等，2016年更是将"高校毕业生就业见习计划"列为《中长期青年发展规划（2016—2025年）》的重点工程项目。这些政策对就业见习基地建设、见习期限、见习期间基本生活补助、人事代理服务以及见习组织和管理等若干方面作出了具体规定，并对见习制度从资金和服务两方面提出了保障要求。主要包括：

第一，见习单位和见习基地的建立。面向应届大中专毕业生、已毕业未就业大中专毕业生等社会青年群体，按照"项目化运作、社会化动员、规范化管理"思路，在企业、社区、科研院所建设一批见习、实习基地，开发一批具有职业发展空间、技能训练机会的见习、实习岗位。为高校毕业生积累工作经验、提高就业创业能力提供帮助，为用人单位选人搭建平台。见习基地挂牌期限一般确定为 3 年。3 年期满，经考核合格的可继续挂牌。

第二，见习时间规定。见习期限一般为 6 个月，最长不超过 1 年。在见习期间被见习单位正式录（聘）用的，在该单位的见习期可以作为工龄计算。

第三，见习补贴和生活补助。由见习单位先行垫付见习人员见习期间的基本生活补助，之后可按规定向当地人力资源和社会保障部门申请就业见习补贴。允许就业见习补贴用于见习单位为见习人员办理人身意外伤害保险以及对见习人员的指导管理费用。对见习期满留用率达到 50% 以上的见习单位，可适当提高见习补贴标准。

（五）公共就业服务政策

在促进高校毕业生就业创业的过程中，国家始终重视不断完善对高校毕业生就业和创业提供各种公共就业服务，主要包括健全公共就业服务体系、公共就业信息服务、公共就业专项活动和就业援助等方面。

1. 健全城乡均等的公共就业服务体系

省、市、县三级设立公共就业服务机构，县以下街道（乡镇）和社区（行政村）设立基层公共就业服务平台。各地按照统一领导、统一制度、统一管理、统一服务标准、统一信息系统的要求，统筹规划公共就业和人才交流服务机构建设，形成覆盖城乡的公共就业服务体系，如《关于进一步完善公共就业服务体系有关问题的通知》（人社部发〔2012〕103 号）。

全面实施统一的基本服务免费制度、就业信息服务制度、大型专项就业服务活动制度、就业与失业登记管理制度、就业援助制度、劳动人事档案管理服务和就业信息监测制度等各项就业公共服务制度，如人社部发〔2012〕103 号文。不断完善公共就业服务功能，把有就业意愿的高校毕业生全部纳入服务范围，如《中长期青年发展规划（2016—2025 年)》。

适应高校毕业生多元化的就业需求，创新服务理念和模式，提供个性化、专业化的职业指导、就业服务和用工指导，如国发〔2017〕28 号文。

落实政府购买基本公共就业创业服务制度，充分运用就业创业服务补贴政策，支持公共就业创业服务机构和高校开展招聘活动和创业服务，支持购买社会服务，为高校毕业生提供职业指导、创业指导、信息咨询等专业化服务，如国发〔2017〕28号文。

2. 公共就业信息服务政策

在加强网络信息服务，建立健全全国公共就业服务信息系统的同时，国家不断创新就业信息服务的方式方法，注重运用互联网技术打造适合高校毕业生特点的就业服务模式。推进公共就业人才服务机构实体大厅服务向网络服务延伸，运用微信、微博、手机App等平台，多渠道、点对点发布和推送就业信息，扩大服务对象自助服务范围，精准促进人岗匹配，推广网上受理、网上办理、网上反馈，实现就业创业服务和管理全程信息化，打造便捷高效的"互联网＋就业服务"模式，如国办发〔2014〕22号文、《中长期青年发展规划（2016—2025年）》和国发〔2017〕28号文。

3. 开展公共就业服务专项活动

从2003年开始，尤其是2008年金融危机以来，我国公共就业服务机构利用点多面广的优势，面向高校毕业生组织了一系列全国性的公共就业和人才服务专项活动，并深入街道、乡镇、社区，有针对性地开展服务。这些活动已经连续开展了十多年，为供需双方搭建了信息平台，积极促进双方顺利对接（见表5－2）。

表5－2　各项公共就业服务专项活动的具体内容

活动名称	起始时间	举办时间	服务对象	活动内容
民营企业招聘周	2006年	5月中下旬	民营企业求职的高校毕业生	通过现场招聘和网络招聘等多种形式，为民营企业招聘用人和高校毕业生求职就业搭建对接平台
高校毕业生就业服务月	2006年	9月	当年离校未就业高校毕业生	帮助离校未就业高校毕业生尽早实现就业
高校毕业生招聘周	2003年	11月下旬	正在求职的次年高校毕业生	组织公共就业和人才交流服务机构以及各类人力资源服务企业，集中提供招聘、就业指导等服务

4. 就业援助政策

国家在制定促进高校毕业生就业政策时尤为关注对困难高校毕业生的帮扶，如人社部出台的《关于做好 2014 年全国高校毕业生就业工作的通知》（人社部函〔2014〕24 号）中明确提出："要将零就业家庭、城乡低保家庭、农村贫困户、残疾等就业困难的未就业高校毕业生列为重点对象，实施重点帮扶，促进其尽快就业。"相关就业援助政策主要包括如下四个方面。

一是免除考录费用。国办发〔2009〕3 号文和人社部发〔2010〕25 号文中均规定各级机关考录公务员、事业单位招聘工作人员时，免收困难家庭高校毕业生的报名费和体检费。

二是发放求职补贴。国家出台了多项政策对困难家庭高校毕业生可获得的求职补贴作出了规定，包括补贴的发放对象、发放原则、申领发放程序、补贴标准及列支渠道等。如国发〔2011〕16 号文、《关于做好 2013 年全国普通高等学校毕业生就业工作的通知》（国办发〔2013〕35 号）、《关于做好高校毕业生求职补贴发放工作的通知》（人社部发〔2013〕43 号）、国办发〔2014〕22 号文、人社部发〔2016〕100 号文。近年来，政策还不断扩大求职补贴的发放范围。国发〔2015〕23 号文将求职补贴调整为求职创业补贴，对象范围扩展到已获得国家助学贷款的毕业年度高校毕业生；国发〔2017〕28 号文继续加大对困难高校毕业生的帮扶力度，将求职创业补贴补助范围由原来的低保家庭毕业生、身患残疾的毕业生、已获得国家助学贷款的毕业生扩展到贫困残疾人家庭、建档立卡贫困家庭高校毕业生和特困人员中的高校毕业生。

三是专项活动优先帮扶。《关于做好 2013 年全国高校毕业生就业工作的通知》（人社部函〔2013〕1 号）中提出在组织开展"就业援助月"、"高校毕业生就业服务月"和"高校毕业生就业服务周"等专项活动中，要将困难高校毕业生作为重点对象，优先提供就业帮扶服务。

四是残疾人毕业生就业帮扶。为促进高校残疾人毕业生实现就业，国家对其实施重点扶助，开展"一对一"的个性化就业指导，并制定了企业按比例吸纳残疾人的就业政策。如《关于进一步做好高等学校残疾人毕业生就业工作的通知》（残联发〔2009〕8 号）、《关于实施离校未就业高校毕业生就业促进计划的通知》（人社部发〔2013〕41号）。

二　地方促进高校毕业生就业创业的措施

（一）促进高校毕业生基层就业的主要项目和优惠措施

1. 高校毕业生基层就业的主要项目

高校毕业生就业是一个涉及全局的重大问题。随着经济体制改革的深化和经济结构的战略性调整，一方面高校毕业生就业面临一些困难和问题，另一方面广大基层特别是西部地区、艰苦边远地区和艰苦行业以及广大农村还存在人才匮乏的状况。积极引导和鼓励高校毕业生面向基层就业，有利于青年人才的健康成长和改善基层人才队伍的结构，有利于促进城乡和区域经济的协调发展，也有利于构建社会主义和谐社会。

除了中央部门，很多地方政府也就组织和实施基层就业项目作出了相关规定。广东省从2013年起每年招募1400名高校毕业生参加"三支一扶"服务。继续实施"大学生村官计划"和"大学生志愿服务西部计划"，每年选聘一批高校毕业生到村担任党支部书记助理或村委会主任助理，招募一批大学生志愿服务西部、山区。开展农业技术推广服务特岗计划试点，选拔一批高校毕业生到乡镇担任特岗人员。广东省还鼓励高校毕业生应征入伍服义务兵役。凡高校毕业生应征入伍服义务兵役的，由政府补偿学费或代偿助学贷款；具有高职（高专）学历的，可经过一定考核入读普通本科；退役后报考硕士研究生的，初试总分加10分；荣立二等功以上的，退役后免试推荐入读硕士研究生。

贵州省自2013年起把选调生和选聘高校毕业生到村任职计划统一纳入公务员乡镇培养计划。各级公务员考录和就业管理部门同组织、编制管理部门一起统筹安排省、市、县三级机关新增考录职位80%的人员到乡镇、村级组织和基层派出机构工作，在计划拟订、考录流程、人员派遣和跟踪管理保障等方面形成全省统一的工作局面。同时，自2013年起，每年省、市、县三级国家机关需要补充的公务员名额，80%从具有3年及以上乡镇或村工作经历的公务员中进行遴选或选调。各级公务员和就业管理部门根据新的政策格局，建立新考录到基层工作人员数据库，会同编制管理部门建立省、市、县人员编制和进出人员台账，加强信息建设和管理，为省、市、县遴选、选调工作的开展提供准确的综合信息保障。

2013 年，贵州省将"农村义务教育阶段学校教师特设岗位计划"、"乡镇特岗医生计划"、"三支一扶"计划和"大学生志愿服务西部计划"进行总体整合，统一合并为乡镇事业单位人员补充计划，对到基层工作的高校毕业生通过事业单位公开招聘纳入乡镇事业单位人员管理。各级人社部门对计划实施发挥牵头作用，加强与编制、教育、卫生、团组织等相关部门的沟通协调，结合乡镇事业单位空编空岗情况，组织事业单位公开招聘工作，确保每年 10000 人左右招聘计划的落实。同时，鼓励省、市、县各级事业单位新聘用人员到乡镇辅助工作或挂职锻炼；鼓励县级以上事业单位面向乡镇事业单位选调工作满 3 年及以上的人员。

2006 年以来，贵阳市共招募 5088 名高校毕业生到基层工作，其中："一村一大学生"1198 名，到村任职 880 名，"三支一扶"计划 511 名，"大学生志愿服务西部计划"1114 名，"一社区一大学生"785 名，特岗教师 600 名。

陕西省在促进大学生就业工作中拓宽就业渠道。2014 年，全省 4 个基层就业项目计划聘用高校毕业生 6300 人。全省计划招录公务员 2880 名，其中县乡级职位 2603 名。全省计划征招 7000 名高校毕业生入伍服兵役。

2. 高校毕业生社区服务计划

在推进基层就业项目的同时，很多地方政府还结合加强和创新社会管理进程、推进新型城镇化和加强基层公共服务的需要，大力开发公共管理和社会服务岗位，通过政府购买服务的方式，开发一定数量的乡镇（街道）社会公共管理和社会服务岗位。

2013 年上海市开始试点大学生社区服务计划。为了拓宽大学生到基层就业、成长的渠道，2013 年，社区服务计划在普陀、闸北及虹口试点，最终选聘了上海 25 所高校的 150 名大学生。其中，73 人担任居民区党组织书记助理，77 人担任居委会主任助理。

成功试点后，该计划 2014 年在全市 17 个区县推开，招募岗位 798 个。

根据市民政局和市教委的招募计划，社区服务计划选聘的对象为普通全日制高校本科及以上学历的应届毕业生。2014 年，全市各区县都将根据辖区内居民委员会总数，按 20% ~25% 的比例来确定选聘岗位。17 个区县中，浦东新区是招募"大户"，提供 165 个岗位；中心城区里，黄浦、徐汇、长宁和静安提供的岗位分别是 37 个、61 个、36 个和 14 个。在工作待遇方面，2014 年参与社区服务计划大学生的生活费发放标准为每人每月 2247 元。此外，经考核合格的，每人每年给予政府奖励 10000 元。各用人单位为大学生缴纳社会保险费和住房公积金等。

大学生社区服务计划的推出，不仅有助于拓宽大学生的就业渠道，而且对社区来说，也优化了工作人员的年龄和知识结构。长期以来，社区基层服务人员老龄化倾向明显，基层干部和人才队伍存在文化层次较低等问题。而 2013 年入选计划的大学生，年龄集中在 22~25 岁。

为开拓在社区服务的大学生们的职业发展空间，上海市规定，大学生在社区服务满 2 年，且考核合格的，可按照有关规定和程序依法参加居民区党组织和居委会换届选举；社区服务满 2 年且考核合格的大学生，在报考本市党政机关公务员和事业单位时，同等条件下优先录用；担任居民区党组织书记或居委会主任 3 年以上，考核称职并符合有关报考条件的，可参加面向优秀居（村）干部的公务员定向招录。

广东省通过政府购买服务的方式，开发一定数量的乡镇（街道）、社区人力资源和社会保障、民政、文化、司法、青少年服务等社会公共管理和社会服务岗位，重点用于帮扶"双困"（家庭困难和就业困难）高校毕业生就业，服务期限最长不超过 2 年。服务期间工资待遇原则上参照当地同条件事业单位工作人员工资水平确定，所需资金在各级政府就业专项资金中统筹安排。

为进一步推动高校毕业生就业，拓宽其基层就业渠道，安徽省合肥市 2014 年开展了基层特定岗位招聘工作。2014 年合肥市共购买 384 个街道（乡镇）、社区等基层公共管理和社会服务岗位，主要用于吸纳高校毕业生就业。毕业 2 年以内（即 2013 届、2014 届）未实现就业的普通高等学校毕业生均可报考基层特定岗位。基层特定岗位实行劳动合同制管理，由聘用单位与被聘用对象签订劳动合同，首次合同期限为3年，年均工资不低于19800元。工作期间，依法参加基本养老保险、基本医疗保险、失业保险、工伤保险和生育保险，期满后可根据个人表现和工作需要，双方协商一致，续签劳动合同。服务时间视同为基层工作经历。

3. 鼓励高校毕业生基层就业的优惠政策

为了鼓励高校毕业生到基层就业，一些地方政府制定了相关优惠政策。广西壮族自治区规定，凡是到基层就业的均可享受国家和自治区的一系列有关高校毕业生就业创业优惠政策。参加"三支一扶"支医计划的医学生，享受与正式聘用职工一样的绩效工资待遇，每年还可享受1.56万元（每月1300元）的生活补贴和500元的交通补贴；参照当地收入标准缴纳社会保险（五险），自治区财政缴纳部分约500元；服务县（市、区）或服务单位提供每月不低于300元的岗位津贴。参加"三支一扶"支医计划的大学生到乡镇卫生院支医2年服务期满后，经考核合格，本人愿意，单位同意，可直接纳入原服务的乡镇卫生院编制内管理，享受正式员工待遇，不用参加面向社会公开招聘的考试，之前服务年限计入工龄。

基层服务期满后，如果要考研深造、报考公务员，自治区规定，具有研究生推免资格的高校，对有志参加"三支一扶"支医计划的应届毕业生，根据本校实际在推免时予以一定的政策倾斜；毕业生被录取后，保留入学资格并完成"三支一扶"支医计划2年支医任务。参加"三支一扶"支医计划的大学生服务期满后3年内报考硕士研究生的，初试总分加10分，同等条件下优先录取。参加"三支一扶"支医计划的大学生，参加公务员考试可享受公务员招考的相关优惠政策。自治区每年安排总指标的10%～15%，面向包括"三支一扶"支医计划在内的高校毕业生服务基层项目人员招考。

成都市一直重视高校毕业生服务基层项目工作，切实解决好大学生志愿者的工作条件、生活待遇、社会保障等方面的问题，并对鼓励高校毕业生服务城乡基层工作长效机制作出了制度安排。在畅通服务期满大学生"出口"方面主要有以下政策措施。一是在公务员招考方面，从2010年7月起，由原来的加分政策改为每年拿出公务员考录计划的10%～15%，面向服务基层项目大学生志愿者定向考录。二是在事业单位招考方面规定，市和区（市）县属事业单位公开考试招聘管理人员应有50%比例面向服务期满且考核合格的大学生志愿者定向招聘。乡镇事业单位主要从服务期满且考核合格的大学生志愿者中招聘。大学生志愿者服务的事业单位出现自然减员时，与项目对应的大学生志愿者可经考核直接聘用。服务期满且考核合格的大学生志愿者参加事业单位公开招考时，笔试成绩按在基层服务满1年2分的标准予以加分，最高不超过8分。三是在促进市场就业方面规定建立自主择业期制度，大学生志愿者服务期满前3个月为自主择业期，此期间保留各项待遇。此外，还有鼓励留村任用、充实到选调生队伍、鼓励创新创业等有利于大学生志愿者就业的优惠政策。从制度体系设计以及贯彻落实情况来看，这些政策规定的实施都为畅通服务期满大学生"出口"渠道，多方位、多层次、多形式解决志愿者转岗就业问题发挥了积极作用。

（二）促进高校毕业生就业的主要措施

1. 加强对高校毕业生的就业指导和就业培训

近年来，随着高校的急剧扩招，每年都有一些大学生毕业后未能实现就业。严峻的就业形势、大学生多层次的就业需求和较低的满意度，给大学生自身发展和社会稳定带来了一定影响。在这种背景下，加强职业指导，可以促进大学生实现更高质量就业。

在就业指导和就业培训方面，广东省要求各高校将就业指导课程作为必修课列入教学计划，积极开展在校生职业生涯规划教育，着力提高就业指导课程的针对性和实效性。公共就业人才服务机构和高校毕业生就业指导服务机构要广泛开展公共就业人才服务进校园活动，帮助高校毕业生及时了解就业形势、政策和企业用人需求，理性求职就业。发挥各级团委和社会组织力量，多渠道加强对高校毕业生的就业指导和心理辅导，帮助他们顺利度过学习与就业的转换期。

广东省还引导高校毕业生根据市场需求和自身专业特点，积极参加职业技能培训。高校毕业生在毕业学年，即从毕业前一年7月1日起的12个月，参加职业技能培训并取得职业资格证书的，由就业专项资金按规定给予职业技能培训和鉴定补贴。广东省还要求各高校把创新创业教育融入专业教学和人才培养全过程，并将创业教育课程纳入学分管理，鼓励在校生积极参加创业教育和创业实践活动。提升省级大学生创业教育示范校建设工作水平。毕业学年高校毕业生参加创业培训并取得合格证书的，按规定给予创业培训补贴。同时遴选青年企业家组建大学生创业导师团，为高校毕业生提供创业指导。

天津市提出各高校要全面开展职业发展指导和就业创业教育，将就业指导课程纳入教学计划，建立贯穿于整个大学教育期间的职业发展和就业指导课程体系，帮助高校毕业生树立正确的成才和就业观念。各级公共就业人才服务机构要加强与企业沟通联系，广泛收集企业用工信息，采取网络招聘、专场招聘、供求洽谈会和用人单位进校园等多种方式，大力开展面向高校毕业生的就业服务系列活动。对高校开展校园招聘活动，纳入公共就业服务项目给予政策支持。

天津市还规定要对有培训需求的高校毕业生开展市场紧缺职业技能培训；对离校未就业的高校毕业生，开展以定向培训为主的就业技能培训；对企业拟录用的高校毕业生，开展以职业技能培训为主的上岗前培训。对培训合格的高校毕业生给予培训费补贴，补贴期限为在学期间和毕业后 1 年内。高校毕业生参加《职业培训成本及市场需求程度目录》所列职业技能培训，取得中级工及以上等级职业资格证书的，给予培训成本 50% 的培训费补贴和 100% 的技能鉴定费补贴。高校毕业生参加《定额培训补贴职业目录》所列职业技能培训并取得职业资格证书的，根据职业分别按照每人 1000 元、800 元、600 元的标准给予培训费补贴和 100% 的技能鉴定费补贴。高校毕业生参加定向就业培训，符合相关条件的，按照每人 500 元的标准给予培训费补贴。

贵州省贵阳市非常重视为高校毕业生提供适合市场需求的专业培训。近年来，共开办物流、营销等专业培训 12 期，培训高校毕业生 4865 人次。在市属高校实施高校毕业生毕业证书和职业资格证书"双证书"制度。目前已对贵阳学院等 4 所大学的 8024 名高校毕业生进行了中、高级职业技能

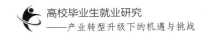
鉴定，涉及 20 多个专业工种。

山西省太原市各级公共就业服务机构设立高校毕业生服务窗口，为毕业生免费提供系列就业指导讲座，提供面对面就业指导服务，帮助毕业生了解就业政策、调整就业心态、提高求职和职场实用技能；帮助毕业生树立正确的就业观，避免盲目求职；开展网上咨询活动，对高校毕业生普遍关心的政策性问题进行答疑解惑；印发《高校毕业生就业政策百问》、高校毕业生就业宣传页等就业政策和就业服务宣传资料，宣传高校毕业生就业政策法规，帮助和引导毕业生树立正确的就业观念，提升其就业能力。

2. 针对高校毕业生的招聘

（1）网络招聘

为了推进高校毕业生就业工作，教育部与人力资源和社会保障部已经联合举办 2014 年全国高校毕业生就业网络联盟春夏秋冬四次招聘周活动。教育部全国高等学校学生信息咨询与就业指导中心、人力资源和社会保障部全国人才流动中心、人力资源和社会保障部中国就业培训技术指导中心共同负责活动的承办。网络平台包括：全国大学生就业公共服务立体化平台（www. ncss. org. cn）、中国人力资源市场网（www. chrm. gov. cn）、中国就业网（www. chinajob. gov. cn）、全国公共招聘网（www. cjob. gov. cn）。

活动的组织形式是教育部、人力资源和社会保障部分别设立网络招聘会分会场，以不同方式发布招聘信息及提供相关就业服务。由教育部全国大学生就业公共服务立体化平台、人力资源和社会保障部中国人力资源市场网、中国就业网、全国公共招聘网开通网络招聘会统一网页，并负责与本系统地方相关网站的链接。各省级教育、人力资源和社会保障部门分别负责本地区网上联合招聘活动的信息收集、整理和上网发布工作，并组织高校、公共就业人才服务机构和职业中介机构对上网求职的高校毕业生提供相应服务。

（2）专场就业招聘会

每年 2 月至 5 月，是高校毕业生就业求职的关键期。随着高校毕业生的陆续返校开学，以及考研成绩的揭晓，各地不断为他们组织专场就业招聘会。北京高校毕业生就业指导中心及各高校从 2 月开始陆续举办一系列形式多样的毕业生专场就业双选会，为毕业生集中提供用人单位招聘信息。从 2014 年 2 月至 5 月安排举办了 40 多场高校毕业生专场就业双选会。中心还在 3 月至 5 月直接送就业岗位进校园，在北京地区相关高校举办校园双选会。毕业生可提前登录北京高校毕业生就业信息网（www.bjbys.net.cn）专栏查询。在双选会现场，高校就业指导专家和用人单位人力资源专家还为毕业生提供免费的就业指导咨询服务。

北京大学生就业之家在每周四固定举办综合类毕业生就业双选会的基础上，增加安排了建筑类专场、中关村电子城专场、研究生专场、京城职场专场等行业或专业场次，并于 2014 年 3 月举办了"女大学生专场"。

贵州省强化服务、打好基础，积极为高校毕业生就业搭建平台和载体。在贵州大学、贵州（清镇）职教城、大学城（贵州财院）设立分中心（分市场）。设立独立的高校毕业生"一站式"服务平台和"绿色通道"，为毕业生提供"短、平、快"咨询服务。

近年来，随着国家粮食生产核心区、中原经济区和郑州航空港经济综合实验区三大战略规划的实施，河南省产业集聚区迅速发展，涌现出了很多发展前景广阔、发展潜力巨大的企业，不仅为经济社会发展做出了重要贡献，也为包括高校毕业生在内的就业人群提供了更多就业岗位。2014 年 6 月，河南省人社厅为大学生举办了岗位对接洽谈会。活动共吸引了来自全省 180 个产业集聚区的包括中铁七局集团有限公司、海马轿车有限公司、富士康郑州科技园、阿里巴巴河南服务中心、开封京宇电力有限公司、福瑞堂药业、郑州宇通重工有限公司、中粮（郑州）粮油工业有限公司、济源伊利乳业有限责任公司、双汇集团、旺旺集团、金龙精密铜管集团股份有限公司、河南新飞电器有限公司等在内的 510 家用人单位参会。用人单位共计提供各类就业岗位 2.3 万个，全省各高校的近 3 万名学生进场求职，经过供需双方对接洽谈，现场达成初步就业意向的近 6000 人次。

为了缓解高校毕业生就业压力，山西省太原市人才大市场每周五开设专场为大学生提供就业服务。到 2014 年 5 月底，已举办高校毕业生就业专场招聘会 22 场，3388 个单位发布岗位信息 8000 余条，近万名高校毕业生与用人单位达成了就业意向。

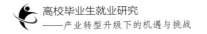

（3）多城联动，线上线下同时招聘

为促进2014届高校毕业生就业，3月1～31日，人力资源和社会保障部举办了"部分大中城市联合招聘高校毕业生（春季）专场活动"。该活动以"城市联动齐发力，线上线下促就业"为主题，顺应高校毕业生愿意到大中城市就业的心理需求和大中城市招揽引进优秀人才的发展需要，发挥大中城市的积极性，通过线上线下相结合方式，为2014届高校毕业生及往届离校未就业毕业生提供专场服务。活动期间，举办40个大中城市参加的城市联合网络招聘大会，有1.9万个用人单位参会，提供8.3万个职位和22.1万个岗位。各参与城市还举办近百场现场招聘会，同步发布其他大中城市的招聘信息，并配套开展各种形式的政策宣传和服务活动。

活动期间，为满足高校毕业生跨区域就业和用人单位跨区域揽才的需要，3月2日、23日，人力资源和社会保障部全国人才流动中心还分别在南京、北京举办两场跨区域校园巡回招聘活动，发动有需求的省市组织本地用人单位组团到巡回招聘点招聘高校毕业生，使高校毕业生"足不出户"即可在网上获得众多大中城市的招聘用人信息，投递求职简历；"足不出城"即可与来自多个大中城市的用人单位面对面交流，洽谈选择就业，降低求职成本，提高供需对接效率。

2014年10月，为期一个月的"第二届部分大中城市联合招聘高校毕业生（秋季）专场活动"也在全国启动。172个城市在此期间通过网络招聘会的形式提供至少38万个职位。专场活动包括线上和线下两部分。其中172个城市的联合网络招聘大会，把各地的招聘信息在活动平台上统一发布，毕业生和用人单位可实现"一处注册，全平台查询"。网招会共组织约9.1万个用人单位参会，信息涵盖了IT、电子商务、建筑、教育、通信、经营管理、居民服务等行业。此外，各参会省市还同步在当地举办面向高校毕业生的现场招聘会，人力资源和社会保障部在部分高校比较集中、跨区域就业需求较大的城市设立巡回招聘点。

在组织开展招聘活动中，广东省强调提供有针对性的服务。各高校毕业生就业服务机构、公共就业人才服务机构广泛收集适合高校毕业生就业的岗位信息，有针对性地举办分区域、分行业、分层次的专场招聘及校企对接活动。组织开展"一企一岗"、"民营企业招聘周"和"网络招聘月"等专项服务活动。健全全省就业人才信息服务网络平台,实现与高校校园网互联互通。组织举办网络招聘会,充分利用短信、微博、移动互联平台等多种渠道发布就业信息,降低毕业生求职成本。广东省还规定,高校开展的校园招聘活动,可纳入公共就业服务大型专项活动项目给予适当支持。

3. 鼓励高校毕业生到中小企业就业

相对国有大中型企业和机关事业单位,小微企业产值在国民经济中所占的比重不断提高,吸纳就业的作用日益突出,已经成为提供工作岗位,解决大学生就业问题的重要途径。为了促进小微企业吸纳更多就业,北京市规定,小型微型企业新招用毕业年度高校毕业生,签订1年以上劳动合同并按时足额缴纳社会保险费的,给予1年的社会保险补贴,政策执行期限截至2015年底。科技型小型微型企业招收毕业年度高校毕业生达到一定比例的,可申请最高不超过200万元的小额担保贷款,并享受财政贴息。对小型微型企业新招用本市高校毕业生,并从招用之日起6个月内开展岗前培训或职业资格培训的,按规定给予培训补贴。

广东省政府要求,充分发挥民营企业、非公有制经济组织吸纳高校毕业生就业的重要作用。中小微企业每新招用一名应届高校毕业生,与其签订1年以上期限劳动合同并按规定缴纳社会保险费的,给予1000元的一次性补贴,其中属于小微企业的还给予1年期限的社保补贴,所需资金从就业专项资金列支。符合规定类型和条件的企业,当年新招用高校毕业生,与其签订1年以上期限劳动合同和缴纳社会保险费的,在3年内按实际招用人数以每人每年4800元的定额标准,依次扣减营业税、城市维护建设税、教育费附加和企业所得税。

天津市规定,小微企业吸纳高校毕业生并与其签订1年以上劳动合同的,按照本市当年社会保险最低缴费基数和单位缴费费率给予1年的社会保险补贴。初创期科技型中小企业吸纳高校毕业生并与其签订1年以上劳动合同的,给予1年岗位补贴和社会保险补贴。岗位补贴标准为天津市最低工资标准的30%。社会保险补贴标准按照本市当年社会保险最低缴费基数和单位缴费费率确定。各类企业吸纳零就业家庭、单亲家庭、低保家庭

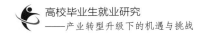
以及需赡养患重大疾病家庭成员的高校毕业生，并签订 1 年以上劳动合同的，给予 1 年岗位补贴和 3 年社会保险补贴。

黑龙江省哈尔滨市规定，高校毕业生到中小企业就业，在专业技术职称评定、科研项目经费申请、科研成果或荣誉称号申报等方面，享受与国有企事业单位同类人员同等待遇，并享受档案管理、人事代理、社会保险办理和接续等服务。对小型微型企业新招用毕业年度高校毕业生，签订 1 年以上劳动合同并按时足额缴纳社会保险费的，给予 1 年的社会保险补贴；同时组织开展岗前培训的，给予培训费补贴。

4. 实施高校毕业生见习计划

很多大学生认为自身就业能力和实践经验不足是就业困难、择业迷茫的主要原因之一。为扩大就业见习规模，2013 年，人社部确定北京福田戴姆勒汽车有限公司等 102 家单位为第二批高校毕业生就业见习国家级示范单位。人社部规定，各国家级示范单位要完善见习制度，规范见习管理，提高见习质量，扩大见习规模，发挥示范带头和区域辐射作用。各地要加大对国家级示范单位的工作指导和扶持力度，落实见习补贴等相关政策，及时总结和推广经验，进一步发挥国家级示范单位在当地的引领和示范作用，推动就业见习工作的广泛开展。

山东省要求进一步加强就业见习管理，结合本地产业发展需要和毕业生就业见习意愿，继续建设一批社会责任感强、就业环境条件好、管理规范的就业见习基地，不断扩大就业见习规模，提升就业见习质量。对在生源地和求职地登记未就业或失业的有见习意愿的毕业生，都要纳入就业见习招募范围，通过举办就业见习专场招聘会等多种形式，确保有见习需求的毕业生都能得到见习机会。各地要对现有的就业见习基地进行全面评估，及时发现问题进行整改。在评估认定一批就业见习市级示范基地的基础上，继续开展省级示范基地评选工作。根据当地经济发展和物价水平，适当提高就业见习基本生活补助标准。毕业生见习期间参加职业培训的，按现行政策享受职业培训补贴。全省每年组织不少于 1 万名毕业生参加就业见习，见习期满企业留用率达到 70% 以上。

贵州省贵阳市积极实施高校毕业生见习计划。通过建立"企业－学校"、"学校－企业"、"企业－个人"和"个人－企业"四种对接平台，截至2013年底，共建高校毕业生就业见习基地和见习单位208家。通过实地考核，对被认定为示范见习基地的单位最高奖励50万元。此外，还为见习大学生提供生活补贴，标准为最低工资的60%，每人每月750元，补助时间为半年。为加强安全保护，还为见习大学生购买商业保险。鼓励实习企业雇佣见习大学生，企业每雇佣一名大学生可享受500元奖励。目前见习大学生留用率为65%。2010年至2013年，高校毕业生见习补助共计3020人次，发放见习生活补贴832万元。

共青团广东省委、省人社厅、省教育厅、省直工委等单位从2013年暑假开始，为全省在读大学生、应届毕业生、离校未就业大学生提供8万多个实习见习岗位，组织大学生走进机关、企业、基层，开展就业实习见习系列活动，帮助大学生增强就业创业能力，积累工作经验，树立正确的就业创业观念。

见习计划联系全省各地乡镇（街道）、社区农村，广泛开发了一批基层公共管理和社会服务实习岗位；争取广东百强民营企业、各类高新技术企业和优秀成长型中小企业支持，开发技术类、管理类、营销类等实习岗位。在此基础上，实施分类项目化运作，开发十大实习项目，按照"统一管理、独立运作"的模式，与相应的职能部门对接开展每个项目。其中，联合省直工委、省国资委实施"走进省直单位实习项目"；联合省工商联开展"走进优秀民企实习项目"；联合省民政厅实施"走进基层服务项目"；联合省科技厅实施"大学生科技特派员助理（科研助理）项目"。在政府部门和广大企业的支持下，募集89754个见习岗位，分布遍及全省121个县区。在省港澳办支持下，还首次派出社工专业大学生到香港社工机构实习。

该计划倡导用人单位拿出部分时段（暑期）的部分岗位作为"不设性别、专业、学校等要求"的公益实习岗位，提升了活动吸引力，扩大了参与面。所有见习实习岗位实行动态公布、网上选岗配岗，实现实习单位、学生"阳光"双向选择，有效降低成本。计划实施后，共吸引了来自137所省内高校以及181所省外、海外高校约12.8万名大学生参与，匹配岗位

7.3 万个，实际到岗超过 6 万人。广东省规定，离校未就业高校毕业生参加见习活动，见习单位应当每月向见习人员提供不低于当地最低工资标准80% 的生活补贴。生活补贴由见习单位和当地政府各承担 50%，政府承担部分从就业专项资金列支。

5. 高校毕业生求职补贴

为了帮助困难家庭大学生尽快找到合适的工作岗位，很多地方推出了高校毕业生求职补贴措施。天津市把就业困难的高校毕业生纳入就业援助体系，建立专门台账，实施"一对一"职业指导和重点帮扶。对低保家庭和残疾高校毕业生在离校前给予 3000 元的一次性求职补贴；对离校时未就业的零就业家庭、单亲家庭以及需赡养患重大疾病家庭成员的高校毕业生，在接受就业指导后，给予 3000 元的一次性求职补贴。

江西省规定，从 2014 年起，一次性求职补贴发放对象增加江西省内普通高等院校有就业愿望并积极求职、持残疾人证的应届毕业生，按规定给予每人 800 元的一次性求职补贴。截至 2014 年 6 月底，江西省共审核通过了 3685 名 2014 届符合条件的高校毕业生的一次性求职补贴申请，现已全部发放到位，发放金额共计 294.8 万元。

山西省对享受城乡居民最低生活保障家庭的高校毕业生发放一次性求职补贴的政策始于 2013 年，2014 年以来为 4037 名困难家庭高校毕业生发放求职补贴 403.7 万元，每人可领到补贴 1000 元。为了更好地帮助高校毕业生就业，山西省还在各级机关考录公务员、事业单位招聘工作人员时，给予困难家庭高校毕业生报名费、体检费减免优惠政策。

6. 离校未就业大学生实名登记制度

自人社部对离校未就业高校毕业生开展实名登记的要求出台后，全国各级公共就业人才服务机构和基层服务平台面向有就业意愿的高校毕业生开放，通过经办高校毕业生报到接收、档案托管、人事代理、求职登记等业务，以及入户走访等方式，主动为在当地求职的高校毕业生进行实名登记。同时，各地公共就业人才服务机构还努力做到全面登记、主动联系、服务到位，确保符合条件的高校毕业生都能享受到扶持政策，力争使每一名有就业意愿的离校未就业高校毕业生在毕业半年内实现就业或参加到就业准备活动中。很多地方的基层服务平台全面登记本辖区内 2014 届有就业意愿的离校未就业高校毕业生的底数、个人基本信息和就业服务需求。对实名登记的离校未就业高校毕业生要逐个联系,掌握其就业意向。对有就业意愿的,及时提供用人信息;对有创业意愿的,组织其参加创业培训,提供创业服务,落实创业扶持政策;对暂时不能实现就业的,组织其参加就业见习和职业培训;对就业困难的高校毕业生,提供有针对性的就业援助。

北京市规定把离校未就业高校毕业生全部纳入公共就业人才服务范围,采取有效措施,力争使每一名有就业意愿的未就业高校毕业生在毕业半年内都能实现就业或参加到就业准备活动中。做好未就业高校毕业生离校前后信息衔接和服务接续工作,切实保证服务不断线。市教育部门要将有就业意愿的离校未就业高校毕业生的实名信息及时提供给市人力社保部门;市人力社保部门要建立离校未就业高校毕业生实名信息数据库,全面实行实名制就业服务。全市各级公共就业人才服务机构和基层就业服务平台要及时主动与实名登记的未就业高校毕业生联系,摸清其就业需求,提供有针对性的就业服务。

吉林省于 2009 年建立了实名制登记数据库。2012 年,全省实现了离校未就业高校毕业生信息登记录入同步、数据唯一的实名制管理。目前,这个平台的信息库总计登记了 47000 多条毕业生信息。这些信息有的是统计人员从信息采集表上录入平台的,有的是大学生自己录入之后再到人社部门审核确认的。通过信息统计员的定期回访,信息会保持经常性更新。每年从 5 月开始,吉林省各级人才中心都会开展政策进校园、媒介宣传等活动,使毕业生广泛了解实名制登记的相关政策,让他们主动登记。2009 年,吉林省人社厅下发了《吉林省未就业高校毕业生登记管理工作暂行办法》,明确由人才中心牵头汇总,各地基层劳动保障平台负责离校未就业高校毕业生登记工作。目前,在吉林省,各级实名制信息统计员超过 2000 人。

吉林省的未就业毕业生除了可以到人社部门登记外,还可以通过信息化网络平台实现自主登记和求职。这个平台既是毕业生个人进行实名制登记的平台，又是公共就业服务机构发布招聘信息的平台。依托省级信息化平台，吉林省实现了离校未就业高校毕业生实名制登记就业工作的精细化，做到了"一对一"的就业服务。2013 年，全省共有登记离校未就业应届高校毕业生 17793 人，其中 13830 人已经实现就业。

广东省要求教育、人力资源和社会保障部门在每年 7 月底前做好毕业生离校前后的信息衔接和服务接续工作。人力资源和社会保障部门要制订实施离校未就业毕业生就业促进计划的具体实施方案，指导各地公共就业人才服务机构及时了解未就业高校毕业生情况，建立台账并依托基层服务平台开展针对性服务。通过组织开展"高校毕业生就业服务月"等活动，为每名未就业毕业生提供"五个一"专项服务（即提供一次电话访问、一次职业指导、一次岗位推荐、一次就业见习或一次职业培训机会），力争使每一名有就业意愿的离校未就业高校毕业生在年底前实现就业或参加到就业准备活动中。

河南省要求各高校摸清困难群体毕业生人数，及时掌握其求职动态，建立相应就业信息数据库，实行"一对一"实名动态援助。针对这类学生的个性特点和专业特长，为其设计一套科学、合理的求职方案，完善帮扶机制，确保提供至少"一次个体咨询、一次技能培训、一次职业推介"，提高其就业竞争力，并要求把女大学生、家庭经济困难学生、残疾毕业生、感情受挫折毕业生、受到纪律处分毕业生、有人际冲突经历毕业生、少数民族学生及不能正常毕业的学生等作为重点关注对象，特别是对这些人群中的尚未落实工作岗位的毕业生，要加强就业技能培训，有针对性地进行就业指导和提供咨询服务。

天津市要求将离校未就业的应届高校毕业生全部纳入实名登记范围，提供就业服务。各级公共就业人才服务机构和基层就业服务平台主动与实名登记的未就业高校毕业生联系，摸清其就业需求，提供有针对性的就业服务。对前来求职的办理求职登记或失业登记的高校毕业生免费发放就业失业登记证，核对实名信息，由基层平台主动联系，提供职业指导、就业信息等"一对一"的就业服务。

从 2008 年开始，沈阳市就开始探索实行就业实名制，通过各级就业服务平台，采取逐一排查的方式，将离校未就业高校毕业生（包括非本市生源的高校毕业生），全部纳入实名制就业管理体系，为他们提供个性化就业帮扶服务。近年来，沈阳市每年参加实名制管理的高校毕业生达 7.5 万人。以实名制为抓手的高校毕业生就业信息管理制度成为沈阳市科学研判高校毕业生就业走势的重要依据，为提高就业管理质量、建立就业信息披露制度等提供了有力支撑。

山东省规定，自 2014 年起要于每年的第四季度面向基层服务期满未就业毕业生举办专场人才招聘活动，形成基层服务期满毕业生有序流动、多渠道发展的长效机制。要将服务期满未就业毕业生纳入离校未就业毕业生实名制就业管理服务信息系统，进行统一登记和管理服务。继续落实好工龄计算、转正定级、学费补偿和助学贷款代偿等相关政策。

7. 就业困难大学生帮扶措施

许多家庭，尤其是经济困难的家庭，把上大学看作改变命运的机会。帮助一个贫困大学生就业，就是在帮助一个家庭脱贫。临近毕业季，找到一份稳定的工作，分担家庭负担，成为很多家庭贫困大学生最大的愿望。河南省出台多项政策帮助家庭贫困大学生顺利就业，包括"一对一"就业帮扶、发放求职补贴、就业技能提升培训等。2013 年河南省教育厅联合省人社厅等 14 个省直部门开展"新梦想"就业创业系列活动，发放家庭经济困难毕业生求职补贴 600 多万元。2014 年河南省人社厅、教育厅继续联合相关部门，结合"就业有位来"公益活动，为大学生和用人单位之间搭建交流互动的桥梁，为寒门学子创造就业平台。2014 年 4 月省人社厅、教育厅联合央视新闻中心、教育部就业指导中心和智联招聘举办了河南省家庭贫困毕业生专场双选会，为河南省家庭经济困难的毕业生们搭建"爱心双选平台"。活动邀请了南昌工学院、孟州第二人民医院、黄河黄土黄种人杂志社、阿里巴巴河南服务中心、好想你枣业等来自省内外 526 家企事业用人单位参会，提供行政、事业、企业就业岗位近 1.6 万个，约 8000 名家庭贫困毕业生进场求职，现场达成初步就业意向 3100 人次。

北京市要求将零就业家庭、优抚对象家庭、农村贫困户、城乡低保家庭以及残疾等就业困难的高校毕业生列为重点对象实施重点帮扶。享受城乡居民最低生活保障家庭的毕业年度内高校毕业生的求职补贴要在离校前全部发放到位，同时将在京高校的残疾毕业生纳入享受求职补贴对象范围。本市各级党政机关、事业单位、国有企业要带头招录残疾高校毕业生。离校未就业高校毕业生实现灵活就业的，在公共就业人才服务机构办理实名登记并按规定缴纳社会保险费的，给予不超过2年、不超过其实际缴费的2/3的社会保险补贴，所需资金从就业专项资金中列支。

辽宁省纳入贫困生台账的就业援助项目主要有以下几个。①发放求职补贴。该补贴为一次性补贴，用于缓解贫困生在求职过程中的经济压力，被纳入台账的贫困生均享受该项补贴，补贴标准为每生500元。②开展就业实习实训。组织贫困生到用人单位进行为期1~2个月的实习实训，并为参加实习实训活动的贫困生提供生活补贴，补贴标准为每生每月600元。③开展就业和创业技能提升培训。组织贫困生到相关培训机构进行为期1~2个月的技能提升培训，并为参加培训的贫困生提供生活补贴，补贴标准为每生每月500元。④设立公益性岗位。推选贫困生在高校从事与大学生就业创业、信息化建设和预征入伍等相关工作，并为其提供岗位工资，岗位工资标准为每生每年1.5万元（含三险一金）。

作为老工业基地，沈阳市在企业改制中产生了不少困难家庭。为困难家庭高校毕业生提供就业帮扶服务，是沈阳市就业工作的重点之一。对困难家庭高校毕业生，沈阳市采取了"一对一"帮扶、提供多个岗位供选择、公益性岗位兜底等多种措施。近3年来，全市共有1082名困难家庭高校毕业生，全部实现就业。

多年来，北京城市学院一直把家庭经济困难、就业困难、残疾毕业生和少数民族毕业生的就业问题放在突出的重要位置，全方位开展就业帮扶。

一是健全完善制度措施，全力保障困难群体毕业生就业。学校专题研究部署困难毕业生就业帮扶，制定了《困难毕业生就业援助实施办法》。校领导牵头成立学校、学部两级困难毕业生就业援助小组，由两级就业部门指定专人具体落实。设立困难群体就业专项资金，3年来已为学生提供学费、求职资助30多万元。每年建立600多人次的困难群体毕业生跟踪档案，通过开展分类指导、举办专场招聘等活动保障学生就业。

二是推行"一生多人"关怀制度，促进残疾毕业生就业。残疾毕业生是就业帮扶的重点和难点。学校的"一生多人"关怀制度就是学生一入学就归口不同教师党支部，形成"帮扶对子"，为他们减免学费、资助生活费，帮助他们完成学业。在毕业季，为每名残疾毕业生指定牵头负责就业的校领导，配备专属的就业指导教师。积极与各省市残联、长期合作企业协调沟通，拓展残疾毕业生就业岗位。

三是建立全程就业帮扶体系，促进少数民族毕业生就业。学校还对少数民族毕业生实施就业能力提升计划，每年为少数民族学生举办求职英语、人际交往能力等一系列职场能力培训，组织各类社会实践活动和实习实训。在"大学生志愿服务西部计划"等就业项目中重点推荐少数民族毕业生参加。专门开通少数民族毕业生离校后答疑、咨询绿色通道，实行全程帮扶。

四是实施社会导师专项计划，提升困难群体毕业生就业竞争力。本着"聘请一名导师，带来一家企业，送走一批学生"的思路开展社会导师专项工作，积极借助社会力量帮助困难毕业生实现就业。3年来学校聘请了近百位社会导师，共有600多名困难学生与社会导师建立了"一对一"帮扶关系，1300多名毕业生到社会导师所在单位就业。同时，学校还在校内为困难学生设立了勤工助学岗位，与多家企业合作，为困难学生提供一批见习岗位，积极提升他们的就业竞争力。

8. 营造公平就业环境，消除就业歧视

在严峻的就业形势下，各种形式的就业歧视在很多地方不同程度地存在。在消除就业歧视方面，北京市要求用人单位招聘时不得设置民族、种族、性别、宗教信仰等歧视性条件，不得将院校作为限制性条件。国有企业招聘应届高校毕业生，除涉密等特殊岗位外，要实行公开招聘，招聘应届高校毕业生信息要在政府网站公开发布，报名时间不少于7天；对拟聘人员应进行公示，明确监督渠道，公示期不少于7天。要严厉打击非法中介和虚假招聘，依法纠正性别、民族等就业歧视行为。加大对企业用工行为的监督检查力度，对企业招用高校毕业生不签订劳动合同、不按时足额缴纳社会保险费、不按时支付工资等违法行为，及时予以查处，切实维护高校毕业生的合法权益。

广东省规定，用人单位招聘、职业中介机构从事职业中介活动，不得对求职者设置性别、民族等条件，招聘高校毕业生，不得以毕业院校、年龄、户籍等作为限制性要求，不得以是传染病原携带者为由拒绝录用。加大人力资源市场监管力度，及时纠正各类就业歧视现象。要规范签约行为，任何高校不得将毕业证书发放与高校毕业生签约挂钩。规范国有单位招聘行为，除涉密等特殊岗位外，国有单位招聘信息要在公共就业人才服务机构统一发布，实行公开招聘。完善公务员招考和事业单位公开招聘制度，切实做到信息公开、过程公开、结果公开。

为保障高校毕业生公平的就业权利，贵州省提出要营造公平的就业环境，消除就业歧视，进一步完善公务员招考和事业单位公开招聘制度，确保公开、公正、公平；加强对各类招聘活动、招聘信息的审核，及时纠正带有歧视性、片面性的招聘行为；加强人力资源市场的监管，依法打击虚假宣传、虚假招聘等违法违规的行为。

广西壮族自治区规定，要消除高校毕业生在不同地区、不同类型单位之间流动就业的制度性障碍，取消落户限制。应届毕业生凭普通高等学校毕业证书、全国普通高等学校毕业生就业报到证、与用人单位签订的就业协议书或劳动（聘用）合同办理落户手续；非应届毕业生凭与用人单位签订的劳动（聘用）合同和普通高等学校毕业证书办理落户手续。公安机关要进一步完善并落实高校毕业生落户政策，通过建立单位集体户和社区集体户，切实解决包括专科生在内的高校毕业生在区内就（创）业地落户困难问题。各级公共就业人才服务机构要协助公安机关管理本单位集体户，积极接收在当地先落户后择业高校毕业生的户口，同时做好毕业生档案接收、保管、传递工作。高校毕业生到小型微型企业就业、自主创业的，其档案可由当地市、县的公共就业人才服务机构免费保管，并做好高校毕业生报到接收、工龄计算、档案工资调整、职称评定等人事权益保障服务工作。办理高校毕业生档案转递手续，转正定级表、调整改派手续不再作为接收审核档案的必备材料。

9. 加大促进高校毕业生就业工作的财政支持力度

近年来，财政部、人力资源和社会保障部等部门出台了多项政策措施。为鼓励和引导高校毕业生到城乡基层就业，对到农村基层和城市社区从事社会管理和公共服务工作的高校毕业生，符合公益性岗位就业条件并在公益性岗位就业的，给予社会保险补贴和公益性岗位补贴；对到农村基层和城市社区其他社会管理和公共服务岗位就业的，给予薪酬或生活补贴，同时按规定参加有关社会保险；对到中西部地区和艰苦边远地区县以下农村基层单位就业并达到一定服务期限的高校毕业生，以及应征入伍服义务兵役的高校毕业生，按规定实施相应的学费补偿和助学贷款代偿。根据财政部统计，2009 年至 2013 年，中央财政累计安排就业专项资金 2565 亿元，有效促进了高校毕业生等相关群体实现就业。

自 2006 年开展高校毕业生"三支一扶"工作以来，内蒙古自治区政府在不断扩大"三支一扶"计划招募人数和提高"三支一扶"生活补贴，并对"三支一扶"高校毕业生实行养老、医疗、失业和大病医疗等保险的基础上，提高生活补贴和交通补贴标准，体现党和政府对"三支一扶"高校毕业生的关怀，也为逐步建立一支规模适度、结构合理、素质优良、充满活力的高校毕业生服务基层队伍创造了条件。2013 年，内蒙古提高"三支一扶"生活、交通补贴标准，生活补贴标准由每人每月 1100 元提高为 1500 元，交通补贴标准由每人每年 1000 元提高为 1200 元，分别增长 36.4%、20%。2013 年内蒙古安排高校毕业生"三支一扶"就业专项资金达到 1.3 亿元。

面对 2014 年的大学生就业形势，云南省财政实施更加积极的措施，努力促进全省高校毕业生就业创业。

一是提高就业补助标准，所需资金从就业专项资金中安排。对小微企业新招用高校毕业生按规定开展岗前培训的，每人培训补贴标准上限从 400 元提高到 600 元；将高校毕业生见习生活补助费省级补助资金从每人每月 500 元提高到 600 元；在对享受城乡居民最低生活保障家庭、3 个藏区县和 8 个人口较少民族的毕业年度高校毕业生给予求职补贴的基础上，同时将残疾高校毕业生纳入求职补贴发放的范围，并将求职补贴的标准从

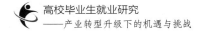
每人 500 元提高到 1000 元。

二是对高校开展的校园招聘活动给予补助，支持云南籍高校毕业生"走出去"就业。将云南省高等学校毕业生校园招聘活动专项资金列入省级财政年度预算，每年安排专项资金 500 万元，补助全省当年有应届高校毕业生并开展校园招聘活动的普通高等学校、组织省级毕业生就业校园招聘及相关活动的省级教育部门。同时，安排支持云南籍高校毕业生"走出去"专项资金，对到省外就业的省内高校云南籍应届毕业生，按照有关规定给予适当补助。对云南籍毕业生出省就业创业比例达 10% 的省内高校，按照分级负责原则，对超出部分按照每人 500 元的标准给予奖励。政策执行期限截至 2017 年底。

三是新设"云南省大学生创业扶持资金"扶持创业。从 2014 年起，在省财政安排的创业专项资金中设立"云南省大学生创业扶持资金"，进一步加大对高校毕业生的创业扶持力度。对符合条件创办经营实体的高校毕业生，给予 3 万～5 万元无偿资助；对优秀大学生经营实体，协调金融机构再次给予 2 年期 50 万元以内的贷款扶持，并按中国人民银行公布的贷款基准利率的 60% 给予贴息；对毕业学年和毕业后 1 年内的高校毕业生自主创业，未享受大学生创业园区孵化的经营实体，一次性给予 5000 元的场租补贴；毕业学年和离校未就业高校毕业生开办网店的，经认定后，一次性给予 2000 元资金补贴。

四是加大力度支持青年创业示范园区创建。从 2014 年起，在以往安排 500 万元省级大学生创业示范园建设资金的基础上，云南省级财政再增加 500 万元，共安排 1000 万元对达到建设标准的青年示范园区给予奖励性补助。

（三）鼓励自主创业的主要措施

1. SIYB 创业培训

SIYB 培训是人社部与国际劳工组织合作开展的创业培训项目，项目全称为"创办和改善你的企业"（Start and Improve Your Business，SIYB）。该项目是专门为具有创业愿望和条件的创业者提供社会化的创业培训指导体系，项目目的在于消除贫困和创造就业，通过创业带动就业。该项目的帮扶重点是高校毕业生，鼓励他们转变就业观念、发挥专长自主创业。

SIYB 在课程设置上，注重创业基础理论与项目实践的结合，注重培养大学生的创业意识和创业思维。该培训包括四个模块——GYB、SYB、IYB、EYB，即产生创办你的企业的想法，创办你的企业，改善你的企业和扩大你的企业。前两个模块是目前培训的重点，培训时间共 80 小时，第一个模块培训时间不少于 24 小时，第二个模块培训时间不少于 56 小时。项目成果以创业计划书的形式呈现。SIYB 培训时间灵活，适合大学生利用空余时间参加。在大学生创业后期，可以提供后续创业培训支持和服务。

各地人社部门对承担培训任务的技工院校和职业培训机构进行指导，培训机构对有创业意愿和培训需求的未就业高校毕业生开展创业培训。创业培训机构要制订符合高校毕业生特点的培训方案，重点采用"创办和改善你的企业"培训模式，规范使用大学生版创业培训教材，提升其创业意识和创业能力。鼓励有条件的高校、教育培训机构、创业服务企业、行业协会、群团组织等开发适合大学生的创业培训项目，经评审认定后，纳入专项活动安排和培训补贴范围。

2. 加大创业资金投入，实行税费减免优惠

《国务院办公厅关于做好 2014 年全国普通高等学校毕业生就业创业工作的通知》中规定，各银行业金融机构要积极探索和创新符合高校毕业生创业实际需求特点的金融产品和服务方式，本着风险可控和方便高校毕业生享受政策的原则，降低贷款门槛，优化贷款审批流程，提升贷款审批效率。要通过进一步完善抵押、质押、联保、保证和信用贷款等多种方式，多途径为高校毕业生解决反担保难问题，切实落实银行贷款和财政贴息政策。教育部提出，对符合条件的高校毕业生自主创业的，可在创业地按规定申请小额担保贷款；从事微利项目的，可享受不超过 10 万元贷款额度的财政贴息扶持；合伙经营和组织起来就业的，可根据实际需要适当提高贷款额度。视当地情况，可申请"大学生创业资金"。

各地安排专项资金资助大学生创业，鼓励大学生多渠道、多形式就业创业。大学生创业可享受社保补贴、岗位补贴、就业补贴、一次性创业资助、租金补贴等多项扶持政策。如广东省为帮助有项目、有意愿自主创业的大学毕业生，从资金上采取优惠贷款和资金资助的政策，如个人贷款额度为 3 万 ~8 万元，合伙经营项目的贷款总额可达 25 万元。对于微利的创业项目可按相关规定予以贴息扶持。财政还拿出一定的资金支持和引导大学毕业生自主创业就业，并给予社会保险、临时生活补贴和一次性创业资助等。共青团广东省委构建了大学生创业服务平台，创设大学生（聚辉）创业基金，基金总额 5000 万元，对 "U 世界" 创业计划竞赛中的获奖项目最高奖励达 300 万元。

部分省市积极开拓创业资金来源，引入社会资金用于支持大学生创业，如共青团广东省委与创投公司达成了战略合作协议，共同创立 "广东粤科大学生创新创业投资基金"。记者了解到，该基金为公司制股权投资基金，规模高达 5 亿元，分 5 年筹资，每年筹集 1 亿元。对于符合条件的创业项目或企业，公司将进行初步接洽，经专家的行业分析后，深入开展商业洽谈，条件成熟的可以获得基金公司的立项，在进行尽职调查、风险评估和项目讨论后，基金管理公司出具投资建议书，由董事会或投资委员会进行投资决策，再给予相应额度的融资帮扶，助力大学生创业项目和企业的发展。

为鼓励高校毕业生和在校大学生创业，南京市政府印发《关于进一步鼓励初始型自主创业带动就业工作的通知》，对大学生创业给予减免税收、提供小额贷款等多方面的政策扶持。持就业失业登记证（注明 "自主创业税收政策" 或附着高校毕业生自主创业证）的高校毕业生在毕业年度内（指毕业所在自然年，即 1 月 1 日至 12 月 31 日）从事个体经营的，3 年内以每户每年 8000 元为限额享受有关税收优惠；毕业 2 年以内从事个体经营时，自在工商部门首次注册登记之日起 3 年内，可免交有关行政事业性收费。广东省为扶持自主创业，在此基础上，给予工商税费减免和政府补贴，包括免缴前期注册资本、经营 3 年免交登记类费用等。创业项目是微利企业的按 20% 的比例纳税，依法经营半年后可享受补贴。

3. 实行创业孵化帮助

各地积极落实鼓励和支持高校毕业生创业的相关政策，根据实际情况建设创业孵化基地，并根据孵化基地开展创业服务和提供补贴资助情况，在税收优惠、土地、厂房等方面提供了优惠。孵化基地的大学生创办的企业，都享受到这些优惠，对创业起步发挥了非常好的作用。辽宁省教育厅联合省科技厅、团省委等多个部门整合各种资源，创建大学生创业孵化基地，为大学生创业搭建了完善的实践平台。2009年，辽宁省建成1.1万平方米的大学生创业教育实训基地，这是全国首家为大学生创业提供全方位服务的省级公益性基地，它以帮助大学生创业为核心目标，为大学毕业生创业搭建了一个良好的指导和服务平台。基地不仅向入驻的大学生初创企业提供配有电话线、网络和简单装修的办公经营场地，还为其提供创业教育、学生实训、企业孵化和项目对接等多项服务，旨在为大学生创业搭建多层次实训和孵化平台，提供全方位的指导和服务。至今，大学生创业教育实训基地已孵化大学生创业企业120多个，实现销售收入1500多万元，创造就业岗位1100多个，全省培训创业师资300多人，为700余名大学生提供了创业培训和实训的机会。同时，辽宁省政府要求各地市也建立大学生创业基地，为大学生创业搭建系统平台。有创业项目的大学生即可申请进入各级创业基地进行项目孵化，并享受创业基地提供的相关政策支持和服务。

第三节　高校毕业生就业创业政策实施成效评估

为客观准确地了解近年来高校毕业生就业情况及国家就业创业政策的实施效果，课题组委托前程无忧公司对高校毕业生进行了网上问卷调查。调查共回收有效问卷1553份，覆盖全国24个省、自治区和直辖市。同时，课题组前往贵州省和苏州市进行了实地调研，召开了政府主管部门、高校、高校毕业生、用人单位座谈会，走访了创业培训机构，并在贵州发放和回收高校毕业生有效问卷608份，用人单位

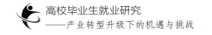

有效问卷 226 份。

本部分主要根据课题组的上述问卷调查结果及麦可思公司的调查数据，从政策实施效果的角度对高校毕业生就业创业政策进行评估。

为评估不同地区的高校毕业生就业创业政策实施效果，本研究根据国务院发展研究中心发展战略和区域经济研究部所提出的八大区域划分方法对被调查对象进行区域划分。由于大西北地区样本量较少，不足以说明问题，本研究将西南地区和大西北地区合并为西部地区。因此，本研究调查样本把全国分成七大区域：北部沿海地区（北京、天津、山东、河北）、东部沿海地区（上海、江苏、浙江）、南部沿海地区（广东、福建）、东北地区（黑龙江、吉林、辽宁）、黄河中游地区（陕西、山西、河南）、长江中游地区（湖北、湖南）和西部地区（重庆、四川、贵州、云南、广西、甘肃、新疆）。

一 高校毕业生就业创业政策实施取得了积极成效

经过十多年的发展，我国高校毕业生就业创业政策不断完善，在这些政策的支持下，高校毕业生就业创业工作取得了积极的成效。

（一）高校毕业生就业形势总体稳定

麦可思公司的调查数据显示，高校毕业生就业率总体呈小幅上升趋势。其中，2009～2014 届毕业生就业率由 86.6% 逐年上升至 92.1%，5 年间提高了 5.5 个百分点。2015 届毕业生就业率略有下滑，为 91.7%。在当前整体经济增长放缓的新形势下，毕业生总体就业形势平稳。

本科毕业生和高职高专毕业生的就业率发展变化与总体趋势一致。本科院校毕业生的就业率长期高于高职高专院校毕业生的就业率，2015 届分别为 92.2% 和 91.2%。但二者间的差距有缩小趋势。2009 届本科毕业生与高职高专毕业生就业率差距为 2.8 个百分点，2013 届缩小为 0.9 个百分点，近两届就业率差距保持在 1 个百分点左右（见图 5-1）。

此外，课题组对全国高校毕业生进行的问卷调查显示，有 66.62% 的高校毕业生在毕业离校前已经找到了工作，16.83% 的高校毕业生在毕业

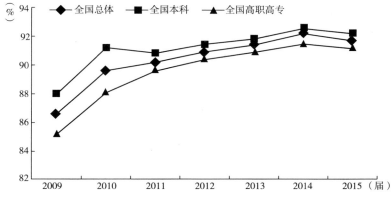

图 5 - 1　2009~2015 届毕业生就业率情况

资料来源：麦可思 - 中国 2009~2015 届大学毕业生社会需求与培养质量调查。

离校后 3 个月内找到工作，5.12% 的高校毕业生能够在毕业离校后 3~6 个月内找到工作。从调查结果看，绝大多数高校毕业生在毕业半年内找到第一份工作（见图 5 - 2）。

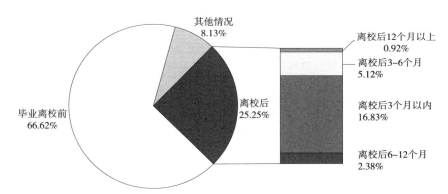

图 5 - 2　被调查高校毕业生初次就业的时间

资料来源：高校毕业生就业创业政策专项调查统计结果。

（二）高校毕业生就业渠道更加多元化

高校毕业生就业政策在促进毕业生多渠道、多方式就业和创业方面取得了积极成效。近几年的调查数据显示，高校毕业生在民营企业、中小企业就业成为主体，自主创业的比例有明显提高，到西部和基层就业的高校毕业生人数也不断增加。

1. 高校毕业生到民营企业、中小企业就业占主体

从高校毕业生的就业单位类型看，民营企业是高校毕业生就业的主渠道。据麦可思公司调查，2009~2015 届毕业生去民营企业/个体经济就业的比例一直保持在 50% 以上，其中本科毕业生去民营企业/个体经济就业的比例为 40%~52%，高职高专毕业生去民营企业/个体经济就业的比例高达 61%~67%。其次是国有企业，比例为 18%~25%。高校毕业生去中外合资/外资/独资企业就业的比例这两年有下降的趋势（见图 5-3）。

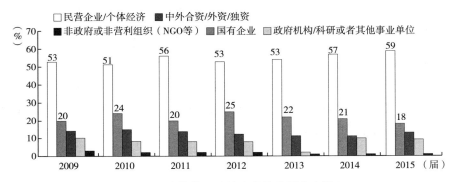

图 5-3 高校毕业生就业单位类型分布情况
资料来源：麦可思-中国 2009~2015 届大学毕业生社会需求与培养质量调查。

从就业单位规模分布看，大多数高校毕业生就业都集中在中小规模企业。根据麦可思公司的调查数据，2009~2015 届毕业生去 300 人及以下规模单位就业的比例在 50% 上下，2015 届达到新高，有 55% 的高校毕业生在 300 人及以下规模单位就业（见图 5-4），其中本科毕业生的这一比例为 50%，高职高专毕业生为 60%。

2. 高校毕业生自主创业比例有较大幅度增加

国家加大对高校毕业生自主创业的政策扶持和宣传引导力度，激发了毕业生的创业意愿。课题组的问卷调查显示，有 15.90% 的被调查高校毕业生明确表示有自主创业的意愿，38.51% 的学生表示如果对工作不满意会考虑自主创业（见表 5-3）。另据麦可思公司调查，"理想就是成为创业者"是 2015 届大学毕业生自主创业最主要的动机（本科为 48%，高职高专为 46%）。

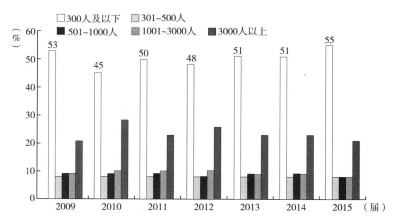

图 5 - 4 高校毕业生就业单位规模分布情况

资料来源：麦可思 - 中国 2009 ~ 2015 届大学毕业生社会需求与培养质量调查。

表 5 - 3 被调查学生对自主创业的态度

是否考虑自主创业	频数（N = 1553）	比例（%）
不会，能找到相对满意的工作	220	14.17
不会，只要能找到工作就不会考虑	218	14.04
不会，创业成功率太低，没有必要冒险	270	17.39
会，如果对工作不满意会考虑自主创业	598	38.51
会，本来就想自主创业，有优惠政策很好	247	15.90
合　　计	1553	100.00

资料来源：高校毕业生就业创业政策专项调查统计结果。

从实际结果看，高校毕业生的自主创业比例也在逐年提高。麦可思公司的调查数据显示，高校毕业生毕业半年后自主创业的比例从 2009 届的 1.2% 提高到 2015 届的 3.0%，6 年间自主创业比例增加 1.5 倍。

数据还显示，近 6 年来本科毕业生、高职高专毕业生自主创业比例都有较大幅度增长。本科毕业生的自主创业比例从 2009 届到 2013 届一直处于缓慢上升过程中，到 2014 届快速增加为 2.0%，一年内本科毕业生的自主创业比例提升了 0.8 个百分点。高职高专毕业生的自主创业比例保持了较快的增长速度。2009 届高职高专毕业生自主创业比例为 1.6%，2015 届这一比例提高到 3.9%，增长了 1.4 倍（见图 5 - 5）。

2015 届本科毕业生毕业半年后自主创业主要集中在教育业，零售商

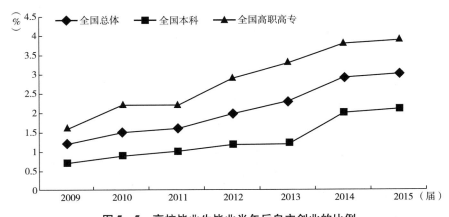

图 5 - 5　高校毕业生毕业半年后自主创业的比例

资料来源：麦可思 - 中国 2009 ~ 2015 届大学毕业生社会需求与培养质量调查。

业，媒体、信息及通信产业，金融（银行/保险/证券）业，艺术、娱乐和休闲业。其中，教育业连续三届排在第一位，2015 届高校毕业生毕业半年后有 21.1% 的人在教育行业自主创业。这一比例相比 2013 届的 15.0% 和 2014 届的 13.0% 有了明显的提高。零售商业和媒体、信息及通信产业也连续三届排在第二、三位，但是所占比例逐年下降。2013 届和 2014 届位列第四的建筑业（各占 6.4% 和 7.1%）在 2015 届被挤出前五位。本科毕业生在金融（银行/保险/证券）业自主创业的比例有明显提升，2015 届在行业分布中位列第四，占 5.8%（见图 5 - 6）。

　　2015 届高职高专毕业生毕业半年后自主创业主要集中在零售商业、金融（银行/保险/证券）业、建筑业、教育业、住宿和饮食业。零售商业连续三年位列第一，但是所占比例变化不大，2015 届略有下降，为 13.2%。高职高专毕业生在金融（银行/保险/证券）业自主创业的比例在 2015 届有了快速的增长，从之前的前五位之外挤入第二位，占 8.5%。建筑业从原来的第二位降为第三位，但是占比变化不大，为 8.2%。教育业所占比例也有很大的提高，为 6.7%（见图 5 - 7）。

3. 高校毕业生到西部和基层就业比例有所提升

　　从麦可思公司 2009 届到 2014 届高校毕业生的调查数据看，尽管 2014 届高校毕业生到西部就业的比例与 2013 届相比有一定的下降，但是总体

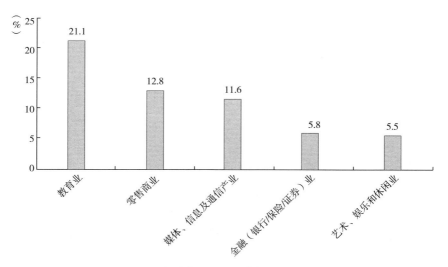

图5-6　2015届本科毕业生毕业半年后自主创业集中行业

资料来源：麦可思-中国2015届大学毕业生社会需求与培养质量调查。

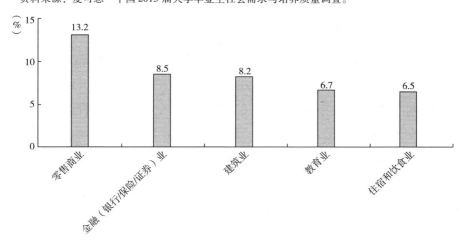

图5-7　2015届高职高专毕业生毕业半年后自主创业集中行业

资料来源：麦可思-中国2015届大学毕业生社会需求与培养质量调查。

上还是呈现了上升的趋势。2014届本科毕业生去西部①就业的比例为16.6%，比2009届毕业生高3.5个百分点。2014届高职高专毕业生去西部就业的比例为17.9%，比2009届毕业生高2.8个百分点（见图5-8）。

———————————

①　包括麦可思公司八大经济区域中的西南区域经济体、陕甘宁青区域经济体和西部生态经济区。

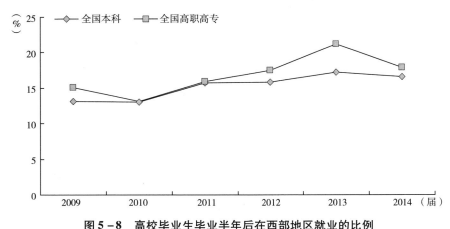

图5-8　高校毕业生毕业半年后在西部地区就业的比例
资料来源：麦可思－中国2009～2014届大学毕业生社会需求与培养质量调查。

　　从教育部75所直属高校所发布的2014届高校毕业生就业质量年度报告所反映的情况看，多数高校也都表示本校学生去西部和基层就业的比例比之前有大幅提高。例如，中国人民大学2014届毕业生通过西部/基层项目就业的人数占本校毕业生人数的11.13%，比2013届增加了77人；清华大学通过西部/基层项目就业的2014届毕业生达到6698人，是2005年这一数据的15倍；北京语言大学2013届毕业生通过西部/基层项目就业的人数占本校毕业生人数的7%，而2004年的这一比例不足1%。

　　国家引导高校毕业生到基层和西部就业逐步产生了效果，这从课题组的调查问卷结果也可以反映出来。问卷结果显示，有13.07%的被调查学生明确表示，面对国家的就业促进政策，会考虑到基层或西部就业。有34.39%的被调查学生表示，在大城市实在找不到满意的工作也可以考虑去基层（见表5-4）。

表5-4　被调查学生对去基层或西部工作的态度

是否会考虑享受政策	频数（N＝1553）	比例（%）
不会，大城市的工作还比较容易找到	269	17.32
不会，补贴标准太低，没有吸引力，如果能大幅提高补贴标准，也许会考虑	203	13.07
不会，基层就业条件太差，没有出路，宁可在城市自主创业或灵活就业	234	15.07

是否会考虑享受政策	频数（N=1553）	比例（%）
也许会，在大城市实在找不到满意的工作也可以考虑去基层	534	34.39
会，就业促进政策还是有一定吸引力	203	13.07
不清楚	110	7.08
合　　计	1553	100.00

资料来源：高校毕业生就业创业政策专项调查统计结果。

（三）高校毕业生对就业创业政策基本满意

课题组的调查问卷结果显示，享受过国家促进高校毕业生就业创业政策的被调查学生，对这些政策还是基本满意的。对各项政策表示"满意"的比例在26%～38%，表示"一般"的比例在53%～64%，表示"不满意"的比例均在15%以下，最低为7.55%。

为了更直观反映高校毕业生对上述各项政策的满意情况，本研究以"满意"为5分，"一般"为3分，"不满意"为1分，对上述各项就业服务的满意度情况进行加权评分。[1] 从折算的分数看，各项政策的得分在3.30～3.61分，反映出被调查高校毕业生对各项就业创业政策的评价为中等偏上。其中对"农村或城镇社区基层单位就业学费补偿和助学贷款代偿"政策满意度最高，为3.6039分；对"就业困难高校毕业生求职补贴"和"自主创业税费减免"政策满意度分列第二和第三（见表5-5）。

表5-5　高校毕业生对所享受的各项就业创业政策的满意度

高校毕业生就业创业政策	满意（%）	一般（%）	不满意（%）	得分
农村或城镇社区基层单位就业学费补偿和助学贷款代偿	37.73	54.73	7.55	3.6039
"选聘高校毕业生到村任职"项目	26.98	63.23	9.78	3.3437
"三支一扶"（支教、支农、支医和扶贫）项目	29.18	60.36	10.46	3.3744

---

① 后面同类选项涉及计算分数的，也是以此方法计算的。

续表

高校毕业生就业创业政策	满意（%）	一般（%）	不满意（%）	得分
"大学生志愿服务西部计划"	29.29	58.58	12.13	3.3432
"农村义务教育阶段学校教师特设岗位计划"	29.39	57.94	12.67	3.3344
参加就业见习并获得见习补助	30.66	55.22	14.12	3.3308
参加职业培训并获得培训补贴和鉴定补贴	30.74	56.49	12.77	3.3594
就业困难高校毕业生求职补贴	32.53	56.11	11.35	3.4233
就业困难高校毕业生公益性岗位社保补贴和岗位补贴	27.21	61.06	11.73	3.3096
自主创业税费减免	33.04	54.38	12.58	3.4092
自主创业小额担保贷款和财政贴息	31.64	54.69	13.67	3.3594
自主创业场租补贴	31.35	54.09	14.56	3.3358
创业培训补贴和创业服务	33.00	53.80	13.20	3.3960

资料来源：高校毕业生就业创业政策专项调查统计结果。

（四）高校毕业生对接受的就业服务基本满意

根据本课题组的问卷调查，享受过就业服务的被调查高校毕业生对调查所列的 12 项就业服务表示基本满意。认为"满意"的约占 1/3，认为"一般"的超过一半，对各项就业服务"不满意"的比例在 16% 以下。具体看，满意度最高的是"人事代理、档案保管等服务"，有 37.13% 接受过该项服务的被调查毕业生对此项服务表示满意；其次是"学校对您进行的个人职业发展和求职指导的'一对一'服务"，满意度为 36.86%；毕业生对"参加各类免费的公益性专项招聘会"和"接受职业技能培训"的满意度也比较高（见表 5-6）。

表 5-6　接受服务的被调查高校毕业生对服务的满意情况

就业服务内容	满意（%）	一般（%）	不满意（%）	得分
学校对您进行的个人职业发展和求职指导的"一对一"服务	36.86	52.66	10.48	3.5276
学校对您进行的就业政策教育与咨询	32.33	58.08	9.59	3.4548
学校提供的就业岗位信息	35.21	52.71	12.08	3.4626

续表

就业服务内容	满意（%）	一般（%）	不满意（%）	得分
公共就业服务机构对您进行的个人职业发展和求职指导的"一对一"服务	30.53	55.50	13.97	3.3312
公共就业服务机构为您提供的就业政策咨询服务	30.57	55.79	13.64	3.3386
参加各类免费的公益性专项招聘会	35.82	55.07	9.11	3.5342
参加"高校毕业生网络招聘周"等专项服务活动	35.42	54.97	9.61	3.5162
到人社部门进行就业失业实名登记	29.10	58.73	12.17	3.3386
毕业离校后，人社部门推荐参加就业见习	28.70	57.20	14.09	3.2919
接受职业技能培训	35.47	52.42	12.10	3.4671
接受创业培训	32.71	51.98	15.32	3.3481
人事代理、档案保管等服务	37.13	52.61	10.27	3.5375

资料来源：高校毕业生就业创业政策专项调查统计结果。

从折算分数看，各项就业服务的得分均在3.29~3.54分，与被调查对象对高校毕业生就业创业政策的满意度评价基本一致，都是中等略偏上。具体而言，人事代理和档案保管等服务、免费的公益性专项招聘会得分较高，超过3.53分。

二　高校毕业生就业创业政策实施中存在的困难和问题

（一）部分政策效力尚未充分释放

1. 鼓励中小微企业吸纳就业政策效果不够明显

麦可思公司的调查数据显示，高校毕业生毕业半年后在民营企业或个体经济就业的比例变化不大。在2011年国家鼓励高校毕业生到中小微企业就业的国发〔2011〕16号文（《国务院关于进一步做好普通高等学校毕业生就业工作的通知》）出台后，高校毕业生在300人及以下规模单位就业的比例略有增长，从2010届的45%提高到2011届的50%，但是之后几届比例变化不大，2012届为48%，2013届和2014届为51%。与高职高专毕业生相比，政策对本科毕业生的引导作用较为明显（见图5-9）。

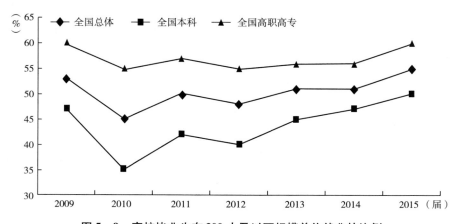

图5-9 高校毕业生在300人及以下规模单位就业的比例

资料来源：麦可思-中国2009~2015届大学毕业生社会需求与培养质量调查。

数据显示，2011~2014届高校毕业生在民营企业/个体经济就业与在中小企业就业的变化趋势基本一致。2011届高校毕业生在民营企业/个体经济就业的比例较2010届提升了5个百分点，2012届比例回落，2013届和2014届略有回升（见图5-10）。

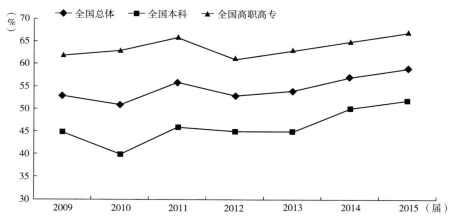

图5-10 2009~2015届高校毕业生在民营企业/个体经济就业的比例

资料来源：麦可思-中国2009~2015届大学毕业生社会需求与培养质量调查。

受经济增速减缓影响，在当前"大众创业、万众创新"的时代背景下，广大中小型民企的活力将进一步释放，并伴随着城市化进程主战场的下移，从而为毕业生提供更为广阔的就业空间。2015届高校毕业生在中小企业就业的比例和在民营企业/个体经济就业的比例有了大幅度的提升。

此外，课题组在贵州对用人单位进行的补充调查也表明，鼓励高校毕业生到中小微企业就业的政策效力还未充分释放。首先，被调查用人单位对中小微企业吸纳高校毕业生就业政策的评价不积极。有11.24%的被调查中小微企业对国家鼓励高校毕业生到中小微企业就业政策不了解。在对该政策有一定了解的被调查中小微企业中，认为政策"非常有效"和"比较有效"的仅占1/3左右。其次，被调查中小微企业中享受过相关优惠政策的比例非常低，只有"岗前培训补贴"优惠政策的享受比例刚刚超过半数（见表5-7）。

表5-7　被调查用人单位对鼓励中小微企业吸纳高校毕业生政策的满意度

单位:%

鼓励中小微企业吸纳高校毕业生政策	满意	一般	不满意	没享受过	未作答
提供发展资金和贷款贴息	13.48	20.22	1.12	48.31	16.85
提供人事代理、档案保管等就业服务	13.48	25.84	4.49	40.45	15.73
岗前培训补贴	19.10	28.09	4.49	32.58	15.73
社保补贴	22.47	16.85	4.49	39.33	16.85
小额担保贷款和财政贴息	13.48	15.73	7.87	46.07	16.85

资料来源：高校毕业生就业创业政策专项调查统计结果。

企业未能享受政策，最主要的原因是"申请资格认定和申办手续复杂，放弃享受政策"，占56.25%；其次是"没有高校毕业生愿意到本单位工作"，占16.67%；"本单位不愿意招用高校毕业生"和"不符合优惠政策申请条件"各占14.58%和12.50%。

高校毕业生不愿意到中小微企业就业，收入偏低、稳定性差、保障不足是主要的原因。根据麦可思公司的调查数据，不论是本科毕业生还是高职高专毕业生，就业单位规模越小，平均月收入越少。例如，2014届本科毕业生在50人及以下规模单位就业的平均月收入为3381元，而在3000人以上规模单位就业的平均月收入为4232元（见表5-8）。

表5－8　高校毕业生毕业半年后在不同规模用人单位就业的月收入

单位：元

学历	单位规模	2009 届	2010 届	2011 届	2012 届	2013 届	2014 届
全国本科	3000 人以上	2798	3257	3547	3908	4021	4232
	1001～3000 人	2465	3044	3283	3552	3742	3884
	501～1000 人	2374	2902	3093	3362	3576	3701
	301～500 人	2349	2781	3017	3272	3561	3690
	51～300 人	2218	2603	2812	3094	3301	3522
	50 人及以下	2031	2392	2602	2874	3096	3381
全国高职高专	3000 人以上	2273	2470	2802	3214	3391	3611
	1001～3000 人	2012	2323	2697	2939	3199	3338
	501～1000 人	1929	2216	2592	2687	3065	3224
	301～500 人	1916	2204	2523	2819	2986	3186
	51～300 人	1811	2023	2385	2596	2856	3058
	50 人及以下	1735	1924	2279	2440	2679	2940

资料来源：麦可思－中国 2009～2014 届大学毕业生社会需求与培养质量调查。

2. 鼓励毕业生到基层和西部就业政策效力还有待发挥

虽然高校毕业生到基层和西部就业的人数在增加，但许多毕业生认为政策激励和保障措施还不够，对此有后顾之忧，政策引导作用还没有充分发挥。高校毕业生到基层和西部就业的主要困难和顾虑中，"工资待遇较低"排在第一位，61.24%的被调查毕业生将这项作为首要考虑因素；其次是"职业晋升通道狭窄"，15.45%的毕业生认为这是第一大顾虑，23.37%的毕业生认为这是第二大顾虑（见表5－9）。

表5－9　高校毕业生到基层和西部就业的主要困难和顾虑

主要困难和顾虑	第一（%）	第二（%）	第三（%）	得　分
工资待遇较低	61.24	0.00	0.00	4.2868
职业晋升通道狭窄	15.45	23.37	0.00	1.7826
职业发展机会少	8.69	21.57	13.20	1.3874
条件艰苦	5.54	12.75	8.18	0.8521
子女受优质教育的机会少	3.61	14.29	6.44	0.7458
医疗资源比较缺乏	2.25	7.79	8.95	0.4807

主要困难和顾虑	第一（%）	第二（%）	第三（%）	得　分
不适应当地习俗	0.90	7.15	8.50	0.3625
面子上过不去	0.06	3.22	2.51	0.1259
家里不同意	1.74	3.67	24.60	0.4779
其他	0.45	0.19	0.64	0.0436

注：被选为"第一"，赋值7分，被选为"第二"，赋值3分，被选为"第三"，赋值1分，经过加权平均计算得出。

资料来源：高校毕业生就业创业政策专项调查统计结果。

对于国家的政策支持，高校毕业生认为，到基层和西部就业最希望国家能提供更多针对基层就业毕业生的公务员招考指标，其次是提供更多针对基层就业毕业生的事业单位招聘岗位。还有部分毕业生希望国家为其在当地"干事业"提供项目、资金和指导方面的政策支持，以及在职位提升和职称评定等方面提供倾斜政策（见表5－10）。

表5－10　高校毕业生希望到基层和西部就业得到的政策支持

最希望国家提供的政策支持	第一（%）	第二（%）	第三（%）	得　分
提供更多针对基层就业毕业生的公务员招考指标	45.40	0.00	0.00	3.1780
提供更多针对基层就业毕业生的事业单位招聘岗位	23.63	15.90	0.00	2.1311
为职位提升和职称评定等提供倾斜政策	14.29	24.02	4.83	1.7692
为毕业生在当地"干事业"提供项目、资金和指导方面的政策支持	10.37	23.70	12.94	1.5663
为学习深造提供优惠政策	4.19	17.32	20.86	1.0215
为自主创业、自谋职业提供更多资金和培训等扶持政策	1.55	5.60	28.27	0.5592
其他	0.52	0.00	1.29	0.0493

注：被选为"第一"，赋值7分，被选为"第二"，赋值3分，被选为"第三"，赋值1分，经过加权平均计算得出。

资料来源：高校毕业生就业创业政策专项调查统计结果。

（二）部分政策对不同类别毕业生的吸引力不同

从问卷调查结果看，对不同学历水平和不同地区的毕业生而言，政策的吸引力度有所不同。以下重点就两项政策进行分析。

1. 到基层和西部就业政策的吸引力

调查结果显示，受教育程度越高的毕业生，愿意去基层工作的比例越低。研究生学历的毕业生接近60%明确表示不会去基层工作，只有7.79%的研究生表示在现有政策条件下愿意去基层工作（见图5-11）。

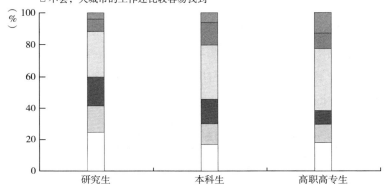

图5-11　不同学历高校毕业生对去基层工作的态度
资料来源：高校毕业生就业创业政策专项调查统计结果。

不同地区的高校毕业生对到基层就业的态度略有不同。越是偏北地区，高校毕业生不愿意去基层工作的比例越高。东北地区高校毕业生选择不会去基层工作的比例最高，超过60%，其中认为"基层条件太差，没有出路，宁可在城市自主创业或灵活就业"的比例高达25.40%。黄河中游地区和北部沿海地区毕业生选择"不会"的比例居其次，分别为52.83%和50.23%。西部地区毕业生明确表示"不会"的比例最低，表示"也许会"的比例最高，超过42%（见图5-12）。

2. 自主创业政策的吸引力

高校毕业生学历越高，自主创业的意愿越低。即使现在国家有各种鼓励自主创业的政策，也有62.33%的研究生表示不会考虑自主创业，主动自主创业的比例不足10%（见图5-13）。

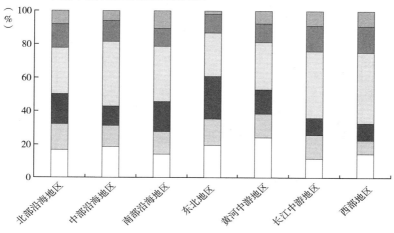

图5-12　不同地区高校毕业生对去基层工作的态度
资料来源：高校毕业生就业创业政策专项调查统计结果。

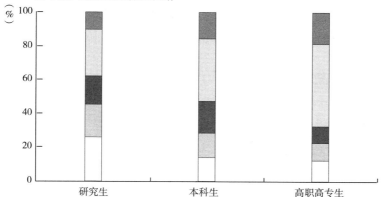

图5-13　不同学历高校毕业生对自主创业的态度
资料来源：高校毕业生就业创业政策专项调查统计结果。

从地区看，东北地区高校毕业生自主创业意愿最低且"不愿意"比例明显高于其他地区的高校毕业生。超过67%的东北地区高校毕业生表示不会考虑自主创业，主要原因是认为创业成功率太低，不想冒险。黄河中游地区和西部地区毕业生选择会考虑自主创业的比例比较高，超过65%（见图5-14）。

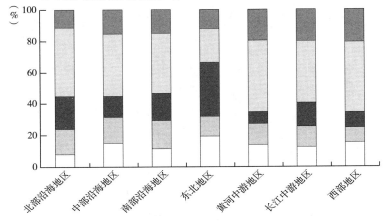

图5-14 不同地区高校毕业生对自主创业的态度
资料来源：高校毕业生就业创业政策专项调查统计结果。

对于在自主创业过程中最希望得到什么帮助，被调查高校毕业生选择最多的是"创业资金扶持"，占77.01%。其次是"税费减免"和"创业培训"，选择比例分别为53.64%和52.99%（见图5-15）。

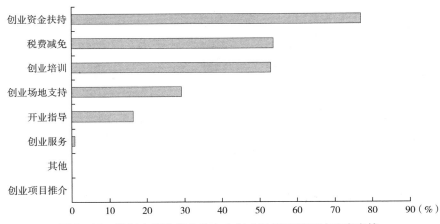

图5-15 被调查高校毕业生自主创业最希望得到的政府支持
资料来源：高校毕业生就业创业政策专项调查统计结果。

（三）适合高校毕业生的就业服务不足，针对性不强

从课题组的问卷调查结果看，一些高校毕业生对政府的公共就业服务不满意，认为不能满足需要。在对服务不满意的原因中，接近60%的高校毕业生选择"介绍指导的内容太虚了，对找工作没有实际帮助"，40%的毕业生认为"提供的岗位信息没有针对性，大多不合适"，约30%的毕业生选择"参加服务活动太麻烦"和"培训内容不实用"。这说明就业服务针对性不强，服务不到位（见图5-16）。

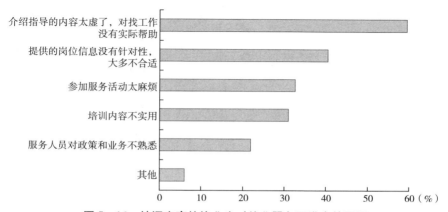

图5-16 被调查高校毕业生对就业服务不满意的原因
资料来源：高校毕业生就业创业政策专项调查统计结果。

此外，高校毕业生对不同地区就业服务的满意度也不相同。一些地区如西部地区、南部沿海地区和长江中游地区毕业生对各项就业服务的评价低于全国综合水平，黄河中游地区、北部沿海地区和中部沿海地区毕业生对就业服务的评价高于全国综合水平。从图5-17可以比较直观地看出，高校毕业生对北部地区就业服务的评价高于南部地区，对东中部地区就业服务的评价高于西部地区，其中中部地区南北评价差距小，而东部地区南北评价差距大。

三 影响政策实施效果的原因分析

（一）政策不够完善

国家和地方层面都高度重视高校毕业生就业问题，出台了许多促进高

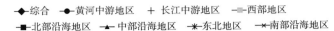

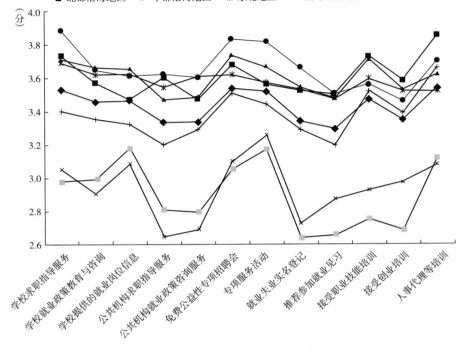

图 5 – 17　各地区高校毕业生对各项就业服务的评价

注：以各地区高校毕业生对各项就业服务项目的满意度折算分数来衡量。

资料来源：高校毕业生就业创业政策专项调查统计结果。

校毕业生就业创业的政策措施，政策内容更加丰富。但从积极就业政策的产生和发展看，高校毕业生就业创业政策总体上是在过去下岗失业人员再就业政策框架基础上进行的延伸和拓展。相对高校毕业生群体的流动性、特殊性而言，毕业生就业创业政策的针对性还不强，扶持力度还不够，一些政策碎片化问题比较突出。比如资金问题是困扰高校毕业生自主创业的最大难题，目前对毕业生创业担保贷款额度在提高，资金支持渠道在拓展，但政策门槛仍然比较高，毕业生获得贷款难度较大。比如各基层项目之间统筹力度不够，待遇不平等，保障水平低，出路不畅通，一些毕业生能够下得去，但待不住、留不下，基层求贤若渴与毕业生不愿下基层之间的矛盾仍很突出。再如，各类资金补贴政策着力点不同，既有针对灵活就业的，也有针对自主创业的，既有面向基层就业的，也有面向困难毕业生的，资格认定复杂，手续也比较烦琐，即便是专门从事这方面工作的高校就业指导人员和就业服务机构工作人员，有的都难以厘清政策，更不用说是高校毕业生了。调查问卷结果也印证了这一点，有38.76%的被调查高校毕业生认为"政出多门，政策零碎，搞不清楚，有没有作用不好说"，17%的被调查毕业生认为"多数优惠政策力度不够，作用有限"（见表5-11）。

表5-11　被调查高校毕业生对就业创业政策的总体评价

对高校毕业生就业创业政策的整体印象	频数（N＝1553）	比例（%）
很好，政策涉及多个方面，群体覆盖面广，对促进高校毕业生就业创业发挥了较大作用	204	13.14
比较好，政策对提高高校毕业生就业率和促进自主创业发挥了一定作用	483	31.10
政出多门，政策零碎，搞不清楚，有没有作用不好说	602	38.76
虽然受惠群体多，政策优惠面广，但多数优惠政策力度不够，作用有限	264	17.00
合　　计	1553	100.00

资料来源：高校毕业生就业创业政策专项调查统计结果。

（二）政策宣传不到位

作为政策享受对象的高校毕业生，对就业创业政策的认知度不高。许多被调查毕业生都表示没有听说过这些政策，更无从了解政策的内容以及考虑享受这些政策。

课题组问卷调查显示，毕业生对到基层和西部就业政策总体认知度不高。35%～50%的被调查学生"没听说过"或是仅"听说但不了解"这些政策。相对来说，高校毕业生对"学费补偿和助学贷款代偿"政策了解多一些；而对"农村义务教育阶段学校教师特设岗位计划"的认知度最低，对该项政策"非常了解"和"基本了解"的学生比例不及28%，超过20%的学生从没听说过该项政策（见表5-12）。

调查显示，高校毕业生对国家促进自主创业政策的总体认知度低于基层和西部就业政策。对各项自主创业政策，表示"没听说过"的高校毕业生比例均在20%以上；对各项政策"非常了解"的比例仅在5%～8%。在各类创业政策中，知道"税费减免"政策和"小额担保贷款和财政贴息"政策的学生略多一些，对"场租补贴"政策的认知度最低，超过30%的高校毕业生表示没听说过这项政策（见表5-13）。

表5-12　高校毕业生对国家鼓励到基层和西部就业政策的总体认知

单位:%

高校毕业生到基层和西部就业政策	非常了解	基本了解	有点了解	听说但不了解	没听说过
学费补偿和助学贷款代偿	13.08	31.25	19.85	25.97	9.86
"选聘高校毕业生到村任职"项目	8.18	23.45	24.74	28.87	14.76
"三支一扶"（支教、支农、支医和扶贫）项目	7.54	25.06	26.10	27.00	14.30
"大学生志愿服务西部计划"	8.05	24.29	27.71	27.90	12.05
"农村义务教育阶段学校教师特设岗位计划"	7.28	20.43	23.20	28.29	20.81
平　　均	8.56	25.20	24.15	27.56	14.53

资料来源：高校毕业生就业创业政策专项调查统计结果。

表5-13　高校毕业生对国家促进自主创业政策的认知情况

单位:%

国家促进自主创业政策	非常了解	基本了解	有点了解	听说但不了解	没听说过
税费减免	7.73	22.42	22.81	25.97	21.07
小额担保贷款和财政贴息	5.93	22.16	22.55	29.06	20.30
场租补贴	5.93	16.49	20.81	26.42	30.35
工商登记和银行开户便利	6.58	19.66	20.25	27.53	25.98
创业培训和创业服务	6.19	19.72	22.81	27.84	23.45
平　　均	6.47	20.09	21.85	27.36	24.23

资料来源：高校毕业生就业创业政策专项调查统计结果。

此外，对培训见习、困难帮扶、灵活就业社保补贴、人事代理服务等政策，许多毕业生表示不是很了解，1/3左右的毕业生表示没有听过这些政策，对政策非常了解的比例仅为6%左右。在各项政策中，毕业生对"职业培训补贴和职业技能鉴定补贴"与"就业见习补助"政策的知晓度相对较高；了解"人事代理服务"政策的学生比例最低，有38.08%的学生表示没听说过这项政策（见表 5-14）。

表 5-14　高校毕业生对相关促进就业政策的认知情况

单位：%

相关促进就业政策	非常了解	基本了解	有点了解	听说但不了解	没听说过
职业培训补贴和职业技能鉴定补贴	7.60	20.04	19.91	23.71	28.74
就业见习补助	6.51	20.23	19.33	23.90	30.03
就业困难毕业生求职补贴	6.12	17.65	20.88	23.65	31.70
就业困难毕业生公益性岗位社保补贴和岗位补贴	6.51	16.69	19.78	24.29	32.73
灵活就业社保补贴	5.86	15.72	18.17	23.78	36.47
人事代理服务	5.22	15.85	18.75	22.10	38.08
平　　　均	6.30	17.70	19.47	23.57	32.96

资料来源：高校毕业生就业创业政策专项调查统计结果。

　　再如高校毕业生离校后实名登记制度，问卷调查结果显示，只有不到 30% 的高校未就业毕业生到人社部门进行了就业登记。当问及不登记的原因时，超过一半的毕业生不知道要登记，15.97% 的毕业生认为登记对找工作没有多大作用，没有必要进行登记，还有 13.45% 的毕业生认为登记太麻烦（见图 5-18）。

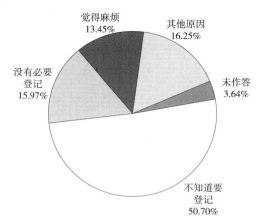

图 5-18　高校毕业生不进行就业登记的原因
资料来源：高校毕业生就业创业政策专项调查统计结果。

总体上看，高校毕业生对国家促进就业创业政策的知晓程度不高。从学校类别看，了解政策程度按从高到低排列分别是"985"学校毕业生、"211"学校毕业生、普通本科院校毕业生、高职高专等学校毕业生。学校类别越高，学生对国家各项政策的了解程度越高。这一方面可能是这些学校的宣传教育工作做得好，另一方面也可能是这些学校的学生对国家政策的关注度更高（见图 5 – 19 ~ 图 5 – 21）。

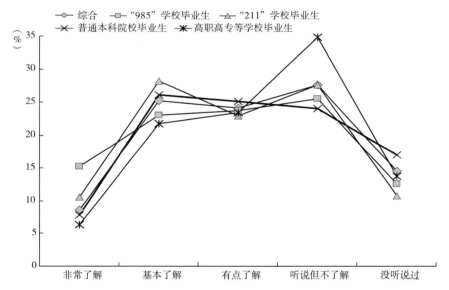

图 5 – 19　高校毕业生对国家鼓励到基层和西部就业政策的认知

注：以高校毕业生对就业促进政策了解程度各选项比例的平均值表示。

资料来源：高校毕业生就业创业政策专项调查统计结果。

（三）政策执行不到位

首先，高校毕业生就业工作涉及多个部门，地方政府、有关各部门和高校在就业创业政策落实和服务等方面，工作协调和衔接机制不够顺畅，没有形成一套连贯高效的工作体系。其次，有的地方贯彻国家政策文件，只是层层转发，地方配套资金和措施不够，缺少实质性支持，降低了政策保障程度和实施效率。最后，有些政策地方细化不够，操作便利性不强，在监督就业创业政策是否有效落实方面的力度也不够。

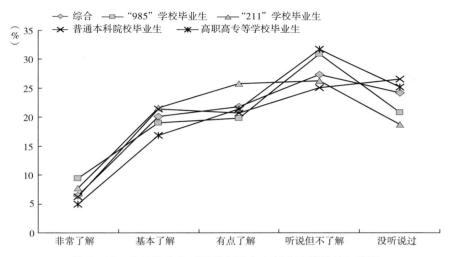

图 5 - 20　高校毕业生对国家促进自主创业政策的认知情况

资料来源：高校毕业生就业创业政策专项调查统计结果。

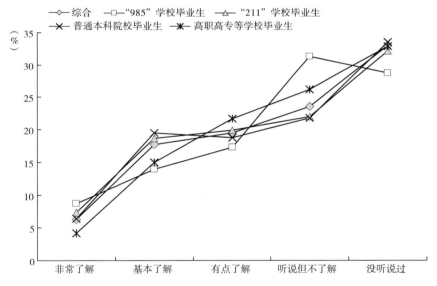

图 5 - 21　高校毕业生对相关促进就业政策的认知情况

资料来源：高校毕业生就业创业政策专项调查统计结果。

　　根据问卷调查结果，高校毕业生对就业创业政策不满意主要是因为对政策执行情况不满意。其中，"申办过程太复杂，手续太麻烦"和"申请资格认定太难"分列前两位，分别有超过一半的被调查学生选择了这两项原因。排在第三的是"相关配套政策和优惠条件没有落实"（见图 5 - 22）。

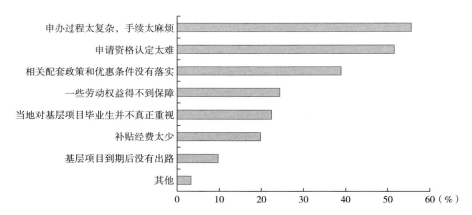

图5-22　被调查高校毕业生对现有就业创业政策不满意的原因
资料来源：高校毕业生就业创业政策专项调查统计结果。

再如，在对贵州的典型调研中，近半数被调查的中小企业表示，对鼓励中小企业吸纳高校毕业生政策不满意的主要原因是"申办过程太复杂，手续太麻烦"（见图5-23）。

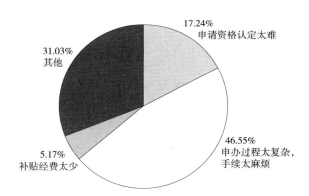

图5-23　被调查中小企业对政策不满意的主要原因
资料来源：高校毕业生就业创业政策专项调查统计结果。

（四）就业指导和就业服务还需要加强

一是对高校毕业生就业服务的管理手段、服务手段、服务能力跟不上毕业生就业的需求。特别是就业服务信息滞后，信息共享程度低，信息质量不高，适合毕业生的岗位不多。二是高校就业指导不足，指导教师队伍不稳定，缺乏工作经验，不了解企业情况，对政策把握也不够。三是现行的毕业生就业管理制度不能适应社会发展需要，影响了毕业生流动就业。四是人力资源市场不规范，在毕业生供求矛盾突出的情况下，一些用人单位提高录用标准、招聘信息不公开、院校歧视、虚假招聘等行为仍在一定范围存在，损害了毕业生公平就业权益。

第六章　高校毕业生就业政策
协调发展的国际经验

第一节　国外促进高校毕业生就业的实践经验

一　国外促进高校毕业生就业的主要政策措施

（一）劳动力市场政策及措施

1. 加大就业经费投入，开展促进大学生/青年就业的专项活动

据经合组织统计，20世纪90年代其成员国用于劳动力市场项目经费年度总支出平均约占GDP的1.4%，其中对公共就业服务、就业培训、公益性就业岗位开发等就业促进项目的支出平均每年每人约合1万美元，最高达到3万美元。英国政府在20世纪90年代末一次性拨款31亿英镑，实施"从福利到工作"计划，重点解决青年失业问题。2002年日本政府启动1844亿日元的专项就业预算，用于鼓励创办高新技术和研发型中小企业，为高校毕业生创造就业岗位；2011年又启动了"应届大学毕业生就业支援项目"，在各大学设置职业指导课程，改善就业支援服务措施，提高大学生就业意识和就业能力。2007～2013年，欧盟每年拨付100亿美元支持成员国用于：支持青年自谋职业和创业；促进就业公平，支持脆弱群体就业；提高员工和企业对产业结构调整的适应性。

2. 实施工资补贴、减免税费等优惠政策，激励企业招聘应届高校毕业生和青年失业者

美国、英国、德国、法国、西班牙、葡萄牙、日本、韩国等国家对不裁员或新招青年失业人员的企业，或在就业困难地区新开业的企业实行不同层次的岗位补贴或社保税费减免等鼓励措施。美国对在军事基地关闭、工厂倒闭或出现大规模裁员的地区投资建厂的企业，实施税收减免优惠政策，并对招聘青年失业人员的企业给予部分工资补贴。英国对雇佣 25 岁以上的长期失业青年 6 个月以上（其间，每周工作 30 小时以上）的企业，给予每周 75 英镑的工资补贴，对雇佣 6 个月半日制员工（每周工作 16 ~ 29 小时）的企业给予每周 50 英镑的工资补贴，并一次性提供 750 英镑的培训补贴费。德国政府对雇佣就业困难的青年人的企业，给予 50% 的工资补贴。法国对聘用应届毕业生和失业青年的企业，在一定期限内减免其社会福利分摊金及部分税收，并且按聘用人数给予一定补贴。法国 1997 年实施了"青年就业计划"，向雇佣失业青年的各类用人单位，包括公共部门、准公共部门和非营利性机构，提供 80% 的最低工资补贴，并减免 500 人以下企业的社会保险费。西班牙对失业青年创建的合作社企业，除减征 50% 的各种税赋外，还提供减息贷款、技术援助和发放每人 50 万比塞塔的生活补助。葡萄牙对吸纳初次就业青年的企业，给予一次性 2500 欧元的直接补贴，并减免企业最长 3 年的社会保险税。日本对增加雇佣应届大学毕业生和长期失业人员的企业实施减税优惠制度，对一年内雇佣人员增加 5 名（中小企业 2 名）并占员工总数 10% 以上的企业，每多雇佣 1 名员工，给予 20 万日元（约合人民币 13000 元）的税额扣除优惠。

3. 采取多种扶持措施，鼓励大学生和青年失业者创业或自营就业

美国、日本、欧盟等经济体创业创新意识较强，在创业审批、税收、贷款、场地、知识产权保护等方面实行了一整套扶持政策措施，并设立了专门资助专利成果转化的小型孵化器，帮助高校毕业生和在校生利用所获专利创业，既加速了科技成果转化，获取了较佳的经济效益，同时又自然地解决了其自身的就业问题并创造了新的工作岗位，取得了较好的社会效益。在美国创业者从注册到开业的审批时间只需 7 天，而为完成公司注册和各种审批程序所需支付的费用仅为人均年薪的 1%，不需要注册资金。更为重要的是，美国高校非常重视创新创业教育，37.6% 的美国大学本科教育开设了创业课程，23% 的大学研究生教育开设了企业创业教程，

38.7％的大学同时在本科和研究生教育中开设了至少一门创业课。哈佛商学院、加州大学洛杉矶分校、麻省理工学院、斯坦福大学等美国名校也都开设了大学生创业课程。日本为降低创业门槛，2009 年修订了《商法》，准许设立 1 日元公司，并对创业的大学生给予一定数额的创业扶助金。日本还设立"少年经济学院"和"模拟公司"，组织小学五、六年级学生参与创业实践活动，从小培养孩子的创业精神。英国 1983 年筹资 50 亿英镑实施"王子基金青年创业计划"，其中 31 亿英镑用于支持青年创业。德国、意大利、瑞典、荷兰、丹麦、波兰等国家也通过提供场地支持、小额低息贷款、免费创业培训、创业指导和信息咨询服务等方式帮助失业青年创业或自营就业。其中，瑞典效果最佳，创业 3 年后仍在持续经营的公司达到 60％，首都斯德哥尔摩地区达到 70％。

4. 采取多种优惠政策，鼓励大学生和失业青年到欠发达地区就业

为缓解青年失业压力，美国、加拿大、德国、印度等国家都鼓励高校毕业生到边远地区和农村地区工作。美国联邦政府鼓励高校毕业生到边远地区从事教育等专业性工作，对连续 5 年在特定地区小学或中学担任全职教师、为低收入家庭学生提供教学服务的高校毕业生，免除其全部联邦教育贷款；州和地方政府同时给予一定的工资和住房补贴。加拿大政府鼓励大学生到艰苦的西北部地区工作，大幅提高了其工资福利待遇。德国、瑞典等国家为到边远地区工作的青年提供交通费、安家费和生活补贴。印度实施"农村服务中心计划"和"农村工程计划"，鼓励高校毕业生到农村从事农机安装、维修和设备零部件供应等技术服务工作，并为其提供资金和技术援助。

5. 实施公共工程开发计划，为大学生/青年失业者提供工作实践或临时性就业机会

20 世纪 70 年代中期，国际劳工组织同联合国开发计划署、联合国发展合作基金、世界银行和欧共体（欧盟前身），以及荷兰、德国、比利时、意大利、丹麦、挪威等 35 个国家联合实施了《就业密集型工作计划（EIP）》。该计划总投资 5 亿美元，主要用于开发公共工程项目，尤其是基础设施建设项目，为大学生和青年失业者创造了数以百万计的工作机会。

20 世纪 90 年代末，德国为应对统一后出现的高失业率，实施了房屋、道路、地下基础设施、文物古迹修缮以及暖气、热力设备更新等公共基础设施建设和维护项目，带动了旅游、手工业的迅速发展，为青年创造了大量的临时就业岗位。以色列为解决大量移民集中输入引起的青年高失业问题，实施了开荒种地、植树造林、修建道路、疏浚河道和绿化城镇等基础设施建设计划，有效缓解了青年长期失业的压力。韩国为应对亚洲金融危机带来的高失业率，拨款 1.32 万亿韩元实施"积极创造工作岗位计划"，开发公共工程项目，创造了 23 万个就业岗位，有效缓解了大学生和青年失业问题。东欧国家在 20 世纪 90 年代中期转型期间，也开展了公共工程建设项目，为青年失业者提供了大量的再就业机会。

6. 实行"分享制"或"轮换制"就业方式，扩大青年就业机会

欧盟实施的《非全日制工人指南》规定，从事同样工作的非全日制雇员与全日制雇员在小时工资、休假、社保、职业年金等方面应享有同等待遇。德国据此颁布实施了《非全日工作法》，在全国推行"分享制"或"轮换制"的"非全日工作"方式，鼓励在职员工从 55 岁开始干"半份工"，并对作出这一安排的企业给予每人每月 20% 工资补助。"半份工"从业者虽然收入比全日工少一些，但自由支配的闲暇时间更多，社会保险等其他福利待遇变化不大，还给青年腾出了就业岗位，很受求职者、企业和在职员工的欢迎。据德国联邦统计局测算，实行"分享制"或"轮换制"就业方式后，全国增加了上百万个工作机会，目前德国这类"非全日工"占全德从业人员的1/5。丹麦也实行了类似的"工作分享"或"工作轮换"计划，实施细则由丹麦雇主培训协会制定并实施，政府给予实施企业部分培训补贴和工资补贴。

7. 促进非正规就业向稳定正规就业方式转变，增加适合大学生就业的稳定工作岗位

2015 年 6 月 12 日，国际劳工大会通过了国际劳工组织第 204 号建议书，即《关于从非正规经济向正规经济转型建议书》。这项国际劳工标准要求各成员国采取有效措施，促进本国非正规经济向正规经济转变，以提高非正规从业者的就业质量和保护水平。日本 2010 年修订《劳务派遣法》，禁止制造业使用劳务派遣工和临时登记劳务派遣工，引导企业雇佣正式员工，鼓励企业优先雇佣高校毕业生。日本厚生劳动省还设立了"职业发展提升资助基金"，对那些愿意把临时工转为正式工或为临时工提供职业培训和体检就业机会的企业给予数额不同的奖励，以引导企业规范用工，扩大适合大学生就业的工作岗位。

（二）公共就业服务措施

1. 改善公共就业服务职能与运行机制，提高服务效能

欧盟国家对公共就业服务采取了五项改革措施：一是以市场需求为目标，使其快速适应企业需求及求职者的变化；二是运用现代信息和通信技术，提高其服务效率和质量；三是对高校毕业生/青年失业人员的帮助着眼于尽早采取行动和提供"个性化"的连续服务；四是掌握劳动力市场变化趋势，及时分析动态，制订有针对性的就业服务计划；五是与有关政府部门、雇主组织、教育培训机构、保险福利机构等建立密切合作的伙伴关系。在改革公共就业服务运行体制方面，澳大利亚进行了公共就业服务民营化的体制创新，即把公共就业服务机构全部民营化，而后把公共就业服务按大学生、青年、妇女、残疾人等不同目标服务群体划分成一系列分包项目，向所有经核准认定的就业服务机构进行招标。中标者同澳就业部签署为期3年的就业服务合同。项目在执行中期和后期，必须接受就业部和其他相关政府部门的联合评估和审核。美国和瑞士的个别州也进行了这种改革尝试。这种制度创新使公共就业服务实现了市场化运作，克服了以往的官僚主义与低效弊病，节省了经费，切实提高了就业服务质量和效率。

2. 创新公共就业服务方式，提高服务质量

美国、瑞典等国家普遍实行了"一站式"、"个性化"的就业服务模式，在同一个场所为大学生提供职业测试、职业指导、职业生涯规划、职业介绍、择业技巧培训等全套免费服务。同时，它们还同非营利性中介服务机构合作，共同致力于促进大学生就业，如美国公共就业服务机构同拥有1800多家高校会员和1900多家用人单位会员的全美高校和雇主协会开

展合作，每年为大学生提供就业服务达数百万人次，使其中的很多人找到了满意的工作。英国则把公共就业服务机构、失业津贴机构、劳动力市场政策项目、私营和志愿机构的合作伙伴等全部集中在一起办公，为高校毕业生和其他求职者提供一揽子综合服务，大大提高了服务质量。

3. 充分发挥现代化的劳动力市场信息网络服务平台的作用

市场经济国家非常重视劳动力市场信息网络服务平台建设及其作用的发挥。美国最早建起了雇主、求职者、职业介绍机构等共享的就业信息网络系统。该系统拥有相互连接的 4 个数据库网络，即空岗网、求职网、劳动力市场信息网和职业培训信息网。美国、加拿大等国又运用移动互联网技术，构建起了更为便利的手机就业信息网，深受劳动力市场各主体尤其是大学生/青年求职者的青睐，在帮助大学生就业方面收到了事半功倍的效果。欧盟、日本、韩国等发达经济体也同样高度重视劳动力市场信息网络服务平台的建设与运用，并不断更新和完善其设施和功能，使其充分发挥促进各类求职群体特别是大学生就业的积极作用。

4. 充分发挥高校就业指导服务中心的作用

美国、欧盟、日本等发达经济体的高校一般设有就业指导服务中心，其服务形式灵活多样，内容丰富多彩，主要包括职业兴趣测试、择业技巧培训、职业指导、职业生涯规划、职业介绍、职业信息咨询等。此外，高校就业指导服务中心还负责向雇主推荐学生，接待雇主来校面试毕业生，举办企业招聘会等。在美国，高校就业指导服务中心一般由一名副校长亲自挂帅，并配有多名专职工作人员。中心定期开展各种促进毕业生就业的活动，如组织就业专家举办就业形势报告会，同企业联合举办招聘会，鼓励教授为毕业生推荐工作等。据有关资料，美国应届毕业生每年通过学校推荐实现就业的比例高达 60% ~ 70% 。英国高校就业指导服务中心不仅为应届毕业生服务，还为毕业两年后尚未就业者提供周到细致的就业服务，如帮助毕业生分析其自身优势和劣势，指导他们制订求职计划和撰写求职信等，并跟踪服务，直至他们成功就业。

日本高校的就业指导服务形成了制度化、规范化的运作模式。从大学三年级下半学年开始学校对学生进行求职综合测试，内容包括三个方面：

一是个人基础能力，即对阅读能力、分析能力、空间把握能力、数学（抽象）推理能力、语言表达能力等进行评价；二是职业志向，即对从事研究性、事务性、艺术性、策划性、机械性等工作的适应能力进行分析；三是个人特质，即对适应性、慎重性、自主性、指导性、外向性、协调性、积极性等特质进行分析。通过测试，形成图表，建立个人求职档案。就业指导服务中心再根据每个学生的特点进行个性化指导，并根据大家的共性开展相应活动。

（三）职业教育培训措施

1. 改革教育体制，增强校企合作，提高大学生的就业能力

为解决结构性矛盾，提高大学生就业能力，许多国家对教育体制进行了调整或改革。美国通过对高等教育制度进行改革，使高校拥有了更大的办学自主权。学校可以根据经济和产业发展趋势、劳动力参与率和失业率以及应届高校毕业生就业率等信息，及时调整，合并、取消或新设学科和专业；及时修订教程，改进教学和招生计划，从而确保高校能够瞄准产业、企业的需求以培养合格的人才。20 世纪 90 年代末日本对高校教育体制进行改革，实施了大学生体验式就业制度。该制度要求，大学生在校学习期间必须到企业接受一定期限的就业体验活动。体验考核结果作为教育的一个环节纳入学分。2002 年，日本 70% 以上的大学实施了体验式就业制度。该制度的实施，激发了学生的职业意识和学习动机，增强了学生学习的主动性和自觉性，使他们更加关注社会需求，更加重视实际知识和技能的学习与训练，提高了毕业后的就业率。同时，此举也为企业挑选其中的优秀者壮大企业员工队伍和将见习生的创意转化为产品提供了机会，因此，受到学校、企业、学生和家长的普遍欢迎。

2. 实施技能培训专项计划，提升大学生的就业竞争力

为使毕业生尽快找到合适的工作，许多国家开展了一系列专项技能培训计划或项目。如美国，2002 年实施了"总统社区就业培训拨款计划"，旨在通过企业培训，帮助大学生掌握技能，尽快实现就业；2003 年实施了"高增长行业就业培训计划"，将大学毕业生纳入高增长行业参加培训，以

满足高增长行业对高技能人才的需求；2003～2008 年投入 3 亿美元，实施了"伙伴合作培训计划"，共开办 157 个技能培训项目，为缺乏技能和就业竞争力的毕业生提供了培训和就业机会；2009 年实施了"青年塑造计划"，除帮助大学生提高就业技能外，还帮助他们改变心态，树立正确的人生观和择业观，以使他们能够更好地融入社会。日本政府于 21 世纪初实施了"职业教育相互协作研讨会"项目，与学校、地区、产业共同推进学生职业能力培养，并通过研讨会介绍成功案例，开展"职业能力推进表彰"活动。为推进该项目，文部科学省设立"地域职业能力教育支援协议会"，以促进学校与地方融合；厚生劳动省开展"职业探索项目"和"职业教育专门人才培养计划"，从企业挑选职业教师到学校任教，专门讲授职业、产业方面的知识，促进学生对职业的理解；经济产业省实施了"职业能力教育表彰"项目，为优秀职业能力指导员颁发表彰证书。英国、德国、法国、瑞典等国也开办过类似的培训项目。

3. 建立和加强多方合作伙伴关系，提高培训效率和质量

为提高培训后的就业率，许多市场经济国家的培训机构加强了同职业介绍、职业鉴定和失业保险等相关机构之间的衔接与合作，主要采取联署办公、互派联络员、定期召开联席会议或建立联合信息网络等方式。同时，它们还同政府有关部门和各类用人单位保持密切联系，及时了解国家或地区经济发展趋势和企业用人信息，并同用人单位建立长期伙伴合作或契约关系。德国实施了"慕尼黑就业培训模式"，即高校、企业和劳动局建立三方伙伴关系：高校设立就业培训学院，负责专业理论知识和学生综合素质能力培训；企业作为大学生实习基地，全面负责实习生的技能培训与考核；劳动局负责政策和资金支持。法国一些行业实行了校企联合培训模式，即由培训机构（学校）、企业和学员三方签订"培训与聘用"合同，规定培训机构须完成规定的培训课程并达到考核标准，方可获得政府培训补贴；企业须为学员在企业培训期间支付奖学金或工资津贴；学员培训结业后须在企业至少工作 1 年时间。这种培训模式提高了培训质量，也保证了培训后的就业率。加拿大高校和企业合作实施了"合作教育课程"计划，规定学生在校学习理论知识 4 个月，在企业参加培训 4 个月（这期间可以领取实习薪水），每 4 个月轮换一次，直至毕业。参与该计划的学生，毕业后至少有60%的人被实习企业正式雇佣。

4. 将促进就业的理念贯穿于招生、教学与职业生涯规划的全过程

德国是全世界高校最早建立大学生就业指导机构的国家。德国高校从招生起就把就业的理念融入了进来。德国高校每年都举办面向社会的招生咨询活动，为学生及家长提供咨询服务，内容包括学校专业设置、就业前景以及根据学生自己特长、兴趣、爱好及综合素质选学专业的方法等。学生入校后，若发现所学专业并不适合自己的话，可申请调整专业方向。在教学过程中，学校一方面通过专家帮助学生分析职业选择倾向，确定职业计划和目标；另一方面，又根据职业测试结果，对学生进行互补性专业知识和综合能力训练，如对学习生物、化学等专业的学生强化计算机、法律和信息方面的知识培训，对侧重基础理论专业的学生进行动手能力、社交能力等方面的综合培训等。德国高校注重把就业理念贯穿于招生和在校学习的整个过程之中的做法，使学生一入校就有了比较明确的职业发展方向和学习目标，加之理论联系实际的正确学习方式，所以毕业生理论知识和实际技能都很扎实，深受用人单位欢迎。

（四）社会保障措施

1. 运用失业保险基金兜底，确保失业大学生求职期间的基本生活

为确保大学生失业期间的基本生活，德国实行了两种待遇的失业保险制度，既失业金Ⅰ和失业金Ⅱ待遇。申领失业金Ⅰ待遇，必须在过去的24 个月中至少有 12 个月从事了有社保缴费义务的工作并缴纳了失业保险费。一般情况下，大学毕业生很难满足这个条件。为保证他们的基本生活，德国制定了失业金Ⅱ待遇，其申领条件是，在求职期间没有生活来源和积蓄，也不同父母或伴侣生活在一起。该项待遇包括常规生活需求、额外需求费用以及住房、取暖补贴等。德国 2015 年单身常规生活待遇为 399 欧元/月，额外需求是指孕期、身患疾病等需要的特殊营养补贴，房屋租金和取暖费则据实报销。德国这项制度为正在寻找工作的应届大学毕业生提供了基本生活保障，增强了他们尽快找到工作的信心。美、英等国对失业高校毕业生也实行了失业救助措施。在英国，如果毕业后暂时没有找到工作，在符合政府规定的情况下，可获得一定的生活补助。还有一些国家在对高校毕业生发放失业津贴的同时，还提供免费职业介绍、职业指导和就业或创业培训等。

2. 运用失业保险基金支持包括大学生在内的失业者创业或再就业

近年来，一些国家在确保失业者基本生活的同时，也加大了失业保险基金促进和稳定就业创业的做法。欧盟、美国、日本、韩国等经济体利用失业保险基金，实行了"就业调整补贴"措施，向在经济下滑时不裁员或雇佣失业者尤其是大学生失业者的企业提供补助。英国利用失业保险基金，对雇佣长期失业者的企业给予一定的工资补贴。意大利、西班牙为支持高校毕业生或失业青年创业，在其创业初期，继续延长 6 个月到 1 年的失业金支付期限。比利时、希腊、土耳其等 21 个国家提高失业津贴标准，为工时减少而降低收入的雇员提供补助，以稳定雇员的工作岗位。美国、加拿大、日本等国防止资源型失业增多和失业周期拉长，延长了失业津贴给付期限。法国、芬兰等 15 个国家将失业保险覆盖面扩大至临时工失业者，并对创业失败者延长失业金的给付期限，以鼓励他们创业和再就业。

3. 严格失业津贴给付条件，促进失业者积极找工作

一些发达国家为解决失业人员宁肯领失业金也不愿找工作的弊端，纷纷改革了失业保险制度。英国将失业保险改为"求职津贴"制度，日本、加拿大改为"就业保险"制度。加拿大规定失业者如不及时参加培训，则取消领取失业金资格。德国、奥地利规定，失业保险基金的60%用于津贴发放，40%用于培训和就业服务项目。英国规定失业者必须进行求职登记，并须同就业服务顾问签订求职协议，每周向顾问提交寻找工作计划等，否则停发失业保险金。澳大利亚、丹麦等国家规定，凡 25 岁以下的失业者必须在失业后的 13 周内接受职业介绍机构推荐的新工作，或者接受当地政府提供的再就业培训，否则便取消其失业救济金。日本政府自2001 年 4 月起实行新的失业津贴申领办法，将失业原因作为确定是否能够享受失业保险的一个标准。

二　国外促进高校毕业生就业的基本经验与特点

1. 把促进高校毕业生就业纳入法制化轨道，形成了长效机制

通过立法促进大学生就业，是美国、日本、欧盟等发达经济体的通常做法。美国早在1973年就颁布实施了《就业机会法》和《全面就业与培训法》，明确规定了大学生的就业权利及政府、企业和社会的义务，切实保障了大学生的就业机会。日本通过《劳动基准法》、《职业安定法》、《雇佣对策法》和"同时雇佣新毕业生制度"等法规制度确立日本基本就业制度的同时，也奠定了日本应届高校毕业生在雇佣体系中的重要地位。欧盟及其成员国也在一些法律中规定了促进高校毕业生就业的条款。

2. 从供给侧开发适合高校毕业生就业的优质工作岗位

美国、欧盟、日本、韩国等在加快产业结构调整的同时，大力发展高新战略产业，促进知识经济、绿色经济、低碳经济和循环经济快速发展，以从源头上解决优质就业岗位不足的问题。美国制定了绿色经济复兴计划，英国制定了《低碳转型计划》，日本制定了《绿色经济与社会变革》战略，韩国制定了《绿色增长国家战略及5年计划》。欧盟也加快推进绿色经济发展以创造更多高质量就业。在这些战略规划中，大都明确提出了新增就业岗位指标的要求。

3. 形成政府、产业/企业、学校和社会协调联动机制，加强合力效应

美国、日本等发达经济体经过长期实践，大都形成了政府、产业/企业、学校和社会共同积极推动高校毕业生就业的多方协调联动机制，取得了事半功倍的效果。美国形成了联邦政府、地方政府、产业/企业、高校、社会组织通力合作，共同协商，全方位促进大学生就业的机制和格局。日本也建立了类似机制。2009年，日本成立了紧急雇佣对策本部，首相亲自担任本部长，文部科学省、经济产业省和厚生劳动省等多个部门首长为其主要成员，定期开会研究、制定、评估促进大学生就业的大政方针与具体措施。2010年日本又成立了高校毕业生就业支援总部，成员为全国都道府县劳动局、地方政府、学校、产业协会、工会负责人和其他利益相关方的代表。其任务是定期开展高校毕业生就业调查，分析评估大学生就业优惠政策落实情况，构建大学生一站式就业服务体系和全国企业信息检索系统，提供就业咨询职业适应性鉴定和就业心理辅导等服务。

4. 公共就业服务完善，有效解决信息不对称和供求不匹配的痼疾

美国、欧盟、日本等发达经济体都在全国建有完善的现代化公共就业服务系统和庞大的地方分支机构。这些机构自上而下拥有大批高素质的职业指导师，并配备有性能强大的互联网信息服务系统。其主要职能和任务是执行国家就业法规和政策，为求职者就业和用人单位招聘员工提供帮助，以及管理和使用国家失业保险基金等。在为包括大学生在内的各类求职者群体提供服务方面，国外公共就业服务机构改革了以往僵硬的服务方式，采取了走出去、请进来，个性化、柔性化，一站式等服务措施，取得了良好效果。

5. 多方参与，校企合作，解决教育理论脱离实际的弊端

为满足经济发展对各类人才的需求，美国、加拿大等国家建立了政府、雇主、工会和其他社会团体参与的教育培训协调管理机制，在国家、州和市层面设有三方代表组成的教育培训委员会或教育培训咨询委员会，由各方代表共同协商决定教育培训的发展方向、规划等重大问题。在职业学校或培训中心层面，设有地方政府主管部门、企业、工会、校方代表和社会专家组成的教务管理委员会，具体确定职业教育培训内容、教学方式方法以及学员的就业去向等。

6. 拥有完善的就业统计、评估和预测系统和方法

美国、加拿大、德国、瑞典、日本等发达经济体都十分重视经济和劳动就业领域的决策技术支撑系统建设，都建有一套完善的就业/职业统计分析、评估和预测系统，并以认真、严谨的工作态度和科学的统计方法，对近期经济和就业总体形势、劳动力人口变化、劳动力市场供求关系、商品最终需求规模、产业投入－产出比、就业/职业增减变化等统计数据进行分析，并每两年对未来5～10年的就业/职业趋势变化情况进行分析预测，而后将统计、分析和预测成果以"就业/职业统计、分析和展望报告"形式向社会发布，为政府、企业、高校和求职者等用户提供各自所需的参

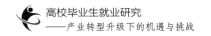

考依据。美国在这方面经验最为丰富，开展就业/职业统计分析已有上百年的历史，发布"就业/职业展望报告"也已有近60年的记录。

第二节　日本产业结构转型期的高校毕业生就业

日本经济经历了战后高速增长期和20世纪90年代以来的低速增长期，产业结构不断调整和升级，主导产业从过去的以制造业为主转变为目前的以服务业为主。日本自明治维新以来一直十分重视教育，社会精英教育和产业技能教育齐头并进，为经济社会发展提供了所需要的人才。日本人口素质较高，人口结构发展呈现老龄化和少子化特征，高等学校入学率1990年达到53.7%，高校毕业生就业困难问题始于泡沫经济崩溃时期，1997年、2007年、2010年多次出现就业问题。根据经济发展态势、产业需求和劳动力市场变化，日本政府相关部门相互联动，不断调整教育、产业和就业支持政策。

一　国家基本情况与经济、产业、教育的发展变化

（一）地理特征与人口素质

1. 岛国独特的地理位置使其保留了独特的文化

日本是一个岛国，位于亚洲大陆的东端，领土由本州、四国、九州、北海道四大岛及7200多个小岛组成，面积37.8万平方千米。日本地形的特点是山地多、平原少，其中国土中61%为山地，山地的森林资源丰富。平原较狭窄，集中了日本65%的人口。日本既独立于亚洲大陆之外，距离大陆又并不遥远，这种地理位置使得日本在历史上能够长期保持独立性，在近代以前没有遭到外族的征服，同时有条件也善于学习吸收大陆的文化，并与自身传统文化融合在一起，从而形成独特的日本文化。[①]

---

① 刘琳琳：《日本概况》，北京大学出版社，2011，第1页。

2. 人口数量持续减少但人口素质较高

日本人口持续减少，人口结构变化呈现老龄化和少子化的特点。1965年至2012年间，日本65岁以上人口占总人口比重从6%提高到24%，而未成年人（19岁以下）的比重从36%降低至18%。但日本的国民素质非常高。2013年公布的覆盖经合组织23个成员国的"成人能力评估"[①] 第一次测试结果显示，日本人的素质排名第一。

日本人口素质高的关键在教育。日本从明治维新开始就采取一系列措施大力发展各类教育，教育体系基本形成。1947年《基本教育法》规定实施9年义务教育，20世纪70年代初获得基本普及；普及了高中阶段的义务教育，高中阶段入学率高于英、法、德等发达国家。高等教育的发展也很快，实现了高等教育的大众化。25~64岁劳动力平均受教育年限达到12.78年，接近美国的水平。[②]

（二）重回保守轨道的政治体制

日本政治体制具有鲜明的"保革对立"倾向，即保守派和革新派的对立。1868年进行明治维新，幕府将军还政于明治天皇，天皇为国家元首并总揽国家一切统治权，提出"富国强兵"、"殖产兴业"与"文明开化"的口号，全盘西化。与此同时，保守派一直在影响着日本天皇政府，1890年发布《教育敕语》，强调忠君爱国，影响了日本50年。日俄战争之后，日本走上军国主义道路，形成强制干预和严密管控的政治体制。

1955年日本左右两派社会党统一，自由党和民主党合并为自由民主党，简称自民党，此后自民党执政38年，形成保守势力占优的政党体系。

---

① 在教育普及的时代，特别是在发达国家，识字率、入学率接近顶峰，彼此相差不大。各国学校质量不同，很难拿不同国家的文凭横向比较。为了突破限制、统一衡量标准，产生了一系列国际测试，经济合作与发展组织的"成人能力评估"（Program for International Assessment of Adult Competencies）是其中影响较大的测试。该测试对该组织成员国16~65岁的成人进行测试，对不同人口群体的能力进行分类评估，如16~19岁高中教育程度的人口、16~29岁大学教育程度的人口等，以便对各国各阶段的教育水平进行量化评价。测试文字和数字能力两项，成绩分为六档：低于一级、一级、二级、三级、四级和五级。三级属于"精熟"；四级、五级为一类，属高级水平；一级、二级属于低素质；低于一级则为素质很差。

② 张珏：《日本：教育对日本现代化起了主要作用》，《教育发展研究》2003年第2期。

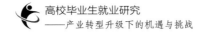
其主要特征为：一是"官僚主导"的政策；二是财界、官僚、政治家形成"三位一体"的排他性关系型政治结构；三是被组织的市场。实际上就是强制干预和严密管控的体制。

1993年自民党一党统治终结之后，日本政坛经历了分化与重组的动荡和不安。日本政治体制重回"统一管控"的惯性保守轨道。

（三）战后经济飞速发展但近30年发展缓慢

日本是世界八大工业国中唯一的亚洲国家，为世界第三大经济体。从1955年到1975年，日本国民生产总值由240亿美元增至5492亿美元，增长了近22倍。其人均国民收入1955年仅194美元，居西方国家第34位，到1968年一跃而成仅次于美国的第二经济大国。战后不到30年的时间，以20世纪70年代中叶为分界点，日本经济完成了从后发展经济向工业化经济的转型。

战后日本的经济发展经济五个阶段，分别为1945～1955年的经济恢复期、1955～1975年的经济高速发展期、1975～1985年的经济稳定增长期、1985～1990年的泡沫经济时期、1990年开始的经济不景气时期。2003～2004年日本因"数码景气"经济缓慢复苏，在这一过程中，中国的经济腾飞、外贸扩大和消费增长在一定程度上起到了刺激和拉动作用。

总体来看，日本是经济高度发达的国家，人均国民生产总值在世界名列前茅。经济增长的关键因素，一是产业结构的高级化和合理化，战后至20世纪90年代，日本产业结构高级化的重要性日益明显；20世纪90年代后期，产业结构合理化成为经济增长的主要动因。二是较高的教育水平确保劳动力素质不断提高。三是持续不断的人力资源开发和人才作用的充分发挥。

（四）产业结构不断进行升级和合理化调整

从三次产业结构的变化与调整来看，1955年以来，日本的产业结构一直在进行升级，并不断进行产业合理化调整，第一产业产值和就业比重持续下降，第三产业产值和就业比重持续上升，第二产业产值和就业比重呈现先上升后下降的态势，这一拐点在 20 世纪 70 年代中期开始出现，表明日本工业化在这一时期基本完成，日本经济开始向第三产业发展（见表 6 – 1）。

20 世纪 90 年代，日本制造业开始进入负增长时期。制造业在产业中所占比例从 1981 年的 30% 下降到 2011 年的 21%。产业结构变化带来就业的变化。尤其是近年，制造业跨国企业的研发机构等高附加价值部门也在向海外转移，日本国内高端人才的雇佣进一步减少。另外，制造业溢出人才部分被医疗与保险服务、生产服务、信息服务这三类服务业吸纳。① 日本国内增加的人才雇佣主要集中于面对面进行服务的餐饮、医疗、护理等产业。在面向未来的国家战略中，日本着力发展的产业是农林水产业、医疗和旅游产业，相应的人才配置成为产业结构调整的重要课题（见表 6 – 1）。

表 6 – 1　日本三次产业就业人数分布结构变化

单位：%

年　份	1955	1965	1975	1985	1995	2005	2010
第一产业	41.1	24.7	13.8	9.3	6.0	4.8	4.2
第二产业	23.4	31.5	34.1	33.1	31.6	26.1	25.2
第三产业	35.5	43.7	51.8	57.3	61.8	67.2	70.6

资料来源：日本总务省统计局国势调查。

（五）教育基础良好且有三次较大的教育改革

日本在明治维新之前已经形成了比较良好的教育基础。德川幕府建立之初，颁布了《武家诸法度》，确立"朱子学"为官学。1868 年明治维新之后教育在日本受到广泛重视，经历了"改革"与"保守"的斗争过程。在明治维新之后，随着社会和政治形势的变化日本进行了教育改革，出台了教育法制。日本教育经历了三次较大的改革。

第一次教育改革——明治维新后的教育体系建设。1868 年明治维新之后日本教育体系逐步形成。1872 年日本政府发布《学制》，开始了第一次

---

① 《日本劳动研究杂志》，2013 年 12 月。

教育改革。一是进行教育法制建设；二是完善义务教育；三是建立培养精英的大学；四是建立实业教育体系。

第二次教育改革——战后民主化的教育体制改革。由于日本在二战中战败，美国占领军主导了日本教育体制的改革。这次改革的主要特点：一是义务教育普及率和教育水平都比较高；二是普及高中教育；三是高等教育大发展，进入大众化阶段。

第三次教育改革——体现个性化、国际化、信息化。教育改革的契机在于：从精英教育到大众教育，人才的需求与供给出现错位。1984 年中曾根康弘政府提出把教育改革作为施政的三大政策之一，设立"临时教育审议会"，提出教育改革基本方针。其面向 21 世纪的三项教育目标为：一是广阔的胸怀、强健的身体与丰富的创造力；二是培养自由、自律和公共的精神；三是做面向世界的日本人。教改的基本思想为：重视个性、向终身学习体系过渡和适应变化。这明确了日本初等、中等和高等（普通和职业）教育的理念与制度，关注到日本高等教育和职业教育制度与就业的关联度。这次教改的最大特点就是，将教育的价值取向从以往的"重视经济"转变为强调"人的精神丰富"，破除学校教育的封闭性，树立大教育观，建立终身学习网络；突出教育的灵活性、个性化和特色化；重视提高教育质量；强调增强文部科学省的政策指导职能，增强地方教委的活力；实现高等教育的弹性化，发展研究生教育，振兴学术研究；加强国际交流等。

日本实施精英人才和实业人才并重的高等教育制度。从表面上看日本是精英主义社会，实际是由少数精英谋划而由多数实业技能人才实干的社会。2012 年日本有 783 所大学。大学升学率在 1990 年为 24.6%，2000 年为 39.7%，2010 年为 50.9%。入学大学生增加较多的是社会科学和人文科学相关专业的，这类专业学生毕业后多从事办公事务和营销工作，与所学专业关系不大。日本企业教育经费大幅度缩减后，就业首先受到冲击的是文科生。2015 年 5 月 27 日，文部科学省要求全国的国立大学进行重组，大幅度缩减人文社会科学和相关专业教师培养的本科生和研究生规模，其中受到冲击较大的是法学和经济学等学科。

二 多元化的高校毕业生就业管理、协调与服务体制

高校毕业生就业相关机构，包括经济产业、高等教育、就业促进等方面的管理部门及相关协调与服务机构。产业管理机构为高校毕业生提供就业岗位，提出产业所需人才的能力素质要求；教育管理机构着眼于教育体制的完善，培养产业所需要的人才；就业管理机构着眼于为高校毕业生就业提供服务，提供窗口和平台，畅通就业渠道，提供就业信息，在产业和教育之间发挥衔接作用（见图 6 - 1）。

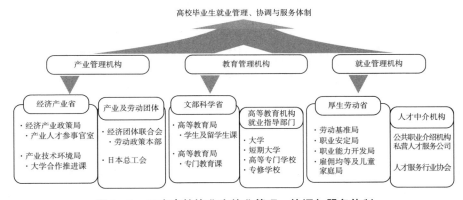

图 6 - 1　日本高校毕业生就业管理、协调与服务体制

（一）产业管理机构和产业及劳动团体

产业管理机构主要为经济产业省这类国家政府部门，与高校毕业生就业相关的部门主要是经济产业政策局产业人才参事官室和产业技术环境局大学合作推进课。作为政府部门，经济产业省积极采取产业发展与就业促进策略。一是制定产业发展战略，调整产业结构，提供高质量就业岗位。关注经济形势、产业发展、人口变化和教育动态，进行产业结构调整，实施产业发展战略，使其主导产业得到高速发展，提供大量高质量的就业岗位。二是发布产业信息，引导人才培养和就业。主动预测、分析并公布产业发展状况和发展趋势，明确产业职种、岗位和技能需求，指出人才培养方向，以进行就业引导，促进大学生明确就业方向。三是促进产学合作以提升高校学生就

业能力。日本经济团体联合会作为企业的联盟组织，在高校毕业生就业相关事务上发挥了积极作用，其主管企业招聘录用高校毕业生的部门是劳动政策本部。涉及不同产业的高校毕业生就业促进事务时，农林水产省、国土交通省等相关部门也会成为扩大雇佣、促进就业的相关协作部门。

（二）教育管理机构和高等教育机构

教育管理机构主要为文部科学省这类政府部门，与高校毕业生就业相关的部门主要是高等教育局学生及留学生课和高等教育局专门教育课。文部科学省针对高校毕业生就业采取了各种对策。一是制定高校毕业生就业促进政策。二是加强与经济团体的沟通。经济团队是企业等用人单位的代表，文部科学省与经济团体联合会召开各种恳谈会和"全国就业指导说明会"等，促使相互理解和支持，促进大学生就业。

日本的高校毕业生主要指大学毕业生和研究生院毕业生。日本的高等教育机构有1200多所，包括大学、短期大学、高等专门学校和专修学校等。从体制上看又分为国立大学和私立大学。传统上，日本私立大学大多设立了专门的就业指导部门，国立大学很少设立专门的就业指导支持部门，1997年以后，日本政府加强了国立大学就业指导体制建设，几乎所有大学设立了就业指导支持部，主要名称为学务部就业支援课或学生部就职课。几乎所有的高校在院系配备了专职的就业指导老师。

（三）就业管理机构和就业服务机构

日本专门从事就业管理的机构是厚生劳动省，其高校毕业生就业管理相关部门为劳动基准局、职业安定局、职业能力开发局、雇佣均等及儿童家庭局等。在促进就业方面，厚生劳动省有就业促进资助、就业培训政策、就业咨询服务和就业促进宣传等方面的制度。一是设置就业服务机构提供就业援助。厚生劳动省在全国设有公共职业安定所，到2014年底共有公共职业安定所544所。[①] 2001年厚生劳动省建立了"工作信息网"全

---

① 日本厚生劳动省职业安定局：《公共职业安定所的主要活动及实绩》，2015年4月。

国统一促进就业网络平台，并设置了专门的应届毕业生就业服务机构——学生职业综合支援中心，提供就业指导、职业适应性测评、职业培训和就业信息提供等服务。二是建立学生与企业对接机制，提供就业培训和职业体验服务。三是设置专门的职业顾问提供就业咨询。

另外，日本还有大量的人才中介机构在人才市场中为高校毕业生就业提供咨询、培训、职业介绍、人才派遣等方面的服务。日本人才中介行业协会在高校毕业生就业中发挥了积极作用，主要行业协会有全国招聘信息协会、日本人才介绍事业协会、人才派遣协会、生产技能劳务协会。

三　产业结构调整升级与大学毕业生就业

定向录用应届毕业生并进行内部培养是日本企业用人的主要方式，随着日本产业结构的不断调整升级，日本的核心人力资源从初中生、高中生到短期大学、专修大学生，再到大学毕业生，经历了一个学历不断升高的过程。20 世纪 90 年代之前，日本产业结构不断走向高级化且高校毕业生就业顺畅，20 世纪 90 年代以后产业结构呈合理化变化，大学毕业生开始面临就业困境，随着产业结构深度调整，大学生就业相关问题变得日益复杂多元。

（一）20 世纪 90 年代之前产业结构不断升级且高校毕业生就业顺畅

从二战后至 20 世纪 90 年代之前，日本经济不断发展，产业结构不断升级，教育持续改革，毕业生就业比较顺畅。在 20 世纪 90 年代之前，日本国立大学基本上不需要考虑大学生就业问题，校内就业指导部门的设置比例非常低。日本定期统一录用应届毕业生的惯例在明治时代就形成了。1928 年三井和三菱等大企业就依据就业协定录用大学毕业生。1930 年大企业统一定期录用毕业生，据 1935 年对大企业的调查，定期录用率总体为 52%，在银行、信托、保险行业为 64%，在矿业为 63%。日本企业录用毕业生之后进行长期培训，确保人才的稳定，按年资确定报酬的终身雇佣制度存在一定的合理性。

第一，20 世纪 50 ~ 60 年代大学毕业生仅一成且就业机会较多。第二、第三产业发展需要以中学毕业生为主的技能人才，基础教育、人口红利和就业促进满足了这一时期的需求。

第二，20 世纪 70 ~ 80 年代中期大学毕业生从二成增加到四成，基本可顺利就业。以制造业为主的产业需要以高中和高校毕业生为主的高技能和专业技术人才，高等教育扩张和专修大学建设满足了这一时期的需求。

第三，20 世纪 80 年代中期至 90 年代初因人手不足大学毕业生容易就业。建筑业和不动产业飞速发展，人力成本增高，灵活就业出现。1985 年金融自由化之后，日本进入泡沫经济时代，一般机械、电气机械、金属制品和化学产业增长迅速，尤其是建筑业和不动产业两个产业飞速增长，企业大量进行设备投资，大量招录人员，对劳动力的需求非常旺盛，有效求人倍率上升至 1.4 倍，从 1988 年到 1992 年期间基本都在 1 倍以上。

（二）20 世纪 90 年代以来产业结构变化及大学毕业生就业困境

泡沫经济崩溃是日本高校毕业生就业的分水岭。20 世纪 90 年代日本泡沫经济崩溃后，产业结构升级出现停滞，就业增长减少。大学生大幅增加，高校毕业生就业难问题开始出现，就业进入了冰河期和超冰河期，毕业生从单纯的"难以就业"转变为就业机会"冰火两重天"，呈现就业意识多元化和就业形式灵活化等趋势。

第一，产业结构急剧变化，制造业减少，服务业增加。进入 21 世纪，日本服务业在国民经济中所占比重超过制造业，劳动力倾向于聚集到生产率较低的服务业等领域。就业扩大的产业中，运输通信业最需要专业技术和事务处理人才，服务业最需要专业技术、技能、保安和服务人才。

第二，新增就业人员高学历化，不稳定就业增加。一是高学历化。20 世纪 90 年代后半期以来，就业者中大学毕业生超过了高中毕业生，高等教育总就学率扩大为近 70%。二是不稳定就业增加。非正规雇佣劳动者的比例从 1990 的 20.2% 增加到 2011 年的 35.4%。

第三，1993 年至 2005 年的就业冰河期，企业选才预定"割青苗"，大学生就业机会"冰火两重天"。一是就业冰河期出现。泡沫经济崩溃后的 1993

年至 2005 年，全社会就业困难，被称为日本的就业冰河期。为压缩人员费用，很多企业都停招新人。二是企业急用人放弃内部长期培养。应届毕业生就业越来越困难。三是大学生就业观念发生变化，就业意识趋向多元化。有的应届毕业生有意识地不办理毕业手续以继续求职，被称为"就业留级"；有的大学生感到迷茫，出现了不就业"家里蹲"的 NEET 族[①]。

第四，2006 年到 2008 年短暂的"卖方市场"，存在就业"内定落差"和企业用人落差。2005 年日本出口产业好转，大量战后婴儿潮时代的人员退休，毕业生就业环境改善，应届毕业生求人倍率上升。另外，企业用人标准越来越严苛，出现了"内定落差"，优秀学生可以获得很多内定机会或指标，但一些学生极难获得内定机会或指标。而大学毕业生大多倾向于进入大企业获得稳定就业，中小企业尤其是在偏僻地区的企业非常缺人。

第五，2010 年的就业超冰河期以来，大学毕业生就业形式更加灵活。2010 年后求职的毕业生进入新就业冰河期或超冰河期。这一时期虽然求人倍率和就业率高于前一个冰河期，但内定率低于前一个冰河期，由于就业率迅速提升，这个就业冰河期十分短暂。截至 2015 年 4 月 1 日，应届毕业大学生就业率达到 96.7%，较 2014 年同期上升了 2.3 个百分点。该数据已连续 4 年同比上升，仅次于创最高纪录的 2008 年 3 月的就业数据。

（三）当前产业结构转换下大学生就业问题日益复杂多元

从国际比较来看，日本高校毕业生的就业率高于美国、英国、德国等发达国家。但是，日本近年的总体就业形势是非劳动人口增加，就业人口减少。适应产业结构调整变化的高校毕业生就业，在日本体现在较为广泛的、较深层次的相关问题上。

一是产业调整需求与人才错位导致初次就业率持续下降，引发连锁问题。日本传统的高校教育已经难以适应产业发展，企业难以从高校毕业生中获得符合能级结构的专业技术人才和高技能人才。

[①] NEET 族指不升学、不就业、不进修或参加就业辅导的社会族群。NEET 是 "Not in Employment，Education or Training" 的英文缩写。

二是区域产业发展与人才缺失问题。与东京相比，一些地方的发展滞后，高校毕业生大都愿意在大城市就业，无论是在总量还是类别上，日本偏僻地区发展都需要相应的人才。为振兴偏远地区，振兴区域产业，促进地区、行业的均衡发展，日本着力进行宏观调控，运用外国人才引进和外国留学生就业政策，吸引在日留学生去日本落后地区和中小企业工作。

三是产业技术传承与人才断层问题。1993 年至 2005 年是日本的就业冰河期，由于在这 13 年中都紧缩用人，大学生就业率下降。2005 年以后，很多企业出现了人手不足的情况，员工年龄结构出现断层，产业发展所需的技术和技能的传承越来越困难。这个时候即使企业大量招人，也难以在短时间培养出需要长期历练的产业技能人才。

四是多种用工方式与稳定就业问题。近年灵活用工是日本劳动力市场最明显的态势，企业在确保核心骨干员工充足之外，采用合同工、临时工、人才派遣、按时计酬等多种用工形式，由此引发一系列劳动权益保障相关问题。

五是就业意识变化与职业观教育的问题。近年日本高校毕业生就业意识发生了巨大的变化：工作观变化，对就业的理解从为了生存转向追求工作意义；勤劳观变化，不愿意工作的"宅男"增加；离职率上升，流动性增强。大学生离开学校进入社会的最初几年中，离职率大幅度上升。这种较高的离职率给日本传统的长期雇佣制度带来了较大的冲击，根源在于大学毕业生就业难，初次就业的匹配质量较低，因而在就业后很快主动跳槽或被迫离职。

六是保证学习时间与确保就业的问题。高校升学率不断攀升的结果，就是难以按照学历判断毕业生的职业技能，企业于是早早进入高校对人才进行考察，过早预定大学生，即"割青苗"。另外，很多大学生因为担心毕业后难以就业，过早开展社会实践和求职活动，难以将精力专注在学习上，导致对知识技能掌握不够扎实。

四 经济产业、教育与就业促进领域的就业促进措施及各部门的联动机制

基于调查研究，日本政府意识到，在产业结构急剧变化的情况下，高

校毕业生就业问题不是大学教育就能解决的，也不是某个部门能够解决的，需要着眼长远进行整合和统筹，构建各部门联动机制，采取一系列促进高校毕业生就业的政策措施。

（一）政府采取各种对策措施促进高校毕业生就业

由于经济停滞和产业结构转换，日本企业调整用人方式，高校毕业生经历了 1993 年之后的就业冰河期，在就业冰河期之后的 21 世纪，大学毕业生的就业率依然低于其他年龄段毕业生。日本政府不仅在 20 世纪 90 年代着力采取就业对策促进高校毕业生就业，还针对年轻人的就业问题在 2009 年前后进一步重视部门联动，经济产业、高校教育与就业管理等部门采取了相应的就业对策。

一是启动各种就业促进计划。1994 年厚生劳动省启动"全面就业支持计划"，帮助企业维持就业，期望创造大约 100 个就业岗位。1999 年启动"第九个基本就业计划"，重视工作创造和就业稳定，进行制度改革支持创业，促进新兴产业发展，以应对经济和产业结构的变化。2001 年 12 月实施"年轻人试用事业"，向为未就业毕业者提供短期试用机会的企业支付一定的奖励金，并向试用期间为毕业生提供教育训练的企业提供一定的费用，以期缩小用人单位要求与年轻失业者能力之间的差距，使年轻失业者向以后的正式雇佣顺利过渡。

2009 年 10 月 23 日，政府发布紧急就业对策，将应届大学毕业生的就业作为紧急支援行动计划的重要一环，提出的口号为：不让应届大学毕业生成为"第二个失去的一代"。该紧急支援行动计划由中央政府组建紧急支援行动小组，由内阁府、文部科学省、厚生劳动省和经济产业省四方相关人员组成，在各地方政府和相关团体的支持下，与各学校、公共职业安定所和产业界共同推进实施。2009 年 10 月，日本政府发布的"紧急雇佣对策"中，专门强调对毕业生的就业支援，通过文部科学省加强就业辅导（包括设置就业指导顾问）、设置帮助学生制定"生活规划"的职业教育指导课程，促进高校职业指导的制度化。

2010 年日本推出"应届大学毕业生就业支援项目"，该项目强调增强大学生就业意识，加强就业支援，主要内容包括：从 2011 年开始各大学有义务设置职业指导方面的课程，推进"大学生就业能力培训扶助项目"，鼓励大学生积极提高就业能力，等等。2010 年 9 月，日本内阁启动新一轮的大学毕业生就业支援措施，在上一年"紧急雇佣对策"取得一定成就的基础上，文部科学省联合两个经济团体（日本经济团体联合会和日本商会），出台"紧急经济刺激方案"，与有关的国家级政府机构继续合作，进一步加强对大学毕业生的就业支援。

二是建立就业促进相关机构。1999 年 12 月，厚生劳动省成立学生职业综合支援中心，收集全国大学毕业生求职信息和各地就业见面会招聘信息，运用信息网络，与各地区设置的学生职业中心及县级机构设置的学生职业咨询室共同为毕业生就业提供帮助。对毕业活动结束后一部分未能就业的毕业生，学生职业中心等职业安定机构会继续提供就业援助。2009 年 10 月 16 日，日本成立紧急雇佣对策本部，由首相亲自担任本部长。在首相府的领导下，内阁府联合文部科学省、经济产业省和厚生劳动省等部门共同加强对就业促进工作的领导。2010 年 9 月，日本政府成立了由所有的都道府县劳动局、地方政府、产业部门、利益相关者和学校等成员组成的"毕业生就业支援总部"，负责开展大学毕业生就业情况调查，掌握对大学生就业支援的情况，构建大学毕业生一站式就业服务体系，建立全国企业信息检索系统，强化各都道府县学生职业综合支援中心及其网站的作用，提供实时的就业信息和咨询服务。在提供信息的同时，进行针对学生的职业适应性鉴定、就业心理咨询等服务工作。

三是增加就业促进相关预算和投入。2002 年政府扩大就业机会的预算中包括"紧急增加雇佣计划"，对政府认定的"经济和就业形势严峻地区"，提高"稳定就业补助金"。2002 年编制了一项 1844 亿日元的预算，鼓励创办高新技术研发型中小企业，提供新办企业扶助金。2009 年补充预算（第 2 号）拨款 1 亿日元用于在大学设置帮助大学生就业的"职业顾问"，通过加强教育辅导、开设职业课程等方式促进大学生就业。2010 年文部科学省编制每年约 2000 万日元的大学生就业能力培训专项经费，计划向 130 所通过审查的高校提供支持。同时，政府拿出 108 亿日元专项资金，给予符合条件的实习生每天 7000 日元的技能学习补助；企业每接收一名实习生，将得到每天 3500 日元的教育训练补助和 1300 日元的实习生宿舍补助。

四是培养创业意识，鼓励大学毕业生创业。2009 年日本修订《商法》，为促进创业允许设立 1 日元的公司，公司成立后必须逐步增加注册资本，在 5 年之内达到法定资本金的内容。着眼于创业意识也要从小培养，日本商工会议所设立"少年经济学院"项目，以小学五、六年级学生为对象，以 5 人为一个团队设立模拟公司，让学生体验从公司设立到解散的流程，经历计划、进货、制造、销售、决算、纳税的整个经营流程，并寻找股东，体验融资，以在创业体验中形成"自己的力量"。

五是实施"就业促进减税计划"。2011 年 6 月 23 日日本政府公布《税制修订法》，对增加雇佣的企业实施减税等税收优惠制度（雇佣促进税制），1 年之中雇佣人员增加 5 名（中小企业 2 名），并占员工总数 10% 以上的企业，每多雇佣 1 名员工即可给予 20 万日元（约合人民币 13000 元）税额扣除的优惠。

（二）官产学合作，多部门共同推动体验式就业

经过调查分析，日本政府发现一些高校毕业生之所以难以就业，不是因为没有岗位，而是因为能力错位。日本企业传统的录用方式是录用应届毕业生，在企业内部进行长期培养，没有明确的岗位能力要求，不需要他们具有很强的职业能力，产业发展与高校教育之间基本是脱节的。在 20 世纪 90 年代以后，企业不再花费成本进行长期培养，高校毕业生的能力难以适应产业需求，出现了需求与供给的错位。针对产业需求与人才能力错位的问题，作为解决方案之一，日本政府统筹推进"体验式就业"（in-ternship）活动，该活动由多元主体实施，参与主体包括国家和地方政府、经济团体、社会团体和企业等。

1992 年通商产业省考察美国产学合作（Co-op Program）模式后强调日本要加强产学合作，之后设立大学合作推进室和体验式就业研究会。厚生

劳动省于 1995 年 7 月以未就业毕业生为对象实施"未就业毕业生职场体验计划",在 1997 年 6 月设立关于实习生就业体验方式研究会。文部科学省于 1997 年 1 月在教育改革计划中明确要在自小学到大学推进职业体验制度,成为教育的一个组成部分。各地区经济团体和劳动团体也相继成立体验式就业研究会,促进企业和高校的合作,为学生提供教育实践场所。1997 年日本内阁发布《关于经济结构改革与创新行动计划》,明确实施体验式就业战略及相关措施。文部科学省、通商产业省和厚生劳动省共同设立"推进体验式就业的联席会议",1997 年 9 月文部科学省、通商产业省和厚生劳动省联合发布《关于推进体验式就业的基本思考》,明确这一活动的基本方针为:在产学合作的基础上培养学生正确的职业观和劳动意识。1998 年,文部科学省发布关于高等教育改革的《21 世纪的大学与今后的改革方针》,提出要培养学生的问题探究能力,即主动适应社会变化,拓展学科视野,能独立、灵活、综合运用多学科基础理论知识,具备分析、判断、探究和解决问题的能力。1998 年,有 1/4 的大学和 1/10 的短期大学设置了体验式就业课程。2001 年 12 月,文部科学省委托日本经济联合会实施"体验式就业制度接受企业开拓事业",加强与文部科学省、经济产业省的合作,促进体验式就业制度的推广。2005 年 4 月,文部科学省在发布的"第三期科学计划的基本政策"中,提出要构建长期、可持续的官产学联合体制,从 2005 年开始,对于积极进行人才培养的企业,按一定比例从法人税中扣除其教育训练费用。体验式就业制度的实施取得了较好的成效,接受过实习的学生就业情况较好,学习更加主动自觉,增强了社会责任感,更加关注社会问题和法律等知识的学习。

2010 年文部科学省实施"适应产业需求的教育改革、充实体制完善事业"项目,以体验式就业制度为基础,积极推进各地大学与当地产业界合作,培养适应产业需求的,具有社会性、职业化、能自立的人才。2012 年参加这一项目的大学有 139 家,短期大学有 20 家。共有"官产学联合培养开拓未来社会的人才、发挥本地区能力培养自律的职业人的项目"等 9 个课题,每个课题大约有近 20 家大学申请。

（三）着力引导战略性新兴产业促进就业

2009 年 6 月，日本的（内）阁议（会）决议颁布《经济财政改革的基本方针 2009——安心、活力、责任》，提出要在低碳、健康长寿、软实力等领域创造出世界最尖端的"未来市场"，形成市场与革新的良性循环，获得国际竞争优势，创造优质就业。同年，日本颁布《实现稳定和扩大就业的政（府）劳（动）使（用人）一致意见》，明确"在与我国将来的经济增长、国民生活提高、产业竞争力增强、地方搞活相关的领域，尤其是医疗、护理、保育、环境、农业、林业等可预见发展的领域，要确保就业机会并扩大就业"。同年，日本经济团体联合会与日本总工会联合发布了促进就业稳定和扩大就业的共同宣言。2010 年日本内阁府通过"新成长战略"，明确七个重点发展产业在 2020 年将提供不低于 770 万个工作岗位，在"就业与人才"部分提出将就业卡持有人数增加到 300 万。关于就业促进政策主要方向，从产业发展来看，着眼于振兴农业的国家战略，鼓励大学生在农业等领域就业；从区域发展来看，鼓励大学生去中小城市工作；从企业规模来看，鼓励在日留学的外国留学生毕业后前往中小企业就业。

（四）针对形势协调规范教育培养和就业招聘活动

针对日本企业提前进行校园招聘"割青苗"活动，高校学生潜心学习受到影响，学习时间不够充分，专业知识不够扎实的情况，文部科学省、教育学会、高校进行研究探索，与企业联合互动，共同规范企业校园招聘和学生就业活动，制止招聘求职活动的过早进行，以确保高校教育规范和学生专注学习的时间，促使大学生潜心学习。21 世纪初，日本在高等教育方面出台《关于大学、短期大学和高等专门学校毕业预定者的就业（约定)》，严厉制止企业对大三课程尚未结束者进行提前招聘，防止干扰和影响大学的正常教学活动。而企业方面也相应地进行规范，日本经济团体联合会在 2002 年制定出台了《关于招聘录用应届毕业生的企业伦理宪章》，明确规定：企业在应届毕业生招聘录用活动中要严格自律，不可过早开始，尤其是对于尚未达到毕业学年的学生进行实质性的招聘录用更要慎之又慎。招聘活动必须尊重高校教学计划，确保学校正常的教育和学习环境，对次年 4 月毕业生的录用内定必须在本年 10 月 1 日以后，要遵守《男女雇佣均等法》等。

（五）引导多种灵活就业方式向长期稳定就业转变

在就业方式上，日本从过去的企业招聘大包大揽、毕业生就业从一而终，变化为企业为控制成本提高临时用工和劳务派遣的比例，社会用工方式日益多元化。高校毕业生因难以获得心仪的稳定职业而选择灵活的就业方式，进而出现工作和收入不稳定的现象，年轻人的就业理念、职业意识和勤劳观念发生消极变化。企业也因人才断层出现产业技术传承的障碍，尤其是制造业的专业技术和技能岗位，上岗者需要长期经验的历练，因此迫切需要确保人才稳定，防止人才频繁流失。针对这类问题，日本政府在调查分析的基础上采取了多种措施。

一是立法禁止制造业的劳务派遣。2010 年的《劳务派遣法》修正案原则上禁止制造业派遣，禁止登记型派遣，即禁止对只签订临时雇佣合同的劳动者进行派遣，以引导雇佣正式员工。鼓励企业进行长期雇佣和正式用工，促进高校毕业生的就业趋向长期性和稳定性。厚生劳动省设立"职业发展提升资助基金"，对改善劳动者职业状态的用人单位给予资助。资助范围包括六个方面：将有固定期限劳动合同者（临时工）转为正式劳动合同者（正式工）的；对有固定期限劳动合同者（临时工）进行职业培训的；为有固定期限劳动合同者（临时工）增加工资的；为有固定期限劳动合同者（临时工）提供体检福利的；实行多种正式工制度的，如"限定工作地点正式工"和"限定工作岗位正式工"等；延长临时工每周工作时间以便他们能加入社保的。

二是加强就业意识与职业观教育。各部门联合进行全国大学生就业意识调查，注意依据调查数据进行科学决策。如厚生劳动省与文部科学省联合实施的全国大学生就业意识调查。这一调查自 1996 年开始实施，在每年的 10 月、12 月和次年的 2 月、4 月共分四次进行调查，调查结果在每年 11 月、1 月和次年 3 月、5 月向全国公布。每年对大学及其他学校学生的就业状况进行调查，调查的主要内容为：学生的性别、是否希望就业、有就职意愿的人员的专业、有就职意愿的人员接受企业内定的日期等。这些调查的开展和相关数据的公布，为文部科学省、地方教育委员会、各大学及其他相关机构提供了有益的参考，成为制定大学毕业生就业相关政策和措施的重要参考依据。此外，还加强职业能力培养。2000 年文部科学省推出《大学生生活的充实方针和政策》，要求培养学生的职业观和勤劳观，实施一对一的就业指导，建立和完善学校内就业指导体制。强调大学教育应着力培养的能力为：主动应对社会变化，积极探索未来，具有广泛视角，能灵活应变和综合判断。文部科学省、厚生劳动省、经济产业省实施"职业教育相互协作研讨会"项目，与学校、地方政府、产业联合共同推进职业能力培养，在研讨会上进行主题演讲，介绍成功案例，进行"职业能力协会推进表彰"。2013 年文部科学省设立"地域职业能力教育支援协议会"，促进学校与当地的融合。厚生劳动省实施"职业探索"项目和"职业教育专门人才培养事业"项目，从企业选派讲师到学校讲解职业、产业的状况和工作的意义，促进学生理解职业生涯，2012 年有 3455 所学校的 33.5 万名学生参加。经济产业省实施"职业能力教育表彰"项目，为项目参与者构建出由 3 项基础能力和 12 项能力要素构成的社会人基础能力体系，制作指导手册，召开培训会，并指定由职业能力教育指导员网络协议会这一机构进行职业能力教育指导员的培养、培训和认证。

（六）面向日本高校的海外留学生提供就业服务

针对区域产业发展与人才缺失问题，日本对外开放劳动力市场，尤其是希望吸引在日本高校就读的海外留学生留在日本工作。为此，日本延长了留学生签证，为毕业后未就业的留学生签注为期 1 年的找工作签证。还面向在日本的海外留学生提供公共就业服务。1993 年厚生劳动省出台《关于外国人雇佣管理及劳动条件的指导意见》，设立了"外国人雇佣管理建议者"制度，在政府职业安定机构的就业服务窗口"Hello Work"设有外国人雇佣管理建议者，解答企业关于雇佣外国人、完善劳动条件的相关问题。

第三节　德国大学毕业生就业研究

根据联邦劳动服务局发布的大学毕业生就业报告，2013 年德国大学毕业生的就业人数已增加到 800 万，即每 5 个就业人员中就有 1 个大学毕业生。虽然 2014 年失业大学毕业生的数量有所增加，但这一群体的失业率仅为 2.5%，仍然保持在很低的水平。[①] 德国大学毕业生何以能够实现充分就业？该报告的题目《好的教育创造出好的机会》就道出了其中非常重要的原因。此外，德国有一套衔接得比较完善的就业服务和社会保障体系，为求职者提供全面的保障。

一　德国教育制度概述

（一）德国基本教育制度概况[②]

德国教育制度大体可以分为四个层级（也有五个层级之说）：基础教育、中等教育、高等教育和继续教育。可以说教育伴随着人的一生。由于德国的学校教育属于各联邦州的主权范畴，因此，各州的具体教育制度存在一些不同之处，但基本制度还是一致的。

第一个层级是基础教育阶段，实际上就是小学教育阶段。在大部分联邦州，6 月 30 日前年满 6 周岁的儿童就可以入学了，学制通常为 4 年，只有柏林和勃兰登堡州是 6 年。在小学阶段主要是开发学生的学习能力，课程的重点集中在德语和数学上，辅之以其他的一些学习内容，

第二个层级为中等教育阶段。在小学阶段结束后进入中等教育阶段。此层级又可以分为两个阶段，即中等层级 I 和中等层级 II，类似于我们的初中和高中。中等层级 I 包含了一个定向层级和中学层级。在晋升至中学

---

① Bundesagentur für Arbeit, Gute Bildung-gute Chancen, Der Arbeitsmarkt für Akademikerinnen und Akade-miker in Deutschland, Nürnberg, 2005.

② 本部分内容主要参考维基百科,https://de. wikipedia. org/wiki/Bildungssystem_in_Deutschland。

阶段期间，有一个为期两年的定向阶段，可以依据老师的建议、学生的成绩与家长的意愿，决定今后就读的学校类型。主要有三类学校可供选择，分别为主体中学、实科中学以及文理中学。主体中学定位于为职业教育作准备，学制 3 年。在主体中学读完 9 年级可升入为期 3 年的职业学校就读。由于这类学校的学生大多来自社会阶层较低的家庭和部分外国移民，社会认可度较低。有不少联邦州已不设这类学校。实科中学面向学习成绩较好的学生，能够提供较好的职业教育。学习年限为 6 年，程度低于文理中学，但又高于主体中学，介乎两者之间。文理中学兼具了中等教育的两个阶段，从这类学校毕业的学生具有大学入学资格。1990 年以来，在中学阶段有越来越多的学生选择了文理中学。这类中学的学制是 8～9 年，即 12 年级或 13 年级毕业，是通往大学之门的最快路径。中等层级 Ⅱ 是中学的高级阶段，职业教育也在此列，其中包括双元制职业教育和职业学校、职业预备学校、职业专科学校、专业高中、职业文理中学以及文理中学的高级阶段（文理中学的最后两三年）。

第三个层级是高等教育阶段。进入高等教育体系的门槛主要是文理中学的毕业考试（Abitur），没有统一的高等教育入学考试。而依据各学系的要求，所应具备的条件也有所差异；而攻读学位也必须依照学习的发展与考试制度来完成。德国的高等教育体系由 400 多所高等学校组成，大部分是国家出资，也有教会或者私人出资的高校。

第四个层级就是继续教育阶段，范围非常宽泛。虽然经合组织（OECD）把继续教育纳入第三层级范畴，但是德国将它视为一个独立的层级。E-Learning 已经成为继续教育领域的新趋势，越来越普及，为了赶上日新月异的社会发展，不断学习、终身学习已然必不可少。

（二）德国特色的"双元制"职业教育

说起德国的职业教育，人们通常的第一反应就是"双元制"职业教育。的确，德国的"双元制"职业教育不仅享誉世界，也为口碑颇佳的"德国制造"提供了可靠的技术工人。所谓"双元制"，是指参加职业培训的学生在选定一个具体的培训职业后，一方面在职业学校接受职业专业理论和普通文化知识教育，另一方面在企业接受该职业的实际操作技能和专业知识培训。这是一种将企业和学校、实践技能和理论知识相结合，以培养高技能专业技术工人为目标的职业培训制度。"双元制"职业教育的学制大多为 3 年或 3 年半，近年来也出现了两年制的职业培训。受训的学员每周在职业学校学习一至两天的理论课，在企业学习三至四天的实践技能课，也有采取集中学习的方式，即集中几个月的时间专门在职业学校学习，然后集中将所学的理论知识用于实践操作。原则上，大约 40% 为专业理论课程，而 60% 是操作技能课程。职业学校的教学任务主要是以专业理论来指导学生并提高其在企业中的实际操作能力，使理论和实践互相补充。

由此可见，"双元制"是同时在两个地点进行职业教育，同时有两个施教主体，也就是在企业和职业学校中的教学平行进行，"双元制"之名也正是由此而来。与此相对应，参加"双元制"职业培训的学员也具有双重的身份：既是企业的学徒又是职业学校的学生。根据国家法律规定，学员与培训企业签订职业培训合同，并且享受企业发放的培训津贴。

"双元制"职业教育形式下的学生大部分时间在企业进行实践操作技能培训，而且所接受的是企业目前正在使用的设备和技术，培训在很大程度上是以生产性劳动的方式进行，一方面减少了培训的费用，另一方面能够使学习更具有针对性和目的性，培养的人才就是实践所需，这样有利于学生在培训结束后随即投入工作，企业也可以从中挑选合适的人才。一旦正式建立了劳动关系，学员和企业双方早已互相熟悉，免去了新招人员后双方必要的磨合期。这也正是"双元制"职业教育在世界上备受推崇的原因所在。

二　德国高等教育现状与专业发展

（一）高等教育规模屡创新高，女性比例逐年增加

德国高等教育的主要任务在于科学研究、创造新知识和新学说、传授知识和能力以及授予学术学位。德国高等教育具有典型的欧洲发达国家的教育传统，有较完备的大学与高专一体化结构和双轨制职业教育体系。高

等教育体系中包含各类学校，既有传统的综合性大学、应用科学大学，也有各种定位于职业教育的学校，各类高校各具特色，和谐并存。联邦统计局最新数据表明，2014/2015 冬季学期德国共有 427 所大学，在读大学生计 270 万人。2014 年新入学 50 万人，毕业 46 万人，这是连续 13 年毕业生人数创新高。[1] 除了 1999 年入学人数下降外，1995 年至 2005 年的 10 年间，德国大学入学人数增加了约 10 万人，总数近 36 万人。

另外，一个非常有意思的现象是，女学生的比例在不断上升，女生不仅在中小学，在大学里的成绩也往往比男生更胜一筹。今后年轻女性学者将会成为学术人才的生力军，因此，德国的劳动力市场政策和就业制度必须对此予以重视，迎接学术人才女性化带来的挑战。

（二）德国大学生的专业分布与学习期望

根据 2014 年德国发布的教育报告中的相关统计数据，历年来德国大学生中有 1/3 强选择了法律、经济和社会科学专业，人数最为集中，比例也较为稳定；居其后的是工程学专业。

从 2014 年毕业学生的专业分布来看，约有 1/3 的学生所学专业为法律、经济和社会科学，19.5% 是工程学，18% 是语言和文化，15.6% 是数学/自然科学，5.1% 是医疗卫生，其余的 8% 是体育、动物医学、农林食品以及艺术等（见图 6 - 2）。[2]

大学生对于上大学有很高的期望值。一项针对不同类型的高校和不同专业的学生的调查表明，无论是什么专业，大部分大学生主要希望通过上大学能够更了解自己所选择的专业、获得好的学术教育和今后找到一份有意思的工作。但问及"今后获得高社会地位"或者"取得高收入"等选项的问题时，不同专业的学生给出的回答还是有差异，55% 的法学专业学生希望通过上大学来获得高地位，而文化和社会学专业的学生的比例分别只有 26% 和 25%，理工科专业的学生该比例为 28%，明显要低得多。

---

[1] 数据来源：德国联邦统计局网站，https：//www. destatis. de/DE/ZahlenFakten/GesellschaftStaat/BildungForschungKultur/Hochschulen/Hochschulen. html。

[2] 数据来自 2014 年教育报告附表。

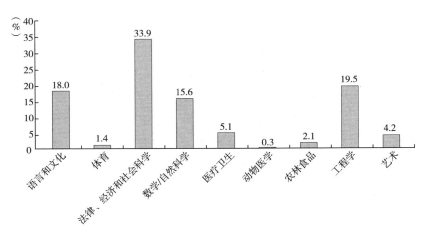

图 6-2　2014 年度德国大学毕业生所学专业类别占比

75%的法学和经济学专业的被访者期望有个高收入，文化和社会学专业的学生相应比例仅为39%和44%，远低于一半人数认可这一选项，他们比其他专业的学生更关注通过上大学来形成自己的思想（65%和62%）和成为一个接受了良好教育的人（66%和59%）。[①]

三　德国大学毕业生就业状况分析

只有将学习到的能力在实践中得到运用才能使教育产生正向的效益，因为教育不会自己产生效益。教育的一个根本特征就在于其效用的长期性。因此，今天的社会状况往往受到过往教育工作的影响，以此类推，今天的教育将会影响今后的社会状况。教育对就业的影响也是长期的。

（一）教育程度与就业存在正相关性

德国大学毕业生向来拥有良好的就业前景，德国联邦劳工部数据显示，德国就业市场的高学历趋势越来越明显。大学毕业生毕业一年后就业率超过90%。德国和其他发达工业国家相比，更偏向于信息技术和科学方面的研究。一些曾被视为服务部门的行业也向研究、培训等方面扩展，现

---

① http：//www. bpb. de/gesellschaft/kultur/zukunft - bildung/206025/worin - sehen - studierende - den - nutzen - eines - hochschulstudiums.

在德国的服务行业也成为吸收高学历人才的重要部门。

据预测，德国的就业市场在 2020 年后可能会出现供过于求的状况，但是德国大学生的就业不会受到太大的影响。从近几十年的统计数据看，德国的高学历人才与其他没受过高等教育的人相比，失业风险更小，具有明显的就业优势。根据德国《世界报》2013 年 5 月 13 日报道，大学毕业生的失业率为 2.4%，而未接受过任何职业教育的劳动人口的失业率为 20% 左右。而且大学毕业生的失业时间也最短，一半以上的毕业生在 3 个月之内就能重新找到工作，只有 12% 的人需要用 1 年以上的时间找到新工作。德国大学毕业生以 88% 的就业率在欧洲仅次于挪威，位居第二，并且远超欧洲大学毕业生 82% 的就业率。①

2008 年经济危机之后，欧洲各国的失业率不断攀升。虽然在 2008 年到 2010 年之间，在所有 27 个欧盟成员国中，即使是大学毕业生的失业率也有所上升，但与其他只有中等教育水平的就业者相比，失业率水平还是处于相对比较低的状态。如表 6 - 2 所示，教育程度与就业率存在正相关性。

表 6 - 2　2010 年第四季度欧洲各国 20 ~ 64 岁不同文化程度就业者的就业率比较

单位:%

国　　别	总就业率	初级中等教育毕业生	高级中等教育毕业生	大学毕业生
瑞典	79.1	63.3	79.5	88.0
荷兰	77.1	62.2	79.6	87.1
德国	75.3	56.7	75.4	86.7
立陶宛	65.9	31.2	59.9	86.0
斯洛文尼亚	69.9	50.8	69.0	85.9
丹麦	75.6	61.5	77.6	85.8
奥地利	75.3	57.6	77.4	85.1
芬兰	72.8	53.8	71.0	84.6
英国	73.7	55.4	75.3	84.2

① http：//www. welt. de/wirtschaft/karriere/article116319415/Die - Akademiker - Beschaeftigung - liegt - auf - Rekordniveau. html.

国　　别	总就业率	初级中等教育毕业生	高级中等教育毕业生	大学毕业生
马耳他	60.4	51.0	77.3	83.9
塞浦路斯	75.8	67.7	74.1	83.2
波兰	64.8	39.7	62.8	82.9
保加利亚	64.7	38.7	66.6	82.8
比利时	68.3	47.1	70.8	82.6
拉脱尼亚	65.8	45.5	63.3	82.4
罗马尼亚	62.3	51.5	62.9	81.5
葡萄牙	70.2	67.3	70.6	81.5
捷克	70.8	42.3	71.4	81.5
卢森堡	70.7	62.0	67.6	81.3
法国	69.0	54.6	70.6	80.4
爱尔兰	64.2	45.0	62.4	79.8
爱沙尼亚	69.5	45.5	67.9	79.6
匈牙利	60.7	37.0	62.7	77.7
希腊	62.7	56.7	59.4	77.5
西班牙	62.5	52.5	63.2	77.1
斯洛伐克	65.1	28.7	66.4	77.0
意大利	61.2	49.8	67.3	76.6
平　　均	68.6	53.3	69.9	82.3

资料来源：europa. eu/rapid/press – release_ MEMO – 11 –613_ de. pdf。

（二）企业用工倾向于高学历

根据科隆经济研究所 2010 年进行的一项企业调查，接受调查的企业中有 48.2% 雇佣了具有 Diplom 文凭的员工，雇佣具有学士文凭和硕士文凭的员工的企业比例仅仅分别为 13.2% 和 7.4%，并且不同规模的企业用工倾向颇具一致性，特别是有实力的大企业（250 人及以上）更喜欢用具有 Diplom 文凭的毕业生（占 91.9%），中型企业（50 ~ 249 人）中有 73.3% 使用具有 Diplom 文凭的毕业生，小微企业（1 ~ 49 人）的这一比例降到了 47.2%（见表6 –3）。①

---

① http：//de. statista. com/statistik/daten/studie/203173/umfrage/anteil – der – unternehmen – in – deutschland – die – hochschulabsolventen – beschaeftigen/.

表 6 - 3　不同规模企业按文化程度用工情况

单位:%

企业规模	学　士	硕　士	Diplom
1 ~ 49 人	12. 4	7. 0	47. 2
50 ~ 249 人	27. 8	14. 2	73. 3
250 人及以上	65. 3	47. 8	91. 9
总　　体	13. 2	7. 4	48. 2

（三）大学生的就业状况

德国劳动力市场上受过高等教育的劳动者相比其他人员更容易就业。目前每 5 个就业者中就有 1 个拥有大学文凭。特别是从 2003 年以来，高学历就业者不断增长，从 560 万增加到了 2013 年的 800 万左右，增幅达到 40% 多，这一时间段内高学历的就业者在全部就业人数中的比例增加了 4 个百分点。这也反映了德国正在向知识型和信息型社会转变。[①]

1. 实现就业情况

如前文已经提到的，德国大学毕业生的初次就业总体不存在问题。汉斯－博克勒基金会（Hans-Boeckler-Stiftung）委托的一项课题研究调研表明，有 12.6% 的学生在大学毕业后马上就能实现与就业的无缝对接，54.1% 的毕业生在 3 个月后找到工作，77.6% 的学生半年后就业，1 年之后 93.4% 的毕业生都找到了工作，3 年半之后只有 4% 的毕业生还处在失业状态。[②] 这里所说的就业包括被雇佣、自主创业和从事自由职业。

这些毕业生中有 74% 从事的是雇佣劳动，其中有一半签订了无固定期限劳动合同；16% 是自雇型就业（自由职业或自主创业）；4% 处于失业状态。所以，高素质可以预防失业，上大学还是值得的。[③]

---

① Bundesagentur für Arbeit, Gute Bildung-gute Chancen, Der Arbeitsmarkt für Akademikerinnen und Akademiker in Deutschland, Nürnberg, 2005, 第 6 页。

② Dieter Grühn, Heidemarie Hecht, Hochschulabsolventen in der Grauzone des Arbeitsmarktes? Arbeitspapier 157, 2008, 第 33 页。

③ Dieter Grühn, Heidemarie Hecht, Hochschulabsolventen in der Grauzone des Arbeitsmarktes? Arbeitspapier 157, 2008, 第 41 页。

这一调查结论与 2014 年德国联邦劳动服务局发布的统计数据一致，即大部分毕业生从事的是有参加社会保险义务的雇佣劳动。

总体来看，经济学研究者、教师、工程师、医生、信息技术人员和社会教育者是最主要的职业群体，占所有研究型专家的 2/3。自雇型就业和当公务员在这些不同职业中的比例有很大的差别，可能学生在选择大学专业时就已经考虑了今后的就业去向。学艺术的绝大部分以自雇型就业为主。法学、心理学、建筑、医学和新闻专业的毕业生选择自雇型就业的比例也远超平均水平。相反，教师和社会教育者的自雇比例非常低，大部分工程师类职业、自然科学以及行政管理方面的职业也是如此。当公务员的主要是教育类职业，即教师，此外，从事行政管理、档案管理、图书管理的也不少。学法律的很多人选择当法官和检察官，但也有在机关里当业务人员或办事员的。建筑工程师在地方建筑管理部门就业等。但学经济的当公务员的比例就非常低，只有 2%，但这个职业群体本身的数量非常大，因此公务员中经济学者的绝对数量并不少。雇佣劳动关系最主要集中在工程师、社会教育工作者和信息技术人员这一群体。但企业与国民经济管理等专业也是典型的雇佣型就业专业。[①]

2. 实现就业途径

德国大学毕业生就业以"自我负责，自主择业"为原则，大学生就业呈现社会化和市场化的特点。调查表明，有 28% 的毕业生是自己直接与雇主联系后找到工作的，雇主主动联系的背后往往也是缘于以往其与雇主的接触，加上其他的一些辅助途径等。大部分学生都是通过自己的努力实现就业，无论是线上还是线下的职业介绍对于就业的帮助作用都不大。所以，从表 6-4 可见，实现就业主要还是靠自己的努力。

3. 当前和今后几年企业对高等教育毕业生的需求趋势[②]

Staufenbiel 研究所发布的德国就业趋势研究报告（Staufenbiel Job Trends Deutschland）每个年度都会就德国企业对大学毕业生的招聘要求和需求进

---

① Bundesagentur für Arbeit, Gute Bildung-gute Chancen, Der Arbeitsmarkt für Akademikerinnen und Akademiker in Deutschland, Nürnberg, 2005, 第 8~9 页。

② Staufenbiel, Job Trends 2015, 以下数据如无特别注明，均来源于此。

表 6 - 4   大学毕业生实现初次就业的途径

单位 : %

实现初次就业的途径	所占比例
自己直接找的雇主	28
通过互联网	17
其他	13
通过家人、朋友或熟人帮助	12
雇主主动联系的	12
报纸招聘广告	11
上学期间的实习	4
招聘网	2
私营职业介绍机构	0.5
劳动服务部门	0.5

行调查。2014 年 9 月至 11 月调查了 197 家共拥有 360 万名员工（其中 80 万人在德国就业）的企业，年招聘数量在 16 万人以上。在被调查的时间段内，这些企业有近 16 万个空缺岗位用于招聘高学历人才。

根据这一调查数据，空缺岗位多是经济学相关岗位，约有 45% 的空缺岗位用于招聘经济学人才，不过其中的一半是实习岗位。紧随其后的是工程师。IT 人才对企业也越来越重要，因此排在需求第三位的是 IT 人才。其他的需求是法学、自然科学、社会与人文科学等专业人才（见图 6 - 3）。

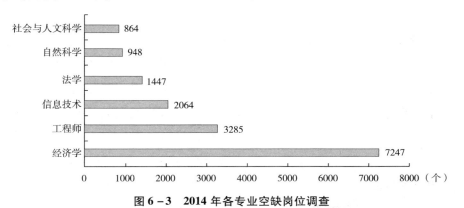

图 6 - 3   2014 年各专业空缺岗位调查

从企业需求的角度来看，IT 专业越来越吃香了，47% 的企业需要 IT 专家，只有 43% 的企业需要工程师。但是，对这两类人才的需求仍然远远位居经济专业毕业生之后，因为有高达 64% 的企业需要经济学专业人才。

此外，经过了十来年的发展，新引进的学士、硕士学位制度也逐渐被企业所接受。在被调查的企业中，90% 的企业愿意录用硕士毕业生，但德国传统的 Diplom 学位也仍然广受欢迎，76% 的企业乐于录用综合性大学的拥有 Diplom 学位的毕业生，仅次于硕士毕业生。但应用科技大学的拥有 Diplom 学位的毕业生以 55% 的比例显然逊色许多，甚至居于学士（60%）之后。分别只有不足两成的企业有博士和 MBA 学位人才的需求（见图 6-4）。但在以后的职业上升过程中这两个学位根据专业方向不同而变得有意义了。

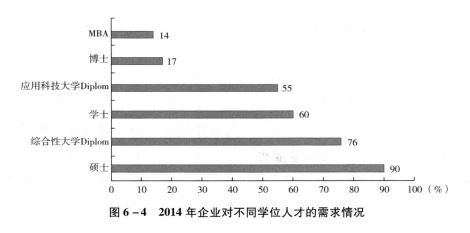

图 6-4　2014 年企业对不同学位人才的需求情况

4. 大学毕业生就业过程中的实习问题

虽然德国大学毕业生在劳动力市场上拥有竞争优势，就业形势乐观，但并不意味着大学毕业生的就业一帆风顺、畅通无阻。实际上，毕业后马上就能就业的学生只有 13% 左右，大部分学生都要经过数月乃至 1 年以上的求职过程。从毕业到初次就业这一过渡阶段，很多学生在进入社会前面临巨大挑战。很多毕业生往往通过一次或者多次实习机会逐步完成过渡。实习几乎成了学生就业的敲门砖。有的实习是有实习工资的，而有的是免费打工，只为了换取工作经验，积累实践技能。德国学生的实习可以分为两类：一是上学期间教学大纲规定的实习义务，这些实习作为学习内容之一是可以不支付报酬的；二是毕业之后的学生自愿实习。后者由于没有明确的法律规定也成了德国劳动法领域颇有争议的一项内容，有报酬的实习生待遇偏低，没有报酬的就更是免费劳动力。实习被称为"劳动力市场的灰色地带"。

从 2015 年 1 月开始，德国关于大学毕业生实习报酬有了新规，只要实习时间超过 3 个月就至少可以要求用工单位支付最低工资，大学毕业生从此告别了免费实习的时代。实习生和其他雇员一样享有毛工资最低 8.5 欧元/工时的权利，相当于一个月 1470 欧元，比新规出台前几乎增加了 1 倍。① 根据一项针对 7500 多名在校学生和毕业生的调查，建筑业的毛收入最高，平均为每月 1015 欧元；最低的是健康行业，仅为 488 欧元/月。平均的实习工资为 771 欧元/月。64% 的实习生表示这个实习工资与付出的劳动成比例。②

5. 工业 4.0 战略对劳动力市场的影响

在 2016 年 1 月的达沃斯经济论坛上，有经济学家预测，到 2020 年，数字化和自动化将导致 710 万个就业岗位消失，新增的工作岗位却只有区区 200 万个，这些新增岗位集中在计算机、数学、建筑和工程学等领域。受到工业 4.0 战略冲击的主要是传统的"白领"岗位，即企业办公室里的熟练工作。在调查中，人们一致认为除了自然科学的重要性越来越突出之外，终身学习和知识的专业化这两点也将起着重要作用。具体来说，今后将有两类人备受青睐：一是数据分析人员，他们要能够从各种新技术产生的海量数据中筛选出有价值的信息；二是专业化的销售人员，他们要能够帮助企业宣传并推销新产品。尽管雇主和雇员双方都必须采取有效措施来应对自动化导致工作流失的未来，但目前只有 53% 的人事经理表示有信心为其所在企业面对今后的挑战做好准备。

---

① 参见 http：//www. faz. net/aktuell/beruf - chance/arbeitswelt/mindestlohn - praktikanten - 13388912. html。

② 参见 http：//www. welt. de/wirtschaft/karriere/bildung/article136906487/So - gut - verdient - die - Generation - Praktikum. html。

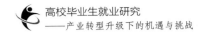

四　促进德国大学毕业生就业的重要因素分析

德国大学毕业生在就业方面以自我责任为导向，并不意味着德国不重视大学生就业指导工作，相反，德国各有关部门、学校和社会都主动参与、重视对学生进行职业指导和就业咨询，引导学生提前了解相关职业和劳动力市场情况，使毕业生能够理性求职。

从教育的角度来看，德国从小学教育开始就注重素质教育，培养学生独立学习和思考的能力，不单纯以分数论学习的优劣，注重发掘学生的创造力。中等职业教育中的"双元制"教育把理论和实践紧密结合，培养出来的技术工人素质过硬，深受企业欢迎。这一培养模式现已延伸到了高等教育，且出现了一批所谓的"双元制"大学，它把大学学习与职业培训结合在一起，学生一边在大学学习，一边在企业培训，参与企业实践，培训、职业与实践三合一。的确，德国的教育注重与实践相结合，注重开发学生的创新能力，而不是考试能力。教育是就业能力的基础。

从就业服务的角度来看，德国的职业咨询、就业指导、社会保障等都给求职人员提供了全方位的保障。

（一）职业咨询

学生从小就可以进行职业咨询。职业咨询的目的在于，为青少年或者成人提供职业咨询，根据咨询者的技能、兴趣爱好、性格特点或者个人特点为其在选择职业时提供帮助。无论是中小学生、大学生或者学业中断者、大学毕业生还是在职人员都可以得到职业咨询服务。根据德国《社会法典》第三编第29条之规定，德国联邦劳动服务局有义务为就业者或有就业意愿者提供职业咨询，也有义务为雇主提供劳动力市场情况咨询。1998年以前，职业咨询完全由当时的联邦劳工署垄断，此后开放了职业咨询和职业介绍业务，社会机构和个人也都可以进行职业咨询，提供求职培训。对于要进入大学深造的人或者大学毕业生的职业咨询有专门的咨询团队。对于即将进入大学深造的咨询者，主要根据其知识水平、兴趣爱好、能力和今后的生活目标，帮助选择相对应的大学专业；而对于大学毕业生则帮助其制定成功就业的策略。

为了提供相关的职业信息，德国于 1970 年最早在柏林成立了职业信息中心（Berufsinformationszentrum，简称 BiZ），目前每个地区都有一个能够提供职业信息的职业信息中心。它的任务是提供职业培训、大学专业选择、继续教育措施、创业以及不同的学校类型等有关的资讯。服务对象非常广泛，既有面临初次职业选择的青少年，也有重新择业或者重新就业的成年人。学生家长和老师也可以通过职业信息中心了解相关信息，获取资料。获得信息的途径有多种，既可以到职业信息中心与职业咨询师面对面交流，或者通过电话、网络进行咨询。此外，职业信息中心也会在各地举办大量的活动，例如与职业定向或大学专业选择有关的展示会，地点也很灵活，在各地职业信息中心、学校或企业等均可。

（二）个性化的咨询指导与求职所需的各类补贴

个性化指导的第一步就是一对一咨询。尤其在一些较大的城市，就业服务部门会派团队到大学去提供咨询服务。他们往往会与高校的职业生涯服务中心紧密合作。除了提供咨询之外，劳动服务部门的高校咨询团队还组织举办各种形式的信息交流、研讨会和企业参观活动，同时也提供关于社会交往能力、时间管理和项目管理方面的培训，有时也会向学生象征性地收取 10 欧元左右的费用。但就业服务部门并不是在每所大学都派出团队提供服务。因此，学生可以向派驻在其他大学的咨询团队或者直接向当地的劳动服务部门寻求帮助。

此外，很多毕业生在求职时可以得到经济上的帮助。除了制作求职资料的费用外，还有去往外地求职所需的交通补贴、两地分居补助或者到外地就业所需的搬家费用等。如果工作单位没有公共交通可以到达，甚至可以提供购车和考取驾照的补贴。如果大学毕业生愿意自己创业，就业服务部门也会给予指导和帮助，并在满足相关前提条件的情况下提供创业补助。

（三）社会保障兜底

如果学生通过各种方式仍然无法实现就业，那也不必去"啃老"，有社会保障及失业保险来兜底。需要说明的是，德国的失业保险待遇分为两种：失业金Ⅰ和失业金Ⅱ（俗称哈茨四）。失业金Ⅰ的享受条件是，在过去的 24 个月中至少有 12 个月从事了有社会保险缴费义务的工作并缴纳了失业保险费。但是大学毕业生中往往只有为数极少的人满足这个条件。大部分毕业生只能享受失业金Ⅱ。这是德国根据《社会法典》第二编为具有就业能力的无业人员所提供的基本生活保障，以保证这些人员能够有尊严地生活。其前提条件是因生存必需，所谓"生存必需"就是既没有生活来源和积蓄，也不跟父母或伴侣生活在一起而有所依靠。失业金Ⅱ的标准视申请人的具体情况而定，根据《社会法典》第二编第 19 条第 1 款，主要由常规生活需求、额外需求以及住房与取暖费等项待遇构成。常规生活需求的标准依据一般生活必需品和服务项目的联邦平均物价发展水平以及国民经济总决算下的职工平均工资发展情况（混合指数）进行测算，并在每年的 1 月 1 日由《联邦法律公报》公布。例如，2015 年独自生活的成年人常规生活待遇是 399 欧元/月。房屋租金和取暖费根据当地市场行情按合理原则实报实销。特殊情况下产生的必要支出，如孕期支出、特殊食物消费等，给予额外待遇。

大学毕业生如果需要领取失业金Ⅱ需要在毕业前 6 个星期向就业中心提交申请，因为办理程序需要 4 ~ 6 个星期。如果毕业以后才提交申请，那么失业金发放时间只能从提出申请之日开始计算。非常重要的是，失业金Ⅰ是劳动服务部门负责的，有资格申领失业金Ⅰ的毕业生应该最晚在毕业前 3 个月向劳动服务部门提出求职申请，这样才不会被扣减失业待遇。

第四节　新加坡产业、教育和大学生就业政策协调发展研究

一　新加坡产业、教育、就业的基本概况

（一）基本概况

新加坡是亚洲的发达国家。根据 2014 年的全球金融中心指数（GFCI）

排名报告，新加坡是继纽约、伦敦、香港之后的第四大国际金融中心，也是亚洲重要的服务和航运中心之一。新加坡是东南亚国家联盟（ASEAN）成员国之一，也是世界贸易组织（WTO）、英联邦（Commonwealth of Nations）以及亚洲太平洋经济合作组织（APEC）成员之一。

1. 产业结构

新加坡经济在经历了 1997 年亚洲金融危机和 2001 年全球经济性衰退后，面对着中国和印度崛起带来的机遇和挑战，提出要将新加坡建设成"知识型产业枢纽"，把制造业从下游的产品生产环节提升到研发和设计等上游环节，成为新产品的开发者。同时，还提出要发展以知识为主导的制造业和服务业，促进科技发展，进一步发展创意产业，不断扩大经济腹地等。为此，新加坡政府一方面加强了对生物医学、信息产业等世界级科学工程的基础研究，另一方面建设了新加坡科技研究中心——纬壹科技城，并设立了全国科学奖学金，吸引年轻人从事科研工作。[①]

2. 教育制度

新加坡教育制度较为复杂，且与英国的教育制度相似，其基础教育在东南亚地区处于领先地位。一般新加坡教育可分三至四个阶段。自 2003 年以来，6 年小学教育对国民是强制性的，在修完 4 ~ 5 年的中学课程后，可选读理工学院（3 ~ 5 年），或初院或高中（2 ~ 3 年）。其后半数能升入大学。新加坡中小学、初院/高中的毕业统考——小学离校考试（PSLE）、剑桥普通水准会考（GCE "O" Level）及剑桥高级水准会考（GCE "A" Level）——是重要的衡量标尺，会考成绩能直接影响升学能力。

3. 劳动力市场状况

根据《新加坡 2014 年人力资源统计年鉴》可知，2013 年新加坡劳动力总数为 344.37 万人，总就业人数为 335.29 万人，比上年增加了 7.82 万人，就业率达到 97.36%（见表 6 - 5）。

从 2003 年至 2013 年新加坡就业总人数呈现逐步上升的趋势，就业结构趋于合理。早在 20 世纪 90 年代新加坡就提出 21 世纪进入发达国家行列

---

① 赵超：《新加坡产业转型升级及其对广东的启示》，《岭南学刊》2010 年第 4 期。

表 6 – 5　新加坡 2003～2013 年总体就业趋势

单位：千人，%

年　　份	就业人数	同比增长率	失业率
2003	2208.1	—	3.6
2004	2238.1	1.4	3.6
2005	2505.8	12.0	2.7
2006	2670.8	6.6	2.3
2007	2631.9	– 1.4	2.3
2008	2858.1	8.6	2.2
2009	2905.9	1.7	3.2
2010	3047.2	4.9	2.2
2011	3149.7	3.4	2.1
2012	3274.7	4.0	2.0
2013	3352.9	2.4	2.0

资料来源：《新加坡 2014 年人力资源统计年鉴》（*2014 Singapore Yearbook of Manpower Statistics*）。

的中长期经济发展战略，为此新加坡多年来积极调整产业结构，将制造业、服务业作为经济发展的两大动力产业，积极发展高新技术产业。随着产业结构的调整升级，就业人员也随之向制造业与服务业大量流动，就业结构基本适应未来经济的发展要求（见表 6 – 6）。[①]

表 6 – 6　新加坡就业行业分布情况

单位：人，%

产业类别	2013 年 3 月		2014 年 3 月	
	就业总人数	占总体就业比例	就业总人数	占总体就业比例
制造业	533800	15.8	538900	15.3
建筑业	450300	13.3	481800	13.7
服务业	2377000	70.2	2474900	70.3
其　他	25400	0.8	26600	0.8

4. 人口素质

根据新加坡 2010 年人口普查统计，总人口为 508 万人。公民及永久居

---

① 杨宜勇、邰凯英：《新加坡劳动就业政策及启示》，《中国经贸导刊》2015 年第 3 期。

民 377 万人，比 2000 年增长了 15.3%，其中，永久居民人口的增长速度明显较快，占人口的比例也从 2000 年的 8.8% 增至 14.3%；非居民 131 万人。2000 年，新加坡老年人口在总人口中的比例达到 10.6%，开始了快速人口老龄化进程。据联合国的预测，到 2020 年，新加坡 60 岁及以上老年人口在总人口中的比例将上升到 26.5%，届时将有超过 1/4 的人为老年人口；到 2030 年，将有 1/3 的人为老年人口，老龄化水平达到 35.6%；到 2050 年，老年人口将达到 39.6%，成为世界上人口老龄化程度最高的国家之一。[①]

新加坡政府新的移民政策不仅对投资移民的投资额做了大幅度的提高，而且为了不断加强和提高新加坡在国际上的竞争力，提高新移民的质量，在移民所受教育程度上要求也越来越高。新加坡政府这种刻意吸收高素质移民的政策，不仅使新加坡的劳动力在知识型经济中更具竞争力，也使新加坡人口的受教育程度在过去 10 年里有显著的提升。

据 2010 年新加坡人口普查数据，拥有中学以上学历、满 15 岁的非学生人口占总人口的 49%，远高于 10 年前 33% 的比例。其中，拥有大学学历者所占比例更是从 10 年前的 11.7% 增长至 22.8%。不过，以拥有理工学院（专科）或更高学历的永久居民和公民人口比较，66.2% 的永久居民拥有理工学院或者更高学历，而拥有同等学力的公民所占比例则只有 32.4%。[②]

（二）产业转型升级的历史回顾

1. 产业结构由单一的转口贸易向发展进口替代工业的转变（1959 ~ 1967 年）

由于新加坡独特的地理位置和长期的殖民地地位，新加坡的产业结构在此之前表现为以单一的转口贸易为中心，而农业、渔业、采矿业、制造业和建筑业等居于次要地位，呈现一种畸形的发展趋势。但是，东南亚国

---

① 王鹏：《新加坡人口问题与发展理念》，《学习时报》2012 年 4 月 23 日。
② 陶杰：《新加坡限制移民数量吸收高素质人才》，《现代人才》2012 年第 2 期。

家在 20 世纪 50 年代末期纷纷开展直接的进出口贸易，从而使经由新加坡转口的贸易额急剧下降，新加坡经济备受打击，国内失业率上升，1959 年高达 13.2%。针对这一困境，新加坡政府提出了实行工业化的经济发展战略，以发展进口替代工业来改变对转口贸易的依赖状况。在政府的鼓励和扶持下，新加坡的进口替代工业有了很大的发展。

在 1960 年到 1965 年这段时间里，新加坡的新兴工业企业从无增加到 95 家，制造业增加值在国内生产总值中的比重由 8.6% 上升为 16.3%，平均经济增长率高达 7.4%。失业率也急剧下降，到 1967 年，失业率已降到 8.1%。

2. 产业结构由进口替代工业向发展出口工业的转变（1968～1979 年）

由于国内外经济形势的变化，新加坡的产业结构不得不由进口替代工业向发展出口工业进行转变。首先，由于 1965 年新加坡脱离马来西亚联邦成为独立国家，进口替代工业便失去了马来西亚这块市场；其次，此时西方发达国家经济正处于持续增长期，将劳动密集型出口工业向发展中国家转移，新加坡利用这一国际机遇，开始重点发展造船、电子和炼油三大支柱产业。到 1979 年，新加坡已经形成了以制造业、贸易业、交通运输业、金融业和旅游业等五大产业为支柱的多元经济结构，失业率降至 3.3%，平均经济增长率达 10.1%。

3. 产业结构重组阶段（1979～1985 年）

20 世纪 70 年代末期东南亚其他国家建立的劳动密集型企业使新加坡的外向型经济受到了强烈的挑战，再加上西方发达国家贸易保护主义的抬头，新加坡的劳动密集型出口工业失去了比较优势。于是，新加坡政府于 1979 年提出了在经济领域进行"第二次工业革命"，通过制定并实施一系列的政策和措施，促使企业实行产业结构升级，大力发展资本、技术密集型的出口工业，逐步淘汰劳动密集型企业。但是，新加坡政府在促进高新技术产业发展的过程中，采取了一些过于冒进的政策，导致了新加坡经济在 1985 年出现了建国以来的首次负增长，工业制成品的出口竞争能力下降。

4. 经济发展新方向时期（1986～1996 年）

通过对 1985 年新加坡经济危机的分析，新加坡政府提出了经济发展战略调整方向与对策措施，即在发展资本、技术密集型出口工业的同时，着重转向优先发展有增长潜力的服务业，以使新加坡发展成为东南亚和亚太地区的区域性服务中心。[①]

5. 以知识经济为主的产业结构时期（1997 年至今）

受世界经济大环境的影响，新加坡先后遭遇亚洲金融危机、美伊战争和"沙斯"（SARS，在中国译为"非典"）暴发以及世界欧、美、日等市场需求不振等问题，原本刚刚有所起色的新加坡经济受到了不利影响。新加坡的经济增长率在 2000 年时为 9.9%，2001 年为 -2%，2003 年时经济略有增长，增长率为 1.1%。

为解决日益严重的结构性失业问题，新加坡劳、资、政三方于 2005 年初联手推出职业再造计划，试图深入微观部门内部，通过对既有职位进行改造的方法弥合失业与工作岗位的结构性缺口。这一做法为解决结构性失业问题提供了一个新的思路。[②]

此外，新加坡为应对这种经济衰退，开始进行全面的结构性调整，在注重投资和效率的经济部门引入创新，重组经济，使其向更富有创新精神的知识型经济方向转变，从而应对不断变化的外部世界经济环境。这种政策已经发挥了作用，新加坡经济增长率在 2004 年已达到 8.1%。新加坡产业结构经过五个阶段的调整，已由最初的单一转口贸易转变为多元化的产业结构，并且体现了产业向知识和技术型方向的发展。产业结构的不断调整与转换不仅使新加坡迅速摆脱了经济衰退的困境，而且实现了经济持续和高速增长，国际竞争力不断增强。如今，新加坡已发展成为东南亚地区重要的金融中心、运输中心、世界电子产品重要制造中心和炼油中心。[③]

[①] 黄敏：《新加坡产业结构变化与经济发展》，《东南亚南亚信息》1997 年第 8 期。

[②] 徐林清：《新加坡解决结构性失业问题的经验及启示》，《经济纵横》2006 年第 7 期。

[③] 李晓娣：《新加坡产业结构转换对我国产业结构发展的启示》，《东南亚纵横》2006 年第 4 期。

（三）教育制度的形成与发展

新加坡教育制度以严格著称。新加坡的中小学允许校长或训导主任在家长同意的情况下使用鞭刑处罚学生，有些时候鞭刑是公开实施的，虽然很少施行，但仍对其他学生起到威慑作用。

新加坡中小学校一般采用半天制，而初级学院、大学专科和理工学院则沿用开放全日制。新加坡现有 350 多所中小学、10 多所初级学院、1 所高中、3 所工艺教育学院、9 所公立高等院校。

新加坡是个新兴的工业化国家。在工业化、现代化进程中，新加坡较好地处理了经济增长、技术进步与劳动就业的关系，国内就业充分，进而出现劳动力短缺现象。新加坡政府特别重视职业技术教育，把它看作促进就业、战胜失业的基本策略。这方面，他们有许多成功的经验值得借鉴，主要有以下几点。

1. 建立专门机构

这是加强职业技术教育的组织保证。新加坡职业技术教育是一个独立系统，由工业与职业训练局统一管理。从隶属关系看，其职业培训机构分为三种。一是工业与职业训练局直接举办的职业训练学院和技术学院。主要开展职前、职后培训，培养部分初、中级技术人员。二是经济发展局与外国合办的技术学校和训练中心。主要任务是引进国外先进技术，培养中级技术人员和技术工人。三是事业单位举办的训练中心和工艺训练学校。主要是对本行业、本企业的学徒及在职职工进行培训，提高他们的职业技能水平。这三类训练机构，隶属关系虽然不同，但都必须接受工业与职业训练局的统一领导。该局通过制定招生培训标准、教学计划要求及毕业考核标准等一系列具体规章制度和考核标准，来规范各培训机构的职训行为，保证培训质量。

2. 征收职业技能发展基金

为落实培训计划，政府设立了职业技能发展基金提供资金保证。除政府拨款外，私人厂商也必须缴纳一定的职业技能发展基金。职业技能发展基金所资助的训练主要有三种：一是在职人员专业知识与技能培训；二是被裁退的下岗人员的转岗培训；三是资助各行业引进更先进的操作方法。另外，还安排同业组织设立永久性训练中心，选定适应行业技能训练要求的课程，以使培训计划深入人心，并让更多的职员从中受益。

3. 发挥高校在职业技术训练方面的优势与潜能

为了适应经济发展与技术升级对人才的需求，新加坡政府适时进行高等教育改革，拓宽专业口径，扩大办学规模，促进校企合作，加速应用人才的培养。20世纪60年代，重在发展高等专业技术教育。70年代初期，先行扩大新加坡工学院的办学规模，加强了土木工程、电子电器技术、机械制造等专业建设。1981年，又新办南洋理工学院（后更名为南洋理工大学），重点培养工厂、企业经理和高级工程师。进入80年代，为了满足新兴电子、半导体等技术密集型工业发展的需要，充实电子工业等新兴行业的人才数量并提升其质量，新加坡政府进一步明确规定了高校应承担的职工技术培训任务。

4. 开展国际交流与合作，加强技术引进型人才的培训

20世纪80年代以来，新加坡技术引进和外资投向的重点是计算机开发与应用、精密机械与精密制模、化学药物、电子配件、飞机维修、海洋资源开采、信息技术等行业。为了促使本国工人尽快在这些高技术、高工艺、高产值的行业就业上岗并熟练操作，新加坡政府积极开展国际合作，特别是与发达国家政府和外国来新厂商合作，举办职业训练中心。

新加坡政府在各个经济转型期，针对产业结构调整对人力资源的不同需求，都采取了一系列的教育应对措施。职业教育的发展是新加坡经济飞速发展的强大动力，在新加坡经济起步、发展、起飞的各个阶段都发挥了重要而积极的作用。相比之下，新加坡的高等教育并不是一开始就积极作用于经济发展，其间经历了一个由封闭到开放、由被动到主动的曲折过程。[①]

在新加坡经济的起步阶段，政府积极发展进口替代工业。建国施政纲领中确立了"发展实用教育以配合工业化和经济发展需要"的教育方针，

---

① 江边：《新加坡高等教育与经济发展互动关系探究》，《中国电力教育》2010年第19期。

教育目标主要是培养初级水平劳动力。初级职业教育刚刚起步（教学科目主要集中在工艺技术、化学、纺织、商业等专业），而高等教育按照英国制度实行教育自治，强调独立自主的闭门办学，处于象牙塔状态，重文轻理，出现了与社会需要和经济发展相脱节的情况。

到经济发展的第二阶段，即在劳动密集型出口工业取代进口替代工业的时期，社会需要大量的熟练技术工人及各种层次技术、管理人员，新政府继续发展职业技术教育（建筑、造船、电子工程、石油化工、商业管理、教育等专业）。同时政府确立和推行"教育必须配合经济发展"的方针，摒弃了高等教育闭门办学、脱离社会和生产实际的旧模式，改变了高等教育"重文轻理"的传统。高校开始正视现实，面向社会，把高等教育发展的重点定位在以应用性技术为主的学科专业上，二者开始有了互动，但高等教育在经济发展中的主动性还未得到真正显现。

在第三阶段，即以发展资本与技术密集型出口工业为主导的时期，新加坡社会上需要的是有独特思考能力和应变能力的人才，包括中、高级技术人员（机械工程、化学工程、医学和法学、财会、商业、电脑技术、材料技术、饭店管理、通信技术等专业）。此间职业技术学院的发展与社会的联系日益紧密，而政府此时也充分意识到高等教育的作用，开始大力发展高等教育。高校与社会互动进一步增强，一方面重视本科教育的实习教学，加大科研经费投入；另一方面扩大高等教育招生规模，以让更多的人接受教育。[①]

这时的高等教育积极适应经济发展的需要，不断完善自身课程设置，发展和推广与企业需要相适应的教学内容和教学方法，凸显了高等教育对经济发展的主动性。

当今新加坡积极发展以知识经济密集型工业为导向的现代新兴工业，教育培养的目标转向创新型高科技人才（微电子、自动装置、机器人、通信技术、计算机技术和生物工程技术等专业），高校与社会的互动空前紧密，科研院校与企业合作，形成一套科技成果商品化机制。自 1998 年和 2002 年大力推行"技术孵化器"计划和"技术提升计划"以来，新加坡

---

① 黄建如：《新加坡高等教育大众化评析》，《高等教育研究》2001 年第 2 期。

政府积极推动和促进企业与科研院所合作，将科研人员和工程师"借"给企业，使先进的技术成果能尽快转移到企业中去。此外，新加坡政府还成立了国家科学技术委员会，下设 13 个研究机构，研究内容涉及生物技术、通信、微电子、数据存储、信息网络、新材料和环保技术等。这一委员会的成立具有很强的针对性，其主要目的是使科研成果迅速转化为生产力，提高国内企业的技术水平和国际竞争力，从而扩大新加坡工业产品的出口。[1] 由此可见，在知识经济时代，新加坡高等教育与经济发展相互交融、相互促进，互动空前活跃，为新加坡在世界经济领域保持强劲的竞争力做出巨大贡献。

（四）劳动力市场制度的形成与发展

新加坡是成熟的市场经济国家，从 20 世纪 80 年代初开始，加速发展新兴工业，90 年代尤为重视资讯产业，而服务业是促进其经济增长的龙头产业，农业产值在国民经济中所占比例不到 1%。截至 2008 年底，新加坡就业人口约 295.2 万人，与 2007 年相比，就业人口增加了 22.2 万人。在劳动就业人口中，服务业从业人员比例达 67.3%，制造业和建筑业从业人员占 31.6%，其他从业人员约占 1.1%。

20 世纪 80 年代初至今，新加坡的失业率总体上呈倒 U 形。1992～1997 年，年均失业率为 1.68%，基本实现了充分就业，曾出现过劳动力短缺现象。在亚洲金融危机后，新加坡经济进入低谷，年均失业率一度达到 4.0%；从 2003 年开始，随着经济增长加快，就业形势有所好转，2007 年年均失业率为 2.1%，再次实现了较充分就业；受 2008 年全球金融危机的影响，新加坡的失业率又有所上升，但上升幅度较小，2008 年年均失业率为 2.2%，2009 年第一季度失业率为 3.3%。[2]

新加坡没有专门的大学生就业市场，大学毕业生的市场意识、竞争意识和独立性也很强，大学生就业只是作为整个社会就业市场的一部分看

---

① 《综述：科研投入和成果转化助推新加坡发展》，新华网，http://news.xinhuanet.com/world/2007-07/01/content_6314606.htm，2007 年 7 月 1 日。
② 朱莉莉：《新加坡促进就业的经验及启示》，《北京劳动保障职业学院学报》2009 年第 4 期。

待。但是新加坡高校一般都有毕业生职业指导服务机构，除学校外，各学院也建有就业服务指导机构，同时就业指导服务机构的管理人员能参与学校办学决策。2001年南洋理工大学的毕业生通过报纸广告、就业服务和导师推荐就业的占毕业生总数的50.1%。[①]

二　新加坡产业、教育与就业政策的联动机制与措施

（一）政府宏观调控机制

新加坡政府建立"一站式就业与培训中心"和"全国职业开发协作网"，以劳动部门为主，吸收相关政府部门、社会团体、培训机构及工会和雇主组织参加相关活动，使职业培训与就业服务密切结合，明显改善了服务效果。此外，公共就业服务机构还在就业形势严峻时为失业者举办专场招聘会，为妇女、青年、残疾人提供特色服务。新加坡有1000所注册私营职业介绍所，在政府的严格监管下开展职介服务。[②]

政府设立"国家职业技能开发基金"，促进职业培训。这项基金每年可资助50万个培训机会。资金来源为企业工资总额1%的缴费。1999年，政府拨款2亿新元制订"人力资源开发援助计划"，用于对终身学习、IT等高新技术培训以及企业内培训活动的补贴。该计划强调以政府为主，企业、工会和个人共同出资，以提高效率，节省资金。政府根据本国需要雇佣外籍劳动力。2000年外劳人数为61.2万人，占全国劳动力总数的29%，其中3/4为普通劳动者或蓝领技术工人。近年来，政府将引进高级技术和管理人员作为提高国家竞争力的重要手段，加大了对专业人才的引进力度，大学以上学历外籍劳动力的比例已达到17%。

新加坡对外籍劳动力的准入制度划分十分严格，分为就业准证和工作准证制度。对经理级或专家级的外籍人士发放就业准证，按照月薪高低分别设为P1、P2、Q证；对于中等技能人员或从事技能较低岗位的人员发放

---

① 宋华明、庄娱乐：《新加坡高校毕业生就业状况评估及启示》，《比较教育研究》2004年第4期。

② 新加坡劳动开发局（WDA）公布的信息。

工作准证，即 S 证。在限制外国人入境就业的措施中有劳工税、配额制、保证金等制度。劳工税根据行业和岗位来定，技术性强的岗位劳工税低，非技术性岗位劳工税较高；同时新加坡的公司受配额制限制，聘请持有 S 证职员一般不能超过劳动力的 20%。自 2007 年开始，新加坡人力部适当放宽了外劳比例限制，如对于一些行业，特别是建筑业和服务业，把新加坡本地劳工与外籍劳工比例从 1：5 放宽到 1：7，并于 2007 年 1 月推出了"个人化就业准证"，即就业准证无须与企业雇主挂钩，即无须由雇主提出申请，直接与个人挂钩，但要求申请人必须在新加坡拥有 2～5 年工作经验，并且年薪至少 3 万新元，或月薪达到 7000 新元。此政策有利于新加坡吸引更多的高级人才。[①]

新加坡人力资源较为匮乏，外籍劳动力是政府调控就业率和失业率的主要杠杆，即经济景气时采取宽严合适的外籍劳动力的准入政策；而经济不景气时，政府会收紧外籍劳工引进政策，企业裁员首先裁减外籍员工。因此，外籍劳动力在一定程度上发挥了就业蓄水池的功能。

（二）产业企业或行业协会的促进大学生就业措施

新加坡政府于 2009 年 5 月推出"专业技能实习计划"，为大学毕业生等提供专业实习岗位，让他们通过参加为期 6～24 个月的实习，掌握新的技能。实习者领取定期津贴，标准根据实习者工作经验和行业普通薪金水平而定，政府承担其中的 60%～80%，其余由企业支付。受训期间实习者被视为正式员工，享有所有员工福利。实习结束后，他们的薪金将根据实习表现有所提高。实习计划由人力部、经济发展局、国际企业发展局和劳动力发展局等多个部门联合执行。到 2009 年底，有 390 多家公司提供超过 2770 个实习岗位，已有超过 1120 名实习生开始了实习计划。

（三）高等院校促进大学生就业措施

高校以总量调控、专业设置、就业指导等多种手段促进大学生就业。

---

① 朱莉莉：《新加坡促进就业的经验及启示》，《北京劳动保障职业学院学报》2009 年第 4 期。

新加坡政府负责经营的高等学校包括 3 所综合性大学和 5 所理工学院，3 所大学（新加坡国立大学、新加坡南洋理工大学和新加坡管理大学）可以颁发学士及以上学位，5 所理工学院可以颁发专业教育文凭（相当于我国大专文凭）。

新加坡快速发展的经济对教育的需求，决定了新加坡高等教育需要有相对较大规模并维持一定的发展速度，因此高等学校在校生人数在逐年增加。据有关数据，3 所综合性大学基本可吸收 20% 的适龄青年，并将在 2010 年增至 25%；理工学院可吸收 40% 的适龄青年。由此可见，新加坡的高等教育已步入了大众化教育的发展时期。

由于高校学生人数迅速增加，再加上受亚洲金融危机的影响，近年来，新加坡高校毕业生就业出现了一些新情况。高校毕业生的就业率从 2001 年起开始下滑，私人机构成了主要雇主，打短期工的毕业生有增加的趋势，甚至有女大学生卖炒栗子、大学工程硕士到超市打工的情况出现。即使能找到工作，但寻找工作的道路越来越漫长，从事合约性质工作的毕业生比例在增加等。为此，政府和学校都加强了相关调控措施。

首先，适当控制高等教育的发展规模，加强高等教育与经济社会发展的适应性，以提高高等教育的经济价值。在国家对人力资源市场调控下，新加坡高校的招生速度随着经济发展速度增长而增长，随着经济发展放缓而减慢。新加坡政府努力将高等教育的发展规模保持在经济需求所能容纳的范围内，把人才浪费降低到最低限度。新加坡人力部相关负责人在 2003 年的《大学结构及大学生人力分配检讨报告书》中提出：到 2010 年，可适当扩大现在 3 所大学规模，无须开办第四所大学。鼓励更多的青年进入理工学院（大专）或工艺学院（相当于中国职高）学习实用技能。这样既可以降低雇主的用人成本，又可以降低教育成本，提高人力资源的经济价值。

其次，依据人力市场的调查和对经济发展的预测调整专业和课程设置，同时注重知识更新，培养通才。在新加坡，无论是综合性大学还是理工学院，在调整学科或确定各学科招生人数时都要依据人力市场的调查和对经济发展的预测；不是急于在新生录取时就确定专业方向，而是让学生先进入某个学院学习基础课程。对于四年制本科生来说，到大二结束时才结合社会需求和个人爱好最终确定自己的专业。这样，一来可以推后两年时间，可以使学生有更多的时间更加理性地考虑专业方向；二来进行专业定位离毕业还有两年，可以更准确地分析市场对专业人才的需求。同时，依据高科技的飞速发展，政府提出让大学生能够获得现代最新的知识以应对高科技产业改组的需求，尽量拓宽大学生的知识面，并要求每一名大学生必须同时在两个系选修两个专业，每个专业一学期进修四门学科，包括必修课和选修课，以提高大学生的就业竞争力。

再次，加强高校的就业指导工作，为大学生做好就业服务，重视创业教育。新加坡各所大学以及学校中的各学院都设有就业服务指导机构，其管理人员参与学校的办学决策。就业服务指导机构有两项常规工作：召开校园招聘会和企业招聘宣讲会。一般情况下企业对高校进行招聘宣讲所有场地全是学校免费提供。除此之外，就业服务指导机构为毕业生就业提供多种渠道，如导师推荐、提供网上职位数据库、学校与企业建立长期合作关系等，并且通过一些培训项目为毕业生提供套餐式就业服务等。如新加坡国立大学提高就业竞争力与成功就业的战略培训，共设有 9 个培训项目：简历和求职信、面试、求职材料、认识自我与求职资源分析、职业测评、沟通技巧、商业礼节与面试礼仪、工作机会的搜索、着装与餐厅礼仪。

新加坡是一个非常重视创业教育的国度，新加坡国立大学很重视创新成果的市场化，并鼓励师生依据创新成果设立公司，举办多种创业活动，如商业计划竞赛、Idea to Product 竞赛等。该校还建有创业中心，包含四个模块：创新创业研究、创业教育、创业发展和风险支持。新加坡南洋理工大学设有科技创业中心，并设有面向社会的创新与创业硕士课程；义安理工学院则要求每位学生必须参加创业活动等。[①]

（四）劳动或人力资源管理部门促进大学生的就业措施

1. 成立专门的劳动力开发机构——劳动力开发局

在新加坡，劳动力开发战略以前是多个政府机构共同制定的。国家人

---

① 朱莉莉：《新加坡促进就业的经验及启示》，《北京劳动保障职业学院学报》2009 年第 4 期。

力资源委员会的成员包括来自经济部门、教育部门和人力资源开发部门的代表。在战略层面上，国家人力资源委员会定期分析每个行业的人力资源需求，相关的法定委员会和各部部长也定期召开会议探讨国家人力资源的能力和数量等问题。此外，每个政府部门还积极规划自己领域的人力资源开发。

2003年9月，新加坡建立了劳动力开发局（Workforce Development Agency，WDA），劳动力开发局是直接对人力部负责的法定机构，把多种职能结合在一起，并对现有的劳动力开发战略进行整合，包括开发技能框架、实施国家培训项目、提供就业安置服务等，以实现支持行业发展、减小结构性技能差距、提高行业标准及提高低技能工人就业能力四个战略目标。

2. 发展 WSQ 制度

自2004年开始，劳动力开发局开始推广 WSQ 制度，这是一个涉及技能、课程和资格的综合框架，以支持新加坡对技能人才的培养和继续教育与培训。其最终目的是形成一个统一的技能培养策略，从而把技能标准和普通就业技能与某一特定行业和职业的工作培训结合起来，并用继续教育与培训的职业资格对这种培训进行认可。

WSQ 制度共有四个基本的指导原则。①权威性。为了保证工人获得技能的有效性，并且被行业认可和支持，在开发 WSQ 制度的过程中，劳动力开发局就 WSQ 制度中的资格、证书、标准和课程等问题，向行业相关部门进行了广泛的咨询。②可获得性。在准入条件及运行机制（部分时间制、内部、在职、模块式）等方面，WSQ 课程向所有的工人开放，没有学历和学术水平方面的要求，而是强调对工人的已有技能、相关工作经验及资格进行认可，以扩大工人的各种培训机会。③适切性。为了使 WSQ 课程能够同时满足工人和企业的需要，WSQ 标准强调与工作的相关性，并适应特定的工作情境，工人获得的培训必须是有用的，能够增加他们的就业机会，并促进其生涯发展。④进步性。为了提升工人的技能，使他们在特定领域获得成功，WSQ 的标准、证书和资格显示了生涯路径与各层次职业技能之间的联系。

可以说，WSQ 制度把继续教育与培训的关键因素纳入一个整体策略中，主要包括以下方面。

（1）开发 WSQ 技能框架。劳动力开发局确定了一些行业本位技能框架和普通技能框架作为 WSQ 制度的基本组成模块。行业本位技能框架是某一特定行业（例如旅游业）完成多种工作（从操作岗位到监督和管理岗位的工作）所需要的一系列能力单元（或职业技能资格）。普通技能框架是劳动力开发局自己发展而来的，框架主要关注各个行业工人所需要的普通和共同技能，而不是某一个行业所要求的特定技能。例如，就业能力（读写能力、算术能力、计算能力、交流和小组合作能力、问题解决能力）和顾客服务标准是普通技能框架的重要因素。在普通技能框架的开发过程中，劳动力开发局借鉴了别国的实践经验，包括英国的国家职业资格、澳大利亚的资格框架等（见图 6-5）。

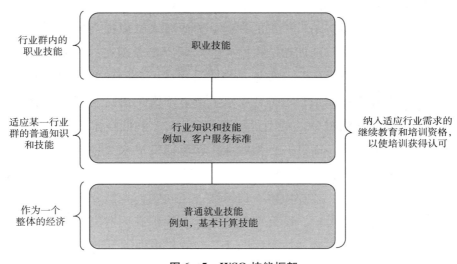

图 6-5　WSQ 技能框架

（2）为成年工人制定新的资格制度。WSQ 资格框架一共包括 8 个水平的资格：证书、高等证书、高级证书、文凭/专业文凭、专家文凭、大学毕业证书、大学毕业文凭、WSQ 资格。[①] 劳动力开发局是 WSQ 证书的授予机构。雇主和工人可以选择合适的培训和评估模块，以获得与工作相

————————————

① 新加坡劳动开发局（WDA）公布的信息。

适应的能力。

（3）开发全面的质量保障系统，提高培训机构的培训能力。劳动力开发局通过建立一个质量保障系统并实施培训机构能力发展策略支持 WSQ 制度的实施。整个质量保障框架包括：对培训提供者进行认可，实施前对课程进行认证，以及持续的评估。

（4）制定对参与培训者的激励机制。为了促进 WSQ 制度的实施，劳动力开发局实施了一系列综合的激励机制，主要由劳动力开发局管理的两个基金项目支持：一是技能开发基金，这是一个对雇主征税的计划，每年可收入约 8000 万美元；另一个是终身学习基金，这一基金由新加坡政府于 2001 年建立，近来每年可以获得约 8400 万美元的捐赠收入。在这两个基金项目的支持下，主要的激励措施包括以下几个方面。

从 2001 年开始，受全球经济增长放缓和国际电子产品周期性衰退等因素影响，新加坡经济陷入严重的衰退，失业率大幅度提高，结构性失业问题引起社会的关注。新加坡结构性失业问题主要表现在：一方面，不缺乏就业机会，在高技术产业、服务业等部门存在大量的就业岗位；但另一方面，劳动者却因技能水平不符合要求，或者不愿意接受这些行业的工作条件而失去被雇佣的机会。特别是那些 40 岁以上的低技术工人，他们时刻面临被解雇的威胁，而且一旦被解雇，将可能变成永久性失业者。新加坡结构性失业的一个特点是当地常住居民不愿意从事那些低工资和缺乏职业声望的职业。因此，新加坡解决结构性失业问题首先是要解决低技术工作的吸引力问题，然后再在既有职业的基础上识别和创造出更多的工作岗位。职业再造计划是在新加坡全国职业总会的积极推动下，于 2005 年 3 月由劳、资、政三方联手推出的一项就业促进计划。该计划通过改善现有工作岗位的职业形象和工作条件来增加这些工作对新加坡人的吸引力，从而协助面临失业威胁的新加坡人继续受雇或重新受雇。这项全国性的就业推进计划从计划实施起的 12 个月到 18 个月内协助 1 万名技术水平较低的非熟练工人从事经过重新改造的职业，使他们能感受到工作的价值和尊严，并通过提高企业的生产效率来提升他们的工资。该计划最初涉及 11 个行业，包括保健护理业、建筑业、服装/纺织业、旅馆业、清洁业、海运业、公共交通业、保安业、房屋维护业、教育业和社区服务业。这些行业工资都比较低，工作条件也比较差，而且本地人认为从事这些行业缺乏职业自豪感。这些行业雇主也倾向于使用对工资要求较低的外籍工人。这些行业经过改造后，职业形象将得到较大改善，从而吸引更多的本地劳工特别是失业者从事这类工作。这项计划第二个阶段的任务是拓展工作改造的范围，把涉及的行业增加到 15 ~ 20 个，工作改造的目标锁定在月薪 2500 新元左右的工作，为那些拥有一定技能水平却面对求职困境的新加坡人提供就业机会，同时也为现有工人提供职位提升和加薪的机会。职业再造有三层含义：一是对低职业形象、低报酬、缺乏吸引力的工作进行重新设计；二是发掘和识别出更多的工作机会以促进新加坡人就业；三是帮助失业者适应这些工作。

首先，工作再设计。工作再设计的方式很多，如使一些低技术工作实现自动化或机械化，以此提高这些工种的生产效率，进而提升从业者的工资；通过灵活的工作时间安排改变某些职业的固有形象，使之更人性化；通过工作再设计，使从业者意识到这些职业的前景，更乐于从事这些工作。以宾馆业为例。与宾馆服务相关的工作工时长，工作不稳定，工资也比劳动者预期的要低，长期以来很难吸引和挽留较高素质的劳工。宾馆业积极参与职业再造计划，通过这项计划的实施，吸引了更多的接受过较多教育、有较高技术水平的本地从业者。过去，一个只有初级厨师资格的新厨师被雇佣后，其工作范围仅仅限于普通的洗刷和清理。但随着职业再造计划的实施，所有新招募的职业资格级别较低的厨师必须接受公司培训中心提供的职业培训，获得必需的工作技能，并取得更高的职业资格，然后才开始工作。这样，这些厨师一开始便在一个较高的起点上工作，能真正从事厨师工作（如备料等，而不仅仅是洗刷和清理），工资较高，工作相对比较稳定。

其次，创造和挖掘更多适宜于新加坡人的就业机会。如新加坡的教师工会提出教师助理方案，吸收退休教师和其他失业人员充任教师助理。教师助理帮助教师进行教室安排及管理，协助教师进行课堂教学，负责学生及相关档案的管理等工作。这一措施可给教师腾出更多的时间用于提高教学质量，也能给学生提供更好的辅导。教师工会将提供必要的训练，帮助他们尽快胜任这一工作。教师助理的设立不仅改进了教学过程，而且有助于新加坡人就业。

最后，培训求职者使其尽快适应经过重新改造的工作。新加坡政府通过一系列配套计划对求职者进行培训，使他们能够适应经过改造的工作。这些计划包括技能发展计划、战略型人力转换计划、工作援助计划等，分别针对不同类型的求职者进行有针对性的培训。其中，战略型人力转换计划主要针对一些新兴产业部门，雇主先选择雇员，然后对其进行适应性培训，使其继续受雇而不受技术结构变化的影响。工作援助计划则主要是对来自低收入家庭的失业者提供工作援助。总之，职业再造计划一经推出，取得明显的成效。到 2006 年初，11 个行业中有 7200 份工作得到改造，4600 名低技能、低薪酬的工人重新就业。仅在保安行业，就有 7 家公司参与这一计划，确认 1500 个可改造的工作岗位，有 1200 名工人通过这一计划被成功雇佣。职业再造计划使保安人员的技能和服务质量得到提高，而保安人员的薪酬也从 800 新元提升到 1000 新元以上。通过职业再造计划及其他相关计划，新加坡的就业水平有所提高，到 2005 年，失业率由 2004 年的 3.4% 下降到 3.2%，本地常住居民失业率由 2004 年的 4.4% 下降到 4.1%。

第五节　美国高校毕业生就业政策及实践经验研究

一　高校毕业生基本情况

（一）高校在校生基本情况

2014 年，约有 69% 的高中生毕业后直接升学，其中，25% 升入二年制学院，44% 升入四年制大学。

2014 年秋季，在校的二年制和四年制高校学生总数约为 1729 万人。其中，二年制在校生总数为 671 万人，39.6% 为全日制学生；四年制在校生总数为 1058 万人，76.8% 为全日制学生。2014 年秋季，在校研究生为

291 万人，其中全日制学生 167 万人，非全日制学生 124 万人。预计到 2025 年，二年制和四年制高校在校生数量将达到 1980 万人，研究生在校生数量将达到 350 万人（见图 6－6）。

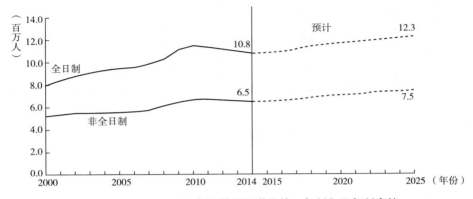

**图 6－6　2000～2014 年能够授予学位的二年制和四年制高校
在校生数量（按是否为全日制）**

资料来源：美国教育部国家教育统计数据中心高等教育综合数据系统，2001 年春季至 2015 年春季数据中秋季入学内容，可授予学位机构在校生数量预测模型数据，1980～2025 年，见"2015 年教育统计数据摘要"，表格 303.70。

美国高校主要分为三类：公立高校、私立非营利性高校、私立营利性高校。2014～2015 学年，能授予学位、有一年级入学新生的高校总数为 4207 所，其中，2603 所是能够授予学士及以上学位的四年制高校，1604 所是能够授予副学士学位的二年制高校。图 6－7 显示了 2000～2001 学年、2014～2015 学年能授予学位的三类高校数量（按学制）。

从不同类型高校的数量来看，二年制高校以公立高校为主，而四年制高校中私立高校数量较多。政府对二年制高校的指导性目标是，为学生提供以职业为导向的学习课程，以获得职业认证或副学士学位为主要目标，同时为学生升入四年制大学做好准备。四年制高校则提供内容广泛的课程，不仅可以授予学士学位，很多学校还可以授予更高学位。

（二）高校在校生工作情况

根据当前人口调查，2014 年 10 月，16～24 岁的高校在校生中，41% 的全日制学生和 80% 的非全日制学生处于就业状态。其中，全日制学生中

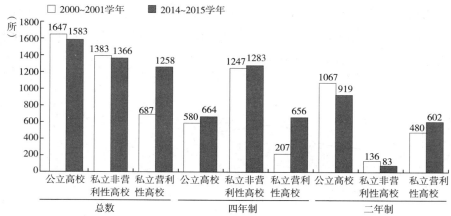

**图 6 – 7　2000～2001 学年、2014～2015 学年能授予学位的公立、
私立高校数量（按学制）**

资料来源：美国教育部国家教育统计数据中心高等教育综合数据系统，2000 年秋季机构特征内容，2014 年冬季至 2015 年冬季录取内容，见"2015 年教育统计数据摘要"，表格 305.30。

有 7% 的人每周工作 35 小时及以上，18% 的人每周工作 20～34 小时，16% 的人每周工作少于 20 小时；非全日制学生中有 39% 的人每周工作 35 小时及以上，27% 的人每周工作 20～34 小时，14% 的人每周工作少于 20 小时（见图 6 – 8）。

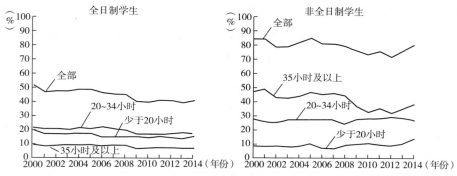

图 6 – 8　16～24 岁高校在校生每周工作小时数（2000 年 10 月～2014 年 10 月）

资料来源：美国商务部、人口普查局"当前人口调查"，2000 年 10 月至 2014 年 10 月数据，见"2015 年教育统计数据摘要"，表格 503.20。

（三）高校生学制到期后的毕业率

美国高校在校生，并非在 2 年或 4 年结束时都离开校园，继续升学或进入劳动力市场。这与我国不同，一般而言，我国高校毕业生数量可以通过几年前入学时的人数确定。2013～2014学年，美国二年制高校中，首次进入高校以获得副学士学位或资格证书为目标的全日制学生，入学3年内的毕业率为27.9%，低于2012～2013学年水平（29.4%）；四年制高校中，首次进入高校以获得学士学位为目标的全日制学生，入学6年内的毕业率为59.6%，略高于2012～2013学年水平（59.4%）。1990年实施的《学生知情法》要求高校公布学生在1.5倍学习时间内的毕业率，即二年制学生在入学3年、四年制学生入学6年的毕业率。

2013～2014学年，二年制高校的学生毕业率主要在公立学校和私立学校之间存在差异。公立学校的毕业率最低，私立营利性高校的毕业率最高。图6-9显示了2011年秋季首次进入二年制高校就读、以获得学位或资格证书为目标的学生2014年秋季毕业率情况。

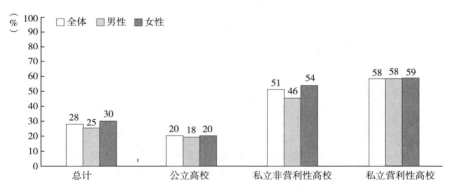

图6-9　2011年秋季首次进入二年制高校就读、以获得学位或资格证书为目标的学生2014年秋季毕业率（按性别、学校类别）

资料来源：美国教育部国家教育统计数据中心高等教育综合数据系统，2014年冬季至2015年冬季毕业率内容，见"2015年教育统计数据摘要"，表格326.20。

2013～2014学年，四年制高校学生毕业率差异不仅与是公立学校还是私立学校有关，还与高校入学录取率有关。私立营利性高校学生毕业率最低，私立非营利性高校学生毕业率最高（见图6-10）。开放式录取的高校学生毕业率最低，录取率低于25%的高校学生毕业率最高（见图6-11）。

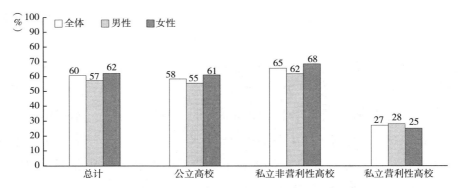

**图 6 – 10　2008 年秋季首次进入四年制高校就读、以获得学士学位为目标的
学生 2014 年秋季毕业率（按性别、学校类别）**

资料来源：美国教育部国家教育统计数据中心高等教育综合数据系统，2014 年冬季至 2015 年冬季
毕业率内容，见"2015 年教育统计数据摘要"，表格 326.10。

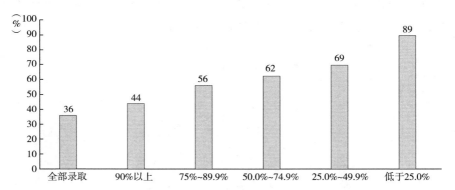

**图 6 – 11　2008 年秋季首次进入四年制高校就读、以获得学士学位为目标的
学生 2014 年秋季毕业率（按学校录取率）**

资料来源：美国教育部国家教育统计数据中心高等教育综合数据系统，2014 年冬季至 2015
年冬季毕业率内容，见"2015 年教育统计数据摘要"，表格 326.10。

（四）高校毕业生的就业率、失业率及收入情况

从就业率看，2015 年，20～24 岁青年中，受教育程度越高则就业
率越高，获得学士及以上学位的学生就业率为 89%，高中未毕业的就
业率为 51%。图 6 – 12 显示了受教育程度不同群体的就业率情况。另
外，从 2000～2015 年的趋势来看，受教育程度与就业率呈正相关关系
（见图 6 – 13）。

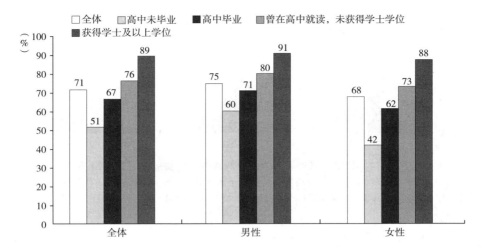

图 6 - 12　2015 年按性别和受教育程度划分的就业率（20~24 岁）

资料来源：美国劳工部劳工统计局就业失业统计办公室"当前人口调查中未公布的年度平均数据"，见"2015 年教育统计数据摘要"，表格 501.50、501.60 和 501.70。

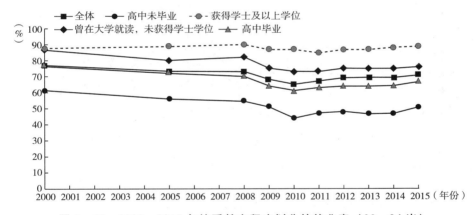

图 6 - 13　2000~2015 年按受教育程度划分的就业率（20~24 岁）

资料来源：美国劳工部劳工统计局就业失业统计办公室"当前人口调查中未公布的年度平均数据"，见"2015 年教育统计数据摘要"，表格 501.50。

　　从失业率来看，2015 年，20~24 岁青年中，高中未毕业的失业率为 20%，最高学历为高中的失业率为 16%，获得学士及以上学位的失业率为 5%（见图 6 - 14）。从 2000~2015 年的趋势来看，受教育程度与失业率呈负相关关系（见图 6 - 15）。

　　从收入情况来看，2014 年，25~34 岁青年中，高中未毕业的年收入中位数为 2.5 万美元，高中以上学历的年收入中位数为 3 万美元，获得学

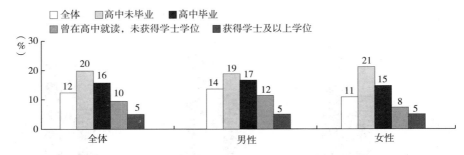

图 6 - 14　2015 年按性别和受教育程度划分的失业率（20～24 岁）

资料来源：美国劳工部劳工统计局就业失业统计办公室"当前人口调查中未公布的年度平均数据"，见"2015 年教育统计数据摘要"，表格 501.80、501.85 和 501.90。

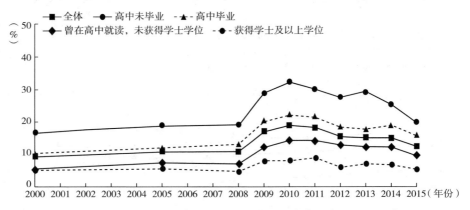

图 6 - 15　2000～2015 年按受教育程度划分的失业率（20～24 岁）

资料来源：美国劳工部劳工统计局就业失业统计办公室"当前人口调查中未公布的年度平均数据"，见"2015 年教育统计数据摘要"，表格 501.80。

士以上学位的年收入中位数为 5.2 万美元。

二　政府促进高校毕业生就业的做法

从政府层面而言，美国劳工部通过发布职业展望手册，鼓励在校学生尽早考虑自己的职业生涯；通过一站式职业服务，为学生提供就业服务信息；每个季度出版《职业展望》季刊，更新各个职业信息数据，为学生提供参考；同时，发布受教育或接受培训、获取资格证书情况与失业率之间的关系，指明较为清晰的发展前景。

（一）职业展望手册

美国劳工部劳工统计局每两年发布一次职业展望手册，发布关于各个职业的信息。最近的一次发布是 2015 年 12 月，全美 580 个职业的相关信息都可以从职业展望手册中获得。职业展望手册是免费的在线资源，任何人都可以从网站上查询某个职业的工作环境、工作内容、薪酬情况、教育培训资格要求、今后工作岗位增加或减少的数量、该职业在各州的数据、类似职业情况等信息。

该手册的目标用户是学生，但是，学校的老师，尤其是高校负责学生职业指导的老师，是重要的目标用户。因此，职业展望手册特别设计了教师使用指南，指导教师使用该手册，以便在为高校在校生进行职业辅导时作出适当的解释。劳工统计局希望高校教师在指导学生时，通过向学生介绍职业展望手册，指导学生进行自我职业规划。

高校在校生需要根据职业展望手册提供的信息，完成自我职业规划报告。自我职业规划报告应当解决的问题有：①该职业是否能够满足个人兴趣；②该职业的主要工作内容，个人已经掌握的技能是否能够胜任该职业的工作，该职业需要的教育背景和培训；③该职业的工作岗位数量，今后 3～5 年甚至 10 年内，该职业的工作岗位数量是否发生变化，发生何种变化；④该职业的薪酬情况，包括该职业的最高和最低薪酬情况；⑤从亲戚、朋友中寻找正在从事该职业的人员，询问此人其具体工作内容、关于该职业的看法以及对从事该职业的建议。职业展望手册为学生提供了一本职业百科全书，是一项重要的工具。

（二）失业信息发布

每月第一个周五，美国劳工部劳工统计局定期发布上个月人力资源市场情况，发布经济活动人口、就业人口、失业人口、劳动参与率、就业率、失业率信息，包括分年龄、种族、受教育程度的失业率，按行业划分的就业人口变动情况等。其中，特别列出了从博士学位获得者到高中未毕业者等八类学历水平人员的失业率、周收入中位数数据。对于在校生而言，当看到自己的学历水平与当前的薪酬、失业率之间的较为直观的关系时，能够产生的触动可能比父母的压力、同伴竞争压力更为直接。

人力资源市场情况的数据主要来自住户调查数据和机构调查数据。住户调查数据来自美国"当前人口调查"（CPS），调查样本为6万个家庭，调查对象为16岁及以上人员，由美国人口普查局为美国劳工部劳工统计局开展调查，调查内容包括劳动力、就业和失业情况等。调查报告期为每月包含12日的日历周。机构调查数据来自"当前就业统计调查"（CES），调查样本为14.3万个非农行业的企业和政府机构，包括工厂、办公场所和商店，以及联邦、州和地方政府机构，代表大约58.8万个工作场所；调查样本是动态的，调查对象覆盖大约1/3的所有非农行业的工薪雇员。由美国劳工部劳工统计局每月开展调查，根据样本机构的工资记录，收集有关就业、工时和雇员收入的数据。调查报告期为每月包含12日的工资支付期，此期间不一定正好对应日历周。

教育部则通过国家教育统计数据中心，每年发布教育状况报告，对全美所有高校的数量及类型、在校生数量及构成、学费、毕业生就业率与失业率及收入情况进行详细报告。

（三）国家教育统计数据中心

国家教育统计数据中心是收集、分析、报告美国及其他国家教育领域数据的联邦机构。该中心位于教育部和教育科学研究所内。国会规定，国家教育统计数据中心的职能是收集、核对、整理、分析、汇报美国教育情况相关统计数据，出版发行报告，对统计数据作出专业解释，协助州政府、地方政府部门完善统计数据系统，报告国际社会中教育领域的重大活动等。

国家教育统计数据中心主要满足教育领域对重要数据的需求，提供相关性高、信度高、完整准确的教育状况和发展趋势指标，向教育部、国会、各州政府、政策制定者、教育从业人员、数据使用者、大众及时提供高质量的数据。

对高校在校生而言，国家教育统计数据中心每年出版的教育状况报告是较为翔实全面的工具。浏览该报告可以对全国的教育情况概貌有所了解。

国家教育统计数据中心对学生如何选择高校提供了全方位的指导。学生可以从自己希望获得的学历水平（即资格证书、副学士学位、学士学位、更高学历）、机构类型（公立高校、私立非营利性高校、私立营利性高校；二年制、四年制）、地理位置、学费及财政资助申请渠道、职业发展等多个维度选择高校。

同时，国家教育统计数据中心还引导学生关注职业发展信息，指导学生研读劳工统计局发布的职业展望手册，对照手册研究产业和职业。

（四）高等教育产出衡量指标

遵照"建立卓越原则"和"提高退伍军人教育机会透明度"的规定，美国教育部、退伍军人事务部、国防部共同制定了衡量高等教育优劣的指标。这套指标主要解决了希望入学的人员选择高校时必须考虑的因素、政府机构需要了解教育效果时考虑的因素、不同人群在高校学习中的表现差异、高校教学产出与学习者投入之间的关系等问题。

该套指标涉及了在校期间、毕业/结业、毕业之后、未来发展等四个维度，列出了衡量指标名称、指标定义、相关人群、报告人群、部门报告等几个方面。其中，在未来发展维度中，有学习专业领域就业率、失业率、毕业生平均工资等几个指标。学习专业领域就业率，是指完成高等教育一段时间之后，在所学专业领域内的某个职业就业的人员比例，该指标由教育部负责每8年在全国范围内选取代表性人群进行衡量并报告。失业率，是指完成高等教育或从高等教育机构退学后一段时间内，没有在任何教育机构就读、未就业且正在寻找工作的人员比例，由教育部负责每8年在全国范围内选取代表性人群进行衡量并报告。毕业生平均工资，是指完成高等教育并获得学位或资格证书2年后的人员的年均工资，该指标由教育部负责每8年在全国范围内选取代表性人群进行衡量并报告。

这几个指标，与高校毕业生的就业状况、就业质量有密切关系。

三　推动高校毕业生就业的政策

（一）为工作做好准备

美国总统奥巴马在 2014 年 1 月 28 日发表的国情咨文中称："……全面改革美国培训制度，确保实现一个目标，即为美国人培训雇主需要的技能，使他们能够立刻胜任高质量的工作。这意味着需要开展更多的在岗培训、实行更多的学徒制度，使青年雇员在职业生涯中不断成长。这还意味着将企业与社区学院联系起来，设置能够满足企业个性化需求的培训课程。如果国会希望发挥积极作用，那么国会可以提供资金实施项目，让美国人尽快具备工作技能，去填补当前正需要被填补的岗位空缺。"

随后，奥巴马签署了《劳动力创新与机会法》，授权副总统使用联邦财政资金，开展培训项目，提高企业参与度和责任感。同时，他授权副总统梳理联邦政府正在实施的各项培训项目，调整培训方向，使培训内容更具有工作导向，更能够满足企业的需要。在授权发出 6 个月之后，副总统会同劳工部、商务部、教育部、农业部、国防部、能源部、医疗和人力服务部、内政部、司法部、交通部、退伍军人事务部、环境保护署、财政部、国家科学基金会、人事管理办公室等，共同进行了梳理，并提交了报告。报告中列出以工作为导向清单。清单内容包括：①充分发挥雇主作用，与用人单位共同确定当地的用人需求，根据需求制订培训计划，经过培训的人员可以直接被招用；②与用人单位签订合同，要求提供各种以工作为基础的学习机会，如在岗培训、实习、学徒制、注册学徒制等以就业为目标的培训项目；③通过挖掘数据充分掌握已经开展的培训项目的内容，为求职者提供用户友好型信息，便于求职者选择培训项目；④评估就业产出和收入水平；⑤紧密联系各个培训、教育项目，实现无缝衔接，使求职者个人的付出能够有所进展；⑥打破以工作为导向的培训壁垒，使任何有工作意愿的美国人都能够享受到服务和接受相应的指导；⑦建立区域性合作机制，即工作服务中心、当地雇主、教育和培训机构、经济发展机构以及其他公共和私营机构加强合作，充分利用资源，形成合作机制。

报告提出，要在 2014 ~ 2015 年，通过竞争性拨款投入 23.5 亿美元开展以工作为导向的培训，并要充分发挥培训的作用。第一步，竞争性拨款在 2014 年投入 9.5 亿美元，在全国范围开展 100 多项以工作为导向的培训合作项目。在这 100 多个培训合作项目中，包括劳工部针对长期失业者的"为工作做好准备"项目，社区学院开展的以工作为导向的培训，支持校企合作机制的发展完善。第二步，2015 年，竞争性拨款将投入 14 亿美元，在全国范围内开展几百个以工作为导向的培训合作项目。

鼓励各州和地方调整其正在实施的培训和就业项目，使这些项目更具有工作导向。对照清单审查正在实施的主要的培训项目，将以工作为导向的各个要求融入现行培训和就业项目中，并且要在新实施项目中体现以工作为导向的原则。另外，要将以工作为导向整合到经济发展计划中。商务部将鼓励获得经济发展计划资金支持的经济开发机构，在经济发展计划中体现出以工作为导向的清单内容，从而实现经济发展机构、劳动力委员会、培训机构之间的合作，解决现有企业和新成立企业的用人需求问题。

国家标准和技术研究所建立发展合作机制，也将以工作为导向的清单中的内容融入其申请联邦资金计划书中。加强政企合作，完成以工作为导向的清单中的各项任务。劳工部、教育部、商务部、医疗和人力服务部联合向各州州长发出倡议，建议他们在各自州内推动劳动力和培训机构实施以工作为导向清单中列出的各项内容。另外，劳工部、教育部、商务部、医疗和人力服务部、农业部，也向地方负责实施劳动力培训项目的机构发出联合倡议，鼓励它们将以工作为导向的战略整合到其培训项目中。

（二）学徒制度

政府倡导，企业主体实施，工会、高校共同参与组织，是美国学徒制的特点。2009 年奥巴马总统提出将重振美国制造业作为国家战略之后，2012 年建立了"先进制造业合作机制"（AMP）。2014 年，"先进制造业合作机制 2.0"指导委员会进一步向总统建议完善需求导向的劳动力解决方案，既可以促进美国高端制造业的发展，同时也可为高校毕业生创造源源不断的就业机会。

美国政府根据科学技术发展进步和市场的需要，支持并实施企业发展战略。企业的发展离不开人才和技能，而人才和技能的获得可以通过两种方式，即"购买"和"构建"。购买是通过传统方式迅速招聘到适应岗位需要的劳动者，而构建则是动员多方力量，运用长期培养的方式，为企业输送劳动力。正在实施的学徒制度，正是体现了这种政策考虑。

2014 年，据美国劳工部统计数据，美国登记在册的学徒数量为 39.8 万人，分布在工会或企业的学徒项目中。与之相比，21 世纪初的几年中，美国登记在册的学徒数量为 49 万人。然而，德国每年的学徒数量为 150 万人。为了推动获得二年制副学士学位的高校毕业生尽快进入工作岗位，并能够在先进制造业行业中从事高技能的工作，"先进制造业合作机制 2.0"指导委员会研究制定了其认为较为先进的学徒制，即联合企业、人力资源市场服务机构、地方高校，以服务企业为导向培养学徒，并编写了操作手册指导企业实施学徒制度。该学徒制模式在美国铝业公司、陶氏化学公司和西门子公司等 3 家大型制造业企业和 2 所大学（分别位于加利福尼亚州和得克萨斯州）进行了试点，学徒课程结束时，参加者将同时获得副学士学位和劳工部认证的证书。

其具体试点做法是，在美国铝业公司位于印第安纳州沃里克的全球轧材公司，与常春藤理工社区学院合作实施了 10 名电工参与的学徒项目；在美国铝业公司位于得克萨斯州的全球初级产品公司，与维多利亚学院实施了 5 名维修工参与的学徒项目。在陶氏化学公司位于伊利诺伊州、得克萨斯州、加利福尼亚州的 6 个工作场所，与当地的社区学院实施了 35 名操作工和维修工参与的学徒项目。西门子公司在加利福尼亚州的铁路业务部门与劳斯瑞奥斯区社区学院合作研发课程，实施了 10 名焊工参与的学徒项目。联邦学徒部和加州社区学院办公室参与了指导，确保该项目符合联邦和加州的政策规定。通过实施这些试点项目，"先进制造业合作机制 2.0"指导委员会总结了这 3 家公司在 12 个制造工厂的经验做法，按照需求导向的原则编写了操作手册。操作手册将学徒项目分解成分步实施方案，便于各类使用者实施。

另外，在明尼苏达州，全州 25 家制造业企业与大学、培训中心合作实施"学习、工作、赚钱"模式的学徒项目，学徒培训的内容以雇主需要的能力和素质为主，同时结合国家认证制度中的教学内容，采取政企结合的形式，形成的经验可以在全国范围内推广。下一步，这种政企合作模式的学徒制度将与工会组织的学徒制进行整合，进一步提升学徒制度的实施效果。

四　产业导向的政策

（一）服务先进制造业

2016 年 4 月，美国国家科学技术协会的高端制造业分会向总统提交了《高端制造业：联邦政府优先发展的技术领域》报告，列出了建议优先发展的高端制造业技术，以及教育和劳动力培训的优先领域。国家科学技术协会的高端制造业分会成立于 2012 年，作为一个进行信息交流，协调联邦高端制造业政策、项目和预算的议事机构，其宗旨是确定联邦高端制造业研发内容和政策方面的不足，制定技术成果转化的项目和政策，确定改善企业投资环境的政策，寻求政企合作的机遇。它的组成单位有农业部、商务部、国防部、教育部、能源部、医疗和人力服务部、国土安全部、劳工部、交通部、环境保护署、国家航空航天局、国家科学基金会、小企业管理局，另外，国家经济协会、总统管理和预算办公室、总统科学技术政策办公室也有成员。

该报告建议在以下重大领域开展政企合作，加大联邦投入：高端材料的制造，工程生物学推进生物制造，再生医学的生物制造，高端生物工程制造，医药制造。

报告指出，美国的制造业从业人员为 1200 多万人，所需要的技能涉及工程、计算机科学、生物学、数学、经济学、心理学等学科。高端制造业需要的劳动者包括工匠、技师、设计师、规划师、研究者、工程师、经理等。由于制造业通常需要专业的机器设备，通过校企联合为在校生提供实践机会，将对保障未来制造业劳动力供给发挥重要作用。产业内的工程师与高校学生合作开展研究，鼓励企业参与高校的实验室建设和社区学院的课程设置，都将帮助在校生了解产业的实际需求。尽管制造业的工作是高薪高技能工作，但大多数在校生择业时还抱有陈旧的观念，即认为制造业的工作无聊、脏乱、危险。为了改变这种思维定式，需要从小学到大学各个阶段引入制造业的教育体验，使学生感受到高端制造业的机遇和挑战。

联邦政府层面正在开展包括从社区学院内的专门技能培训到世界顶尖大学内的研究项目等多项教育和培训项目，解决制造业人才在实践和思维方式方面的问题。

第一，为了回应1992年颁布实施的《科学和高端技术法》，国家科学基金会从1993年开始实施高端技术教育项目，目前，该项目已经资助了7个与高端制造相关的"高端技术教育中心"。这些高端技术教育中心与产业合作开发学校课程教材和技能标准，为中学和二年制社区学院和技术学院、四年制大学的教师提供职业发展支持，并制定倾斜产业的职业发展路径。例如，佛罗里达州高端技术教育中心于2004年建立，已经为140多家制造企业和10所州立学院、社区学院建立了网络，在全州内提供工程绘图、电子、仪器测试、流程与材料、质量、安全等核心课程的二年制工程技术课程学位，并将产业审定的多项证书中的教学内容整合到二年制的技工培训课程中。

第二，美国制造业创新网络（NNMI）的制造业创新研究机构，帮助有经验和才华的专业人员向即将进入制造业劳动力市场的学生提供实地培训。例如，为明天制造创新的研究所在位于肯塔基州路易斯维尔的杰斐逊社区和技术学院，推出了高端制造学徒制学习路径模型，这一模型可以同时用于培养入门级的劳动者和需要不断更新自身技能的在职人员。许多当地企业表示希望能够通过这个项目培训并招募这些学徒。这些当地企业既包括《财富》100强企业，也有中小企业。该研究所与文森斯大学合作，实施"当下的正确技能"项目，针对退伍军人开展数控技师培训，培训的内容整合了国家金属制造技能协会认定的国家技能证书中要求的技能。合作企业担任培训导师，完成培训的人员可以马上受聘到相关行业工作。

劳工部和教育部拨款10亿美元开展"根据贸易调整社区学院和职业

培训"项目，加强全国各地社区学院的制造业课程教学，同时，培训美国制造业需要的劳动力。该项目既资助短期证书培训，也提供二年制副学士学位的培训，还提供能够迅速进入劳动力市场的多项技能培训和在职培训，涉及医疗器械、添加剂制造、3D 打印、高端制造、高级材料、机器人和机械电子以及数控机床和焊接等传统制造业职业。密歇根州的亨利福特社区学院是跨州高端制造联盟项目的领导者，在多个"根据贸易调整社区学院和职业培训"合作项目中处于领先地位。跨州高端制造联盟项目的实施，将提供一个能够适用于多个行业的范例，其内在逻辑是整合以能力为基础、以行业为引领的制造业课程体系，通过新型教学设计和授课方式提升学习速度，同时，为学生提供各种支持，帮助他们成功求职。全球七大汽车制造企业中的 5 家和其他主要的制造商加入了这个项目。

劳工部、商务部、能源部、小企业管理局共同实施的"高端制造业的工作和创新加速挑战"项目，通过将小型供应商与大公司"联姻"，创造工作岗位，并且支持研究成果转化为商业产品，同时，为企业提供接受过技能培训的工人。

劳工部通过"美国学徒制行动计划"拨款 1.75 亿美元，计划在未来 5 年内，在高增长的高技术领域培训并招聘 3.4 万名学徒。共有 46 个项目接受拨款资助，其中，27 项以高端制造业为目标行业。

国家科学基金会的产学研合作研究中心项目和工程研究中心项目，以产业需求为导向进行学术研究，有助于高校学生在踏入工作岗位之前就对产业有所了解。参与产学研合作研究中心项目的本科生和研究生，开展经过产业认可的前瞻性研究，这些研究项目整合了产业、学术界、政府的力量，并具有可持续性。在过去几十年间，国家科学基金会不断在会员中间推广最佳实践，从而推动政企合作。产学研合作研究中心项目资助了 10 个高端制造业中心，其中 1 个中心正在开展智能维护系统项目，联络了 40 多家企业与辛辛那提大学、密歇根大学、得克萨斯大学、密苏里大学科学技术中心开展合作。这个合作利用高端传感技术、物联网、数据分析等手段，实现了生产过程的零故障操作。合作资金的绝大部分由产业提供，研究日程则由研究中心和产业中的企业共同确定。

（二）高端制造业战略计划

2012 年 2 月，美国总统执行办公室国家科学技术理事会向总统提交了《美国高端制造业国家战略计划》。国家科学技术理事会是协调联邦各个研发机构的科学和技术政策的执行机构，其主要目标是为联邦科学技术投资确立明确的方向，拟定研发战略。该协会由 5 个委员会构成，分别是环境、自然资源和可持续性委员会，国家安全委员会，科学、技术、工程和科学委员会，科学委员会，技术委员会。每个委员会分别管理各自的工作组，负责不同领域的科学技术发展。

该战略计划指出，美国高端制造业在产学研结合方面存在较大的改善空间，需要尽快将科研成果应用到国内产品的技术更新上。该战略计划推出了一系列加快科技成果转化的政策，旨在实现 5 个战略目标。一是通过提高联邦机构的效率和能力，迅速增加对高端制造技术的投资，尤其是小微企业对高端制造业的技术投资，可以通过加大联邦机构对小微企业高精尖新产品的采购力度实现该目标。二是增加高端制造业所需要的技能工人的数量，改进教育和培训，及时适应制造业的技能需求。三是在国家和州政府层面，建立政府、产业、学术界等各方合作机制进行高端制造业技术研发和应用。四是优化联邦政府对高端制造业的投资组合，不断根据实际情况进行调整。五是加大公共、私营部门对高端制造业的研发投资力度。

对于第二个战略目标，即增加高端制造业所需要的技能工人的数量，改进教育和培训，及时适应制造业的技能需求，该战略计划指出，根据一项产业协会的调查，约有67%的企业表示缺乏或严重缺乏合格的技术工人，即使是在失业率较高的情况下，仍然缺乏此类技术工人。某些行业的高技能工人短缺现象比较严重，这些行业包括航天、国防、生命科学、医学器械等。从劳动力长期供给看，成功预测高端制造业的技能需求，并通过教育和培训满足这些技能需求，是重要的国家战略。应当增强私营部门的信心，使它们确信能够在需要时招聘到符合其技能要求的雇员，从而加大小微企业在国内的投资力度。这也与第一个战略目标相呼应。实施的各项教育和培训项目，应能够符合小微企业对技能劳动者的需求，从而降低企业的成本（高端制造业企业员工在职培训的成本较高，小微企业几乎无力承担）。

联邦政府应当采取措施，支持州政府和地方政府合作开发教育和培训课程，满足高端制造业的技能需求。同时，联邦政府应当将高端制造业的职业教育和技能教育延伸到中等和高等教育，并应当与地方产业园合作开展学徒制项目，为学生提供更多的学习机会。

目前的制造业劳动人口中，年龄在 55 岁以上的占 25%，大约为 280 万人。伴随着他们的退休，高端制造业对技能工人的需求将大幅度提高。从长久看，教育和培训项目应着眼于从摇篮到工作整个过程，应及时反映高端制造业雇主对技能的要求。联邦政府在与州政府、地方政府合作开展教育和培训项目时，应将目标群体分为三类：①新退伍的军人、军队工作人员、失业者、需要在近期内提高技能的在职人员；②即将进入劳动力市场的人员；③在校中小学生，即下一代劳动力。针对不同的人群，应当采取不同的教育培训措施。

对于第一类人员，联邦政府已经开始着手调整目前正在实施的项目，帮助州和地方政府培养具有竞争力的高端制造业从业人员。劳工部就业和培训署提供的劳动力开发资金项目，已经将高端制造业作为优先资助对象，并将扩大资金项目的范围。正在执行的项目有针对雇佣非移民签证雇员企业的技能培训资金项目、工作和创新加速器挑战项目、贸易援助和社区学院职业培训项目等。教育部职业教育和成人教育办公室正在实施的促进中等教育、高等教育到职业生涯的过渡项目，也可以将高端制造业作为重点行业予以倾斜，作为上述劳工部正在实施的 3 个项目的有益补充。美国总统在 2013 年预算中提出，向教育部和劳工部提供 80 亿美元，支持州立大学和社区学院与高端制造业等朝阳产业进行合作，提升美国劳动力的技能。

对于第二类人员，即将进入劳动力市场的人员，联邦政府支持州和地方政府实行职业培训和学徒制度。例如，国家标准和技术协会、制造业合作组织、劳工部就业和培训署支持政企合作开展高端制造业的学徒项目。这些学徒项目都已进行登记。在企业和行业协会的共同参与下，通过实施学徒项目，高端制造业劳动力短缺情况将得到缓解。国家科学基金会开展的高等技能教育项目，帮助社区学院与经济发展机构、劳动力投资委员会、中学和大学等机构合作，满足高端制造业对高等技师的需求。该项目从 1994 年开始实施，共开展 265 项制造业项目，投入资金 2.05 亿美元。高等技能教育项目培养了多个领域的技师，包括纳米技术、快速成像、生物制造、物流、替代能源车等领域。此外，国家制造业企业联合会、制造业工程师协会共同开展的合作项目，也在培养未来劳动力成为高端制造业需要的高技能人才。劳工部制定了高端制造业能力模型，对高端制造业从业人员的技能和资质做了详细说明。国家制造业企业联合会协助劳工部共同制定了高端制造业技能证书体系。制造业工程师协会提供了多项培训项目和辅助证书项目。

第三类人员，即在校中小学生中有意愿成为高端制造业技师的人员，多数没有接受过充分的科学、技术、工程和数学（STEM）教育。科学、技术、工程和数学教育在帮助学生进入高等教育或职业生涯的过程中发挥着重要作用。总统实施的教育创新计划，旨在鼓励行业领头企业、基金会、科学团体和职业团体更深入地参与科学、技术、工程和数学教育。

美国社会流行着制造业工作既没有吸引力也不稳定的观念，在一定程度上阻碍了有天赋的学生深入研究制造原理。联邦机构应当采取措施转变公众的观念，采用多种沟通方式，宣传 21 世纪制造业的美好前景和职业机会。近年来，以电子技术、3D 打印和机器人为主要内容的"创客"（Maker）运动蓬勃发展。这些项目激励了年轻人深入探索高端制造业。某些机构通过实施导师项目支持创客运动，取得了成效。更多的机构应当与私营部门、非政府组织、基金会、技能志愿者合作，支持创客运动的发展。

另外，传统的学校教育专注于学术教育，缺乏对适应高端制造业的实用性技能的培养。联邦政府应帮助州政府和地方政府开展学徒前项目，促进社区学院与当地相关企业合作。上述各个项目计划与四年制高等教育共同实施，可以使高端制造业的职业道路更具有吸引力。

在短期内衡量第二个战略目标实现程度的指标包括：①州和地方政府

职业教育机构、技能教育机构与产业建立起合作关系，确定了高端制造劳动力需要的技能；②通过参与职业和技能教育、职业培训以及学徒项目，获得产业认可的资质的人员数量。在长期内衡量第二个战略目标实现程度的指标包括：①参与了职业和技能教育、职业培训和学徒项目的毕业生的就业率；②制造业高技能职业的就业水平。

第七章　促进高校毕业生就业的对策建议

一　高度重视高校毕业生就业工作

高校毕业生就业形势虽然总体平稳，但受经济下行的影响，企业用工需求在减少，这种供需总量矛盾使得毕业生的就业压力不断加大。面对这种压力，各级政府及相关部门依然要高度重视高校毕业生就业工作，关注毕业生的就业稳定性问题。根据麦可思公司的跟踪调查数据，可以计算出高校毕业生毕业半年后受雇全职就业的比例已经连续两届下降，从 2013 届的 87.6% 下降至 2015 届的 86.1%。高校毕业生受雇全职就业比例持续下降，既是毕业生就业形式多元化的体现，又反映了毕业生就业的不稳定性在增加。同时，毕业生在就业半年内的离职比例也较高，平均在 35% 左右。非受雇全职工作、频繁更换工作一方面会影响毕业生的薪酬福利待遇，另一方面也增加了劳动力市场的不稳定性。

同时要重点关注"慢就业"毕业生中的就业困难群体，防止毕业生就业的失望心理蔓延。在毕业半年后仍处于非就业状态的毕业生中，多数在继续找工作，但比例在下降，有的毕业生准备继续求学，有的准备考公务员，有的正在参加各种职业技能培训和职业资格考试，有的想休闲一段时间再考虑就业的问题，有的既不就业也无其他计划，我们将这些毕业生统称为"慢就业者"。其中，一些不就业也无其他计划的毕业生比例有明显增长。毕业生放弃求学求职的原因来自多方面，有的毕业生因为家庭条件好或者自身偏好而不愿意就业，有的则是没有规划和目标，对前途一片茫然，或者长期找工作受挫，对就业失去信心。

积极的、有计划的、基于职业发展考虑的"慢就业"对于缓解就业压力、提高毕业生就业质量有积极的作用。但因长期找不到工作、对就业没有信心而沦为"毕剩客"是毕业生的无奈选择，也是毕业生对就业失望现状的真实体现；因没有目标和规划而茫然地"窝"在家里无所事事也是毕业生消极应对就业的一种表现，这类毕业生数量的增加，无疑会给劳动力市场释放悲观信号。为此，应重点关注这部分群体，了解毕业生在就业中的切实困难，加强积极就业观的宣传，加大就业服务力度，防止因"羊群效应"而使毕业生就业的失望心理进一步蔓延。

二 协同推进产业转型升级与促进高校毕业生就业

近些年中国经济进入"新常态"发展阶段，稳增长、调结构、促改革、惠民生、防风险成为全国经济工作的基本思路，经济增速放缓和结构性改革深入，都将影响到未来一个时期的高校毕业生就业。因此，在全面推进供给侧结构性改革、加快转变产业结构和构建现代化产业体系过程中，要将产业转型升级与扩大就业联动起来，特别是加快实施有利于发挥高校毕业生比较优势的技术进步和产业升级战略，继续不断推进智力密集型、技术密集型产业的发展。

首先，加快经济发展方式转变的步伐，使国民经济增长尽快从投资驱动模式向消费驱动模式转变。我国目前的以投资驱动拉动国民经济增长的发展方式，使得经济增长对普通劳动力的需求要大大高于对以高校毕业生为主体的高素质人才的需求。相比之下，消费驱动型经济发展方式的主要特征是强调创新、服务和质量，走的是信息化、现代服务业相融合及低碳发展的新型道路，以满足居民更高层次上的物质和精神上的追求为目标。毫无疑问，这将大大扩展高校毕业生的就业空间，增加其就业渠道。

其次，优化投资结构，加快产业结构升级的步伐，提高产业对高校毕业生的吸纳能力。积极实施创新驱动战略，将更多的资金从规模扩张型项目中转向质量提高型项目中去，加快传统产业的升级改造，大力推动"工业4.0"规划实施，提高第三产业投资比重。近年来，第三产业一直充当了吸纳高校毕业生就业主力军的角色，特别是新兴服务业、网络服务业这些新兴业态的发展，对于拉动高校毕业生就业发挥了重要作用。第三产业也是吸引高校毕业生创业、促进以创业带动就业的主要产业部门。当前，根据国务院关于加快培育和发展战略性新兴产业和现代产业体系的决策部署，借鉴国外有益经验，建议制定国家、地区和行业智力密集型高新产业发展规划以及主体功能区规划，按照国家主体功能区域规划和产业结构调整指导目录，着重加强"长三角"、"珠三角"及"环渤海"等经济圈智力密集型高新产业发展的统筹协调，推进企业兼并重组或退出、转移，提升优势产业集中度，增强智力密集型产业发展的集群效应，以实现重点突破，错位发展，点面结合，形成新的经济和就业增长点，为高校毕业生提供源源不断的优质就业岗位。

再次，在产业结构调整过程中更注重地区布局的合理性，分散高校毕业生的就业压力。从毕业生的就业意向看，绝大多数学生愿意到企业效益好、工资待遇高、职位稳定的企业去。但我国竞争力强、待遇好的企业大多分布在中心城市和东部地区，致使高校毕业生就业区域过于集中。而广大的西部地区却由于产业经济不发达，即使国家出台了一系列鼓励性的政策，也难以吸引到更多的高校毕业生加盟。因此，在我国的产业结构调整中，应更重视产业区域发展的平衡性。

最后，从微观视角看，把支持中小企业稳定经营和升级发展与促进高校毕业生就业结合起来。对到中小企业和非公有制单位就业的毕业生，在专家选拔、户籍管理、职称评定等方面与国有企事业单位工作人员一视同仁。

三 加快推进高校教育体制改革

1. 加快高等教育改革与结构调整，适应产业转型升级的变化

各类高等院校应当紧跟经济社会发展需求和劳动力市场结构变化趋势，深化教学管理体制改革，引进和培育世界一流的师资队伍，合理调整专业设置、优化课程结构，增加高新技术专业和教学内容，创新人才培养模式，改进教学方法。国家重点高等院校应当通过建立国家级智力密集型产业研发中心，承担国家重点研发项目，打造与智力密集型产业和企业相适应的、符合新兴产业发展方向的人才培养模式，着力提高教育质量，大

力培养科研生产一线高层次专业技术人才、科技领军人才和高技能人才。

首先，调整高等教育结构，使高等教育更适应经济发展和产业结构调整的需求。高等院校应该主动面向劳动力市场，及时调整专业、层次结构，不断促进人才结构的优化。增强高校专业设置的自主权，解决专业设置不合理的问题，防止高校"千校一面"的雷同化趋势。高等职业教育在进一步扩大规模的同时，必须将提高职业教育的质量放到特别重要的位置，加大财政投入的力度，引导社会资本进入职业教育领域，重视民办职业教育的公平和平等。对综合类院校、专业院校、高职院校等进行细分。以职业技术教育为主的高校，应该面向社会需求，紧紧抓住对学生职业素质和职业技能的培养。

其次，对市场需求进行动态预测，尽可能准确预测不断变化的未来劳动力市场的人才需求。在当今经济全球化日渐深入的时代，高校设置、学科规划、专业设计和调整不仅要前瞻性地服务并服从于全球产业的分工，还要有助于国家和地区产业的升级和经济社会的转型，并依此确定所需培养的人才数量和人才质量。任何一个国家和地区，尤其是像中国这样的大国，产业升级、经济社会发展所需的人才其结构应是一个五彩缤纷的生态系统，高端人才固然不可或缺，但绝对不是全部，甚至不是主流，因为不同类型的组织，或是相同类型的不同生产力水平的组织对人才的需求有所不同，所以盲目提升整个社会办学层次，不仅无助于产业的升级和经济社会的转型，还会造成极大的资源浪费。因此，在单一时点上，人才培养要区分层次梯度；在发展规划上，人才培养要顺应供求变化。

最后，高校办学要凸显特色。特色专业素养决定了高校毕业生就业竞争力，因此，学科特色优势是高校的生命力。为使毕业生能在专业竞争中"出乎其类、拔乎其萃"，各高校要充分结合自身历史积淀和学科特长，培养既体现学校优势又满足市场需求的优秀人才。因为资源的有限性，加之学科、专业越发复杂多样，单一高校绝难兼顾所有的学科领域。因此，理性而有效的高校发展策略应是在自己擅长的、少数有限的学科领域追求极致，而非盲目追求成为不切实际的"全能冠军"。回顾历史经验，部分高校追求"大而全"，盲目上马大量既违背市场需求又缺乏市场竞争力的新学科，以牺牲办学质量为代价扩大办学规模，最终非但无助于，反而有损于高校毕业生的就业竞争力。

2. 以市场需求为导向，引领和深化高等教育体制改革

首先，紧跟经济社会发展需求和劳动力市场结构变化趋势，改革高校人才培养体系。未来的劳动力市场会随着我国经济发展方式、产业结构调整发生越来越多的变化，随着用工方式的改变，劳动力市场会变得越来越灵活，对高校毕业生的需求以及能力素质方面的要求也会不断调整和升级，高等院校作为人才基础性的素质与技能培养基地，不可能也不必要随时进行改革和结构调整，这就要求高校应从动态的、全局的、多元的角度来看待人才培养。高校应对未来的人才需求做科学预测，以就业为导向对大学的学科、专业等进行设置，要和产业结构、经济发展结构相匹配，和未来就业岗位相匹配。同时，要以劳动力市场和社会发展对高层次人才的需要为出发点，引导学校进行专业结构、课程设计、教学内容、教学进度等改革，建立具有自身特色的专业课程体系，为地方区域经济的发展提供人才支撑。

其次，打破封闭式的教育体制，实施校企对接合作培养人才计划，建立继续教育终身培训体系。鼓励和引导高等院校加强与企业的合作，通过委托开发和联合开发等途径，着力培养高校毕业生研发能力、创业能力和就业能力，加快培养企业急需的尖端研发人才；利用企业科研成果，创新项目，培养高校毕业生的创业能力；积极发展职业技术教育，根据企业实际需要，强化高校毕业生职业技能和岗位培训，加快培养具有较高水平和操作技巧的技能人才。高等职业技术院校，要重点面向生产、科研一线，着力为智力密集型产业培育多层次、多类型、实用型、技能型人才，推动人才链与产业链无缝对接，提升自主创新能力和产业竞争力。树立人力资源是第一资源和终身学习理念，鼓励高校、科研院所和企业各类人才双向交流，依托各类培训、研发载体，建立继续教育终身培训体系，全面开展高校毕业生技术培训和创业培训，全面提升其职业素质和就业创业能力，提高其就业质量，实现稳定就业，并促进产业升级和持续发展。

再次，高校应建立系统的就业创业指导课程体系，完善毕业生就业信息对高等教育的反馈机制，提高人才培养质量。高校应进一步加强对大学生就业创业指导课程的重视程度，结合专业教育和行业发展，实施分类指导与服务，帮助大学生提高职业规划意识和求职技能与创业能力，努力使就业创业指导服务工作实现"全程化、全员化、专业化、信息化"的目标。就业创业指导除了帮助学生获取就业创业的信息外，还应帮助学生形成良好的职业素质和就业创业心理。与此同时，高校还应及时跟踪了解毕业生的就业状况，并可在国家统计部门、劳动保障部门等提供的有关大学生就业统计数据和有关第三方研究机构提供的大学生就业调查分析研究报告的基础上，通过对本校毕业生就业状况的跟踪调查、研究与分析，建立本校历年毕业生就业信息数据库，并在对真实可靠的数据进行科学分析的基础上，构建各学科毕业生就业信息反馈机制，以便据此调整学科专业设置、教学计划和招生计划，建立教育同经济发展和就业需求的联动长效机制。

最后，提升学生的自主调适能力。对劳动力市场需求的预测难以达到绝对精准；而人才培养因其本身的内生惯性，通常也会滞后于现实的需求变化。因此，高校人才培养体系要有效弥合大学生与劳动力市场之间的需求错位，从广义上标本兼治地解决高校毕业生就业促进问题。一方面，就业工作应转变以往静态、片面的就业观，将高校毕业生求职准备和在职发展都纳入广义的就业认知中；另一方面，高校人才培养体系改革需明确大学生的主体地位，将大学生就业能力的被动培养转向主动调适能力的养成，充分发掘和强化学生的自我发现、自主学习和自主管理等自主调适能力。唯有如此，高校才能更好地履行其提升大学生就业能力的职责。

四 完善和落实高校毕业生就业创业政策

1. 加快促进高校毕业生就业的法制建设

从前面的政策梳理可以看出，现有高校毕业生就业创业政策的涉及面非常广，而有些相关激励措施又比较类似，政策之间的系统性不够，存在碎片化现象。因此，有必要根据高校毕业生这一特殊目标群体的就业特点和需求，研究整合完善政策，简化政策内容，合并类似的政策，去除效果

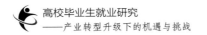

不好的政策，增强政策的针对性和有效性。

同时，加快促进高校毕业生就业的法制建设。在涉及促进高校毕业生就业创业方面，美国、德国、日本等国家都在相关的法律法规中作了十分清晰的规定，而且可操作性很强。我国政府近年来推进高校毕业生就业的力度很大，以国务院名义或以人社部、教育部、发改委等部门单独或联合发文的形式，密集出台了一大批促进高校毕业生就业创业的政策措施，发挥了积极作用。但是，由于多数文件属于行政规范，长效性、强制性不足，法律层级也不够高。建议在不断总结这些政策执行效果的基础上，尽快将其上升为国家法律，制定专项法规或修订我国《劳动法》、《就业促进法》、《劳动合同法》及《教育法》等相关法律，将有关条款分别纳入其中，逐步形成一套较为完整的促进高校毕业生就业创业的法律体系。

2. 加强政策的落实

首先，简化程序，提供便利。如前所述，高校毕业生对就业创业政策不满意主要是因为"申办过程太复杂、手续太麻烦"或"申请资格认定太难"，中小微企业未能享受吸纳高校毕业生相关优惠政策，超过半数是由于"申请资格认定和申办手续复杂，放弃享受政策"。为进一步加强政策的落实，应简化政策实施程序，去除不必要的环节，为高校毕业生和用人单位享受各类优惠政策提供便利。

其次，建立多方齐抓共管的联动工作机制，加强高校毕业生就业的统筹协调与指导。促进高校毕业生就业创业，既需要政府、产业/企业、高校和社会切实履行各自的责任，同时也需要建立官产学等多方联合、协调一致的联动机制和体制，各相关方共同发力，一起采取既着眼于当前也虑及长远的有效措施。参照美国、日本等国家的经验，我国有必要进一步破除部门之间的壁垒，提高认识，加强经济、产业、教育和就业管理等相关部门的联动、协调整合、多措并举，从大的方向上引导就业促进具体制度的改革，在国家、地方、学校、企业等多层面立体化地推动人才培养、人才配置、人才使用等方面的整合，提高产业发展、教育培养、就业促进政策的效率，并进一步提高就业促进项目的实施和管理水平。为此，建议在国家和地方政府就业促进联席会议机制的框架内设立大学生就业联席会议或咨询委员会。各成员单位应按照职责分工，密切配合，统筹推进大学生就业工作。

最后，对高校毕业生分类施策，提高政策的针对性。可以考虑对不同的高校毕业生就业创业促进政策确定一些政策重点对象加以重点推进，防止"撒胡椒面"的现象。比如创业培训政策，应当发现和聚焦那些更具有创业意愿和创业潜质的高校毕业生，有针对性地实施培训。再比如大学生"村官"政策或其他基层就业项目，也可向部分毕业生进行倾斜，如将来自农村地区、困难家庭的大学生和农科院校高校毕业生作为重点对象，加大选拔比例。

五　充分做好适应产业发展的高校毕业生职业技能培训

首先，发挥人社部门职业培训资源优势，建设大学生职业训练中心。大学生真正职业训练的欠缺直接影响毕业生的就业能力和职业成长。对此，建议由人社部门牵头，发挥自身资源优势，建设各地区的大学生职业训练中心，主要承担在校大学生和往届未就业毕业生的职业素养和技能培训工作，每年提供一定学时的免费培训，对就业困难大学生则加大免费力度。训练中心开设课程力求贴近企业真实情况，做到与学校教育有所区别。除了政府部门建设的训练中心主场馆外，还可以在不同企业、学校、社会培训机构等中设立分场馆，由不同机构承接不同内容的专业化训练，政府就业资金给予补贴补助。大学生在职业训练中心取得的课程结业成绩应按照一定规则兑换成在校学分，并可参与各类评优评奖。

其次，根据高校毕业生职业技能培训需求的多样性和多变性进行分类分层培训和菜单式培训，实现"精准培训"。高校毕业生对于职业技能培训的需求具有多层次、多元化、跨专业和注重实用性等特点，处于不同阶段的高校毕业生对于职业技能培训的需求也是不同的，因此需要职业技能培训政策更具针对性和进行准确的目标定位。为此，建议将职业技能培训按照职业基本技能、求职、职业技术、职场素养等四个阶段，初、中、高级等三个层次，直接专业技能和辅助专业技能两个模块进行综合划分，满足不同群体不同层次的需求。首先满足大众化的需求，其次满足专业化的需求，最后满足个性化的需求。同时，高校毕业生对于职业技能培训的需求处于不断变化当中，这就要求职业技能培训机构适时拓宽职业技能培训的范畴，调整职业技能培训的重点，在培训过程当中加强与目标群体的沟通，逐渐建立菜单式的职业技能培训模式，提高政策绩效和实效。

最后，完善政府购买服务体制机制，最大限度地调动社会力量开展职业技能培训。对于政府职业技能培训机构难以实现的技能培训，可依托社会力量，采取联合培训或购买服务的方式弥补公办职业技能培训机构的短板。

六 进一步完善高校毕业生公共就业服务

1. 树立"精准服务"理念，为大学生提供精准的公共就业服务

实施"一生一策"动态管理，为"双困生"提供个性化的辅导和精准的岗位信息推送服务，帮助其尽快实现就业创业。首先，公共就业服务部门要联合各高校对在校大学生进行就业摸底调查，记录每一名大学生的就业愿望、就业需求、就业能力等数据，形成全国和地方的大学生就业大数据库。其次，建立就业指导分类分级指标体系，对数据库中的大学生求职就业方向和能力进行划分，为不同情况的大学生就业提供更有针对性的就业服务。再次，根据调查数据反映的情况，要高度关注毕业 3 个月以后的未就业学生，与各高校共同合作建立未就业高校毕业生信息数据库，明确每一名毕业生未就业的原因、今后工作打算等情况，并对其进行分类分级，为不同情况的大学生提供精准的就业服务。同时还要建立定期跟踪反馈机制，发挥居委会就业援助员等的资源优势，与每一名毕业生保持联系，及时反映就业需求，提供不间断的就业服务。最后，对确实存在就业困难的大学生要加大就业援助服务的力度，采取政府购买服务的方式推动职业介绍机构、人才招聘机构等发挥更大作用，对成功录用并签订 3 年以上劳动合同的，按人数和困难等级等因素给予不同资金补贴，激励人力资源服务机构为高校毕业生提供特殊的就业服务。

2. 打通政府部门和高校就业服务共享机制，设立公共就业服务券制度

根据调查数据，高校毕业生较为关注的是在求职过程中获得就业指导

和职业规划方面的帮助。针对目前人社部门、不同高校对就业指导和职业规划"各自为政"的问题，下一步需要着重考虑打通政府部门和各个高校的就业指导和职业规划的资源共享机制。

首先，成立"高校毕业生就业服务联盟"，成员单位包括公共就业服务部门、高等院校、社会中介机构等，各成员单位自身的就业服务项目可供所有成员单位共享，毕业生可以在不同机构享受相应就业指导和职业规划服务。同时利用就业服务联盟的平台，促进政府部门与高校合作，将公共就业服务延伸到校园，定期举办就业指导和职业规划讲座等联盟活动。其次，人社部门牵头设立公共就业服务券制度，每年定期向应届和毕业 3 年内的往届高校毕业生免费发放。凭借手中的就业服务券，毕业生可以任意选择有关机构（公共就业服务部门、高校、社会中介机构等）免费享受规定次数、规定范围内的就业指导、职业规划、求职培训等公共就业服务。就业服务券相应资金从就业专项资金中列支，只针对规定范围内的高校毕业生使用，不可转让或交易。

3. 加快公共就业服务平台建设，提高就业服务的效率和质量

要加强省、市公共就业服务机构建设，建立健全以城市为核心、覆盖城乡的人力资源公共就业服务信息网络，及时发布人力资源供求、职位空缺、薪酬价位等相关信息，建设一条龙公共服务平台，促进人力资源供需匹配，促进人才合理流动并向新兴产业集聚。要加快信息平台建设，真正搭建起高校、企业、学生三方的无缝对接平台，实现招聘信息和求职信息的有效传递，畅通三方的信息通路，为毕业生和企业提供高效能服务。探索"互联网＋"就业工作新模式，推进网络招聘双选建设，利用手机短信平台、微信、微博等媒体工具为毕业生提供即时、高效的就业创业服务，提供更为便捷广阔的就业创业服务平台。

七 制定实施更加积极有效的大学生创业政策

产业升级客观上要求推进产业技术的创新，这给科技型企业特别是中小企业的迅速发展提供了很好的条件。要以创业创新带动全产业链的整体创新，把科技创新、生产工艺、市场营销、品牌塑造以及产业集聚等结合起来，从整个产业链的层次通盘考虑，把更多的现代生产工艺、现代商业技术、现代管理方法整合进产业价值链中，与产业转型升级同步推进。而高校毕业生具有较高的文化和科学素养，眼界开阔，思想活跃，创新型中小企业发展的活跃为高校毕业生提供了更多的机会。随着科技型中小企业"春天"的到来和国家"大众创业、万众创新"战略的实施，全国高校毕业生的创业比例有了很大的提高，今后要进一步加强对高校毕业生创业政策的研究工作，加大创投基金对高校毕业生创办企业的扶持力度，加大政策性创投基金投入，同时加快对高校毕业生创业服务体系平台的建设，为高校毕业生自主创业提供优质的基础服务。

1. 加大政策宣传力度，培育社会创新创业氛围

在"大众创业、万众创新"潮流引领下，需要不断培育形成创新创业的社会氛围，使全社会支持、鼓励、崇尚创新创业。政府作为最大的创新创业推动力量之一，有必要联合高校创业机构、创业孵化基地、各类众创空间等开展创新创业宣传活动，包括政府创业扶持政策解读，组织创业设计大赛，进行创业项目推介和辅导等，推动创业政策进高校、进园区、进孵化基地、进众创空间等。

2. 加强创业教育和创业培训

现在，虽然有许多高校开展了创业教育培训，但是多数高校对创业教育的重视程度还是不够，表现为教学目标不够明确，课题体系不够完善，教育形式还是停留在课堂教学和知识点的讲解上。高校创业教育的师资队伍力量薄弱，许多学校的创业教学队伍成员是就业指导中心教师，这些就业指导中心教师多数是从学校毕业直接留校的，本身没有创业实践经验，而且流动性大，专业水平不高，创业教育培训流于形式。加强创业教育和创业培训首先要加强师资队伍建设，聘请具有较丰富理论知识和较强社会实践能力的专业人员担任创业教育教师，对教师进行创业相关知识培训，同时建立科学的评价体系，促进教师专业技能的提升。同时应积极探索创业教育模式，将理论教学与实践教学相统一，通过校内外实践基地为学生提供实践条件，调动学生学习积极性。

3. 支持各类形式的创业载体建设

政府要制定更加全面和深入的创业支持政策，特别是要加强对创业载体的支持，加大对创业园区、众创空间、创业基金、创业孵化器等的政策支持力度，鼓励开展各个方面、各级层面、各种形式的创业联盟、创业竞赛等社会活动。鼓励各有关部门、创业载体等组建创业导师队伍，定期开设创业辅导课程并开展指导活动。

4. 进一步丰富大学生创业服务的内容和形式

创业服务应是全过程、全方位的，包括创业前的指导与项目遴选、创业中的帮扶、创业后的跟踪评估与反馈等。许多大学生的创业实践表明，大学生创业比较欠缺的是经验和经费，如何给予创业项目有效的指导和充分的资金支持，是政府相关部门在服务内容上应该重点考虑的。在创业服务形式上，有必要充分利用互联网和移动媒体设备，为大学生提供便捷、高质量的服务。

5. 完善创业扶持政策，提供更加有效的创业资金投入

资金短缺问题一直是制约高校毕业生创业的关键问题。政府扶持高校毕业生创业的大部分政策也是针对这点，主要有税收减免、行政事业费减免、场租补贴、小额担保贷款等。但是有些政策治标不治本，虽然表面看起来减免项目很多，但实际上减免的往往是手续费等费用，减免费用实在有限，对大学生的资金扶持也是杯水车薪。为提供更加精准和有效的创业资金投入，需要适时调整优化创业补贴资金投向，并建立创业补贴资金的绩效评估机制。建立创业项目种子基金，与金融机构和风险投资基金合作，采取联合跟投的形式对创业孵化项目进行资金支持。

参考文献

［1］ 安藤良雄：《日本经济政策史论》，东京大学出版会，1976。

［2］ 白玉华：《张力视角下的高等教育结构与市场需求结构匹配研究》，《经济研究导刊》2014 年第 6 期。

［3］ 鲍健强：《日本大学学生就职指导工作的特点研究》，《比较教育研究》2001 年第 1 期。

［4］ 边恕：《日本产业结构演进的实证分析》，《日本研究》2003 年第 11 期。

［5］ 波特：《国家竞争优势》，李明轩译，华夏出版社，2002。

［6］ 陈瑞武、曲铁华：《日本大学生就业管理体制和职业指导现状及启示》，《中国高教研究》2005 年第 1 期。

［7］ 陈文、刘俊：《新加坡人力资源开发与经济发展》，《东南亚纵横》1997 年第 4 期。

［8］ 谌新民、杨永贵：《民工短缺与产业结构变动关系研究：以广东省为例》，《华南师范大学学报》（社会科学版）2006 年第 4 期。

［9］ 东京大学社会科学研究所：《战后改革理论与视角》，东京大学出版社，1974。

［10］ 董正平：《试论亚洲"四小龙"的人力资源开发》，《国际问题研究》1995 年第 3 期。

［11］ 段敏敏、董炳南、丁建勋：《产业结构变动方向、产业结构变动速度对就业的显著性分析》，《经济研究导刊》2009 年第 7 期。

［12］ 二村英幸：《就职考试与 SPI》，《现代的高等教育》2000 年第 5 期。

［13］ 冯虹、傅治平、汪昕宇：《首都大学生就业问题与对策》，国家行政

学院出版社，2011。

[14] 冯虹、汪昕宇：《大学生就业能力开发现状及其对就业满意度的影响——基于北京地区高校的调查》，《北京工业大学学报》（人文社会科学版）2014 年第 3 期。

[15] Gary Willmott：《通过国家劳动力技能资格制度培养高技能劳动力——新加坡的经验》，李玉静译，《职业技术教育》2008 年第 6 期。

[16] 冈崎哲二、奥野正宽：《现代日本经济体系的源流》，日本经济新闻社，1994。

[17] 高晓清、周钦：《大学生就业与 GDP 就业弹性模型关系及影响》，《高校教育管理》2014 年第 5 期。

[18] 高晓霞：《日本大学生就业促进政策及其执行研究——基于公共政策过程视角的分析》，《江海学刊》2009 年第 6 期。

[19] 高晓霞：《日本大学生就业促进政策执行过程研究——基于史密斯模型的分析》，《南京师大学报》（社会科学版）2009 年第 6 期。

[20] 葛雨飞：《我国产业结构与就业结构关系的实证研究》，浙江理工大学，2011。

[21] 龚玉泉、袁志刚：《中国经济增长与就业增长的非一致性及其形成机理》，《经济学动态》2002 年第 10 期。

[22] 顾惊雷：《国外发达国家在促进大学生政策及启示》，《环球视窗》2010 年第 5 期。

[23] 关山：《新加坡的职业培训体制》，《创业者》1997 年第 12 期。

[24] 关雪凌、丁振辉：《日本产业结构变迁与经济增长》，《世界经济研究》2012 年第 7 期。

[25] 广井良典：《日本社会保障》，岩波书店，2007。

[26] 龟岛哲：《厚生劳动省的就职支援政策》，《现代的高等教育》2003 年第 3 期。

[27] 郭力：《产业转移背景下区域就业变动及其影响因素的地区差异——基于 1999 年～2007 年省级面板数据的实证分析》，《经济经纬》2012 年第 3 期。

［28］郭石明：《日德两国大学毕业生就业机制研究》，《浙江工业大学学报》（社会科学版）2004 年第 12 期。

［29］国立教育研究所：《日本近代教育百年史》第 4 卷，1974。

［30］海后宗臣：《井上毅的教育政策》，东京大学出版会，1968。

［31］贺国庆：《日本教育是怎样向外国学习的》，《日本研究》1993 年第 1 期。

［32］胡鞍钢：《中国就业状况分析》，《管理世界》（双月刊）1997 年第 3 期。

［33］胡俊生、李期：《新加坡的职业技术教育与劳动就业培训》，《陕西师范大学继续教育学报》2001 年第 1 期。

［34］黄建如：《新加坡高等教育大众化评析》，《高等教育研究》2001 年第 2 期。

［35］黄敏：《新加坡产业结构变化与经济发展》，《东南亚南亚信息》1997 年第 8 期。

［36］吉本圭一、米泽漳纯：《大学就业指导组织与大学毕业生劳动市场——国立大学与私立大学》，《放送大学教育开发中心研究纪要》1994 年第 10 期。

［37］吉川洋、官川修子：《产业结构的变化与战后日本的经济成长》，独立行政法人经济产业研究所，RIETI Discussion Paper Series 09 - J - 02。

［38］江边：《新加坡高等教育与经济发展互动关系探究》，《中国电力教育》2010 年第 19 期。

［39］金仁淑：《日本政治制度演化与经济绩效》，《日本学刊》2005 年第 6 期。

［40］经济产业省：《知识重组的冲击——现代产业结构变化的本质》，《知识结构审议会基本问题研讨小委员会报告概要》2008 年第 7 期。

［41］经济产业省中小企业厅：《中小企业实态基本调查报告书》，日本。

［42］柯江林、孙健敏、石金涛、顾琴轩：《人力资本、社会资本与心理资本对工作绩效的影响——总效应、效应差异及调节因素》，《心理学报》2010 年第 4 期。

［43］ 李彬:《中国产业结构转换与大学生就业关联性研究》,《中国人口科学》2009 年第 2 期。

［44］ 李付俊、孟续铎:《我国产业转型升级下的高校毕业生就业——研究回顾与展望》,《人口与经济》2014 年第 6 期。

［45］ 李文英:《日本大学毕业生的就业援助体系》,《比较教育研究》2006 年第 5 期。

［46］ 李晓娣:《新加坡产业结构转换对我国产业结构发展的启示》,《东南亚纵横》2006 年第 4 期。

［47］ 李晓颖:《大学生就业难问题:国外的研究与经验》,《西北人口》2010 年第 2 期。

［48］ 李永瑞、葛爽、吴璇、陈罕:《论体育与学生心理资本的培育——〈体育之研究〉的本真要义》,《武汉体育学院学报》2016 年第 4 期。

［49］ 刘明:《高等教育对区域经济发展的贡献和异地效应》,湖南大学硕士学位论文,2011。

［50］ 刘志彪:《产业升级的发展效应及其动因分析》,《南京师大学报》(社会科学版) 2002 年第 2 期。

［51］ 鲁宇红:《产业结构调整对大学生就业的影响分析及对策》,《南京航空航天大学学报》(社会科学版) 2010 年第 4 期。

［52］ 陆苏菊:《日本大学生体验式就业的实践及其意义》,《教育发展研究》2006 年第 10 期。

［53］ 罗文秀:《日元升值下的日本产业结构调整政策及对中国的启示》,《日本问题研究》2008 年第 3 期。

［54］ 马永堂:《国外在产业调整中治理失业的政策和措施》,《中国劳动》2016 年第 6 期。

［55］ 马永霞:《国外大学生就业指导工作及其启示》,《辽宁高等教育研究》1998 年第 4 期。

［56］ 马子红:《中国区际产业转移与地方政府的政策选择》,人民出版社,2009。

［57］ 麦可思研究院:《2016 年中国本科生就业报告》,社会科学文献出版

社，2016。

[58] 麦可思研究院：《2016 年中国高职高专生就业报告》，社会科学文献出版社，2016。

[59] 米红、孙静：《美国高等教育规模与经济关系演变的实证研究——基于高等教育弹性系数的视角》，《教育与考试》2009 年第 1 期。

[60] 闵维方等：《产业与人力资源结构双调整背景下的大学生就业——一个历史和比较的视角》，《北京大学教育评论》2012 年第 1 期。

[61] 莫荣、陈云：《新常态下的就业形势》，《中国劳动》2015 年第 1 期。

[62] 莫荣：《大学生就业是问题更是责任》，《中国人力资源社会保障》2015 年第 4 期。

[63] 莫荣、汪昕宇：《对大学生就业问题的分析与思考》，时事报告·大学生版"形势与政策"专题讲稿，2014~2015 学年度上学期。

[64] 莫荣、周宵、孟续铎：《就业趋势分析：产业转型与就业》，《中国劳动》2014 年第 1 期。

[65] 穆怀中、闫琳琳：《东北地区产业结构与就业结构协调废实证研究》，《西北人口》2009 年第 2 期。

[66] 桥本寿朗：《战后日本经济》，岩波书店，1996。

[67] 青木昌彦、奥野正宽：《经济体制的比较制度分析》，中国发展出版社，1999。

[68] 曲则生、肖友瑟：《日本教育与社会变迁》，《高等教育研究》1996 年第 3 期。

[69]《人力资源和社会保障部重大政策研究课题报告集（2013）》。

[70]《日本的产业政策》，国际文化出版公司，1988。

[71]《日本国六法全书》，新日本法规出版社，2002。

[72] 日本厚生劳动省：《厚生劳动白皮书》，2006。

[73]《日本教育史概观》，《日本的教育经验》第 1 部。

[74] 日本经济研究中心：《日本经济大预测》，日本经济新闻社，2000。

[75] 日本内阁府：《国民经济计算》。

[76] 日本内阁府：《经济财政白皮书》，2005。

［77］ 日本文部科学省：《文部科学白皮书 2008》，国立印刷局，2009。

［78］ 日本文部省：《我国的文教施策》，大藏省印刷局，1996。

［79］ 日本政治学会：《近卫新体制研究》，岩波书店，1973。

［80］ 芮明杰：《产业经济学》（第二版），上海财经大学出版社，2012。

［81］ 森隆夫：《学校小六法》，协同出版，2003。

［82］ 上村和申：《大学就职指导组织和大学生的就职》，载《政治学研究论集》，明治大学大学院发行，2002。

［83］ 矢野真和：《日本式雇佣制度和大学生就业》，徐国兴译，《教育与经济》2005 年第 4 期。

［84］ 宋华明、庄娱乐：《新加坡高校毕业生就业状况评估及启示》，《比较教育研究》2004 年第 4 期。

［85］ 泰萨·莫里斯、铃木：《日本经济思想史》，商务印书馆，2000。

［86］ 唐榕、王雪明：《浅谈当代大学生就业形势》，《企业导报》2014 年第 11 期。

［87］ 陶杰：《新加坡限制移民数量吸收高素质人才》，《现代人才》2012 年第 2 期。

［88］ 汪昕宇：《岗位需求视角下大学生就业能力的结构及水平测度——基于北京地区的调研》，《中国人力资源开发》2014 年第 9 期。

［89］ 王成端：《以教学运行机制改革推进教学方法大改革》，《中国高教研究》2010 年第 9 期。

［90］ 王鹏：《新加坡人口问题与发展理念》，《学习时报》2012 年 4 月 23 日。

［91］ 王喜文：《中国制造 2025 解读——从工业大国到工业强国》，机械工业出版社，2015。

［92］ 王新生：《国内外学术界关于政治体制与日本政治体制的研究》，《日本学刊》2000 年第 6 期。

［93］ 王尧骏：《心理资本对大学生就业能力的影响》，《应用心理学》2013 年第 1 期。

［94］ 王岳平：《中国产业结构调整和转型升级研究》，安徽人民出版社，2013。

[95] 吴丰华、刘瑞明：《产业升级与自主创新能力构建》，《中国工业经济》2013 年第 5 期。

[96] 吴昊、孙洁：《面向 21 世纪的日本产业结构调整》，《东北亚论坛》1999 年第 4 期。

[97] 吴立保、张斌：《日本和美国大学生就业促进政策及其启示》，《教育发展研究》2011 年第 9 期。

[98] 小滨裕久：《战后日本的产业发展》，《日本评论社》2001 年第 9 期。

[99] 小岛精一：《日本计划经济论》，千仓书房，1932。

[100] 小宫隆太郎等：《面向 21 世纪的日本经济》，东洋经济新报社，1997。

[101] 小宫隆太郎：《日英数据年鉴》，朝日新闻社，1997。

[102] 谢勇：《日本的大学生就业促进措施及对中国的启示》，《外国教育研究》2007 年第 9 期。

[103] 徐林清：《新加坡解决结构性失业问题的经验及启示》，《经济纵横》2006 年第 7 期。

[104] 严秋菊：《完善高校毕业生就业服务体系　促进大学生科学就业》，《信阳师范学院学报》（哲学社会科学版）2011 年第 4 期。

[105] 杨栋梁：《日本战后复兴期经济政策研究》，南开大学出版社，1994。

[106] 杨广晖、罗建河：《从封闭到开放：日本劳动力市场的发展及启示》，《国际市场》2009 年第 9 期。

[107] 杨秋菊：《浙江省高等教育规模、结构与区域经济协调发展研究》，浙江工业大学硕士学位论文，2012。

[108] 杨宜勇、邬凯英：《新加坡劳动就业政策及启示》，《中国经贸导刊》2015 年第 3 期。

[109] 姚战琪、夏杰长：《资本深化、技术进步对中国就业效应的经验分析》，《世界经济》2005 年第 1 期。

[110] 永野仁：《大学生的就业与录用》，中央经济社，2003。

[111] 有泽广巳：《日本的崛起——昭和经济史》，黑龙江人民出版社，1987。

[112] 张捷等：《全球分工格局与产业结构的新变化——兼论中国沿海地区的产业转型升级》，经济科学出版社，2014。

［113］张军、吴桂英、张吉鹏：《中国省际物质资本存量估算：1952～2000》，《经济研究》2004 年第 10 期。

［114］张小荣：《大学生就业能力系统化培养的思考与实践》，《中国教育学刊》2015 年第 S2 期。

［115］张毅：《全球产业结构调整与国际分工变化》，人民出版社，2012。

［116］张忠华：《关于大学课程设置的三个问题》，《大学教育科学》2011 年第 6 期。

［117］赵超：《新加坡产业转型升级及其对广东的启示》，《岭南学刊》2010 年第 7 期。

［118］赵冬：《大学生就业能力自评量表的初步编制》，四川师范大学硕士学位论文，2006。

［119］赵晋平：《20 世纪 90 年代以来日本产业结构的演变及启示》，《国际贸易》2007 年第 9 期。

［120］赵杨、刘延平：《我国产业结构与就业结构的关联性分析》，《经济学动态》2010 年第 12 期。

［121］郑彩莲：《大学生就业与产业转型升级的关联度研究与对策分析——以浙江为例》，《宁夏大学学报》（人文社会科学版）2011 年第 5 期。

［122］郑学栋：《西方大学生就业政策概述》，《河北经贸大学学报》（综合版）2007 年第 3 期。

［123］中村隆英：《计划化和民主化》，岩波书店，1989。

［124］中村隆英、尾高煌之助：《双重结构·日本经济史》，岩波书店，1990。

［125］中野宏：《日中贸易的发展与比较优势结构》，《世界经济评论》2000 年第 1 期。

［126］周均旭、江奇：《中部产业转移的经济效应及对劳动力就业的影响——以湖北蕲春为例》，《当代经济》2012 年第 2 期。

［127］朱莉莉：《新加坡促进就业的经验及启示》，《北京劳动保障职业学院学报》2009 年第 4 期。

［128］朱勤：《产业升级与大学生就业能力构成要素实证研究——基于浙江省 327 家企业的问卷调查》，《中国高教研究》2014 年第 5 期。

[129] 朱卫平、陈林：《产业升级的内涵与模式研究——以广东产业升级 为例》，《经济学家》2011 年第 2 期。

[130] Avey, J. B., Luthans, F., & Youssef, C. M., "The Additive Value of Positive Psychological Capital in Predicting Work Attitudes and Behaviors," *Journal of Management*, 2010 (36): 430 – 452.

[131] Bureau of Labor Statistics, "Choosing a Career," December, 2015.

[132] Dawkins, S., Martin, A., Scott, J., & Sanderson, K., "Building on the Positives: A Psychometric Review and Critical Analysis of the Construct of Psychological Capital," *Journal of Occupational and Organizational Psychology*, 2013 (86): 348 – 370.

[133] Executive Office of the President, National Science and Technology Council, Advanced Manufacturing National Program Office, "National Network for Manufacturing Innovation: A Preliminary Design," January, 2013.

[134] Executive Office of the President, National Science and Technology Council, "A National Strategic Plan for Advanced Manufacturing," February, 2012.

[135] Executive Office of the President, President's Council of Advisors on Science and Technology, "Capturing Domestic Competitive Advantage in Advanced Manufacturing," July, 2012.

[136] McKenny, A. F., Short, J. C., & Payne, G. T., "Using Computer aided Text Analysis to Elevate Constructs: An Illustration Using Psychological Capital," *Organizational Research Methods*, 2013 (16): 152 – 184.

[137] Null O'Higgins, "Government Policy and Youth Employment," Paper prepared for the World Youth Summit to be held in Alexandria, Egypt, 2002, pp. 7 – 11.

[138] President's Council of Advisors on Science and Technology, "Report on Education Technology-Skills and Jobs," September, 2014.

［139］Subcommittee for Advanced Manufacturing of the National Science and Technology Council, "Advanced Manufacturing: A Snapshot of Priority Technology Areas Across the Federal Government," April, 2016.

［140］The Steering Committee of the Advanced Manufacturing Partnership 2.0, "Accelerating U. S. Advanced Manufacturing," October, 2014.

后　记

　　"产业转型升级下的高校毕业生就业研究"是 2014 年国家社会科学基金第一批重大项目（项目编号：14ZDA068），于 2017 年 9 月顺利结题。本书是在该项目结题报告的基础上进行修改、完善而成的。项目结题报告分为 1 个主报告和 5 个子课题报告，子课题报告中又包含了总报告和若干分报告，成果合计 60 余万字。项目研究成果包括五个方面的主要内容：一是对产业转型升级的概念内涵进行了界定；二是综合利用多渠道数据，对产业转型升级给高校毕业生需求带来的影响进行了多角度、全方位的系统分析；三是对产业转型升级中高校毕业生就业的供需匹配矛盾进行了多层次的分析研究；四是分析论证了我国高等教育体制与人才培养结构的矛盾和问题，提出改进、完善教学以提升人才培养质量的建议；五是系统梳理了促进高校毕业生就业创业的政策和服务，并通过全国性调研数据对高校毕业生就业创业政策和服务进行了较为全面、客观、科学的评估。本书在修改和编辑过程中，不再将子课题报告及其分报告单独列示，而将其中的主要研究内容和成果融入各章节。

　　"产业转型升级下的高校毕业生就业研究"重大项目是由人力资源和社会保障部原国际劳动保障研究所所长莫荣研究员为首席专家的团队完成的。研究工作从 2014 年 9 月的项目启动会开始，到 2017 年 9 月结项，正好 3 年。项目组由人力资源和社会保障部原国际劳动保障研究所、原中国劳动保障科学研究院、麦可思数据（北京）有限公司、北京化工大学人力资源研究中心、原上海市闸北区人力资源和社会保障局、北京师范大学政府管理学院、对外经贸大学公共管理学院、北京联合大学人力资源研究所、中国人事科学研究院、国家行政管理学院应急管理培训中心 10 家单位的 29 名专家成员组成。项目研究过程中，得到了合作单位人力资源和社会保障部就业促进司、国家发展和改革委员会经济研究所的大力支持，还得到了贵州省人力资源和社会保障厅、贵阳市人力资源和社会保障局、智联招聘、前程无忧等单位的调研和数据支持。部分科研成果得到人力资源和社会保障部 5 位领导的肯定，并已在人社部高校毕业生就业有关工作中得到应用，取得了良好的社会效益。《人民日报》等媒体发布了项目的部分内容，得到同行和社会的广泛好评。全国哲学社会科学规划办公室高度认可项目的理论创新和在实践中的作用，以"免于评审"的方式结项。

"产业转型升级下的高校毕业生就业研究"立足于当前中国就业结构性矛盾最为突出的高校毕业生这一群体，采用文献研究、实地调研、大数据分析、问卷调查和比较研究等方法，依据宏观经济学、产业经济学、微观经济学、社会学、教育学、心理学等理论工具，从政策分析、教育改革和国际经验等视角对产业转型升级下的高校毕业生就业问题进行多维度的研究，并提出了有针对性的对策建议。

本书相对于本领域已有研究成果而言，主要有以下三个方面的创新之处。

一是在学术思想和理论观点方面，本书综合利用多渠道数据，对产业转型升级下的高校毕业生就业需求进行了较为客观、科学的分析，尤其是从总体规模、产业分布、行业分布和区域分布等多方面，对产业转型升级给高校毕业生需求带来的影响进行了多角度、全方位的系统分析，对产业转型升级中高校毕业生就业的供需匹配矛盾进行了多层次的分析论证。同时，利用全国性数据和地方数据的相互佐证，分析论证了我国高等教育体制与人才培养结构的矛盾和问题，提出改进完善教学环节、提升人才培养质量是各高校实施内涵建设的重要内容，尤其是要加强实践教学环节的完善。

二是在研究方法方面，本书借鉴已有研究，基于毕业生就业状况评价的有效性、简洁性、数据可采集性等原则，建立了包括 2 个方面（就业率指数、就业质量指数）6 个指标（雇佣就业指数、灵活就业指数、升学指数、薪酬指数、就业满意指数、就业稳定指数）的就业指数评价体系，可以比较客观、直接地反映毕业生就业的整体水平，有利于横向与纵向比较，综合评估就业状况的变化并进行趋势判断。在数据资料方面，项目研究既与麦可思、智联招聘等公司合作，利用其针对高校毕业生的全国调查数据库和职位招聘数据库，分析高校毕业生就业状况及社会对高校毕业生的需求情况，同时开展专项调查，包括高校毕业生就业创业政策评估专项调查和上海闸北区高校毕业生就业状况1.5万份问卷的专项调查。通过多渠道、多角度的研究数据对相关问题进行多方佐证的分析研究，从而有助于形成更加客观、科学和系统的研究结论。

三是对解决实际问题提出新的见解，主要包括：要更加关注高校毕业生的就业稳定性问题；要重点关注"慢就业"毕业生中的困难群体；提出协同推进产业转型升级与促进高校毕业生就业；提出要提高人才培养与市场需求之间的契合度；等等。

本项目研究得到人力资源和社会保障部、中央党校科研部和合作、参与、支持单位及专家的大力支持。人力资源和社会保障部部长尹蔚民和副部长信长星（现任安徽省委副书记）、邱小平、张义珍、吴道槐（现任教育部党组成员、纪检组组长）5位领导对研究过程中的报告多次批示肯定或予以采纳。人力资源和社会保障部就业促进司柴海山副巡视员、青年就业处丛向群处长对课题的研究提出了建设性的指导意见。中央党校科研部倪德刚副部长和高彦斌处长不仅参与项目的开题会议，对如何高质量完成这一重大项目提出了明确和高标准的要求，而且在研究过程中给予了重要指导和帮助。本书的出版得到中国劳动和社会保障科学研究院的大力支持，金维刚院长、郑东亮书记和王学力处长、陈宁处长、李艺副处长、杨永琦助理研究员等同事给予了大力帮助，劳科院学术委员会主任刘燕斌和其他委员也对本书提出了修改意见。社会科学文献出版社刘荣副编审、单远举编辑高效率的编辑和高质量的出版，使本书能够出现在各位读者面前。

由于研究重点的限制、材料掌握不充分，以及团队水平有限，本研究还存在很多不足之处，并没有完全回答产业转型升级下高校毕业生就业的问题，很多问题还有待进一步研究。我们期待读者提出批评意见。

最后，我们对参加项目研究、大力支持调研和帮助编辑出版的单位、领导和专家表示最衷心的感谢！特别感谢国家社科基金给予的支持，让我们的团队有机会参与国家重大项目的研究，为国家贡献绵薄之力。

莫　荣

2018 年 1 月

图书在版编目（CIP）数据

高校毕业生就业研究：产业转型升级下的机遇与挑
战／莫荣等著.－－北京：社会科学文献出版社，
2018.6
ISBN 978－7－5201－2735－6

Ⅰ.①高… Ⅱ.①莫… Ⅲ.①高等学校－毕业生－就
业－研究－中国 Ⅳ.①G647.38

中国版本图书馆 CIP 数据核字（2018）第 097718 号

高校毕业生就业研究
——产业转型升级下的机遇与挑战

著　　者／莫　荣　丁赛尔　王伯庆 等

出 版 人／谢寿光
项目统筹／刘　荣
责任编辑／谢　炜　单远举

出　　版／社会科学文献出版社·独立编辑工作室（010）59367011
　　　　　地址：北京市北三环中路甲 29 号院华龙大厦　邮编：100029
　　　　　网址：www.ssap.com.cn
发　　行／市场营销中心（010）59367081　59367018
印　　装／三河市尚艺印装有限公司

规　　格／开　本：787mm×1092mm　1/16
　　　　　印　张：22.75　字　数：350 千字
版　　次／2018 年 6 月第 1 版　2018 年 6 月第 1 次印刷
书　　号／ISBN 978－7－5201－2735－6
定　　价／128.00 元

本书如有印装质量问题，请与读者服务中心（010－59367028）联系